기후변화와 건강

Climate Change and Health

기후변화와 건강

권호장·김록호·김호·명수정·명형남·손연아·신동천·정해관·채수미·하미나·홍윤철 지음

한울
아카데미

차례

2부 기후환경보건 실천

서문

　기후변화는 21세기 인류가 맞이한 최대의 난제이다. 인류는 지난 20만 년 동안 선사시대를 거쳐 오늘날의 문명을 이루는 과정에서 기술을 발전시키고 지구가 가진 자원을 아무런 제약 없이 소모한 결과 오늘날 지구환경은 전례 없는 위기를 맞고 있다. 화석연료의 무절제한 사용은 지구가 가진 자정능력을 넘어섰고, 그 결과 지구환경은 대기의 범주를 넘어 지질학적 변화로까지 이어져 인류세(anthropocene)라는 새로운 시대로 접어들었다. 인간과 지구상의 모든 생물이 나눠 쓰는 지구환경은 전례 없는 속도로 변화해 많은 생물 종의 적응한계를 넘어서 멸종위기에 내몰렸다.

　그러나 이 시대를 사는 우리의 기후변화에 관한 인식은 아직도 피상적이고 행동은 이 위기를 헤쳐 나갈 준비가 되어 있다고 보기 힘들다. 기후변화의 상징으로 인용되는 북극곰의 위기는 우리 삶과는 너무나 멀다. 해마다 폭염과 산불, 가뭄, 홍수와 폭풍 등 갈수록 심각해지는 기상재난으로 전 세계가 신음하고 있지만 우리는 아직 이처럼 심각한 위기를 피부로 느끼지 못하고 대응할 준비도 되어 있지 않다. 기후변화는 인류를 포함한 생물권 전체에 걸쳐 엄청난 변화를 초래하지만 나 자신과 내 가족, 내 직장은 이와 무관해 보인다.

　기후변화는 환경뿐만 아니라 인간의 건강에 큰 영향을 미치는 건강 위해요인으로 자리 잡고 있다. 21세기 공중보건 영역에서 기후변화는 대기오염과 더불어 가장 큰 주제 중 하나이다.

그러나 이와 같은 기후변화와 건강의 문제가 제대로 다루어지지 못하고 있는 데는 기후변화와 건강에 관련한 지식과 인식이 널리 공유되고 있지 못한 영향이 크다. 건강에 유해한 요인 중에는 감염병이나 손상과 같이 우리가 직접적으로 쉽게 인지할 수 있는 것도 있지만 흡연으로 생기는 폐암이나 대기오염으로 인한 조기사망과 같이 과학적 분석을 통해서만 알 수 있는 요인도 있다. 그런데 전자보다는 후자가 사망이나 질병을 초래하는 데 더 큰 영향을 미친다. 기후변화의 건강 영향에 대한 지식은 세계적으로 빠르게 축적되고 있지만 이들 지식이 아직 일부 전문가들에게만 알려지고 시민사회나 정책 입안자들에게는 공유되지 못하고 있다.

국내에서는 소수 전문가를 제외하고 비보건 분야의 전문인이나 일반인이 기후변화와 건강에 관련해 쉽게 접근할 수 있는 자료가 매우 드물다. 국내 서점에서 기후변화와 건강이란 주제의 서적을 찾기는 매우 힘들 뿐만 아니라 그나마도 대부분이 전문서이다. 이 책은 기후변화와 건강에 대한 전공자용 입문서로서 집필되었지만, 일반 독자도 기후변화와 건강의 전체 그림을 볼 수 있게 하는 데 길잡이 역할을 할 것으로 기대한다.

이 책의 내용은 크게 두 부분으로 나뉜다. 1부는 기후변화와 건강과 관련한 주요 주제들을 따라간다. 우선 오늘날 기후변화의 과학적 배경을 알아보는데 인류의 진화 경로를 따라 그 역사적인 근원을 거슬러 올라가본다. 다음으로 현재까지 축적된 기후변화와 관련한 건강 영향을 분야별로 일별한다. 이러한 기후변화 건강 연구의 영역에서 얻어진 과학적 성과는 다양한데 이러한 연구를 수행하기 위한 연구 방법을 소개한다. 기후변화의 건강 영향은 전 인구집단에 고르게 오지 않고 특정 인구집단에서 더 두

드러지게 나타난다. 이를 취약성이라고 하는데 취약성을 가져오는 인구학적·사회경제문화적 결정요인과 이에 대한 접근법을 알아본다. 마지막으로 기후변화와 관련한 인류의 건강 문제를 생물다양성으로 대표되는 생태계의 건강의 시각에서 다루어본다.

2부는 기후환경보건 실천과 관련하여 주요한 주제들을 다룬다. 이 중 대표적인 기후완화 정책을 알아보고 이들 정책이 건강과 어떻게 맞물려 가는지 살펴본다. 보건의료 정책은 기후변화의 적응 정책 중 가장 중요한 부분을 차지한다. 회복탄력성으로 불리는 기후변화 건강적응 정책의 주요한 내용을 알아본다. 기후보건 정책은 각 지역의 기후환경적 특성과 인구사회경제적 특성에 따라 기획되고 수행되어야 하므로 기후보건정책 사업의 대부분은 지역사회 수준에서 수행되어야 한다. 따라서 지역 수준의 기후보건 정책을 실제 사례와 함께 알아본다. 저감 정책은 주로 에너지와 산업 같은 분야가 큰 부분을 차지하지만, 보건의료 분야도 온실가스 배출에서 적지 않은 부분을 차지한다. 보건의료 분야에서 탄소중립 문제를 어떻게 이해하고 이에 접근해야 하는지, 병원의 녹색전환에 어떤 방법으로 접근할 것인지 등에 관해 실제 사례를 알아본다. 기후변화와 관련한 건강 문제와 건강 실천에 대해서는 실제 측면에서의 접근 방법과 교육자의 역할에 관해 사례를 알아본다. 마지막으로 기후변화 건강 문제에 대한 국제 협력과 관련한 제반 사항을 알아본다.

이 책은 국내에서 오랫동안 '기후변화와 건강'이라는 주제로 국내·국제 활동 및 연구를 해온 전문가들이 집필했다는 점에서 그 의의가 적지 않다. 오랜 현장과 전문 분야의 경험을 토대로 가장 최근의 과학적 근거를 바탕으로 하면서 실제 현장에서 부딪힐 수 있는 주요한 문제들을 폭넓게 다루고 있다.

각 장에는 국제적인 최신 동향뿐만 아니라 국내 연구자들의 귀중한 연구 성과들도 담겨 있다. 저자들은 이 책이 전공자뿐만 아니라 기후변화에 관심이 있는 일반인과 정책 입안자들에게도 널리 읽혀 기후변화에 대한 인식의 제고와 실천, 그리고 지방자치단체, 국가의 정책과 행동으로 피어나는 밑거름이 되기를 희망한다.

2024년 2월

정해관

1부 기후변화와 건강

01

기후변화와 건강 총론

정해관 (성균관대학교 의과대학 명예교수)

지구 대기의 80%가 있는 대류권은 지상으로부터 10km 전후의 두꺼운 공기층으로 인류를 포함한 지구상의 생명체가 생존할 수 있는 안정적인 환경을 제공한다. 대류권에서는 공기의 이동으로 끝없이 변화하는 기상현상이 일어난다. 45억 년이 넘는 지구의 긴 역사에 비춰 볼 때 대기 환경은 많은 변화가 있었지만, 지질시대를 기준으로 한 시간 단위로 볼 때 기후는 매우 안정적인 상태를 유지해왔다. 기후의 극적인 변화는 대멸종과 전에 없던 생명체의 탄생으로 대표되는 새로운 지질시대로 이어졌다.

20세기 후반에 이르면서 지구의 기후변화에 대한 우려가 시작되었다. 21세기로 들어오면서 이러한 우려는 현실이 되고 있다. 오늘날 기후변화는 21세기 인류가 맞이한 최대의 환경위기로 받아들여지고 있다. 이 장에서는 기후변화의 현황과 원인, 이로 인한 지구환경의 변화를 정리했다.

1. 기후변화의 과학적 근거

1) 지구의 기상과 기후

(1) 기후가 변하고 있는가?

지구의 기후는 마지막 빙하기를 벗어난 이후 지난 1만 1천 년 동안 비교적 안정된 상태를 유지해왔다. 이 기간에 기온이 가장 높았던 시기와 소빙하기로 불리던 기온이 낮았던 시기의 평균기온의 차이는 0.7℃다. 이는 인류가 석기시대를 거쳐 금속을 이용하기 시작하고 농경이 시작되면서 문명을 이룬 시기의 바탕이 되었다. 그러나 지구의 기온이 이전과 비교할 수 없는 정도로 상승하고 있음을 인지하기 시작한 것은 20세기 후반에 이르러서였다.

(2) 얼마나 변했는가? 심각한 수준인가?

1850~1900년 평균기온을 기준으로 봤을 때 2010~2019년 평균기온은 1.07℃(0.8~1.3℃) 상승했다(IPCC, 2023). 이러한 변화는 지난 1만 1천 년 동안의 기온 상승이 7천 년에 걸쳐 서서히 일어났음을 고려할 때 놀라운 속도의 변화이다. 그러나 21세기의 기온은 더 빠른 속도로 상승해 추산에 의하면 21세기 말에는 3~4℃ 이상 상승할 것으로 예측된다(IPCC, 2023; Muller et al., 2013: 118). 이는 가장 보수적인 예측에 속하는데, 그럼에도 이러한 상승 속도는 지난 1만 1천 년은 물론이고 대멸종을 초래한 주요한 지질학적 변화 시기의 속도를 훨씬 뛰어넘는다.

이와 같은 지구환경의 급격한 변화가 생명체의 대멸종과 인류의 생존에 큰 위기로 작용할 것은 자명하다. 지구 온도가 4℃ 상승하면 지구가 감

그림 1-1 **대기 온도의 변화(1850~2020년)**

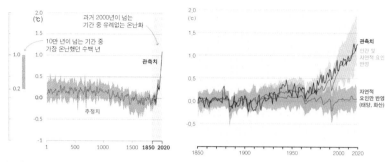

(좌) 지난 2천 년간 지구표면 온도의 변화
  (매 10년 단위, 서기 1~2000년은 복원치, 서기 1850~2020년은 관찰치).
(우) 최근 170년간 지구표면 온도의 변화 추세, 1850~2020년

자료: IPCC AR6 SPM, 2023.

당할 수 있는 한계를 넘어설 것이라는 비관적인 예측도 있다(World Bank, 2012).

(3) 기후변화의 동인: 자연적 요인과 인위적 요인

이러한 기후변화의 원인은 산업화 이후 인류가 배출한 이산화탄소로 대표되는 온실가스의 방출이다. 산업화는 인구의 급격한 증가와 더불어 공업, 농업, 교통, 주거에서 폭발적인 확장을 가져왔으며, 특히 인류의 주요한 에너지원인 석탄, 석유 같은 화석연료의 사용은 오랜 지질시대 동안 지구상에 존재했던 생물들이 번식하는 과정에서 지각 아래 축적되었던 탄소를 대기 중으로 방출하면서 대기와 지각의 탄소 균형이 무너짐으로써 생긴 것이다.

대기 온도의 상승 원인으로 화산 활동, 태양 흑점과 같이 태양에서 방출되는 에너지의 변동 등의 자연적 원인도 작용한다. 기후변화에 관한 정부 간 협의체(Intergovernmental Panel on Climate Change: IPCC)로 대표되는

기후과학자들의 연구에 의하면 자연적인 요인만을 고려한 기후모형으로는 현재의 기온 상승을 설명할 수 없고 인위적인 요인을 모형에 포함해야 현재의 기후변화를 가장 잘 설명할 수 있다는 근거를 제시했다

2) 온실가스와 온실효과

지구에 축적된 에너지는 태양에서 기인하는데, 태양으로부터 복사되는 다양한 주기의 파동 형태로 전달된다. 태양에서 복사되는 단파장의 에너지는 대기를 대부분 통과해 지구 표면에 도달한다. 태양에너지는 지표면에 많은 부분이 흡수되지만, 흡수되지 않은 나머지는 장파장의 형태로 방출되어 우주로 되돌려진다. 그 과정에서 장파장의 에너지는 대기에 일부 흡수되는데, 대기의 조성에 따라 흡수되는 에너지의 양이 달라진다. 이처럼 대기 중 에너지의 흡수를 촉진해 온실의 유리와 같이 열에너지를 흡수하는 작용을 하는 물질을 온실가스라고 하는데, 이로 인해 생긴 온실효과는 대기의 환경을 적정하게 유지하는 데 필수적이다. 대기의 조성 성분이 달라져 온실효과가 커지면 기온이 상승한다. 반면 북극이나 남극과 같이 얼음에 뒤덮인 지역은 태양에너지의 반사율이 더 높아 온실효과가 낮다. 그러나 기온 상승으로 빙원의 면적이 줄어들면 온실효과는 급격히 더 커진다.

(1) 온실가스

온실효과를 일으키는 원인 물질로 대기 중에 가스 상태로 장기간 체류하면서 대부분의 태양복사를 투과시키고 지표면에서 방출하는 지구복사를 흡수하거나 재방출해 온실효과를 유발한다. 온실효과가 가장 큰 기체

표 1-1 **주요한 온실가스의 특성**

명칭	화학식	체류시간 (년)	복사강제력 (Radiative forcing, W/m²)	지구온난화 지수 100년 값(GWP100)
이산화탄소	CO_2	-	1.37×10^{-5}	1
메탄	CH_4	12	5.7×10^{-4}	30-27(화석-비화석)
아산화질소	N_2O	109	3×10^{-3}	273
염화불화탄소	CFCs CFC-11, CFC-12*, CFC-113	52~100	0.29~0.32	6,226~10,200
수소불화탄소	HFCs HCFC**-22, HCFC-32, HCFC-134a	5~14	0.11~0.17	771~1,760
육불화황	SF_6	3,200	0.57	23,500

주: * 오존층 소멸 방지 조치로 필수용도 이외 사용 중지.
　　** 2030년까지 퇴출 예정.
자료: RF: IPCC AR6 WGI Ch7, Appendix 8.A.

로는 수증기가 있으나 수증기의 양은 대기 전체로 볼 때 평형을 유지하므로 통상 논외로 한다. 온실가스의 종류는 세분하면 매우 많으나 교토의정서 (Kyoto Protocol)에서 규제 대상으로 정의한 6대 온실가스는 표 1-1과 같다.

주요 온실가스의 온난화 기여도는 이산화탄소가 가장 크고 시간이 지날수록 그 비중이 더 커지고 있다. 메탄가스는 이산화탄소 다음으로 큰 비중을 차지하며 주로 농업, 축산업, 쓰레기 처리에서 발생한다. 툰드라 지방 영구동토의 해빙은 영구동토 아래 부존해 있는 메탄가스의 비가역적 대규모 방출로 이어져 기후변화를 가속할 수 있어 우려를 낳고 있다. 불화화합물의 경우 오존층 파괴와 관련해 20세기 후반 몬트리올 의정서 (Montreal Protocol)를 통해 대부분 규제되고 있다. 온실가스 농도를 이산화탄소 농도로 환산한 값인 지구온난화 지수 100년 값(GWP100)은 이산화탄소 상당량(CO_2-eq)으로 산정한다. 이는 배출 규제를 위해 국제적으로 통용되는 기준값이다.

(2) 탄소의 순환체계

지구상의 탄소는 생물권, 암권, 수권, 기권 사이를 생화학적으로 순환한다. 탄소는 대양을 포함한 수권에 가장 많은 양이 존재하지만, 기후변화에서는 주로 이산화탄소의 형태로 존재하는 대기권 탄소의 역할이 가장 중요하다. 암권에 존재하는 탄소는 화산 분출, 유기탄소의 융기, 화석연료 연소, 생명체의 호흡을 통해 기권으로 이동한다. 오랜 지질시대에 걸친 탄소의 순환체계(carbon cycle)는 인류의 활동이 고도화됨에 따라 그 균형이 급속히 무너지게 되었다.

(3) 인간의 활동과 탄소 순환체계의 교란

대기 중 이산화탄소의 증가에 이바지하는 인간의 활동은 화석연료의 연소 이외에도 시멘트 배출이 차지하는 비중이 크다. 그 밖에 열대림 벌채를 포함한 삼림파괴는 열대림의 이산화탄소 흡수능력을 소멸시킨다. 논농사와 축산은 생산과정에서 다량의 메탄가스를 발생시킨다. 이러한 인간의 활동은 지구의 자연 저장고 역할을 하는 해양의 흡수능력을 초과하는 탄소 발생으로 대기 중 이산화탄소의 증가를 초래한다. 해양의 탄소 흡수능력은 매우 뛰어나지만 대기 중 탄소 농도의 증가 속도가 해양의 흡수능력을 초과해 발생하는 현상이 지속되면서 대기 중 탄소 농도의 증가가 가속화될 수 있다(Denman et al., 2007). 영구동토대에 저장된 메탄가스의 방출은 21세기 큰 재앙을 가져다줄 것으로 우려되고 있다(Rößger, 2022: 1031~1036).

3) 기후를 움직이는 주요 동인

(1) 지구 대기의 에너지 순환체계

태양에서 도달한 복사에너지를 가장 많이 받는 곳은 적도 지방이고 고위도 지역으로 갈수록 더 적어진다. 위도에 따른 이러한 에너지의 차이를 줄이기 위해 대기는 대류 시스템을 통해 적도 지역의 에너지를 고위도 지역으로 전달한다. 해양은 심해 부류의 순환을 통해 열에너지의 재분배가 이루어진다. 이에 따라 지구의 대기와 해류는 몇 가지의 큰 대류 시스템을 가지고 있는데, 대기 순환체계는 대표적으로 해들리 순환(Hadley circulation), 페럴 순환(Ferrel circulation), 극순환이라는 세 가지 체계가 저위도, 중위도, 고위도에 걸쳐 있고, 해양은 큰 해류의 순환을 통해 열에너지의 재분배에 이바지한다.

이와 별도로 지구는 일정한 속도로 쉬지 않고 자전과 공전을 하는데, 이로 인해 대기와 해류의 순환은 회전에너지에 따라 일정한 방향으로 치우친 공기의 흐름이 일어난다. 적도 지역에서는 무역풍으로 알려진 강한 편서풍이 부는 반면 해들리 순환과 페럴 순환이 만나는 중위도 지역에서는 동쪽으로 부는 바람이 우세해진다. 이 대기와 해류의 순환 체계의 특성은 특정 지역의 기후 특성의 주요 결정요인이다(McMichael, 2017).

(2) 해양 시스템: ENSO, IOD, NAO

대양은 위도와 지구의 자전, 대기와의 상호작용에 따라 수년에서 수십 년 주기로 크게 출렁이는 '진동' 현상을 일으킨다. 지구 표면의 1/3을 차지하는 태평양은 가장 큰 물을 담고 있는데, 적도를 중심으로 한 태양에너지로 가열된 물은 지구 자전 때문에 통상적으로는 서쪽 해양에는 수온이 높은 물이 모이고 이로 인해 많은 비가 내리는 반면 태평양 동쪽 해안은 상대적으로 수온이 낮고 건조한 기후를 보인다. 이러한 물의 흐름이 통상적인 분포에서 벗어나 반대 방향의 흐름이 일어나는 경우를 엘니뇨 현상이라고 한다. 엘니뇨가 일정 기간 지속된 후 이를 상쇄하기 위해 반대 방향으로 물의 흐름이 일어날 때 평소의 해수 분포가 더 과장되는데 이를 라니냐 현상이라고 한다. 엘니뇨와 라니냐는 해안에 몰려오는 파도의 흐름과 비슷하게 주기적으로 오가는데, 이 주기는 통상 수년이지만 불규칙적이고 일정하지 않다. 태평양을 중심으로 일어나는 이러한 현상을 엘니뇨 남방진동(El Nino Southern Oscillation: ENSO)이라고 한다. 인도양에는 인도양 쌍극자(Indian Ocean Dipole: IOD) 현상이 있으며, 이외에도 북대서양 진동(North Atlantic Oscillation: NAO), 태평양 십년 진동(Pacific Decadal Oscillation: PDO) 등 해역에 따라 확인된 여러 진동 체계가 있다. 이들 해양의 진동은 해당 지역의 기후 현상에 큰 영향을 미칠 뿐만 아니라 지구 기후체계를 통해 멀리 떨어진 중저위도의 많은 지역의 기후에까지 영향을 미친다(Michael, 1996; Denman, 2007).

(3) 극지방: 극소용돌이

고위도 지역의 대류권 상부에서부터 성층권 하부까지는 서쪽으로부터 부는 빠르고 강한 기류가 형성되는데, 이를 제트기류라고 하며 극제트기류(polar jet)와 아열대 제트기류로 세분할 수 있다. 극지방을 둘러싼 찬 공기는 강한 소용돌이를 형성하는데 특히 겨울에 더 강화된다. 이 극소용돌이(polar vortex)는 기후 온난화로 소용돌이가 약화하면 그 경계가 더 아래로 치우치면서 온대 지역에 심한 한파를 초래하는 원인이다.

2. 기후변화의 현황과 추세

1) 온실가스 배출 추세

2019년을 기준으로 볼 때 전 지구의 대기 중 이산화탄소 농도는 410.5 ppm으로 지난 200만 년을 통틀어 전례가 없는 가장 높은 농도다. 메탄과 아산화질소의 농도 또한 지난 80만 년의 어느 시기보다도 높다. 1750년 이래 이산화탄소의 농도는 47%, 메탄 농도는 156%의 증가세를 보였다. 이러한 변화는 지난 80만 년에 걸친 자연적인 상태에서의 온실가스 농도의 변화를 현저히 초과하는 수준이다(IPCC, 2023).

이에 따른 지구 표면 기온의 상승은 1970년 이래 50년간 가속화되어 왔는데, 이는 지난 2천 년 동안 어떤 시기와도 비교할 수 없는 급속한 기온 상승이다. 2011년 이래 10년간의 기온은 지난 6,500년간의 어떤 시기와도 비교할 수 없는 높은 기온을 보였다. 고기후학적으로 봤을 때 가장 최근의 온난기는 12만 5천 년 전이지만 이때 기온도 수 세기에 걸친 변화로 오늘날 경험하는 기온 상승과는 그 정도와 속도에서 비할 수 없다.

이는 광범위한 지구환경의 변화를 동반하는데, 지난 10년간 북극 지방의 결빙은 1850년 관측 이래 최저 수준이며 지난 1천 년 중 가장 낮은 수준이다. 고산 지역과 그린란드, 남극 지방을 포함한 육상 빙하도 1950년대 이후 급격히 줄어들고 있는데 이는 지난 2천 년을 통틀어 최소 수준이다. 해수면 수위는 1900년 이래 상승하고 있고 지난 3천 년간을 통틀어 가장 높은 수준이다. 현재까지의 해수면 상승은 바닷물 온도의 상승에 일차적으로 기인하는데, 육상 빙하가 녹는 속도가 빨라짐에 따라 더욱 가속화될 것으로 예상된다. 또한 해수의 pH도 지난 5천만 년 중 최대로 상승해 급격한 해양 환경의 변화로 인한 해양 생태계 변화가 예상된다(IPCC, 2023).

2) 기후변화 시나리오

기후변화 시나리오는 기후변화를 일으키는 주요한 인위적인 영향을 바탕으로 미래의 기후를 예측하기 위해 개발한 것으로, 온실가스, 에어로졸, 토지 이용 변화 등 주요 요인으로 인한 복사강제력 변화를 지구 시스템 모형에 적용해 산출한 미래 기후 전망정보다. 이 시나리오는 미래의 기후변화로 인한 영향을 평가하고 피해를 최소화하는 데 활용할 수 있는 선제 정보로 지역이나 지자체별 감축 및 적응대책의 수립을 위해 필수적인 정보다. IPCC는 2001년 제3차 보고서에서 처음 「배출 시나리오에 관한 특별 보고서(Special Report on Emission Scenarios: SRES)」를 개발한 이후 제5차 보고서의 대표 농도 경로(Representative Concentration Pathways: RCP)를 거쳐 제6차 보고서에서 제시한 공통 사회경제 경로(Shared Socioeconomic Pathways: SSP)로 진화했다(Ebi et al., 2014; O'Neill et al., 2014).

SSP는 기존의 복사강제력 강도와 함께 미래의 사회경제적 변화를 기준으로 기후변화에 대한 미래의 완화 및 적응 노력에 따라 다섯 가지의 시나리오로 구별했다. 이들 시나리오는 인구통계, 경제발달, 복지, 생태계, 자원, 제도, 기술발달, 사회적 요인, 정책을 고려해 만들어졌다. 이들 시나리오는 전 지구 시나리오(해상도 135km)로부터 남한의 상세 시나리오(해상도 1km)에 이르기까지 제공되고 있으므로(환경부, 2020) 세계적 수준에서 국가적·지역적 수준에 이르기까지 완화 및 적응 노력의 수준에 따른 미래 기후변화를 예측하는 데 다양하게 활용할 수 있다.

표 1-2 SSP 기후변화 시나리오의 4개 표준 경로

종류	의미	전 지구 기온(°C) (21세기 말)
SSP1-2.6	사회 불균형 감소와 친환경 기술의 빠른 발달로 기후변화 완화, 적응능력이 좋은 지속성장 가능 사회경제 구조의 저배출 시나리오	+1.9
SSP2-4.5	중도 성장의 사회경제 시나리오로 기후변화 완화 및 사회경제 발전 정도를 중간 단계로 가정하는 경우(SSP1과 SSP3의 중간 시나리오)	+3.0
SSP3-7.0	사회경제 발전의 불균형과 제도적 제한으로 인해 기후변화에 취약한 상태에 놓이는 사회경제 구조의 시나리오 (baseline)	+4.3
SSP5-8.5	기후정책 부재, 화석연료 기반 성장과 높은 인적 투자로 기후변화 적응능력은 좋지만 완화능력이 낮은 사회경제 구조의 고배출 시나리오	+5.2

주: SSPx- 다음의 숫자는 복사강제력을 의미하며 RCP 시나리오에 근거한 것.
자료: 국립기상과학원(2020).

그림 1-2 SSP 기후변화 시나리오

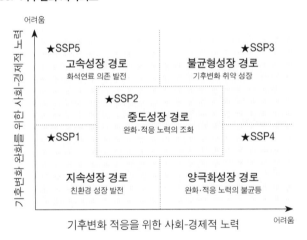

자료: O'Neill et al.(2014).

3) 기후변화로 인한 생태계 및 지구환경 변화

앞으로 올 기후변화는 이미 지구환경과 생태계에 전에 볼 수 없는 영향을 미치고 있으며, 앞으로 가속화될 기후변화로 인한 지구환경의 변화는 전방위적으로 올 것으로 우려되고 있다.

(1) 기상의 변화

❶ 평균기온 상승

평균기온의 상승은 전체적인 기온 분포가 양의 방향으로 이동할 뿐만 아니라 기온 분포의 폭이 더 커지는 현상으로 나타난다. 폭염을 비롯한 극한 기상은 기온 분포의 오른쪽 극단에 있는데 기온 분포의 우측 이동과 분포의 폭이 커짐에 따라 극한 기상의 빈도와 정도는 이전과 비교할 수 없이 커지게 된다. 2023년 이전 5년간이 역사상 가장 더운 5년으로 기록되

그림 1-3 **전 지구 평균기온 변화(2000~2100년)**

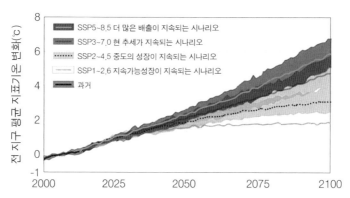

주: 음영은 6개 앙상블의 범주를 표시하며, 각 선은 앙상블 평균값을 의미함.
자료: 국립기상과학원(2020).

었다. 21세기 말 전 지구 평균기온은 온실가스 배출 정도에 따라 현재 대비 +1.9~5.2℃ 상승이 전망된다. 모든 시나리오에서 21세기 들어 기온은 지속적으로 상승하리라 전망되며, 후반기로 갈수록 21세기 전반기에 나타날 평균기온 변화는 유사하나 고배출 시나리오일수록 더 큰 변화가 전망된다. 중반기 이후의 기온 상승 경향은 온실가스 배출 정도의 영향을 받으며 온실가스 배출이 가장 많은 SSP5-8.5에서 +0.66℃/10년 상승으로 가장 크게 예측된다(그림 1-3).

이러한 기온 상승은 육지(+2.5~6.9℃)에서 해양(+1.6~4.3℃)보다 더 빠르고 크게 나타날 것으로 예상되며 고위도인 북극 지방(+6.1~13.1℃)에서 더 현저히 나타날 것으로 예상된다. 지역별로는 유럽, 동아시아, 북아메리카의 21세기 말 평균기온이 현재 대비 +2.4~7.8℃ 상승하며, 아프리카와 오세아니아, 남아메리카 지역은 +1.7~6.0℃ 정도의 기온 상승이 예상된다.

❷ 강수량

21세기 말 전 지구의 평균 강수량은 현재 대비 +5~10% 증가할 것으로 예측된다. 그러나 전체 강수량 증가에 비해 지역에 따른 강수량의 차이는 매우 벌어질 것으로 예측된다. 이런 강수량의 증가는 적도 지역(+9~17%)과 60도 이상의 북반구 고위도 지역(+7~17%)에서 예측된다. 반면 동남아시아, 오세아니아, 남아메리카 저위도 지역, 카리브 연안에서는 강수량의 감소가 예측된다.

아시아 농업 생산에 중요한 역할을 하는 몬순(monsoon) 강수량은 전반적으로 다소 증가하는 경향을 보이지만 고배출 시나리오로 갈수록 월별 변동성이 커지리라 전망된다. 동아시아 지역의 21세기 말 평균 강수량은 대체로 증가하며 고배출량 시나리오에서는 여름철 강수량이 약 20% 증가할 것으로 전망된다.

❸ 해수면 온도와 고도

21세기 말 전 지구 평균 해수면 온도는 현재 대비 +1.4~3.7℃ 상승할 것으로 전망되며 전반기에서 후반기로 갈수록 그 정도가 커지리라 예상된다. 특히 북반구 중위도 및 엘니뇨 발생 해역인 적도 태평양 해역에서 해수면 상승 폭이 커질 것으로 예상된다.

21세기 말 전 지구 해수면 고도는 현재 대비 +46~87cm 상승할 것으로 전망된다. 해수면 상승은 후반기로 갈수록 더 커질 것으로 예상되며 저위도 지역에 비해 고위도 지역의 상승이 현저히 클 것으로 전망되어 남극해와 북극해의 경우 1m를 넘는 해수면 상승이 예상된다.

이에 따라 해빙의 감소가 예상되는데 북극 해빙은 -19~76%, 남극 해빙은 -20~54% 감소할 것이다. 이러한 변화는 21세기 중반 이후 속도가 더 빨라질 것으로 예상된다. 21세기 중반 이후에 북극 해빙은 거의 사라질 것으로 모든 시나리오에서 예측된다.

(2) 극한 기후

❶ 폭염과 한파

21세기 말 전 지구 육지 지역의 일 최고 및 최저 기온에서 연중 최대/최소값이 모두 상승하며 최소값의 상승 폭이 최대값보다 클 것으로 예상된다. 이에 따라 폭염과 열대야의 일수와 정도가 더 커질 것이다. 일 최고기온의 연 최대값은 21세기 초반에는 +1.7~1.9℃ 상승이 예상되나 21세기 후반에는 시나리오에 따라 최저 +2.6℃(SSP1-2.6)에서 최대 +7.0일(SSP5-8.5)

에 달할 것으로 예상된다. 폭염에 해당하는 온난일은 21세기 초반 시나리오에 따라 현재보다 +30.3~34.3일 늘어나는 반면 21세기 후반에는 저배출량 시나리오에서 +49.7일, 고배출량 시나리오에서는 +130일에 달할 것으로 예상되며 열대야의 증가 정도는 이보다 클 것으로 예상된다. 한랭일은 현재보다 줄어들 것으로 예상된다. 그러나 북극 소용돌이의 약화로 북극 기류의 남하가 이루어지면 심한 한파 내습의 빈도가 더 늘어날 수 있다.

❷ 가뭄과 홍수

기후변화의 진행에 따라 21세기 말 전 지구 육지 지역 1일 최대 강수량은 전반적으로 증가(SSP1-2.6 +11%, SSP5-8.5 +30%)할 것으로 예상된다. 극한 강수는 21세기 말 현재보다 1.6배(SSP5-8.5) 증가할 것으로 전망된다. 극한 강수의 일수는 고배출량 시나리오에서 21세기 말 현재의 5일 대비 8일로 증가하리라 예상된다.

전체적으로 평균 강수량과 강수일수의 차이는 크지 않으나 강수의 집중도와 강도가 커지고 지역에 따른 강수량과 강도의 불균형이 더욱 커질 것으로 예상된다. 이는 심한 가뭄과 홍수의 빈도 및 강도가 더 커질 것임을 예고한다. 극한 강수의 빈도는 저위도 지역과 동아시아, 남아메리카 대서양 측 해안 지역, 아프리카 내륙에서 그 정도가 더 클 것으로 예상된다.

❸ 폭풍

해양의 온도 상승으로 대양에서 발생하는 열대성 저기압의 강도가 너커지며 이에 따라 태풍의 강도가 더 커질 것으로 예상된다. 이러한 변화는 이미 대형 태풍과 허리케인의 내습으로 확인되고 있다. 그러나 특정 지역에 내습하는 태풍의 전체적인 빈도의 변화는 상대적으로 크지 않으리라고 예상된다.

(3) 해양 생태계 변화

기후변화가 진행됨에 따라 해양 환경은 큰 변화를 맞게 된다. 온실효과로 지구에 축적되는 열에너지가 많아지면서 해양의 온도도 서서히 높아진다. 해양은 열용량이 커서 온도가 서서히 올라가지만 일단 오른 온도는 내려가기 어렵다. 해수의 온도 상승으로 해수의 부피가 커지면서 해수면이 상승한다. 21세기 중반 이후 육지 빙하가 본격적으로 녹기 시작하면서 해수면의 상승 속도는 더욱 빨라질 것으로 예상된다. 이로 인해 산호초나 맹그로브 숲의 황폐화가 초래될 수 있다.

해양은 이산화탄소가 녹아서 흡수되는 저장고의 역할을 한다. 이산화탄소 농도가 높아짐에 따라 해수의 산성화가 빨라지는데, 이로 인해 산호초의 황폐화와 조개와 같은 탄산석회를 주성분으로 하는 조개류의 생태계에 변화가 오게 된다.

해수 온도의 전반적인 상승은 해류 흐름의 양상에 변화를 가져온다. 주요한 해류의 흐름이 변화할 경우 영양성분의 분포가 변화하고 이로 인해 수생 생태계가 달라지면서 수산업은 큰 타격을 받게 된다. 해양 생태계의 변화는 어족자원의 크기와 분포에 영향을 미쳐 주요한 어장의 생산성이 떨어지면서 수산업의 위기로 이어질 수 있다.

호주의 대보초(Great Barrier Reef)는 지구상 가장 큰 생명체로 풍부하고 복잡한 생태계를 이루고 있다. 해양온도 상승으로 인한 고온화 현상은 산호 내부에 기생하는 조류를 내보내면서 조류로 인해 유지되어온 산호의 백화 현상을 초래한다. 해양의 산성화와 사이클론과 같은 요인에도 영향을 끼친다. 지난 5년 동안 대보초의 산호는 얕은 곳을 기준으로 50% 줄어들었다. IPCC에 의하면 2050년까지 평균기온 1.5°C 상승을 기준으로 대보초의 산호는 70~90% 줄어들 것으로 예상된다.

(4) 담수 수계의 변화

기후변화는 지역에 따라 강우의 빈도와 강도에 큰 변화를 가져온다. 이로 인해 많은 지역에서 강물이 말라붙거나 잦은 홍수와 범람을 경험하게 된다. 강의 유량과 유속이 달라지고 수심이 변할 뿐 아니라 기온 상승은 담수 온도에도 영향을 미친다. 담수 생태계는 큰 변화를 맞게 된다.

또한 티베트 고원과 파미르 고원과 같이 아시아의 주요한 강의 발원지에서 고산 빙하가 녹아내리면서 고갈되면 강물의 흐름은 급격히 줄어들게 된다. 세계 여러 지역에서 강 상류에 댐을 건설하면서 하류에 위치하는 지역은 심각한 수량 부족에 시달리게 되는데, 이는 국제적 분쟁의 원인이 되고 있다. 잦은 홍수와 갈수로 수질의 변화도 심해지고 수생태계도 큰 영향을 받을 수 있다. 이는 농업용수, 상수 공급을 포함해 물의 사용에 큰 위기를 초래하고 수질의 확보도 어려워지게 만든다.

(5) 식량 생산

기온의 전반적인 상승은 식물의 생장 시기와 길이, 착과 시기를 변화시켜 곡물 생산량에 변화를 가져오게 한다. 강수량과 강수 양상의 변화도 식물의 생장 조건을 변화시켜 식량 작물의 성장과 생산에 영향을 준다. 한국과 같은 온대 지역에서는 초기의 일정 기간에 벼 생산량이 늘어날 수 있으나 기후변화가 심화될 21세기 중반 이후에는 생산량이 떨어질 것으로 예측된다. 기온과 강수량 이외에도 병충해의 양상이 변하고 물 공급 양상이 변함으로써 식량작물 생산은 매우 큰 위기를 맞게 된다. 축산업은 사료의 공급, 가축을 기르는 기후환경의 변화, 감염병 유행으로 어려운 환경을 맞이하게 된다. 반추동물의 사육은 식량작물 생산의 많은 부분을 차지할 뿐 아니라 온실가스의 배출원으로서도 작용하기에 축산업에 대한 조정 압력이 커질 수 있다.

(6) 산불

기후변화는 기후대의 변화로 고온 건조한 계절의 기간이 더 길어지게 하는데, 이로써 식생의 수분 함량이 줄어들고 토양이 건조해져 자연발화가 더 쉬워지고 한번 일어난 불은 대규모로 번지게 된다. 식생의 변화도 발화를 더 쉽게 하고 불이 꺼지기 어려운 환경을 만든다. 이전에는 산불이 드물던 지역에서 산불의 취약지가 확대되면서 산불의 규모는 이전에 볼 수 없이 광대한 지역으로 확대되어 엄청난 재앙으로 이어질 수 있다. 산불은 생태계를 파괴할 뿐만 아니라 토양 속의 씨앗과 영양분을 파괴해 다시 생물이 서식하기 힘든 환경을 만든다. 산불로 인해 대규모의 이산화탄소가 배출되는 한편, 숲의 소실은 이산화탄소의 흡수 용량이 줄어 온실가스의 축적을 강화시키는 악순환을 거치게 한다. 산불로 인해 발생하는 화염과 불완전연소 물질은 미세먼지와 검댕을 포함해 넓은 지역에 대기오염을 악화시키고 산불 진화 작업자들이나 인근 주민들의 호흡기와 심혈관 질환을 포함해 급성 건강위해를 가져온다. 임산부와 노약자의 건강에도 큰 위해를 가할 수 있다.

(7) 영구동토의 해빙과 메탄가스 방출

유라시아 대륙의 큰 면적을 차지하고 있는 시베리아 지역의 영구동토에는 과거 번성했던 식물을 포함한 유기물에서 기원한 이산화탄소와 메탄이 동결된 상태로 대량 묻혀 있다. 기후변화는 동결 매장된 이들 온실가스를 대기 중으로 대량 방출시켜 기후위기를 더욱 악화시킬 수 있다. 영구동토의 해빙은 메탄가스가 집중적으로 배출되는 '핫스팟'을 형성하면서 확대된다. 이러한 메탄가스의 방출은 기온 상승을 더욱 부추기고 이로써 동토의 해빙이 촉진되는 악순환의 고리를 따라 상태가 더욱 악화된다. 영구동토의 해빙으로 들어가는 비가역적인 과정은 이번 세기의 기후변화 진행 양상에서 매우 결정적인 전환점이 될 수 있다.

3. 한반도 기후변화의 현황과 전망

한국은 북반구의 중위도 지역인 동아시아 동쪽 끝에 위치하며 태평양과 유라시아 대륙의 영향을 받는 지리적 특성을 가지고 있다. 또한 면적이 넓지 않지만, 산악과 평야, 해양이 복잡하고 다양하게 분포되어 있어 지역에 따른 차이도 크다.

따라서 저해상도의 지리 모형을 이용해 산출한 전 지구 모형은 한국의 기상 특성을 충분히 반영하기 힘들다. 한반도의 기상을 예측하기 위해서는 저해상도를 이용해 분석한 전 지구 시나리오(135km)나 동아시아 지역 시나리오(25km)보다 남한 지역에 대한 상세 시나리오(1km)를 사용해 산출하므로 시군구 수준의 상세 기후변화 전망정보를 산출할 수 있다(국립기상과학원, 2020). 이는 국가적 수준뿐 아니라 지방자치단체 수준의 기후변화 대응대책 수립에 매우 유용한 자료다.

1) 한반도의 기후 현황과 전망

지난 106년(1912~2017년) 동안 한반도의 연평균기온은 13.2℃이고 연강수량은 1237.4mm였다. 연평균 최고기온은 17.5℃, 연평균 최저기온은 8.9℃였다. 지난 106년간 기온은 +0.18℃/10년 상승했다. 특히 기온 상승은 연평균 최고기온 +0.12℃/10년, 연평균 최저기온 +0.24℃/10년으로 최저기온의 상승 폭이 가장 컸다. 최근 30년간의 기온은 20세기 초(1912~1941년)보다 1.4℃ 상승했다. 2010년대(2011~2017년) 들어와서는 연평균기온이 14.1℃로 가장 높았다. 연평균기온은 1980년대(13.4℃)와 1990년대(14.0℃) 사이에 크게 상승했다(그림 1-4).

강수량은 최근 20년간 20세기 초반 124mm 증가했고 변동성이 매우 커서 강한 강수는 증가하고 약한 강수는 감소하는 경향을 보였다. 최근 10년 동안 서리일수, 한랭일이 많아지며 강한 강수가 감소하는 등 최근 30년과는 상반된 현상이 나타났다. 계절의 길이도 달라졌는데 여름은 19일 길어졌지만 겨울은 18일 짧아져 온난화 경향을 보였다.

2) 한반도 기후변화의 추세

한국의 장기적인 기온 상승은 겨울과 봄에 가장 뚜렷했으나 최근 10년간 기온 상승은 겨울이 아닌 계절에 주로 일어나 여름(+0.35℃/10년)의 기온 상승이 겨울(-0.45℃/10년)에 비해 더 컸다.

지난 106년 동안 고온극한현상 일수는 증가했지만 저온극한현상 일수는 감소했다. 그러나 최근 10년간은 저온극한현상 일수가 다소 증가했다. 겨울은 더 짧아져 서리일수와 결빙일수는 줄어든 반면 여름일수는 +1.2

일/10년으로 증가 추세이다. 열대야 일수는 최근 30년간 +0.9일/10년 증가했으며 폭염일수는 지난 10년간 +0.9일 증가했다.

한국은 21세기 전반기까지 연평균기온이 +1.6°C(SSP1-2.6)에서 +1.8°C (SSP5-8.5) 상승할 것으로 예상되지만 21세기 후반에는 저탄소 시나리오에서 +2.6°C 상승에 반해 고탄소 시나리오에서는 +7.0°C 상승이 예측된다. 고탄소 시나리오를 기준으로 볼 때 한반도 육지 연평균기온은 전 지구 육지 평균기온 상승(+6.9°C)과 비슷한 수준이다(그림 1-5). 기온 상승의 한반도 내 지역 간 차이는 그리 크지 않았다.

강수량은 지난 106년간 증가(+16.3mm/10년)했고 최근 30년 평균도 과거에 비해 증가했으나 강수일수는 뚜렷한 변화가 없었다. 강수 강도도 증가 추세(+0.18mm/일/10년)를 보였다. 그러나 세부적인 강우 양상의 변화는 뚜렷했는데 지난 106년간 여름철 강수량이 크게 증가했다(+11.6mm/10년). 강수일수는 계절별로 다른 변화 경향을 보이나 모든 계절에서 뚜렷한 변화는 없었다. 강수 양상에서 강한 강수는 증가하고 약한 강수는 감소하는 경향을 보였다. 이는 여름철의 집중호우와 같은 재난성 강우가 더 늘어나고 있음을 보여준다. 그러나 최장 무강수 및 무강수 강수지 속 기간은 뚜렷한 변화가 없어 현재까지 가뭄이 더 늘어난 경향을 보이지는 않는다(그림 1-6).

지난 106년간 계절의 시작일은 봄과 여름에는 빨라지고 가을과 겨울에는 늦어졌다. 여름은 길어지고 겨울은 짧아졌으나 봄과 가을은 큰 변화를 보이지 않는다. 과거 30년과 비교할 때 최근 30년은 봄과 여름의 시작일은 각각 13일, 10일 빨라진 반면 가을과 겨울의 시작일은 각각 9일, 5일 늦어졌다. 계절의 길이는 최근 30년간 과거 30년에 비해 여름은 19일 길어지고 겨울은 18일 짧아졌다(그림 1-7).

그림 1-4 **한국의 106년간(1912~2017년) 기온 및 기온 관련 극한기후지수 변화**

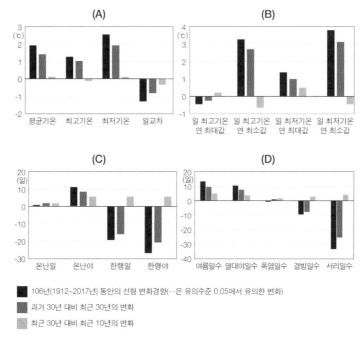

■ 106년(1912~2017년) 동안의 선형 변화경향(⋯은 유의수준 0.05에서 유의한 변화)
▨ 과거 30년 대비 최근 30년의 변화
▧ 최근 30년 대비 최근 10년의 변화

자료: 국립기상과학원(2018).

그림 1-5 **한국의 106년간(1912~2017년) 연평균 최고·평균·최저 기온의 변화**

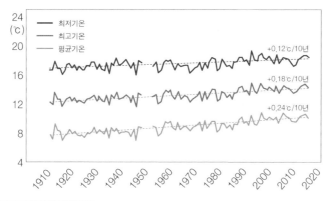

자료: 국립기상과학원(2018).

그림 1-6 **한국의 106년(1912~2017년) 동안 강수 및 강수 관련 극한기후지수 변화**

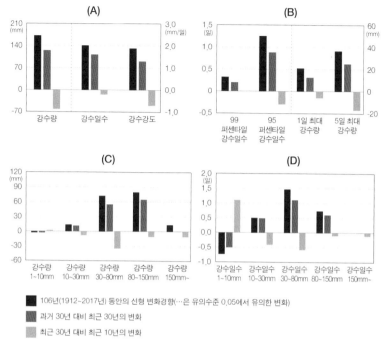

■ 106년(1912~2017년) 동안의 선형 변화경향(⋯은 유의수준 0.05에서 유의한 변화)

■ 과거 30년 대비 최근 30년의 변화

■ 최근 30년 대비 최근 10년의 변화

자료: 국립기상과학원(2018).

그림 1-7 **한반도의 계절길이 변화**

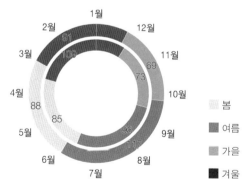

주: 과거 30년(1912~1941년, 원그래프 안쪽) 대비 최근 30년(1988~2017년, 원그래프 바
깥쪽)을 나타냄.
자료: 국립기상과학원(2018).

그림 1-8 **현재(1995~2014년) 대비 2000~2100년의 한반도 평균 강수량 변화**

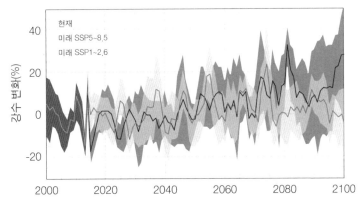

자료: 국립기상과학원(2020).

그림 1-9 **한반도의 SSP 시나리오에 따른 지역별 현재(1995~2014년) 대비 미래 전반기 (2021~2040년), 중반기(2041~2060년), 후반기(2081~2100년)의 평균 강수량 변화**

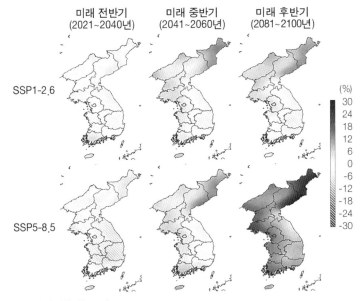

자료: 국립기상과학원(2020).

한반도의 평균 강수량은 모든 시나리오에서 21세기 전반기에는 현재에 비해 다소 감소했다가 21세기 후반기에 +3~14% 증가할 것으로 예상된다. 미래 한반도 강수량의 변화 경향은 지역에 따른 편차가 심할 것으로 전망된다(그림 1-8).

특히 저탄소 시나리오에서 21세기 후반기 한반도 북쪽은 강수량이 증가하는 반면 한반도 남쪽은 감소할 것으로 전망된다. 고탄소 시나리오에서는 21세기 후반기에 한반도 전역에서 강수량이 증가하고 증가 폭이 북쪽에서 더 클 것으로 예상된다(그림 1-9). 고탄소 시나리오에서 한반도의 육지 강수량 증가율(+14%)은 동아시아 육지 평균(+20%)보다 작고 전 지구 육지 평균(+7%)보다 크다.

3) 한반도 극한기후변화 양상

한반도에서도 전 지구 전망과 같이 극한기후 현상은 증가하는 반면 극한저온 현상은 전반적으로 감소할 것으로 예상된다. 21세기 후반기를 기준으로 볼 때 저탄소 시나리오(SSP1-2.6)의 경우 일 최고기온 연 최대값과 일 최저기온 연 최소값은 21세기 후반기에 현재 대비 +2.9°C와 +3.7°C 상승할 것으로 예측되며, 이는 고탄소 시나리오(SSP5-8.5)의 +8.5°C와 +10.0°C에 비해 1/3 수준으로 큰 차이를 보인다(그림 1-10).

극한기후지수는 계속 증가하지만 21세기 후반으로 가면서 기후 시나리오에 따라 큰 차이를 보인다. 21세기 후반 고탄소 시나리오(SSP5-8.5)에서는 온난일은 약 3.6배(36.5일 ➔ 129.9일), 온난야는 3.3배(36.5일 ➔ 121.3일) 급격히 늘어날 것으로 전망되는 반면 저탄소 시나리오(SSP1-2.6)에서는 온난일과 온난야가 미래 후반기에 각각 4.4일, 4.2일 증가하는 데 그칠 것으

그림 1-10 한반도 연 평균기온 변화

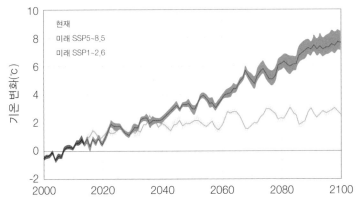

주: 현재(1995~2014년) 대비 2000~2100년의 변화를 나타냄.
자료: 국립기상과학원(2020).

그림 1-11 현재(1995~2014년)와 미래 기간별 한반도 온난일(A)과 온난야(B), 한랭일(C)과
한랭야(D) 전망

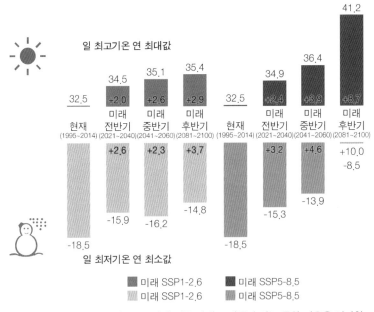

주: 위 막대 그래프 수치는 극한 고온, 아래 빗금 막대 그래프 수치는 극한 저온을 의미함.
자료: 국립기상과학원(2020).

그림 1-12 **한국 월 평균기온과 월 강수량의 106년(1912~2017년) 평균**

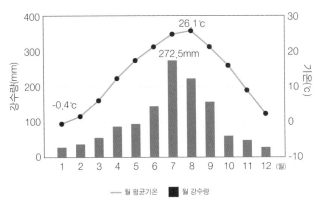

자료: 국립기상과학원(2018).

그림 1-13 **현재(1995~2014년)와 미래 기간별 한반도 5일 최대 강수량(A)과
상위 5% 극한 강수(B) 전망**

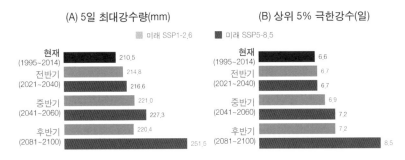

자료: 국립기상과학원(2020).

로 예상된다. 한반도는 동아시아에 비해 미래 후반기 기온 관련 극값은
더 크게 변할 것으로 전망되지만 극한기후지수는 변화 폭이 더 작거나 비
슷한 수준이다(그림 1-11).

　한반도의 강수량은 미래 전반기에는 감소하지만, 극한 강수는 더 증가
할 것으로 전망된다(그림 1-12). 고탄소 시나리오(SSP5-8.5)에서 5일 최대

강수량은 미래 전반기와 후반기에 각각 6.1mm, 41.0mm 증가할 것으로 전망된다. 상위 5%에 해당하는 극한 강수일은 미래 후반기에 약 30% 증가할 것으로 전망된다. 저탄소 시나리오(SSP1-2.6)에서는 미래 전반기와 후반기에 각각 4.3mm, 9.9mm 증가할 것으로 전망되고 상위 5% 극한 강수일은 전반기와 후반기에 큰 차이가 없을 것으로 예상된다. 극한 강수량 예측치는 탄소 배출 시나리오에 따른 차이가 매우 크다(그림 1-13).

4) 한반도 기후변화의 영향

지금까지의 기후변화는 앞에서 본 것과 같이 현저했으며 다가올 미래에는 지금까지 겪어보지 못한 규모일 것으로 예측된다. 기후변화로 인한 한반도의 주요한 영향을 분야별로 나눠 기술해봤다.

(1) 물 관리

기후변화가 진행됨에 따라 주요 하천의 유출량이 최대 30%까지 증가하고 홍수 때 유입량은 더 커질 것으로 예상되며 홍수의 강도는 지역에 따라 차이를 보일 것으로 예상된다. 도시 지역의 침수 위험도 더 커질 것으로 예상된다. 한편 가뭄의 발생 횟수 및 지속 기간은 감소하는 반면 가뭄의 강도는 증가할 것으로 예측된다. 특히 농업 부문에서 가뭄의 피해가 커질 것으로 예상되며 가뭄은 한편으로 하천의 유기물질과 인의 함량을 증가시켜 녹조의 번식을 초래해 수질 악화를 불러올 수 있다. 또한 담수어류의 종과 개체수의 감소를 초래할 수 있다(안소라 외, 2014).

(2) 생태계

기온 상승은 식생의 변화를 초래한다. 난대성 상록활엽수의 서식지가 남부 지방에서 한반도 동부와 서부 해안선을 따라 점차 북상할 것으로 예측되며 3.0°C 기온이 상승하면 21세기 후반기에는 함경남도까지 북상할 것으로 예측된다. 반면 산작약은 서식지가 현저히 감소할 것이다. 식물종들의 개화 시기가 빨라져 2°C 상승의 경우 6~7일, 3°C 상승의 경우 10~15일 빨라질 것으로 예상된다.

식생은 한대성 상록활엽수의 서식지가 현재에 비해 현저히 줄어들고 한라산 구상나무의 잠재 서식지 분포는 2°C 상승의 경우 80.2~94.8% 줄어들고 3°C 상승의 경우 제주도에서 사라지고 한반도에서 많이 감소할 것으로 예상된다(박선욱·구경아·공우석, 2016; 유승봉 외, 2020; Koo et al., 2016).

기온 상승과 강수량 변동은 주요한 생물의 서식지 분포와 밀도에 영향을 미쳐 육지, 담수, 습지에서 서식하는 척추 및 무척추 동물 중 많은 종이 감소 혹은 멸종하며 일부 번식이 증가하는 종에 비해 기존 종의 감소 및 소멸이 더 많을 것으로 예상된다. 외래종 동식물의 서식이 확대되지만 희귀/보호종(하늘다람쥐, 긴점박이올빼미, 까막딱따구리)을 포함한 고유종은 감소 혹은 소멸할 것으로 예측된다.

(3) 삼림 부문

기후변화는 산림의 생산성과 탄소 흡수량에 영향을 미쳐 소나무를 포함한 침엽수림과 혼효림의 생장과 서식 면적은 줄어드는 반면 활엽수림의 서식은 늘어날 것이며 이는 연간 탄소 흡수율을 줄이는 방향으로 작용하리라 예상된다. 목재 생산량도 줄어들 것으로 예상된다.

산림재해도 증가할 것인데 산사태의 발생이 4°C 이상 기온 상승 시 고위험 지역의 면적은 21%, 중위도 위험 지역은 400% 이상 증가할 것으로 예측되었다. 산림 병충해도 증가해 한반도 대부분 지역이 위험 혹은 고위험 지역이 될 것으로 예상된다.

(4) 농업

기후변화는 농작물 생장에 영향을 미쳐 벼 생산성의 감소가 예측되며 고탄소 시나리오를 적용하면 80% 수준까지도 감소할 수 있다는 보고가 있다. 한반도 북부 지역의 벼 및 다른 곡물 작물의 생산량은 증가할 것으로 예측되었다. 기온 및 강수량 상승은 농작물 병해충 번식에 영향을 미쳐 이로 인한 피해가 커질 것으로 예상된다. 사과 재배 적지와 재배 가능한 지역이 축소되어 21세기 초반에 저탄소 시나리오의 경우 강원도 및 중부 지역을 중심으로만 재배할 수 있고 고탄소 시나리오의 경우 강원도 일부 지역을 중심으로만 재배가 가능할 것으로 예측되며, 21세기 말 이후에는 재배 적지와 재배 가능한 지역이 전혀 없어 고품질 사과를 재배하기가 불가능할 것으로 예측된다(Koo, Park and Seo, 2017; Hur, Ahn and Shim, 2013; Koo, 2017).

(5) 해양 수산

한국 해역은 수온 상승률이 세계적으로 가장 높으며 최근 54년간 연평균 표층 수온이 약 1.35°C 상승해 같은 기간 전 지구 평균에 비해 2.5배 이상의 수준이다. 또한 여름과 겨울의 수온차도 지속적으로 커지고 있는데 이는 주로 여름철 고수온 발생 증가가 주원인이다. 해수면 상승은 동해와 남해에서 높고 서해는 상대적으로 낮은데 2050년 해수면 상승 예측치는 저탄소 시나리오에서는 동해 32~35cm, 서해 23cm 남해 24cm, 고탄소 시나리오에서는 동해 86~121cm, 서해 644~682cm로 예측된다. 해안 지역의 침수 면적도 많이 늘어나 2050년 고탄소 시나리오의 경우 50년 빈도의 침수 이벤트는 6배 이상 늘어날 것으로 예측되었다. 양식 해산물 중 넙치와 참전복은 저탄소 시나리오의 경우 양식 적합도가 크게 떨어져 양식이 부적합해질 것으로 예상된다. 어획량도 크게 변화하는데 오징어, 멸치의 어획량은 큰 폭으로 감소하는 반면 고등어 산란장은 남쪽으로 이동해 어획량 증가가 예상된다.

참고문헌

국립기상과학원. 2018. 「한반도 100년의 기후변화」.

_____. 2020. 「한반도 기후변화 전망보고서」.

_____. 2022. 온난화 영향에 따른 한반도 기후변화 리스크.
　　http://www.climate.go.kr

박선욱·구경아·공우석. 2016. 「기후변화에 따른 한반도 난대성 상록활엽수 잠재서식지 분포 변화」. ≪대한지리학회지≫, 51(2), 201~217쪽.

안소라·하림·윤성완·김성준. 2014. 「CE-QUAL-W2를 이용한 충주호의 기후변화에 따른 탁수 및 부영양화 영향평가」. ≪한국수자원학회논문집≫, 47(2), 145~159쪽.

유승봉·김병도·신현탁·김상준. 2020. 「녹나무과 상록활엽수 자생지 기후특성과 기후변화에 따른 분포 변화」. ≪한국환경생태학회지≫, 34(6), 503~514쪽.

환경부. 2020. 「한국 기후변화 평가보고서 2020: 기후변화 영향 및 적응」.
　　http://27.101.216.208/home/web/policy_data/read.do;jsessionid=cPX7N3YL5dCD5VT0
　　b799ko9h.mehome1?pagerOffset=0&maxPageItems=10&maxIndexPages=10&searchKe
　　y=&searchValue=&menuId=92&orgCd=&condition.orderSeqId=7374&condition.rnSeq=
　　26&condition.deleteYn=N&seq=7564.

Denman, K. L. et al. 2007. "Couplings Between Changes in the Climate System and Bio-geochemistry." In S. Solomon et al.(eds.) _Climate Change 2007: The Physical Science Basis._ Contribution of Working Group I to the Fourth Assessment Report of the Inter-governmental Panel on Climate Change. Cambridge and New York: Cambridge University Press.

Ebi, K. L. et al. 2014. "A new scenario framework for climate change research: the concept of shared socioeconomic pathways." _Climate Change_, 122, pp. 387~400.

Hur, J., J. B. Ahn and K. M. Shim. 2013. The change of cherry first-flowering date over South Korea projected from downscaled IPCC AR5 simulation. Int J Climatol 2013(34): 2308~2319.

IPCC. 2023. _Sixth Assessment Report._

Kanter, J. 2009.3.13. "Scientist: Warming Could Cut Population to 1 Billion." _New York Times._
　　http://dotearth.blogs.nytimes.com/2009/03/13/scientist-warming-could-cut-po
　　pulation-to-1-billion/?_r=0

McMichael, A. J. 2017. _Climate Change and the Health of Nations: Famines, Fevers, and Fate of Populations._ New York: Oxford University Press.

Michael, H. Glantz. 1996. _Currents of Change: El Niño Impact on Climate and Society._ Cambridge: Cambridge University Press.

Muller, R. A. et al. 2013. "Decadal variations in the global atmospheric land temperature." _J_

Geophys Res Atmos, 118(1-7), pp. 5280~5286.

O'Neill, B. C. et al. 2014. "A new scenario framework for climate change research: the concept of shared socioeconomic pathways." *Climate Change*, 122, pp. 387~400.

Rößger, N. et al. 2022. "Seasonal increase of methane emissions linked to warming in Siberian tundra." *Nat Clim Chang*, 12, pp. 1031~1036.

Vaara, M. 2003. "Use of ozone depleting substances in laboratories." *TemaNord* 2003:516. https://norden.diva-portal.org/smash/get/diva2:796602/FULLTEXT01.pdf

World Bank. 2012. "4° Turn Down the Heat: Why a 4°C Warmer World Must be Avoided." A Report for the World Bank Potsdam Institute for Climate Change Impact Research and Climate Analytics. Washington, D. C. https://documents1.worldbank.org/curated/en/865571468149107611/pdf/NonAsciiFile Name0.pdf

Koo K. A. et al. 2016. "Potential climate change effects on tree distributions in the Korean Peninsula: Understanding model & climate uncertainties." *Ecological Modelling*, 353, pp. 17~27.

Koo K. A. et al. 2017. "Sensitivity of Korean fir(Abies koreana Wils.), a threatened climate relict species, to increasing temperature at an island subalpine area." *Ecol Modell*, 353, pp. 5~16.

Koo K. A., S. U. Park and C. Seo. 2017. "Effects of climate change on the climate niches of warm-adapted evergreen plants: expansion or contraction?" *Forests*, 8, pp. 500.

━

기상청 기후정보포털. http://www.climate.go.kr/home/CCS/contents_2021/Definition.html#

기상청 날씨누리. https://www.weather.go.kr/w/obs-climate/climate/climate-change/climate-change-scenario.do

IPCC. Assessment Report 1 to 6. https://www.ipcc.ch/assessment-report/

02

기후변화와 인류의 진화

권호장 (단국대학교 의과대학 예방의학교실 교수)

1. 들어가는 말

지구상에 최초의 생명체가 출현한 이래 지난 38억 년 동안 기후변화는 생명체 진화의 원동력이 되어왔다. 특히 약 700만 년 전에 인간과 침팬지의 마지막 공통조상(Last Common Ancestor: LCA)으로부터 인류의 조상인 호미닌(hominin) 계통이 분화되고, 약 200만 년 전에 호모속이 출현하고, 약 30만 년 전에 오늘날의 호모 사피엔스(Homo sapiens)가 진화하는 과정에서 기후변화는 결정적인 역할을 하게 된다. 이 장에서는 최초의 호미닌에서 호모 사피엔스가 출현하는 시기의 기후 특성과 이에 대한 진화적 대응이 어떻게 호모 사피엔스를 만들었는지 살펴보고자 한다.

2. 지난 천만 년 동안의 기후

과거 고기후를 복원할 때 산소 동위원소는 결정적인 역할을 한다. 대부분의 산소 원자는 8개의 중성자와 8개의 양성자를 가지고 있어 원자가가 16이지만(^{16}O) 중성자가 9개(^{17}O) 또는 10개(^{18}O) 있는 안정동위원소가 일부 존재한다. 이 중 극미량이 존재하는 ^{17}O은 제외하고 ^{18}O과 ^{16}O의 비율을 이용해 과거 기후를 복원할 수 있다. 해양 퇴적물, 빙하 코어, 화석의 시료에서 ^{18}O/^{16}O의 비율을 측정해 현재의 심층 해양에서 채집한 표준시료의 비율과 비교해 δ^{18}O[1])를 구하면 시료가 형성된 시대의 기후 정보를 얻을 수 있는 것이다.

산소 안정동위원소의 비율이 당시 해양의 온도를 반영하는 것은 기온이 바닷물의 증발과 응축 과정에 영향을 미치기 때문이다. 물 분자는 하나의 산소의 2개의 수소로 구성되는데, 가벼운 산소(^{16}O)가 함유된 물 분자는 무거운 산소(^{18}O)를 포함한 물 분자보다 쉽게 증발한다. 반면 해양에서 증발한 수증기 중 ^{18}O을 포함한 수증기는 ^{16}O을 포함한 수증기보다 쉽게 응축해 비나 눈이 된다. 그래서 적도 근처에서는 ^{18}O이 많이 포함된 수증기가 먼저 응축되지만 극지방으로 갈수록 남은 수증기에는 ^{18}O의 함량이 적어지기 때문에 위도가 올라갈수록 점차 더 많은 ^{16}O이 비나 눈에 포함되게 된다.

빙기에는 낮은 기온이 적도 쪽으로 확장하기 때문에 온화한 기후 때와

---

1) δ^{18}O의 단위는 1/1,000을 의미하는 per mil(‰)로 표본에서 구한 ^{18}O의 비율(^{18}O/^{16}O)을 수소와 산소의 동위원소 비율이 정확하게 측정된 표준시료[비엔나 표준 해양수 평균(Vienna Standard Mean Ocean Water)]에서의 비율로 나눠 산출한다. [(^{18}O/^{16}O)표본/(^{18}O/^{16}O)표준시료−1]×1,000.

그림 2-1 지구의 고기후

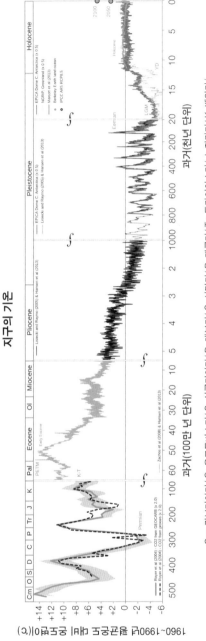

지구의 기온

자료: https://en.wikipedia.org/wiki/Paleoclimatology

Cm: 캄브리아기/ O: 오르도비스기/ S: 실루리아기/ D: 데본기/ C: 석탄기/ P: 페름기/ Tr: 트라이아스기/ K: 백악기/
Pal: 팔레오세/ Eocene: 에오세/ Ol: 올리고세/ Miocene: 마이오세/ Pliocene: 플라이오세/ Pleistocene: 플라이스토세/ Holocene: 홀로세

비교해 상대적으로 저위도 지역에서도 빗속의 ^{18}O 함유량이 증가한다. 따라서 ^{16}O을 포함한 수증기가 더 많이 극지방으로 이동하고 응축해 비나 눈이 되기 때문에 빙하 속에는 더 많은 ^{16}O이 포함된다. 반면 해양에는 더 많은 ^{18}O이 남아 있게 된다.

기온이 상승하는 시기에는 극지방에 도달하는 수증기의 양도 많아지고 ^{18}O의 비율도 높아진다. 따라서 빙하 속에 ^{18}O의 비율이 높으면 빙하가 형성될 당시의 기온이 높았다는 의미이다. 또한 기온이 높을수록 빙하가 녹으면서 빙하 속에 상대적으로 높았던 ^{16}O가 많이 포함된 물이 바다로 들어가면서 해양의 염도는 감소하고 ^{18}O도 낮아진다. 따라서 해양의 ^{16}O 비율이 높으면 기후가 온난했음을 의미한다. 해양의 유공충은 해수의 온도가 낮을수록 ^{18}O을 잘 받아들이는 경향이 있는데 기온이 낮을 때는 해양의 ^{18}O 비율 역시 높아서 유공충 껍질의 ^{18}O이 높아진다. 빙하 코어 시료를 이용하면 약 80만 년 전까지의 기후를 복원할 수 있고 심해 퇴적층의 유공충 시료를 이용하면 약 2억 년 전의 기후도 복원할 수 있다.

산소 동위원소를 이용해 추정한 고기후를 보면 대부분의 포유동물이 처음 출현하기 시작한 5,500만 년 전 에오세(Eocene) 이후 지구의 기온이 지속적으로 낮아지는 추세이다.

3. 호미닌의 진화

인간과 침팬지의 LCA에서 호미닌 계열이 분화되는 1천만 년 전에서 500만 년 전 사이에 지구 기온은 상당한 수준으로 낮아지고 기온의 변동 폭은 커졌다. 이런 변화는 단기간의 냉각화라기보다는 수백만 년에 걸쳐 따뜻한 시기와 추운 시기가 번갈아 나타나는 양상이었지만 그 영향이 아프리카 대륙에 미친 전반적인 결과는 열대림이 축소되고 산림과 초목으로 이루어진 사바나 지역이 확대되는 방향이었다. 이때 열대우림에서 주로 열매를 따 먹고 살던 LCA의 입장에서는 만일 열대우림 한복판에 거주했다면 이런 변화를 감지하지 못했을 수도 있다. 그러나 열대우림의 주변부에 거주하던 LCA라면 이런 변화가 큰 스트레스로 다가왔을 것이다. 주식량이던 잘 익은 열매를 얻기는 점점 어려워지고 영양가가 낮은 먹거리를 먹기 시작했을 것이며 식량을 얻기 위해 더 먼 지역을 돌아다녀야 했을 것이다. 침팬지의 경우를 보면 열매가 없는 경우에 풀이나 섬유질이 많은 줄기나 잎을 먹기도 하는데 초기 호미닌도 비슷했을 것이다. 자연선택은 풍부한 환경보다는 열악한 환경에서 더 강력하게 작동하기 때문에 초기 호미닌들에서는 거칠고 섬유질이 많은 뿌리나 줄기, 씨앗을 씹을 수 있는 크고 두꺼운 치아와 멀리 돌아다닐 수 있는 두 발 걷기가 선택되었을 것이다. 두 발로 걸어 다니는 것은 네 발로 걷는 것보다 에너지 소비 측면에서 효율적이고 더 많은 시야를 확보할 수 있어서 사바나 지역에 있는 맹수를 피하는 데도 효과적이었을 것이다.

　LCA에서 분화되기 시작한 최초의 호미닌은 어떤 모습이었을까? LCA는 현대의 인간보다 침팬지에 더 가까웠을 것으로 추정된다. 인간은 유인원 중에서는 특이한 점이 매우 많은 종이고, 반면 침팬지는 다른 유인원과 유사한 점이 더 많기 때문이다. 따라서 공통조상에서 현대의 침팬지로 이어지는 계통보다는 인간으로 이어지는 계통에 더 많은 진화가 일어난 것으로 보인다. 그러나 LCA에 대한 직접적 증거가 될 화석은 발견되지 않고 있다. LCA가 살았을 아프리카 열대우림은 뼈가 보존되어 화석으로 남기에는 부적절한 조건이다. 숲에 남겨진 뼈는 신속하게 부패해 해체되어서 침팬지나 고릴라, 그리고 이들과 인류의 공통조상의 화석이 남아 있을 가능성이 거의 없기 때문이다.

공통조상에서 인간 계통이 분기된 후 초기 호미닌 계열 중 가장 많은 화석 증거가 있는 것은 오스트랄로피테쿠스(Australopithecus)이다. 오스트랄로피테쿠스에는 여러 종이 있는데 이 중 호모속의 직계 조상으로 알려진 것은 오스트랄로피테쿠스 아파렌시스(A. afarensis)다. 아파렌시스라는 종명은 화석 발견지인 아프리카를 의미하는 라틴어에서 유래했고, 가장 유명한 아파렌시스 화석은 1974년에 동아프리카 에티오피아 북동부 하다르의 계곡 지역에서 발견된 루시(Lucy)로, 당시 발굴팀이 즐겨 듣던 비틀스의 곡명에서 이름을 따온 것으로 알려져 있다.

아파렌시스는 420만 년 전에서 290만 년 전까지 생존했고 다시 여러 종으로 분기했는데, 그중 하나가 호모속이다. 오스트랄로피테쿠스는 대체로 서 있는 유인원의 모습인데, 크기는 사람보다 침팬지와 비슷해서 암컷의 키는 1.1m 내외이고 몸무게는 28~35kg 정도이며 수컷의 경우 키는 1.4m, 몸무게는 40~50kg이다. 두뇌 크기가 현존하는 유인원보다 약간 더 크고 얼굴 아랫부분이 돌출된 원시 두개골, 앞쪽에 위치한 대후두공(foramen magnum), 무거운 턱, 상대적으로 큰 송곳니를 가지고 있었다. 이들의 턱과 치아로 미루어 볼 때 열매보다는 질긴 풀, 뿌리, 씨앗을 주로 먹었을 것이다. 어깨의 견갑골은 상완골과 연결된 관절이 위쪽에 위치해 있고 팔이 길었으며 손가락이 구부려져 있고 다리는 짧아서 여전히 나무에 오르는 능력을 보유하고 있었다. 하지만 오스트랄로피테쿠스는 침팬지보다 인간에 훨씬 가까운 두 발 걷기를 했는데, 그들은 인간과 비슷한 골반의 구조와 아치가 있는 발바닥, 다른 발가락과 나란히 있는 작은 엄지발가락을 가지고 있었다. 오스트랄로피테쿠스 두 발 걷기의 결정적인 증거는 탄자니아 라에톨리에서 발견된 27m에 걸친 수십 명의 발자국으로 이는 370만 년 전에 화산재에 덮힌 지역을 걸어가면서 생겼다.

오스트랄로피테쿠스보다 더 일찍 존재해서 사람과 침팬지의 LCA에서 갈라져 나온 최초의 호미닌으로 제안되는 것은 중앙아프리카 차드에서 화석이 발견된 사헬란트로푸스 차덴시스(Sahelanthropus tchadensis)와 동아프리카에서 화석이 발견된 오로린 투게넨시스(Orrorin tugenensis), 그리고 아르디피테쿠스(Ardipithecus)이다.

사헬란트로푸스 차덴시스는 2001년 사하라 사막 남쪽 차드의 모래 속에서 발견되었다. 지금은 불모지이지만 수백만 년 전에는 숲과 호수가 있는 지역이었다. 사헬란트로푸스 차덴시스는 온전한 두개골과 이빨, 턱 조각, 그 외 몇 개의 뼈들이 발굴되었다. 이들의 별칭은 토우마이(toumai)로 발굴 지역의 언어로는 희망(hope of life)이라는 의미이다. 차덴시스가 생존했던 연대는 최소 600만 년 전에서 최대 720만 년 전 사이로 추정된다.

또 다른 초기 호미닌 후보로는 케냐에서 발견된 600만 년 전에 살았던 것으로 추정되는 오로린 투게넨시스다. 오로린 투게넨시스는 턱뼈 조각 일부와 이빨, 그리고 다리뼈 조각만이 발굴된 상태이고 충분히 분석되지 않아 아직 많은 것이 알려져 있지는 않다.

에티오피아에서 발굴된 아르디피테쿠스는 초기 호미닌에 대해 풍부한 정보를 제공한다. 가장 오래된 아르디피테쿠스 카다바(Ardipithecus kadabba)의 연대는 580만 년 전에서 520만 년 전 사이로 추정되는데 약간의 뼈와 이빨이 발굴되었다. 가장 최근 호미닌에 해당하는 아르디피테쿠스 라미두스(Ardipithecus ramidus)의 생존 연대는 450만~430만 년 전으로 추정되는데 여기에는 아르디(Ardi)라는 별칭으로 불리는 여성 골격의 일부와 여러 명의 치아가 포함되어 있다.

아르디를 포함한 초기 호미닌들은 인간보다는 아프리카의 유인원들과 더 비슷한 모습이었으나 유전적으로는 인간과 훨씬 유사한데, 가장 중요한 근거는 초기 호미닌들이 두 발 걷기를 했다는 것이다. 물론 자연계에서 두 발 걷기는 인간만의 특성이라고 볼 수 없다. 침팬지를 포함한 많은 포유동물이 두 발로 서고 걸을 수 있다. 다만 인간은 일상적으로 두 발 걷기를 하면서 나무를 오르는 능력을 상실했고 대신 역학적으로 매우 효율적인 두 발 걷기를 한다는 점이 다르다. 아르디를 포함한 초기 호미닌들은 인간과 똑같지는 않지만 두 발 걷기 적응을 시작한 것으로 보이는데 일차적인 변화는 고관절의 변화다. 침팬지는 똑바로 서서 걸을 때 두 다리가 멀리 떨어져 있고 술 취한 사람처럼 상체가 좌우로 흔들린다. 반면 인간은 걸을 때 상체의 흔들림이 거의 없는데 이것은 모든 에너지를 전진하는 데 사용한다는 의미이다. 우리가 이렇게 안정적으로 걸을 수 있는 것은 골반의 모양이 바뀌었기 때문이다. 골반의 넓은 부위를 차지하는 장골(ilium)이 침팬지는 길고 뒤를 향해 있는 반면 인간은 작고 옆을 바라보고 있는데, 이렇게 되면 고관절 옆의 근육이 상체를 지탱할 수 있어서 안정된 보행이 가능하다. 아르디를 포함한 초기 호미닌들에서도 이런 변화를 관찰할 수 있다.

두 발 걷기로 얻는 에너지 효율은 숲에 살면서 걷는 거리가 얼마 되지 않는 침팬지에게는 별다른 이점이 없으나 장거리를 이동하면서 식량을 획득해야 하는 초기 호미닌에게는 엄청난 이점을 제공한다. 예를 들어 30kg의 오스트랄로피테쿠스가 침팬지 평균 이동거리의 2배쯤인 6km를 매일 이동했다고 가정할 때 만일 인간처럼 걸었다면 하루에 140칼로리(일주일이면 거의 1천 칼로리)를 절약할 수 있다. 침팬지보다 50%만 효율적으로 걸었다 하더라도 일주일에 약 500칼로리를 절약할 수 있는데 이는 식량

자원이 희소한 환경이라면 생존에 결정적인 영향을 미쳤을 것이다 (Liberman, 2013: 64).

LCA에서 분화가 시작된 후 수백만 년 동안 초기 호미닌들은 비록 모습은 인간보다 유인원과 비슷했고 뇌의 크기도 작았지만 두 발로 똑바로 서서 걷기 시작했다는 점에서는 명백하게 유인원과 구별되는 경로에 들어섰다고 할 수 있다.

4. 호모속의 출현

오스트랄로피테쿠스가 주로 생존했던 플리오세(Plicene, 530만~260만 년) 동안은 계속 기온이 내려갔다. 지구의 기후는 약 250만 년 전 플라이스토세(Pleistocene)가 되면서 더욱 급변하는데 이때 바다의 수온이 2℃ 이상 떨어졌다. 전체 바다의 평균기온이 2℃ 하락하는 것은 엄청난 변화로 극지방에서는 빙하가 형성되는 빙하기가 시작되었다(Zachos et al., 2001). 초기 호미닌들이 오늘날의 인간과 훨씬 유사한 호모속으로 진화하는 여정은 빙하기의 도래와 함께 시작되었다고 할 수 있다. 물론 아프리카 지역의 호미닌들이 직접 빙하기를 체험하는 것은 아니지만 그들의 서식지에도 적지 않은 변화가 있었다. 동아프리카 지역의 기후는 항상 변화했는데, 변화의 전체적인 방향은 숲이 축소되고 건조한 사바나 지형이 확대되는 것으로 주 식량이던 열매를 구하기가 점점 더 어려워졌다. 이런 환경에서는 두 발로 서고 걸어 다니면서 식량을 채집할 수 있는 능력이 향상되고 크고 두꺼운 치아로 덩이줄기, 뿌리, 씨앗, 견과류를 먹을 수 있는 능력이 경쟁력을 갖지만 이것만으로는 충분하지 못했다.

당시에 호미닌에게는 두 가지 선택이 있었다. 첫째는 기존의 방식대로 단단한 치아를 이용해 거칠고 딱딱한 먹거리를 오랜 시간 힘들게 씹으면서 생존하는 것이다. 또 다른 선택은 새로운 먹거리를 찾는 것이다. 기존의 먹거리 채집에 더해서 고기를 먹고 도구를 이용해 식량을 추출해내는 것이다. 사냥과 채집 방식의 진화는 호모속의 진화를 이끌어냈다. 이런 변화를 가능하게 한 것은 큰 뇌라기보다는 인간의 몸과 비슷하게 신체가 변하는 것이었다.

호모속에서 가장 먼저 출현한 종은 손을 사용할 줄 아는 인류(handy man)라는 의미를 가진 호모 하빌리스(Homo habilis)다. 호모 하빌리스의 화석은 탄자니아 세렝게티 국립공원의 올두바이 협곡에서 발견되었는데, 이곳에서는 돌의 윗부분을 다듬고 손질한 돌도끼와 사슴, 영양의 뼈를 인위적으로 간 흔적들이 함께 발견되었다.

호모 하빌리스와 비슷한 시기에 호모 에렉투스(Homo erectus)가 출현했다. 호모 하빌리스와 호모 에렉투스의 관계에 대해서는 호모 하빌리스로부터 호모 에렉투스가 진화했다는 의견과 이 둘이 독립적으로 진화한 종이라는 의견이 모두 있다.

인간과 유인원 사이의 소위 잃어버린 연결 고리(missing link)를 찾으려는 노력의 결실은 아시아 지역에서 나타났다. 인도네시아에서 두개골과 대퇴골 화석이 발견되었는데 똑바로 선 유인원이라는 의미의 피테칸스로푸스 에렉투스(Pithecanthropus erectus)라 명명되었고, 비슷한 화석이 베이징의 동굴과 탄자니아의 올두바이를 포함한 여러 아프리카 지역에서 발굴되었다. 처음에는 각각이 다른 종이라고 생각하고 명명했으나 지금은 서로 멀리 떨어진 지역에서 발견된 유사한 화석이 모두 호모 에렉투스인 것으로 결론짓고 있다. 현재까지 확인된 근거로 판단해보면 호모 에렉투스는 대략 190만 년 전에 아프리카에서 출현해 세계 각지에 퍼졌는데, 중앙아시아 조지아 지역에 180만 년 전에 나타났고 160만 년 전에는 인도네시아와 중국에까지 퍼졌다. 호모 에렉투스는 키 122~185cm, 몸무게 40~70kg로 목 이하는 긴 다리와 짧은 팔을 가진 모습이 인간과 매우 유사했다. 두뇌 크기는 오스트랄로피테쿠스보다는 컸고 인간보다는 작은 600~1,200cm^3 정도였다. 치아는 인간의 것과 거의 유사했고 크기만 약간 컸다.

기후변화에 적응하고 생존하기 위해 수렵채집이 본격화되면서 이런 생활에 적합한 형태의 신체적·행동적 진화의 결과로 호모속이 출현한 것이다. 호모속의 출현은 2단계로 나눠볼 수 있는데 먼저 호모 하빌리스 때 두뇌가 약간 커지고 얼굴에서 돌출된 입이 평평해지는 변화가 나타나고 에렉투스에 와서는 다리, 발, 팔과 작은 치아, 그리고 더 커진 두뇌 등 인간의 신체와 유사한 형태를 갖게 되었다.

지금부터는 수렵채집 생활이 호모속의 신체를 어떻게 변화시켰는지에 대해 좀 더 살펴보겠다. 수렵채집은 먹을 수 있는 식물의 채집, 동물 사냥, 긴밀한 상호 협조, 식량 가공이라는 네 가지 핵심 요소를 포함한다.

열대우림에 서식하는 유인원은 하루에 2~3km를 움직이면서 과일을 포함한 식용식물을 모으면 필요한 식량을 충당할 수 있지만 개방된 서식지에 사는 호미닌은 최소한 6km를 움직여야 하고 바로 먹을 수 있는 먹거리 외에 뿌리식물이나 너트 종류들을 먹기 위해서는 추출 과정이 필요하다. 게다가 많은 먹거리들이 계절성을 띠고 있어서 채집만으로 충분한 식량을 확보하기란 쉽지 않은 일이었다(Liberman, 2013: 64).

고고학적 근거에 따르면 호미닌은 260만 년 전부터 고기를 섭취한 것으로 보인다. 고기는 식물에 비해 에너지 함량이 높고 풍부한 단백질과 지방, 그리고 염분, 아연, 철 등의 필수영양소를 제공한다. 그러나 아무런 사냥도구가 없던 시기에는 사냥의 성공률이 높지 않고 위험하기까지 했을 것이다. 사냥은 주로 남자가 했을 것으로 생각되는데, 임신한 또는 아이를 돌보는 여성이 사냥에 참여했을 가능성은 낮기 때문이다. 따라서 노동이 분담되는 동시에 여성이 채집하는 식물과 남성이 사냥하는 고기를 함께 나누는 생활 방식이 출현했다. 식량 공유는 자식을 키우는 남녀 사이에서만 이루어진 것은 아니다. 사냥꾼이 큰 동물을 사냥하는 일은 항상 가능하지 않기 때문에 사냥에 성공했을 때 잡은 고기를 나눠 먹고 사냥에 실패했을 때 다른 사람의 고기를 나눠 먹는 것은 훌륭한 생존전략이 된다. 사냥을 집단으로 하면 성공 확률이 높아지기 때문에 서로 긴밀하게 협조하는 상호주의는 수렵채집 시대를 살아가는 호미닌들의 근본적인 가치관이었을 것이다.

수렵채집 시대의 마지막 핵심 요소는 먹거리 가공이다. 당시의 식물 먹거리는 추출하기도 어렵고 섬유질이 많아서 씹거나 소화하기가 쉽지 않았다. 호모속들이 먹거리를 가공하지 않았더라면 오늘날 침팬지가 그러하듯 깨어 있는 시간의 대부분을 음식을 씹으면서 보내야 한다. 고기의 경우도 마찬가지다. 편평한 치아로는 질긴 고기를 잘라서 씹기가 쉽지 않다. 즉, 호모속이 날것의 먹거리를 씹어야 했다면 수렵채집할 여유를 갖지 못했을 것이다. 이런 문제를 해결하기 위해 도구를 이용해서 고기를 잘게 자르거나 식물을 자르고 부숴서 씹기 좋게 만들었다. 호모속이 최초로 사용한 도구는 올두완(Oldowan)이다. 이 석기는 망칫돌로 몸돌을 타격해 조각들을 떼어내는 방식으로 만든 것으로, '뗀석기' 또는 '타제석기'라고도 불린다. 올드완 석기는 인류가 300만 년 이상 사용한 도구로 일부 지역에서는 수만 년 전까지도 사용되었다.

기후변화로 인한 식량 획득의 어려움에 대응하기 위해 육식을 하고 식량을 공유하고 도구를 만들어 먹거리를 가공한 좋은 호미닌뿐이며 이 과정을 통해 호모속이 진화하게 된다. 수렵채집 생활의 특성별로 호미닌의 신체를 오늘날 호모 사피엔스와 유사하게 진화시킨 방식은 다음과 같다.

호모 에렉투스는 생존에 필요한 식량을 확보하기 위해 유인원들에 비해 훨씬 많이 돌아다녔을 것이다. 장거리를 이동하기 위한 신체적 적응 중 하나는 긴 다리이다. 호모 에렉투스는 오스트랄로피테쿠스에 비해 훨씬 다리가 길어 효율적으로 돌아다녔지만 대신 나무를 오르는 능력은 상실했다. 발에도 변화가 생기는데 엄지발가락이 다른 발가락과 평행하게 되고 발바닥 가운데 아치가 보행을 효율적으로 만들었다. 두 발로 서서 움직임에 따라 네 발로 걷는 것보다 다리에 많은 하중이 걸리는데, 이에 대응하기 위해 뼈가 두꺼워지고 발목, 무릎, 대퇴관절이 더 커지게 된다. 오래 돌아다니기 위해 동시에 해결해야 하는 문제는 몸을 시원하게 하는 능력이다. 호미닌들이 안전하게 채집과 사냥을 하기 위해서는 맹수들이 그늘에서 쉬고 있는 대낮에 돌아다닐 수 있는 능력이 필수적이다. 두 발로 꼿꼿이 서는 것 자체가 햇빛과 접촉하는 면을 줄이고 땀을 통해 열을 배출하는 표면적을 늘려서 몸을 시원하게 유지하는 방법이었다. 또 다른 변화는 외부로 돌출된 코이다. 코가 돌출되면 코 안에서 공기의 흐름이 한 번 꺾여서 기도로 들어가는데, 이때 들이마신 공기와 코 안 점막의 접촉 면이 넓어지면서 공기의 습도를 높여 폐가 건조해지는 것을 예방할 수 있다. 돌출된 코는 덥고 건조한 기후에서 매우 중요한 적응인 것이다.

호미닌은 오래 돌아다니는 것을 넘어 오래 달릴 수 있는 능력을 갖추게 되는데, 이는 변변한 도구가 없던 시절에 사냥을 위해 필수적인 능력이었다. 오래달리기를 위해 가장 중요한 적응은 땀 배출을 통한 효과적인 열 발산 능력이다. 이를 위해서는 충분한 땀샘이 있어야 하고 몸에 털이 없어야 한다. 대부분 포유동물은 땀샘이 손이나 발바닥에만 있는 데 반해 유인원들은 신체의 다른 부분에도 땀샘이 있다. 호미닌 진화의 어느 단계에서 땀샘의 숫자가 폭발적으로 늘어 인간은 전신에 걸쳐 수백만 개의 땀샘을 가지고 있다.

수렵채집 생활은 뇌와 위장관에도 큰 변화를 초래했다. 뇌와 위장관은 많은 에너지를 소비하는 장기다. 단위 무게당으로 환산하면 둘다 비슷한 에너지를 소비하고 따라서 비슷한 혈류량을 필요로 한다. 인간은 뇌와 위장관의 크기나 무게가 비슷한 데 반해 같은 체중의 다른 포유동물은 뇌는 인간의 1/5 정도지만 위장관은 2배 더 크다. 즉, 인간은 상대적으로 작은 위장관과 큰 뇌를 가지고 있는데, 이는 진화의 과정에서 양질의 먹거리를 통해 위장관의 크기를 줄이고 뇌의 크기를 늘린 중대한 교환이 있었음을 의미한다. 수렵과 채집을 통해 고기를 포함한 영양가 높은 먹거리를 얻은 호모속은 음식을 소화하는 데 사용하는 에너지를 줄이고 이를 뇌를 발달

표 2-1 **호모속 종의 주요 특징**

종	연대(백만 년)	화석 발견지	두뇌 크기(cm^3)	체중(kg)
호모 하빌리스	2.4~1.4	탄자니아, 케냐	510~690	30~40
호모 루돌펜시스	1.9~1.7	케냐, 에티오피아	750~800	?
호모 에르가스테르	1.9~1.2	동부 및 남부 아프리카	700~900	52~63
호모 에렉투스	1.9~0.2	아프리카, 유럽, 아시아	600~1,200	40~65
호모 하이델베르겐시스	0.7~0.2	아프리카, 유럽	900~1,400	50~70
호모 네안데르틸렌시스	0.2~0.03	유럽, 아시아	1,170~1,740	60~85
호모 플로렌시스	0.09~0.02	인도네시아	417	25~30
호모 날레디	0.3~0.2	남아프리카	465~610	39.7
호모 사피엔스	0.3~현재		1,100~1,900	40~80

자료: Liberman(2013: 108)을 참고해 재작성.

시키고 유지하는 데 사용할 수 있게 되었다. 오스트랄로피테쿠스의 뇌는 400~550g 정도인데 호모 에렉투스의 뇌는 600~1,200g까지 커졌다.

뇌가 커지면 이를 유지하기 위해 더 많은 에너지가 필요하지만 큰 뇌는 수렵채집에 다양한 이점을 제공한다. 수렵채집 생활을 효과적으로 하려면 구성원들 간에 식량자원을 공유하기 위한 정보가 필요하고 이를 얻으려면 서로 긴밀하게 협조해야 한다. 이 과정에서 다른 사람의 마음을 읽고 언어를 통해 의사소통하고 추론하고 각자의 충동을 억제할 수 있는 다양한 인지능력이 필요하다. 또한 수렵채집을 위해서는 기억력도 좋아야 하고 먹거리를 구할 수 있는 시간과 장소를 예측할 수 있는 능력도 필요하다. 이런 모든 것을 가능하게 하려면 큰 뇌가 필요하고 큰 뇌를 발달시킬 수 있었던 전제조건은 수렵채집을 통한 양질의 먹거리 확보였던 것이다.

5. 호모 사피엔스의 출현

호모속의 진화 과정에서 아프리카 환경의 냉각화와 건조화에 따른 서식 환경의 변화가 큰 역할을 했지만 진화가 단일 요인만으로 발생하는 것은 아니다. 다양한 종류의 호모들은 다양한 서식 환경에서 생활했고 서식 환경의 불안정성 그 자체가 중요한 진화 압력으로 작용했다. 변화하는 환경에 대한 근본적인 적응 방법은 인구집단 내에 다른 빈도로 존재하는 대립 유전자 중에 가장 생존에 적합한 유전자가 선택되는 찰스 다윈(Charles Darwin)의 자연선택이다.

또 다른 방식은 환경에 대응할 수 있는 행동이 선택되어 다양한 환경에서 생존할 수 있는 능력을 획득하게 되는 것이다. 이런 과정에서 두뇌 능력이 큰 역할을 한다. 진화 과정에서 처음 수백만 년 동안에는 두뇌가 점차 커지긴 했지만 그 속도는 매우 느렸다. 두뇌의 크기가 빠른 속도로 커진 것은 지난 100만 년 동안인데 이때는 지구 전체에서 빙기와 간빙기의 차이가 커지는 등 기후의 변동 폭이 가장 컸던 시기이다. 커다란 두뇌 덕분에 인류의 조상은 정보를 처리하고 저장하는 능력과 사전에 계획을 세우고 복잡한 문제를 해결하는 능력을 갖추게 되었고 변화하는 환경에서 생존할 수 있는 능력을 키우게 된다.

호모 사피엔스가 처음 출현한 시기를 정확하게 알기는 어렵다. 호모 사피엔스의 기원을 알기 위해 두 가지 방법이 사용된다. 먼저 지구 여러 곳의 인구집단의 유전자를 비교해 공통조상이 나타난 시기를 추정할 수 있다. 유전자 분석은 생체분자에서 일어나는 돌연변이의 발생 빈도로 특정 생물집단이 둘 이상으로 분화된 시점을 측정하는 기술인데 시계에 빗대어 분자시계로 부르기도 한다. 이 방법으로 추적해보면 공통조상은 20만 년~30만 년 전 아프리카에서 살았던 것으로 보인다.

인류의 기원을 추정하는 또 다른 방법은 호모 사피엔스의 화석을 분석하는 것이다. 에티오피아에서 발견된 19만 5천 년 전 호모 사피엔스 화석을 근거로 현생인류가 대략 20만 년 전 아프리카 동부에서 출현했다고 여겨졌으나, 2017년 아프리카 북부 모로코에서 약 31만 5천 년 전에 살았던 호모 사피엔스의 화석이 발견되면서 연대가 10만 년 이상 앞당겨졌다.

고인류에서 호모 사피엔스가 분화되어 오늘날 세계 인구를 구성하기까지 크게 3단계를 거친 것으로 여겨진다. 가장 최근은 4만·6만 년 전으로 호모 사피엔스가 전 세계로 퍼져 현생인류를 구성하게 되는데, 이때 네안데르탈인과 데니소바인 등의 고인류와 이종교배를 한 것은 잘 알려져 있다. 그 전 단계는 6만~30만 년 전으로 호모 사피엔스가 아프리카에서 출현해 다양한 유전적 구성을 갖춘 시기이고 가장 이전 시기는 30만~100만 년 전으로 호모 사피엔스가 고인류로부터 분화되는 과정을 밝았다 (Bergström et al., 2021).

최근 연구에 따르면 90만 년 전에 극심한 기후변화의 영향으로 호모 사피엔스의 조상 중 생식능력이 있는 인구수는 1,280명으로 줄었고 이런 상태로 10만 년 이상이 지속된 것으로 추정된다. 이는 호모 사피엔스가 출현조차 할 수 없었던 멸종위기가 있었음을 의미하고 동시에 이런 병목현상이 큰 두뇌를 가진 새로운 종, 즉 호모 사피엔스와 네안데르탈인 공통조상으로의 진화를 촉진했을 가능성도 시사한다. 이 시기에 인간 염색체의 융합 현상이 나타났으며, 그 주인공은 인간 염색체 중 두 번째로 큰 2번 염색체였을 것으로 추정된다. 결과적으로 보면 24쌍의 염색체를 가진 고인류는 모두 멸종하고, 23쌍의 염색체를 가진 소수의 고립 개체군만이 살아남아 대를 이어갔다(Hu, 2023).

인간과 침팬지의 LCA에서 현생인류가 출현하기까지 기후변화는 결정적인 역할을 수행했다. 이 과정을 인간의 관점에서 보면 기후변화가 인간을 만들어냈다는 긍정적 인상을 가질 수도 있지만, 호모속의 관점에서 보면 다른 종은 모두 멸종하고 호모 사피엔스만 살아남았으며 호모 사피엔스의 조상도 멸종위기를 맞았다가 운 좋게 겨우 살아남았다는 것을 알 수 있다.

호모 하빌리스, 호모 에르가스테르(Homo ergasther), 호모 에렉투스, 호모 하이델베르겐시스(Homo heidelbergensis), 호모 네안데르탈렌시스(Homo neanderthalensis), 호모 사피엔스 등 호모속 6종의 화석 증거와 기후 조건을 분석한 연구에 따르면 멸종 계열의 종들은 멸종 직전에 기후 조건의 상당 부분이 변화해서, 즉 기후변화가 멸종에 결정적인 역할을 했다. 다만 호모 네안데르탈렌시스의 경우는 호모 사피엔스와의 경쟁이 멸종위험을 추가로 높인 것으로 나타났다(Raia, 2000).

6. 아프리카 탈출

지구상의 모든 인류는 아프리카에서 진화했으며 해부학적으로 현생인류인 동일 조상으로부터 유래했다. 인류의 조상이 아프리카를 탈출한 시기에 대해서는 아직도 학계에서 논란이 많지만 기후변화가 중요한 역할을 했다는 데는 의심의 여지가 없다.

기후변화는 두 가지 방식으로 아프리카 탈출을 촉진하는데, 하나는 아프리카에서 거주하기 힘든 기후 조건이 형성되어 아프리카 밖으로 나가려는 압력이 높아지는 것이고 다른 하나는 아프리카를 벗어날 수 있는 통로가 만들어지는 기후 조건의 형성이다.

인류의 조상이 아프리카를 벗어나는 경로는 일차적으로 오늘날 팔레스타인, 시리아가 있는 근동 지역이다. 북서쪽으로는 지중해, 남동쪽으로는 사막 지대가 펼쳐지는 비교적 좁은 지역으로 레반틴 통로(Levantine corridor)라고 부른다. 이 통로를 통과해 중동 지역으로 간 뒤 이어서 유럽과 중앙아시아, 극동아시아, 그리고 호주까지 넘어갔다는 것이다. 또 다른 경로는 동부아프리카에서 홍해를 건너 아라비아 반도로 넘어가는 것이다.

북반구의 냉각화와 빙하 증가에 따라 건조화기 진행되면서 아프리카에서도 급작스럽고 심각한 기후의 변화가 일어난다. 아프리카 북부, 서부, 동부의 상당 부분이 거주 불가능 지역으로 변하면서 거주 가능 지역으로 이동해야 하는 압박으로 작용했다. 실제 이주 시기는 불확실하지만 7만 년 전에 다양한 부족이 중동이나 서아시아 같은 북동쪽으로 향하고 또 다른 집단은 인도양 해안선을 따라 동쪽으로 향했을 것이다. 이동 시기를 추정할 때 또다시 분자시계에 의존한다. 미토콘드리아에는 세포핵의 유전자와 완전히 분리된 유전자 패키지가 들어 있는데, 이 유전자들의 돌연변이는 일정한 속도로 발생하기 때문에 두 집단 간의 미토콘드리아 DNA 차이는 대략 얼마나 오래전에 분리되었는지에 대한 지표가 된다. 다양한 지역의 인구집단 혈액 시료에서 미토콘드리아 DNA를 분석한 결과에 따르면 7만 5천 년에서 6만 년 사이에 아프리카에서 멀리 퍼진 것으로 나타나는데, 이 시기는 지구의 기온이 특히 낮았던 6만 5천 년 전과 시기적으로 일치한다(Fu et al., 2013).

인류의 이동 통로가 만들어지는 데도 기후가 결정적인 역할을 한다. 특히 아라비아와 사하라 사막 지대의 통과는 기온이 따뜻하고 습도가 높아진 결과로 사막에 녹지가 형성되어 사막 횡단이 수월해진 시기에 일어났다. 또 빙기에 빙상이 바닷물을 가둬서 홍해와 페르시아만의 해수면이 낮아지는 것을 이용해 바다를 건너 동쪽으로 이동할 수 있었다.

7. 홀로세의 문명

지질시대 구분에서 신생대는 제3기와 제4기로 나뉘는데, 제4기는 대략 260만 년 전부터 시작된 플라이스토세와 현재 우리가 살고 있는 홀로세(Holocene)로 구성된다. 플라이스토세의 기후는 빙하기로 빙기와 간빙기의 사이클이 반복되었고 빙기가 최대로 확장되었을 때는 지금으로부터 약 2만 4천 년에서 1만 8천 년 전 사이로 알려져 있다. 이때 전 세계 평균

기온은 산업혁명 이전과 비교할 때 6°C가량 낮았던 것으로 추정되고 해수면은 지금보다 125m가량 낮았으며 지구 표면의 8%, 특히 육지는 25%가량이 영구적인 빙하로 덮혀 있었다(박정재, 2021: 80). 홀로세는 이전의 플라이스토세와 비교해 기온이 높기도 했지만 기온의 변동 폭도 매우 적은 안정적인 기후를 적어도 산업화 이전까지는 보여주었다.

마지막 빙기에서 마지막 간빙기인 현재의 홀로세로 전환하는 과정은 순탄하지 않았다. 급격한 기후변화의 연속이었다. 1만 4,700년 전에 기온이 상승한 후 한동안 온난화 시기를 유지하다가 갑자기 기온이 급속히 낮아지는 빙기가 찾아오는데, 이때를 영거 드라이아스(Younger Dryas) 시기라고 한다. 영거 드라이아스 시기를 초래한 원인으로 가장 널리 받아들여지는 가설은 지구가 따뜻해지면서 빙하가 녹은 차가운 담수가 북대서양에 유입되어 '대서양 자오선 역전 순환류(Atlantic meridional overturning circulation: AMOC)'의 속도를 늦췄고, 그 결과 북반구에 한랭화가 시작되었다는 것이다. 기후변화로 인한 지구의 기온 상승이 빙기를 초래할 수도 있음을 시사하는 결과라고 할 수 있다. 영거 드라이아스 시기가 끝나고 홀로세로 넘어가는 기간에는 상상을 초월하는 급속한 기온 상승이 일어났는데, 그린란드 빙하를 분석한 결과를 보면 수십 년 사이에 10°C 이상 상승한 것으로 나타난다.

이런 급격한 기온 변화는 생태계에도 큰 영향을 미쳤다. 가장 두드러진 사건 중 하나는 마스토돈, 매머드, 털코뿔소 같은 거대 포유동물의 멸종이다. 원인은 명확하지 않으나 온난화가 영향을 미쳤을 것으로 보이는데, 빙기에는 초지였던 지역이 온난화에 따라 숲으로 바뀌면서 거대한 초식동물이 먹이를 구하기가 어려워지고 두터운 털은 빙기에는 적합했으나 온난한 기후에 적응하는 데는 큰 장애가 되었을 것이다. 엄청난 식량을

그림 2-2 홀로세의 기온 추이(표 자료를 통해 알 수 있는 내용)

지표면 온도 변화

지표면 온도는 지난 12만 5천 년 동안 전례가 없을 정도로 상승하고 있다

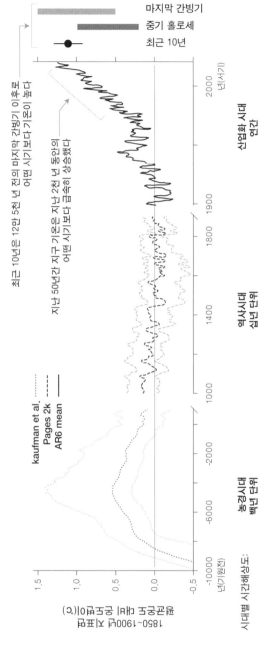

자료: IPCC(2021).

제공했던 거대 동물군이 사라짐에 따라 다른 많은 식량 공급원의 지리적 범위도 변화해 인간의 식단과 관련 행동에 점진적인 변화를 가져왔다. 일부 지역에서는 수렵과 채집의 수확량만으로는 수렵채집인들이 생존하는 데 필요한 양을 충당하기 어려웠을 것이다. 새로운 식량 공급원과 획득 방법이 필요했다.

수렵채집에서 농경으로의 급격한 생활 방식의 전환이 어떻게 일어났는지는 여전히 복잡하고 아직 해결되지 않은 의문으로 남아 있다. 불과 2천 년이라는 짧은 시간 동안 서로 접촉하지 않았던 전 세계 6곳의 주요 중심지에 농업이 등장했다는 사실은 홀로세의 새로운 기후환경 조건이 채굴, 채집보다는 수확과 심기에 더 적합하다는 것을 의미한다.

홀로세 기후 안정은 특정 지역의 특정 식물을 길들이는 방법과 종자의 크기, 줄기의 높이를 향상시키는 선택적 교배를 가능하게 만들었고 종자 보관법을 배우기에 충분한 시간을 허용함으로써 농업의 발전을 촉진했다. 야생동물 무리의 가축화도 비슷한 방식으로 촉진되었다. 물론 농경으로의 전환이 순조롭지만은 않았다. 야생 풀과 작물의 재배는 처음에는 수확량이 적고 비, 온도, 태양에 의존해야 했으며 노동 집약적이며 위험이 동반되었다. 식량 획득을 소수의 종에 의존하는 전략은 야생의 기후 조건에서는 계절에 따라 다양한 동식물종에 접근하는 것보다 본질적으로 탄력성이 떨어졌다. 홀로세 기후의 상대적인 안정성이 이 새로운 식량 생산 시스템의 성공과 실패를 결정지었을 것이다.

게다가 단지 농사를 지을 수 있다고 해서 농경생활이 가능한 것은 아니다. 수렵채집에서 정착농경으로의 문화적 전환이 일어나려면 집과 마을을 만들고 가축을 기르고 농기구를 개선해야 할 뿐만 아니라 물물교환 경제를 개발하고 문화적 규범과 사회관계도 새로 구성해야 한다. 이 과정에는 수많은 시행착오가 불가피한데 기후가 안정되어 있지 않았더라면 이런 전환이 가능하지 않았을 것이다(McMichael, 2017).

그 후 수천 년 동안 날씨와 기후는 계속해서 변화했고 때로는 재앙적이며 치명적인 피해를 입히기도 했지만, 이전의 빙하기와 비교하면 전체적으로 매우 안정적이어서 농업은 계속 유지되었고 그 바탕 위에 오늘날의 문명이 건설되었다.

참고문헌

박정재. 2021. 『기후의 힘』. 서울: 바다출판사.

Bergström, A. et al. 2021. "Origins of modern human ancestry." *Nature*, 590, pp. 229~237.

Fu, Q. et al. 2013.4.8. "A revised timescale for human evolution based on ancient mito-chondrial genomes." *Curr Biol*, 23(7), pp. 553~559.

Hu, W. et al. 2023. "Genomic inference of a severe human bottleneck during the Early to Middle Pleistocene transition." *Science*, 381(6661), pp. 979~984.

IPCC. 2021. "Chapter 2." *Climate Change 2021: The Physical Science Basis*. Contribution of Working Group I to the Sixth Assessment Report of the Intergovernmental Panel on Climate Change Cambridge University Press, Cambridge, United Kingdom and New York, NY, USA, pp. 287~422.

Liberman, D. 2013. *The story of the human body: evolution, health and disease*. New York, Vintage Books.

McMichael, A. J. 2017. *Climate change and the health of nations*. New York: Oxford University Press.

Raia, P. et al. 2020. "Past Extinctions of Homo Species Coincided with Increased Vulnerability to Climatic Change." *One Earth*, 3(4). pp. 480~490.

Zachos, J. et al. 2001. "Trends, Rhythms, and Aberrations in Global Climate 65 Ma to Present." *Science*, 292(5517), pp. 686~693.

___

https://en.wikipedia.org/wiki/Paleoclimatology

기후변화의 건강 영향과 질병부담

정해관 (성균관대학교 의과대학 명예교수)

1. 기후변화의 건강 영향 발생 기전

인체는 유기체 조합으로 이루어진 고도의 복잡계로 주변의 환경으로부터 자신의 시스템을 지키기 위한 항상성을 유지하고자 다양한 기전을 가지고 있다. 기후는 인간이 마주치는 환경의 가장 기본적인 결정요인이어서 일차적으로 인체의 항상성 유지에 영향을 미치고 이차적으로 인간을 둘러싼 물리적·생물학적 환경에 영향을 미친다. 또한 사회경제적 변화도 인체의 건강에 영향을 미친다. 이에 따라 기후가 인간의 건강에 미치는 영향은 다양한 경로를 거쳐 작용한다. 기후변화가 인간의 건강에 미칠 영향을 이해하기 위해서는 건강에 영향을 미치는 다양한 요인에 대한 폭넓은 이해가 필요하다.

기후변화가 건강에 미치는 영향은 다양한 경로로 이해되고 있다

그림 3-1 **기후변화가 인간의 건강에 미치는 영향의 직간접 경로에 대한 개략도**

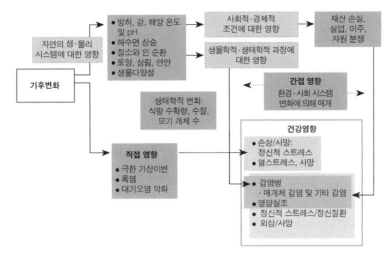

자료: McMichael(2014).

(McMichael, 2007). 기후변화로 인한 홍수나 태풍 같은 극한 기상은 피해 지역에서 직접적인 손상과 사망, 부수적인 피해와 더불어 정신적인 피해를 남긴다. 폭염이나 한파는 열사병, 저체온증 같은 직접 사망을 일으킬 뿐 아니라 심혈관 질환이나 만성질환을 앓은 사람들의 사망률을 높여 초과 사망(excess mortality)을 초래한다. 기후변화로 인한 미세먼지 혹은 오존 등의 대기오염 악화는 기저 질환이 있는 사람들을 포함한 취약계층의 사망과 상병을 유발해 초과 사망으로 나타난다. 이러한 직접 영향은 비교적 파악하기 쉽고 널리 사용되는 지표이기는 하나 기후변화가 건강에 미치는 영향은 이외에도 매우 다양한 경로가 있고 그 피해 규모 또한 매우 크고 지속적인 경우가 많다(그림 3-1).

기후변화는 단기적으로는 극한 기상과 폭염을 초래하지만 장기적으로는 앞서 본 바와 같이 지구환경에 복합적이고 지속적인 영향을 미쳐 자연

환경의 변화와 더불어 생태환경의 변화를 초래한다. 이로 인해 해당 지역 사회의 사회경제적 조건을 변화시키고 생태환경의 변화는 질병에 대한 노출과 감수성을 변화시킨다. 기후변화로 인한 모기, 진드기 등 감염병 매개체 생태의 변화는 인구집단에서 말라리아, 뎅기열, 쓰쓰가무시병 등 매개체 감염병의 폭발적 유행을 초래할 수 있다. 수생환경의 변화는 상수원과 농업용수의 양과 질에 영향을 미쳐 수인성 감염병의 유행을 초래할 수 있다. 가뭄과 몬순 소실 등 기상 조건의 악화는 농업과 축산업에 영향을 미쳐 식량 생산에 타격을 주고 이는 지역적인 영양실조로 이어질 수 있다. 특히 임산부와 어린이는 영양실조에 취약하다. 기상재해, 해수면 상승, 가뭄과 산불은 지역사회를 파괴하며 해당 지역 인구의 집단 이주 혹은 난민화를 초래할 수 있다. 삶을 위한 가장 기본적인 요인의 하나인 거주지의 소실로 인한 이주와 난민화, 실업은 해당 인구집단에서 다양한 정신 질환과 스트레스를 유발한다. 앞에서 열거한 사항들은 기후변화가 건강에 미치는 간접 영향에 해당한다.

기후변화로 인한 건강 영향은 이와 같은 다양한 경로를 통해 인구집단의 건강 수준에 영향을 끼친다. 그러나 비슷한 수준의 기후변화에 노출된 인구집단이라도 건강 영향이 나타나는 크기와 정도는 해당 지역의 사회경제적 요인, 보건의료체계를 포함한 사회기반시설의 수준, 비상대응체계 수준에 따라 큰 차이를 보인다. 동일한 허리케인에 습격을 당했더라도 대비대응체계가 잘 갖춰진 선진국 지역사회에 비해 저개발국의 피해는 천문학적인 수준에 이를 수 있다. 따라서 기후변화와 건강을 보는 관점은 기후변화의 크기만을 기준으로 해서는 안 되며 해당 지역사회의 총체적인 적응능력 혹은 회복능력으로 평가해야 한다. 따라서 기후변화와 관련한 건강 문제에 접근함에 있어 공중보건학의 모든 영역에 대한 충분한 이해가 바탕이 되어야 한다(McMichael, 2014).

기후변화가 인구집단에 따라 피해 정도가 달리 나타나는 수준을 종합적으로 평가하기 위해 취약성(vulnerability)의 개념을 적용한다. 취약성은 노출(exposure), 민감성(sensitivity), 회복탄력성(resilience)의 세 가지 요인으로 구성되며 이와 관련한 상세한 기술은 5장에 정리했다.

2. 기후변화와 건강 영향

1) 폭염과 한파

기후변화로 인한 가장 대표적인 기상현상은 폭염이다. 폭염은 매우 심한 더위를 지칭하지만, 구체적인 정의는 국가와 지역에 따라 다르다. 한국 기상청은 일 최고기온 33℃ 이상을 폭염으로 정의하고 있다. 그러나 실제 기온 상승이 건강에 영향을 미치는 정도는 지역과 대상 인구집단에 따라 매우 다르게 나타날 수 있다. 따라서 기온이 아닌 인구집단의 건강 영향을 기반으로 폭염을 정의하기도 한다.

인간은 항온동물이므로 항상 체온이 일정하게 유지되어야 정상적인 생리 기능을 유지할 수 있다. 외부 기온이 올라가거나 내려가면 인체는 여러 가지 기능을 이용해 체온을 조절하는데, 기온이 올라가면 피부를 통한 복사와 땀의 증발로 인해 생기는 냉각 효과를 이용해 체온을 조절한다. 혈관이 확장되고 사지로 가는 혈액순환을 늘려서 직접 냉각 효과를 얻기도 한다. 이와 같은 체온 조절 기능은 뇌의 시상하부에 있는 온도 조절 중추에서 담당한다.

폭염 시 체온 조절 기능이 직접적으로 손상되어 나타나는 열중증은 탈수, 땀으로 인한 염분 손실, 혈관 조절 장애로 나타나는 열 탈진, 열경련, 열 피로 같은 질환이 있고, 온도 조절 중추의 장애로 체온이 급격히 상승하여 생명의 위협으로 이어지는 열사병이 있다. 열사병은 체온이 40.5℃ 이상으로 상승하는 경우를 지칭하는데, 매우 치명적인 질환이어서 폭염으로 인한 직접 사망의 주요 원인이다. 그러나 폭염이 내습하면 열사병 이외에도 훨씬 더 많은 사망자가 발생하는 것을 관찰할 수 있는데 이는 폭염에 의한 초과 사망이다. 폭염에 의한 초과 사망 현상은 사망 통계를 이용해 쉽게 추산할 수 있다. 특정 지역의 일 최고기온과 일별 사망자 수를 도표로 그리면 그림 3-2와 같다. 일 최고기온과 일별 사망자 수 간 상관관계를 도표로 나타내면 기온의 상승에 따라 일별 사망자 수는 점차 감소하다 일정 시점에 도달하면 급격히 증가한다. 이와 같은 J-곡선은 폭염과 사망 간 관계에서 일반적으로 관찰되는데 J-곡선의 가장 낮은 점에 해당하

그림 3-2 **1994년 서울시의 일 평균기온과 일별 사망자 수**

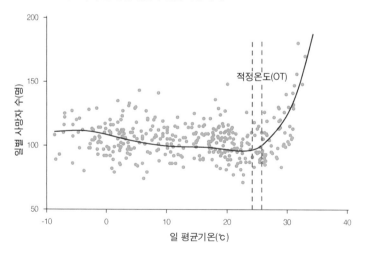

는 온도를 적정온도(optimum temperature: OT)라고 한다. 적정온도점을 초과한 부분의 사망자 수를 폭염으로 인한 초과 사망자로 추산하는 경우가 많다. 이처럼 인구통계와 기온 자료를 이용해 폭염으로 인한 초과 사망자를 산출하는 방법이 일반적으로 널리 사용된다.

폭염으로 인한 초과 사망자는 주로 심혈관 질환, 만성 호흡기 질환, 당뇨병 같은 대사 질환이나 비만 등의 기저 질환을 가진 집단, 노인, 영유아, 임산부 등의 민감 집단, 그리고 폭염에도 야외에서 노동하는 고노출 집단 같은 취약 집단에서 집중적으로 발생한다. 사망 원인은 심혈관 질환과 만성 호흡기 질환이 가장 큰 부분을 차지하지만, 그 외에도 여러 질환이 포함될 수 있다. 폭염으로 인한 초과 사망은 개인별로 그 인과관계를 확인하기가 어렵지만 역학적인 방법으로 그 규모와 분포를 비교적 정확하게 추산할 수 있으므로 국가 혹은 지역사회 수준에서 폭염 관련 대책을 수립하는 데 매우 중요하고도 필수적인 자료다.

폭염으로 인한 초과 사망의 또 다른 특징으로는 지역 간 차이를 들 수 있다. 사망 통계는 대부분 지역과 국가에서 산출하는 기본적인 보건 통계에 속하므로 국가/지역 간, 인구집단별, 시기별 비교가 가능하고 폭염 관련 정책 시행의 효과를 평가하는 데도 매우 중요한 근거를 제공한다. 기온과 사망 간 관계 곡선을 지역별로 산출하면 지역에 따라 적정온도의 수준과 기울기가 다름을 확인할 수 있다. 그림 3-3에서 국내 주요 대도시와 미국 주요 대도시의 온도-사망 곡선을 이용해 적정온도를 구했을 때 적정온도의 수준은 미국에 비해 한국이 더 높음을 확인할 수 있다. 이를 바탕으로 한국 거주자들이 미국 거주자들에 비해 폭염 적응력이 대체로 더 높다고 해석할 수 있다(Kim, Ha and Park, 2006). 이처럼 폭염 적응력은 지역별 인구집단의 민감도 차이와 같은 생물학적 요인의 영향도 받지만, 건축

그림 3-3 **국내 주요 도시의 일 평균기온과 일별 사망률**

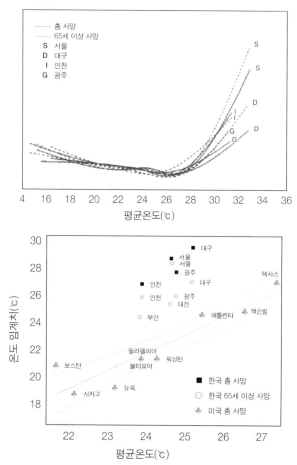

(위) 연령군별 사망자 분포의 차이
(아래) 국내 6대 도시와 미국 주요 도시의 일 평균기온과 적정온도

자료: Kim, Ha and Park(2006).

물의 구조, 냉방기기의 보급 수준처럼 사회경제적 수준과 기후대 같은 환경적 요인도 복합적으로 작용한다. 특히 취약 집단에 대한 적극적인 대책을 수립하면 폭염으로 인한 사망의 저하를 기대할 수 있다.

인체는 고온 환경이 지속되면 서서히 적응하는 '기후순응(acclimatization)' 과정을 거쳐 폭염을 이겨내게 된다. 일반적으로 이와 같은 기후순응에는 7~14일이 소요된다고 알려졌는데, 이 기간을 거치면서 땀의 분비능력이 향상되고 땀으로 손실되는 전해질을 줄여서 같은 온도에 노출되더라도 더 효율적으로 체온을 조절할 수 있다. 이와 같은 기후순응 현상은 이른 여름인 5~6월에 갑자기 온 폭염에 노출된 사람들에게서 한여름에 비해 폭염으로 인한 초과 사망이 더 많은 현상을 설명할 수 있다. 따라서 본격적인 여름이 시작하기 전인 초여름의 폭염에 적극적으로 대비해야 한다.

폭염으로 인한 건강 영향을 국가적인 수준에서 지속적으로 산출하기 위해서는 질병에 대한 감시체계(surveillance system) 수립이 필요하다. 감시체계란 건강 관련 자료를 지속적이고 체계적으로 수집, 분석, 해석하고 보급하는 것을 말한다. 이는 국민건강 영양조사와 같은 단면조사와는 달리 짧은 주기 혹은 지속적으로 지역 혹은 국가적인 수준에서 체계적인 자료를 수집하는 것이 필요하며 의무적 신고(수동 감시) 혹은 적극적 조사(능동 감시)를 통해 자료를 수집하고 이를 체계적으로 분석하고 평가한 다음 관련 기관과 일반 국민이 볼 수 있도록 보급하는 체계다. 감염병 등 공중보건체계의 가장 기본적이고 필수적인 자료다. 폭염으로 인한 건강 영향을 평가하기 위해 한국은 2011년부터 온열질환 응급실 감시체계를 운영하고 있다. 그러나 한국은 국가적인 수준에서 사망 자료에 대한 실시간 감시가 이루어지지 않고 있어 사망 통계를 이용한 사후 평가만이 가능하다.

기후변화로 인한 건강 영향을 지속적으로 평가하기 위해 한국은 「보건의료기본법」에 따라 주기적으로 기후보건 영향평가를 실시하고 있다. 2022년 발간된 제1차 기후보건 영향평가에 의하면 한국의 폭염으로 인한 사망과 상병은 감시 방법과 대상에 따라 다르다. 2011~2020년 사이 질병

그림 3-4 **국내 폭염 관련 질환의 연도별 추세**

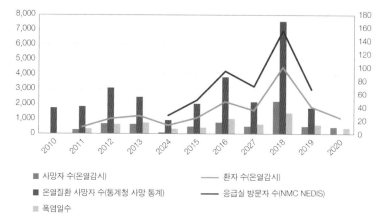

- 사망자 수(온열감시)
- 온열질환 사망자 수(통계청 사망 통계)
- 폭염일수
- ── 환자 수(온열감시)
- ── 응급실 방문자 수(NMC NEDIS)

자료: 질병관리청(2022) 재구성.

그림 3-5 **온열질환 환자와 사망자의 성별·연령별 분포**

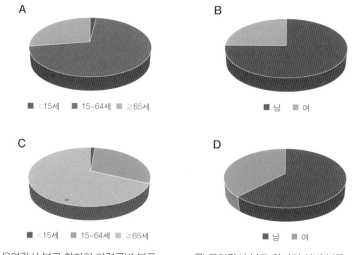

A

■ <15세 ■ 15~64세 ■ ≥65세

B

■ 남 ■ 여

C

■ <15세 ■ 15~64세 ■ ≥65세

D

■ 남 ■ 여

(A) 온열감시 보고 환자의 연령군별 분포
(C) 온열감시 사망자의 연령군별 분포

(B) 온열감시 보고 환자의 성별 분포
(D) 온열감시 사망자의 성별 분포

자료: 질병관리청(2022) 재구성.

관리청이 실시하는 온열감시체계에 의한 온열질환 환자 수는 연평균 1,537명(443~4,526명)이었으며 이는 응급실 감시체계를 통한 온열질환 응급실 방문환자 수 연평균 3,479명(1,214~7,070명)과는 차이를 보인다. 온열질환으로 인한 사망자 수는 온열감시체계의 연평균 14.3명(6~48명)인데 반해 같은 기간 통계청 연평균 61.2명(20~97명)과는 약 4배 차이를 보인다. 이러한 환자 수의 연간 추세는 폭염일수와 강한 상관관계를 보여 폭염 시기에 집중된 양상을 보인다(그림 3-4).

온열질환으로 인한 환자 수와 사망자 수의 분포는 차이를 보인다. 온열감시에 등록된 환자 수는 남성이 여성보다 많고 활동이 많은 청장년층에서 가장 많다. 그러나 사망자의 분포는 65세 이상에서 집중적으로 일어나며 남녀 비는 여성이 상대적으로 더 높다(그림 3-5). 이는 온열질환으로 인한 건강 피해가 취약계층에서 주로 일어남을 보여주는 사례다.

더위와는 반대로 추위가 심해지면 인간의 몸은 체온 유지에 어려움을 겪게 된다. 기온이 갑자기 내려가는 현상을 한파라고 하는데, 기상청은 아침 최저기온이 영하 12°C 이하인 날을 한파로 정의한다. 기후변화의 영향으로 주로 평균기온이 상승하고 폭염이 증가하지만 한편 기온 변이의 분포가 넓어짐으로써 한파가 급격히 줄어들지 않고, 특히 한국이 위치한 중위도 지역은 앞서 설명한 것과 같이 기온이 상승함으로써 북극 소용돌이가 약화되어 오히려 극한 추위의 내습을 경험할 수 있다.

기온이 낮은 환경에서 체온을 유지하기 위해 인체는 말초혈관을 수축시켜 열 손실을 줄이고 인체의 활동을 늘리는 갑상샘 호르몬 등을 분비하게 하고 근육의 활동을 증가시켜 열의 발생을 늘리는 방법으로 체온을 유지한다. 저온으로 인한 피해는 국소적, 전신적 두 가지로 나눌 수 있는데, 국소적 피해의 대표적인 증상으로는 동상과 참호족이 있다. 동상은 인체의 조직 온도가 영하로 떨어져 동결되어 일어나는 반면, 참호족은 차고 습한 환경에서 말초의 혈액순환이 떨어짐으로써 일어난다. 인체가 지속적으로 저온에 노출되면서 체온을 회복하지 못하는 경우 저체온증에 빠지는데, 이는 일반적으로 인체의 중심부 온도가 35℃ 미만으로 떨어지는 경우를 말한다. 저체온증에서 신속하게 체온을 올려 회복하지 못하면 심부정맥과 서맥, 심부전으로 이어지고 호흡기 장애와 중추신경계, 신부전이 동반되어 사망에 이른다. 저체온증은 겨울이 아니더라도 산이나 야외에서 조난을 당해 체온을 유지하지 못할 때 흔히 발생한다.

그러나 폭염의 경우와 마찬가지로 혹한이 오면 심혈관계에 이상이 있는 환자들을 비롯해 민감계층은 건강과 생명에 위협을 받는다. 혹한이 갑자기 오면 뇌혈관 질환과 심혈관 질환으로 인한 사망이 늘어난다. 뇌혈관 질환은 특히 급격한 혈관 수축으로 혈압이 올라가면서 생기는 출혈성 뇌졸중의 발생 위험이 크다. 이는 폭염 시 갑작스러운 혈관 확장으로 인해 허혈성 뇌혈관 질환의 발생이 늘어나는 것과 대비되는 현상이다.

2) 기상재난

앞서 본 것과 같이 평균기온의 상승으로 대표되는 기후변화는 대기 중 에너지의 축적량이 더 커지는 상태를 의미한다. 이러한 에너지의 축적은 더 잦고 더 심한 기상이변을 초래할 수 있다. 즉, 이전에는 드물게 일어나던 기상이변의 빈도가 더 잦아질 뿐 아니라 그 강도도 이전에 비해 매우 강력해진다. 세계적으로 이러한 홍수, 가뭄, 태풍, 산불과 같은 극한기상 현상은 급격하게 증가하는 추세이다. 이러한 극한기상 현상은 단기적으로는 인간의 삶의 전제조건이 되는 주거와 식량, 사회경제적 기반시설, 의

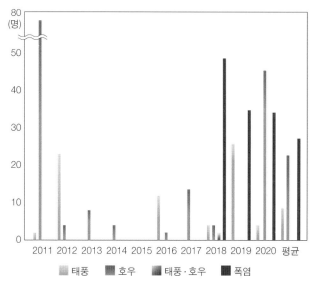

그림 3-6 **한국의 자연재난 인명피해 현황(2011~2020년)**

태풍　호우　태풍·호우　폭염

자료: 행정안전부(2021).

료기관 이용, 수송과 보급, 상하수시설을 마비시키고 장기적으로는 사회경제적 수준의 저하와 이주를 통해 건강에 다양한 영향을 미칠 수 있다.

　한국에서 가장 주요한 극한 기상은 집중호우와 태풍으로 대표되는 열대성 폭풍이다. 기후변화가 심해질수록 호우의 강도와 빈도가 이전에 비해 늘어나는 현상을 볼 수 있다. 한국의 자연재해 중 태풍과 호우로 인한 피해는 연도에 따른 차이가 크지만 최근 들어서는 피해가 늘어나는 모습을 볼 수 있다(그림 3-6). 태풍은 한국에 연평균 4개 정도가 내습하는데, 태풍으로 인한 인명피해는 태풍의 규모에 따라 매우 큰 차이를 보인다. 호우와 태풍으로 인한 피해는 내습 직후 손상으로 인해 발생하는 직접 피해로 응급의료 수요가 급격히 증가하는 반면, 만성질환 같은 일상 질환은 의료 이용이 줄어들면서 이들 질환의 관리가 늦어짐으로 인한 이차적인 환자 수의 증가는 태풍의 내습 이후 시차를 두고 발생한다. 또한 자연재해로 인한 이차적인 인위적 재난(단전, 폭발, 화학물질 누출, 방사성 물질 누출)으로 인한 건강 피해도 시차를 두고 발생할 수 있다(행정안전부, 2021).

호우나 태풍은 단기간에 걸쳐 피해가 발생하는 반면 가뭄은 장기간에 걸치는 과정이어서 시간 경과에 따라 피해가 커지는 경향을 보인다. 가뭄으로 인한 피해는 식수와 위생 관리 미흡으로 발생하는 피해와 더불어 농작물이나 가축 피해로 인한 장기적인 2차 피해를 발생시킬 수 있다. 전쟁이나 정치적인 갈등이 장기적인 강수량 부족으로 이어질 때 대규모 영양실조에 이어 기아와 사망이 나타날 수 있다. 영양실조로 인한 건강 피해는 특히 5세 미만의 유·소아 연령층에서 두드러지는데, 이들 연령군은 영양분의 체내 축적량이 적고 성장 발달에 필요한 필수적인 영양분의 수요가 크기 때문이다. 사회경제적으로도 식량 부족은 소아나 여성 등 사회문화적으로 취약한 계층에서 두드러지는 경우가 많다. 그림 3-7에서 파푸아

그림 3-7 **파푸아뉴기니 서부 고원 지대 타리 지역의 연도별 출생아 체중 변화와 엘니뇨 남방진동**

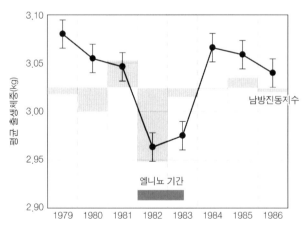

자료: Allen(2002); OAA 자료를 저자가 재구성.

뉴기니의 고원 지대 한 마을에서 출산아 체중의 연간 변화를 보면 강력한 엘니뇨로 가뭄이 심했던 1982~1983년에 출산아 체중이 현저히 감소함을 알 수 있다. 이는 여성과 어린이에 대한 사회적 우선권이 떨어지는 사회문화적 특성이 사회 전체로 식량 부족이 내습할 때 집중적인 영양부족으로 나타남을 반영한다.

산불은 가뭄과 강풍이 이어질 때 흔히 발생하는 재해로 한국에서는 특

그림 3-8 **2000년 강원 영동지방 산불에 노출된 산모에게서 태어난 신생아의 출산체중 감소**

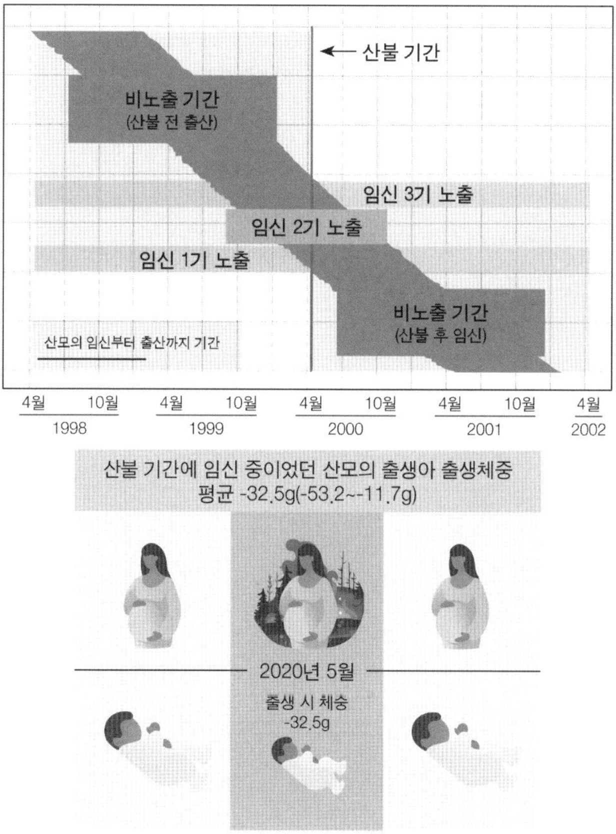

자료: Jung, Lim and Kim(2022).

히 봄철 영동지방에서 산불이 자주 발생한다. 지형적인 영향으로 고온 건조한 바람이 백두대간을 빠른 속도로 넘어오면서 봄 가뭄으로 마른 삼림은 산불에 극히 취약한 상태가 된다. 강원 영동지방의 산불은 조선시대부터 자주 보고되었으며 21세기 들어서도 최소 3번 이상 대규모로 일어났다. 산불은 숲의 연소로 삼림이 소실되고 대량의 연소 부산물이 미세먼지와 초미세먼지의 형태로 발생하면서 산불과 복사열에 직접 노출되어 발생하는 화상 등의 직접 피해, 연기의 흡입으로 인한 호흡기 및 다른 장기의 단기적·장기적 피해, 화재 발생 시 토양으로 스며든 화학제품에 의한 토양오염, 화재의 영향으로 침출수에 오염물질이 쌓여 발생하는 수질오염 등 다양한 피해가 발생한다. 산불 연기 흡입으로 인한 건강손상은 호흡기의 손상과 감염으로 인한 폐렴 같은 호흡기 질환을 초래한다. 장기적으로는 만성 호흡기 질환, 암의 발생이 증가할 수 있다. 임산부의 경우 산불로 인한 미세먼지의 흡입이 태아의 성장 발달에 장애로 작용해 출산 체중이 감소하는 현상이 보고되었다(그림 3-8)(Jung, Lim and Kim, 2023)

3) 대기오염

기후변화와 대기오염은 모두 인간의 활동에 기인하는 점에서 뿌리를 같이하는 현상이다. 주요한 대기오염 화석연료가 연소되어 일차적으로 발생하는데, 기상요인에 따라 대기오염물질의 지역 내 정체와 확산으로 오염물질의 농도에 영향을 미치며 자외선 조사량이 많아지면 광화학 반응으로 2차오염물질로 대표적인 오존의 농도가 높아진다. 가뭄이 지속되면 산불과 황사로 대기오염이 심해질 수 있으며 겨울철은 난방을 포함한 화석연료의 연소가 집중되므로 대기오염물질이 많이 발생한다.

대기오염은 인간의 건강에 직간접적으로 영향을 줘 인구집단의 건강 수준을 결정하는 중요한 요인 중 하나다. 대기오염물질 중 가장 중요한 초미세먼지($PM_{2.5}$)는 연소 부산물에서 주로 발생하며 인체에 흡수되어 산화 손상과 만성염증 반응을 유발해 세포와 장기의 노화를 촉진하고 다양한 질환을 일으킨다. 단기적으로는 심혈관 질환 등 기존 질환이 있거나 질환에 취약한 인구집단에서 사망이나 질병을 유발하고 장기적으로는 노출된 인구집단에서 폐암, 허혈성 심질환, 만성 호흡기 질환, 천식, 하기도 질환과 더불어 노화 촉진을 유발해 인구집단의 건강에 큰 영향을 미친다. 대기오염이 건강에 미치는 단기 영향은 주로 고농도의 노출에 따라 취약 계층에서 집중적으로 나타나지만 장기 영향은 일반 인구집단 전체의 질환 발생과 사망 증가로 나타나며 수년에서 수십 년에 걸친 노출의 결과로 나타나므로 확인이 힘들다(US EPA, 2019). 세계적으로 24개국 652개 도시를 대상으로 한 연구에서 초미세먼지의 일 평균농도가 $10\mu g/\text{m}^3$ 증가할 때 심혈관 질환과 호흡기계 질환 사망이 0.6~0.7% 증가하는 것으로 나타났다(Liu et al., 2019). 일반적으로 대기오염의 장기 영향으로 인한 건강 피해는 단기 영향에 비해 5~10배 크므로 미세먼지의 평균농도를 낮게 유지해 장기 영향을 줄이는 것이 매우 중요하다. 이에 따라 세계보건기구(WHO)는 2021년 기존의 미세먼지를 비롯한 대기오염물질의 기준 농도를 이전에 비해 획기적으로 하향 조정했다(WHO, 2021).

오존은 천식을 비롯한 알레르기를 악화시키며 만성 호흡기 질환이 있는 민감계층의 증상을 악화시켜 이로 인한 병원이나 응급실 방문이 늘어나고 소아에서 폐 성장 저하, 만성 폐쇄성 폐질환 환자의 증상이 악화되어 입원과 사망이 늘어나는 현상을 볼 수 있다.

4) 알레르기 질환

알레르기 질환은 인체가 환경에 과다한 반응을 보이면서 일어나는 질환이다. 이 질환은 유전적 요인이 배경으로 작용하지만 환경요인과의 상호작용으로 증상의 발현이 좌우된다. 연령대에 따라 출생 이후 주로 피부에 발현하는 아토피 피부염으로부터 시작해 나이가 들어가면서 기관지천식과 알레르기 비염 등 호흡기 증상으로 확대되어 나간다.

알레르기 질환을 유발하는 환경요인은 매우 다양하다. 일반적으로 알레르기 질환이 발생하는 데는 특정 알레르겐에 반복적으로 노출됨으로써 감작(sensitization)되는 과정이 필요하다. 일단 감작이 된 개인은 이 물질에 노출되면 증상이 반복적으로 발현된다. 그러나 감작된 개인은 감작을 일으키게 한 물질이나 자극 이외에도 비특이적인 자극에 의해 증상이 발현될 수 있다. 많은 환경요인은 특별히 감작을 일으키지 않더라도 이처럼 비특이적인 자극 물질로 증상을 악화시키는 경우가 많다.

기후는 대표적인 환경요인으로 기온이나 습도의 변화는 알레르기 증상을 악화시킨다. 일반적으로 알레르기 질환이 있는 사람은 증상의 발현에 계절적인 경향성을 보이는 경우가 많다. 봄철은 주로 꽃가루와 황사 같은 자연계 자극 물질의 증가, 여름철에는 우기와 높은 습도로 인해 곰팡이의 증식과 일조량의 증가에 따른 대기 중 오존 농도의 증가, 가을에는 진드기, 겨울은 대기오염처럼 지역과 계절에 따른 알레르기 유발 혹은 악화 요인이 작용해 증상이 발현될 수 있다. 겨울철에는 일조량이 줄어들기 때문에 비타민 D 합성이 감소하는데, 이로써 아토피 피부염 증상이나 식품 알레르기 증상이 더 악화될 수 있다. 기후변화로 인해 장기적으로 기온이 상승하면 식물의 생장 기간이 길어지고 생식 성장이 활발해지면서 대기

그림 3-9 **기후변화와 생태계, 대기의 변화가 알레르기 질환에 미치는 영향**

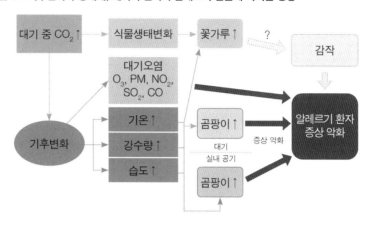

중의 꽃가루의 양과 지속 기간이 더 길어지므로 알레르기 질환이 있는 환자들에게는 증상의 악화요인이 될 수 있다. 꽃가루의 증가가 직접적으로 알레르기를 유발한다는 근거는 아직 충분치 않으나 알레르기 환자의 증상을 악화시키는 유발요인으로 작용한다는 사실은 잘 알려져 있다. 일조량이 많아지는 늦봄부터 여름까지의 기간에는 낮 동안 2차 대기오염물질인 오존 농도가 증가하므로 이에 따른 기관지 천식 같은 호흡기 알레르기와 기존 호흡기 질환 환자들의 증상이 악화될 수 있다.

기상재해도 알레르기 질환의 증상이 발현하는 데 영향을 미칠 수 있다. 홍수로 집이 물에 잠기면 주택에 곰팡이가 증식하는데 이로 인해 아토피 피부염이나 기관지 천식을 악화시킬 수 있다. 대기오염은 알레르기 질환의 악화요인으로 잘 알려져 있는데 대기 중 미세먼지가 증가하면 아토피 피부염과 기관지 천식 증상을 악화시킨다. 이는 실내 공기오염에서도 같은 효과를 보이므로 알레르기 환자를 관리함에 있어 공기오염을 줄이는 것이 중요하다.

5) 감염병

감염병은 인류가 집단생활과 가축 사육을 시작하면서부터 자리 잡은 질환이다. 감염병은 원인이 되는 병원체가 자리를 잡고 증식하고 있는 병원소에서 탈출한 다음 직접 접촉, 공기, 물, 음식이나 절지동물 등의 매개체를 거쳐 다른 사람에게 전파되는 질환이다. 감염병은 병원소에서 매체를 거쳐 다른 숙주를 침범해 숙주의 체내에서 증식에 성공해야 전파된다. 따라서 감염의 여러 단계를 거치는 과정에서 환경요인은 감염의 성공 여부에 결정적인 영향을 미칠 수 있다.

기후요인은 감염의 전파에서 단계별로 다양한 영향을 미칠 수 있다. 따뜻한 기후는 자연계에서 병원체의 생존능력에 영향을 미친다. 그러나 계절적 영향으로 질병의 유병률이 높아지는 여름이나 겨울은 병원소의 수가 늘어나므로 감염의 위험이 더 크다. 감염의 전파는 숙주와 환자 혹은

그림 3-10 **기후요인이 감염병의 전파에 미치는 영향**

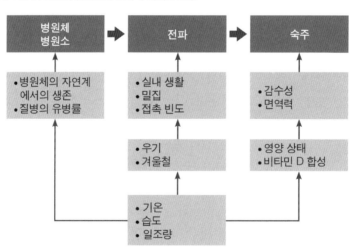

보균자 간 직접 전파되는 경우 사람 간 접촉의 빈도와 거리가 중요하다. 반면 모기 등 매개체를 통해 전파되는 감염병은 매개체의 자연계 번식 정도와 매개체와 사람 간 접촉의 기회와 빈도가 중요하다. 숙주 요인도 중요한데 일조량이 적어 비타민 D 합성이 떨어지는 겨울철이나 가뭄으로 영양 상태가 나쁠 경우에는 감염의 위험이 더 커진다. 따라서 기후요인과 감염병 간 상관관계를 보고자 할 때는 ① 인구와 지리적·사회경제적 특성을 반영할 수 있는 지역과 시기를 특정해야 하며, ② 특정 기후요인이 감염병 전파의 어느 단계에서 주로 작용하는지에 대한 고찰이 필요하다. 예를 들어 열대 지방에서 소아 폐렴은 건기와 우기에 따라 발생률에 차이를 보이는 경우가 많은데, 일반적으로 실내 생활의 빈도가 높은 우기에는 폐렴이 더 많이 발생하지만 사회경제적 수준이 낮고 소득격차가 큰 지역에서는 일자리가 줄고 경제적으로 침체한 건기에 소아 폐렴의 발생이 더 많을 수 있다. 이는 경제적 요인이 소아의 영양 상태에 영향을 미쳐 폐렴에 대한 감수성을 더 높이기 때문으로 해석할 수 있다. 따라서 특정 지역에서 질병통계와 기상요인을 비교·분석했을 때 양의 관계인지 음의 관계인지를 기계적으로 해석해서는 안 된다. 이러한 관계는 기온과 감염병 발생이 양의 관계를 보인다면 기온이 감염병의 병원체나 병원소, 혹은 전파와 관련한 지역의 요인들과 잘 합치하는지를 검토해 해석할 필요가 있다.

기후와 관련한 질병의 특성 중 중요한 것으로 계절성(seasonality)이 있다. 많은 질병은 일정 기간에 걸쳐 질병의 발생 양상이 계절에 따라 규칙적으로 증감을 보이는 경우가 많다. 질병의 발생 양상이 계절성을 보인다고 해서 반드시 그 질환이 기후와 관련 있다고 볼 수는 없다. 그러나 특정 지역의 일정 기간 질병통계를 이용해 계절성을 평가하면 기후 관련성이 높은 질환을 선별하는 첫 단계로 활용할 수 있다(그림 3-11). 계절성을 보

그림 3-11 **파푸아뉴기니의 월간 주요 감염병 보고 건수(2001~2009년)**

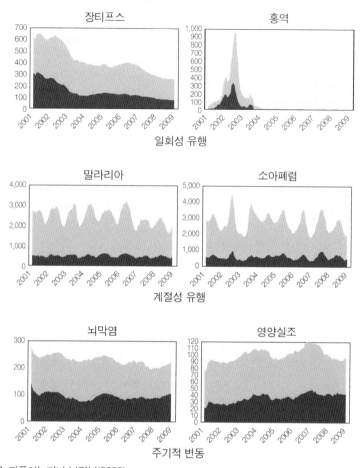

자료: 파푸아뉴기니 보건부(2009).

이는 질환을 선별한 다음 이러한 양상이 질병의 병태생리학적 특성과 이 지역의 사회경제적·인구학적 특성을 고려했을 때 기후요인이 어떤 방향으로 작용하는지에 대해 검토할 때 지역의 기후 관련성이 높은 질환을 선별하는 데 매우 유용하게 사용할 수 있다(그림 3-12).

결핵은 비교적 흔한 감염병이지만 잠복기가 길고 질병부담이 큰 질환

그림 3-12 **몽골(좌)과 한국(우)의 월 평균기온, 강수량과 세균성 이질 발생률**

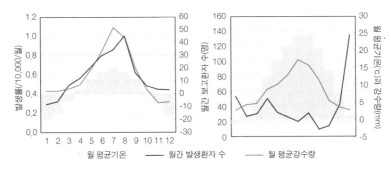

자료: NCCD, MOH, Mongolia; 질병관리청.

그림 3-13 **몽골의 월간 결핵환자와 월 평균기온(1997~2008년)**

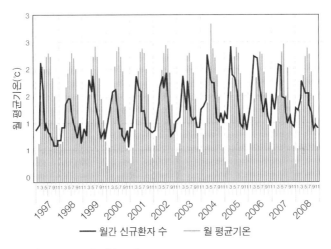

자료: 몽골 보건부; WHO WPRO(2009).

이다. 결핵의 발생 보고는 지역에 따라 계절성에 큰 차이를 보인다. 열대
지역이나 아열대 지역에서 결핵은 뚜렷한 계절성을 보이지 않는 경우가
많다. 그러나 겨울이 있고 추운 계절이 오래 지속되는 고위도 지역에서는
계절적인 차이가 매우 명확하게 나타나는 경우가 많다(Naranbat et al.,

2009)(그림 3-13). 혹독한 겨울이 오래 지속되는 몽골 지역에서 결핵 발생은 계절에 따라 3배 이상의 큰 차이를 보인다. 가장 발생 보고가 많은 계절은 이른 봄인데, 이는 결핵의 잠복기와 발생 후 보고되기까지의 기간을 고려하면 결핵의 발생과 관련된 요인이 가장 추운 시기인 1~2월에 집중되어 있음을 암시한다. 겨울에는 혹독한 추위로 외부 활동이 제한되고 실내에서 보내는 시간이 더 많아져 사람 간 접촉의 기회가 잦아지고 거리가 더 가까워지므로 호흡기 질환의 전파에 매우 유리한 환경을 제공한다. 한편으로 겨울에는 일조량이 적고 외부 활동이 줄어듦에 따라 자외선 노출이 현저히 줄어들기 때문에 비타민 D 합성이 줄어들고 이로 인해 면역력이 감소하여 질병에 대한 감수성이 높아지는 것을 고려할 수 있다. 대부분 지역에서 결핵은 어릴 때 1차 결핵을 앓은 후 체내에 잠복해 있다가 소아 연령기 이후 면역 수준이 약화되면 재활성화(reactivation)되거나 외부에서 재감염(reinfection)되어 발병하는 2차 결핵이 대부분이다. 결핵환자를 연령군별로 구분해보면 이들 중 어떤 기전이 더 주요한 요인인지를 구분하는 데 도움을 받을 수 있다.

(1) 매개체 감염병

매개체 감염병은 다른 생물에 의해 전파되는 감염병을 말하는데, 가장 문제가 되는 매개체는 모기와 진드기를 포함한 절지동물이다. 매개체의 생장과 번식에 큰 영향을 미치는 것이 자연환경인데 사람에게 질병을 옮기는 데도 기후요인이 중요하다. 기후변화는 생태계에 광범위한 변화를 초래하므로 사람에게 질병을 옮기는 매개체 역시 기후요인을 민감하게 반영한다.

사람에게 감염되는 매개체 감염병 중 기후변화와 관련해 가장 문제가 되는 것은 말라리아다. 말라리아는 열대 지방부터 20세기 초에는 고위도인 러시아 북부 지역에도 만연했으나 20세기 중반 이후에는 온대 지역 일부에서만 발생하고 있다. 말라리아는 2000년대 초반 세계적으로 연간 100만 명이 넘는 사망자를 내고 사하라 사막 남부 아프리카의 심각한 보건 문제로 대두되었으나 세계적인 노력에 힘입어 지속적으로 그 발생과 사망이 줄고 있다. 말라리아는 2021년 기준 세계적으로 연간 2.5억 명이 감염되었으며 62만 명의 사망자를 냈는데, 사망자 중 77%가 5세 미만의 어린이들이다. 말라리아는 모기 체내에서 증식한 말라리아 원충(Plasmodium)이 모기가 흡혈하는 과정에 사람의 혈중으로 옮겨 와 체내에서 증식함으로써 생기는 질병이다. 간세포에서 증식한 이후 혈액 속의 적혈구가 주요한 서식지인데 적혈구에서 증식한 말라리아 원충은 일정한 시간이 지나면 적혈구를 깨고 혈액 중으로 나와 다른 건강한 적혈구로 옮겨 가서 증식을 계속하는데, 이 과정은 일정한 시간 간격으로 일어나므로 3일 열, 혹은 4일 열로 불리기도 한다. 사람에게 말라리아를 일으키는 원충은 다섯 가지 정도이며 최근 더 많은 종이 보고되고 있다. 가장 중증 질환을 유발하는 열대열 말라리아는 주로 열대 지역에서 유행하며 증상이 심하고 치명률이 높아 말라리아로 인한 사망 대부분이 열대열 말라리아로 인한 것이다. 삼일열 말라리아는 주로 온대 지역에서 유행하는데, 증상이 상대적으로 심하지 않고 치명률이 낮은 대신 겨울이 있는 온대 지역에서 감염을 이어 갈 수 있어 더 적응력이 높은 질환이다.

기후변화와 관련해서 말라리아의 주요 주제는 감염 지역의 확대다. 평균기온 상승으로 인한 말라리아 유행 지역의 확대는 열대 지역에서 점차 고위도의 아열대 지역으로 확산하는 것과 더불어 전통적으로 말라리아 유행 지역이 아닌 열대 지방의 고산 지역으로 고도가 높아지는 경향을 보

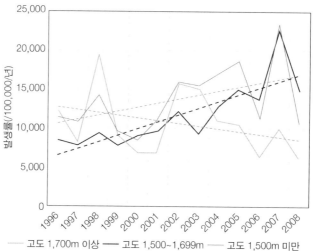

그림 3-14 **파푸아뉴기니 동부고원 지역의 고도별 말라리아 발생률(1996~2008년)**

자료: Park et al.(2016).

인다. 이와 같은 현상은 고산 지역이 있는 아프리카 케냐나 아시아의 파
푸아뉴기니에서 관찰되고 있다(그림 3-14)(Park et al., 2016).

그러나 온대 지역으로 한정해서 보면 말라리아의 세계적 확대는 뚜렷
하지 않다. 유럽은 제2차 세계대전 이후 말라리아의 자체 발생이 없었으
나 최근 여행객의 증가와 기후변화의 영향으로 남부 지중해 지역과 카스
피해 연안 지역을 중심으로 말라리아의 발생이 우려되고 있다.

한국은 삼일열 말라리아가 고려시대 이전부터 있었는데, '학질'이란 이
름으로 널리 알려져 왔다. 한국전쟁 이후 방역과 농경지 사용의 변화, 농
촌환경 개선으로 1970년대 이후 말라리아 보고가 없었으나 1993년 서부
전선 군인에게서 다시 발생 보고가 있었고, 이후 2000년에는 연간 3천 명
이상의 발생이 있었으며 이후 남북의 방역협력 노력에 힘입어 최근 연간
500명 전후의 발생이 주로 비무장지대 인근의 경기·인천 지역을 중심으

그림 3-15 **주간 강수량과 삼일열 말라리아 발생 위험도**

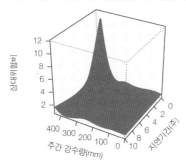

A 주간 기온을 보정한 주간 강수량과 삼일열 말라리아 발생 위험도의 3D 그래프

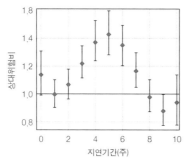

B 주간 강수량의 지연 효과와 95% 신뢰구간

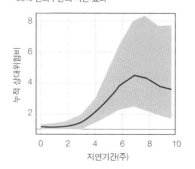

C 주간 강수량 10mm 증가에 따른 누적 상대위험도와 95% 신뢰구간의 지연 효과

자료: Kim, Park and Cheong(2012).

로 보고되고 있다. 한국의 말라리아는 일부 해외 유입 말라리아를 제외하고는 모두 삼일열 말라리아인데, 국내 말라리아의 경우 기온이 떨어져 모기의 활동이 저하되는 여름 이후에 감염된 환자들과 다음 해에 발생하는 장기 잠복기 환자들로 인해 환자 추적과 발생 예측이 어렵다. 국내 말라리아 발생은 비무장지대에 인접한 지역에 집중되는 지리적 특성을 생각할 때 실제 환자가 발생하는 양상은 기후요인, 특히 기온, 강수량과 밀접한 연관성을 보인다(그림 3-15)(Kim, Park and Cheong, 2012). 그러나 국내의 경우 말라리아 환자의 주기적 변화 양상은 기후요인의 영향을 받을 것이나 장기적인 변동은 방역 활동, 인구이동 같은 외부적 요인의 영향이 크게 작용할 것이다.

모기는 말라리아를 포함해 각종 감염병을 전파하는 데 있어 중요한 매개체다. 모기는 체내에 알을 낳기 위해 포유동물로부터 흡혈을 해야 하는데 이 과정에서 숙주의 핏속에 있던 병원체가 모기에게 이동한 다음 모기의 위장관 내에서 증식한 병원체는 침샘으로 이동해 다음 숙주를 흡혈할 때 병원체를 옮긴다. 모기의 병원체 전파와 관련된 요인으로는 모기의 성장주기와 배란주기, 활동성 등의 요인이 작용한다. 모기의 성장과 활동을 위해서는 적정온도 조건이 중요한데, 이 조건은 모기의 종에 따라 다르다 (그림 3-16)(Lim et al., 2021).

모기에 의해 매개되는 질환으로는 뎅기열, 웨스트나일열, 치쿤구니아, 지카바이러스 감염증, 일본뇌염, 황열 등이 있다. 이 중 일본뇌염을 제외하고는 모두 해외 유입 질환으로 아직 국내에서 자체 감염은 발견되지 않았다. 그러나 기후변화가 진행되어 아열대 지역에서 서식하던 모기의 국내 상륙이 이어지고 해외 입국자 수가 늘어나면서 향후 이들 질환의 국내 자체 감염이 우려되고 있다. 이러한 예는 웨스트나일열의 미국 상륙, 뎅기열의 유럽 상륙, 지카바이러스 감염증의 전파를 통해 확인된 바 있다.

모기 이외에도 진드기는 많은 감염병을 매개한다. 진드기는 생활사가 복잡하고 생장 과정의 매 단계에서 흡혈이 필요하므로 모기 매개 질환에 비해 더 복잡하다. 국내에서 유행하는 대표적인 진드기 매개 질환은 털진드기에 의해 전파되는 쓰쓰가무시병, 진드기가 옮기는 중증 혈소판 감소증이 있다. 중증 혈소판 감소증은 중국에서 처음 보고된 이후 국내에서도 매년 다수의 환자가 발생하고 있다. 주로 노인에게서 발생하고 치명률이 높은 질환이다. 그 외에도 진드기 뇌염, 라임병은 유라시아 대륙과의 직

그림 3-16 인천 지역의 주간 기온에 따른 모기의 지역별·종별 포획 개체 수

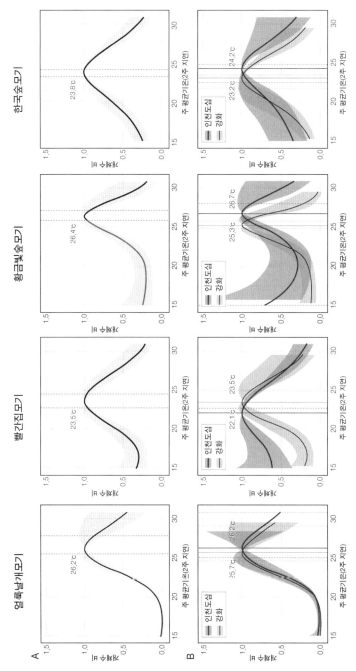

자료: Lim et al.(2021).

접 왕래가 잦아지면 발생할 수 있는 질환이다.

(2) 수인성, 식품 매개성 감염병

감염병은 주로 사람이나 동물의 위장관에서 증식한 바이러스나 박테리아가 식품이나 물을 통해 다른 숙주에게 전파되는 질환이다. 이러한 전파가 가능하려면 장 속에서 증식한 병원체가 대변을 통해 배출된 후 자연계의 여러 순환 단계를 거쳐 다른 숙주의 입을 통해 위장관으로 진입한 다음 장에서 증식해야 한다. 음식에서도 박테리아가 증식하고 때에 따라서는 고농도의 병원체가 입을 통해 섭취되기도 하지만 물에서는 박테리아나 바이러스가 증식하기 힘들어 시간이 갈수록 사멸하므로 수인성 감염병은 병원체가 체내에 침범할 때까지 살아남아야만 감염에 성공할 수 있다. 이에 따라 기온과 강수량은 수인성 감염병의 발병에 매우 큰 영향을 미친다. 온대 지역인 한국의 경우 기온에 따른 위장관 감염증의 발생률은 매우 낮

그림 3-17 기온과 장 감염 질환 발생의 상대위험도

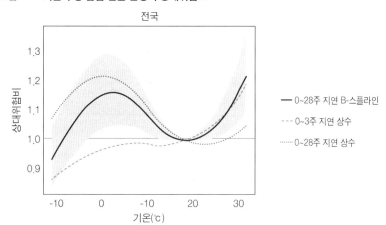

자료: 질병관리청(2022).

은 온도인 0°C 정도에서 정점을 보인 후 떨어지다가 영상 15°C 이상에서는 발생률이 올라가는 N자 분포를 볼 수 있다(그림 3-17)(질병관리청, 2022).

　이러한 현상은 온도가 낮은 겨울에 위장관 감염을 일으키는 원인 병원

그림 3-18 **국내 주요 위장관 감염 병원체의 월 평균기온에 따른 누적 발생 위험도(2015~2019년)**

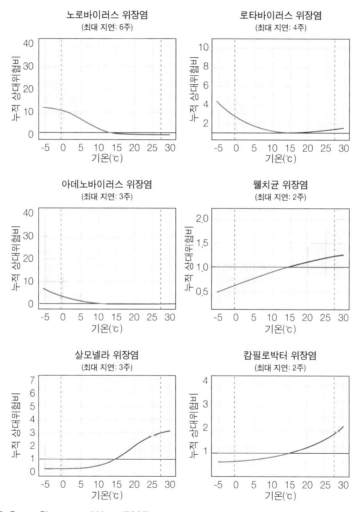

자료: Sung, Cheong and Kwon(2022).

3장 기후변화의 건강 영향과 질병부담　**101**

체 때문인데 식중독의 흔한 원인인 노로바이러스, 영유아 설사의 원인인 로타바이러스, 아데노바이러스 같은 소화기 바이러스는 주로 겨울에 발생한다. 반면 식중독이나 위장관 감염을 일으키는 박테리아 질환은 기온이 올라가는 여름에 더 많이 발생한다. 이는 식품에서 박테리아가 증식하기 더 쉽기 때문이다. 특히 기저 질환이나 면역 저하가 있는 인구집단, 영유아와 노인 등 취약계층에서 입원으로 이어지는 중증이 더 많다(그림 3-18) (Sung, Cheong and Kwon, 2022).

강수량은 위장관 감염과 밀접한 연관성을 가지고 있다. 비가 많이 오면 오염물질이 상수원을 포함한 수계로 이동해 수원의 오염이 심해진다. 수중의 다량의 유기물도 이동해 연안의 바닷물에 영양을 공급하고 이로 인해 연안 지역의 플랑크톤을 비롯한 조류가 증식하여 수질을 악화시킬 뿐아니라 콜레라 등 비브리오균의 일부는 연안의 조류에서 증식해 병원소로 작용하기도 한다. 녹조에서 생성된 독소는 먹이사슬을 통해 어류나 포

그림 3-19 피지의 월간 강수량과 위장관 감염증 발생률(1995~2010년)

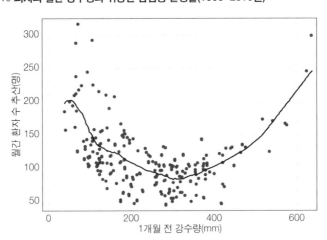

자료: McIver et al.(2012).

식동물의 체내에 축적되어 사람에게 중독 증상을 일으키기도 한다. 반면 강수량이 부족할 경우 기본적인 위생 수준을 유지하는 데 필요한 물을 구하기 힘들어지고 수원의 오염도 심해지므로 역시 수인성 감염병의 증가로 이어질 수 있다. 그림 3-19는 태평양의 도서 지역인 피지의 월간 강수량과 위장관 감염증의 발생률인데, 갈수기와 홍수기에 모두 발생률이 증가하고 적정 강수량이 유지될 때 발생률이 가장 낮은 전형적인 홍수 효과와 가뭄 효과가 나타난다(McIver et al., 2012). 이러한 홍수 효과와 가뭄 효과는 상수원의 형태와 관리 현황, 사회경제적 상태, 지리 환경 등 지역적 특성에 따라 다르게 나타날 수 있다. 강수량과 위장관 감염병 발생률의 양상을 분석하는 일은 지역적 특성을 파악하는 데 매우 중요한 근거를 제공한다.

6) 정신질환

기후변화는 평상시 익숙한 환경의 박탈로 인해 심혈관 질환이나 감염병 등의 신체적 이상을 동반하지만, 정신건강에도 매우 큰 흔적을 남긴다. 일상적인 환경에서도 기온과 습도, 비나 바람과 같은 날씨의 변화는 기분을 변하게 한다. 일조량이 줄어들거나 큰 일교차, 높은 습도가 계절에 따른 기분의 변화에 영향을 미친다(Baek et al., 2015) 계절에 따른 일조량과 기후의 변화는 자살과 범죄의 양상에 영향을 미친다.

폭염은 신경 및 정신 질환자의 증상을 악화시켜 이로 인한 입원이나 의료 이용이 늘어나고 약물 남용이 심해진다. 스페인에서는 2003년 폭염 기간 중 음주, 수면제 복용이 2배 이상 늘어난 반면 불안장애, 적응장애로 인한 진료는 줄어들었다(Bulbena et al., 2009). 폭염은 폭력이나 성폭력, 절도 같은 범죄율도 더 높인다(Rotton and Cohn, 2003).

기상재해는 삶의 터전을 파괴하고 때에 따라서는 임시 거처를 마련하거나 이주를 하는 것과 같은 큰 변화를 동반한다. 재난은 태풍, 홍수, 산불, 폭염같이 단기간에 걸친 급성 형태도 있지만 가뭄, 해수면 상승, 사막화·온난화로 인한 농업이나 목축업 기반의 파괴처럼 지속적이고 만발성의 형태도 있다. 급성 재난은 급성 외상성 스트레스와 같은 정신적 외상과 쇼크, 스트레스, 불안, 우울증을 초래하는데, 지속성 불인과 정신적 고통은 특히 어린이와 젊은 층에게 많다. 스트레스는 면역 기능을 저하하고 심혈관 질환의 위험을 높이며 손상의 위험도 증가시킨다. 이러한 상실은 깊은 애도 반응을 초래하기도 한다. 외상 후 스트레스 장애(PTSD)나 우울증과 같은 중증 반응이 나타나기도 하는, 통상 PTSD는 사건이 있고 난 뒤 6개월이 지난 후 발현되어 급성기에는 알기 힘든 경우가 많다. 한편 재난으로 인한 전력, 통신, 상수 공급, 하수 처리 등 기반시설의 붕괴, 보험이나 보상 청구 같은 복잡한 과정, 관광객 감소로 인한 2, 3차 외상과 사회적 관계의 파탄 등을 가져온다. 한편 대인 및 가정 폭력이 늘어나고 알코올 남용 등 고위험 대응 행동을 보이는 경우와 더불어 기존에 알코올이나 약물 남용이 있던 경우 더 악화하는 방향으로 작용한다. 자살의 위험도 증가한다(Dogden et al., 2016).

기후변화의 정신건강 영향 취약계층의 규모는 신체건강 영향에 비해 크다. 그러나 대부분 국가에서 정신건강관리를 위한 제도적 자원은 일반 건강관리에 비해 부족한 경우가 많다. 재난대응팀은 주로 재난의 급성기를 중심으로 활동하게 되어 있어 장기적으로 발생하는 정신건강 영향에 대한 대비는 매우 부족하다. 적절한 자원이 있는 경우에도 정신질환자들은 적절한 관리를 받지 못하는 경우가 많다.

7) 식품과 영양

영양은 인체의 정상적인 성장과 활동을 유지하기 위해 지속적으로 공급되어야 하는 삶의 필수적인 조건 중 하나다. 영양실조에는 칼로리나 필수 원소의 부족으로 인한 영양 결핍, 비만과 같이 특정 영양소의 과다 섭취로 인한 영양 과다도 있다. 어린이의 성장 발달에 있어 영양 결핍은 매우 중요한데, 성장 발달기에 영양 결핍은 기생충과 감염 등 다른 질환에

그림 3-20 네덜란드의 겨울 기근 당시 출생아들의 DNA 메틸화 양상

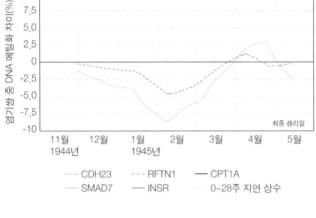

자료: Tobi et al.(2014).

대한 취약성을 증가시키고 식습관의 변화는 비만으로 이어지기도 하며 성인기에 이르러서는 각종 만성질환에 취약해지기 때문이다. 제2차 세계 대전 말기 네덜란드는 식량 생산과 보급이 부족해서 대규모 기아 사태가 일어났는데, 특히 어린이들의 영양실조가 심각했다. 이 시기에 임신해 출산한 후 노년에 이른 사람들에 대한 후생 유전 연구를 통해 임신 초기의 심각한 영양실조는 특정 부위의 DNA 메틸화에 차이를 가져왔음이 알려졌다. 이는 대사 과정에 영향을 미쳐 당뇨병, 암, 관절염 등 성인병에 취약하게 만든다.

기후변화에 따른 평균기온의 상승이나 기상이변은 식품에서 병원체의

그림 3-21 **기후변화가 식품의 생산과 공급에 미치는 영향**

자료: Ziska et al.(2016).

증식이나 독소의 생성을 촉진해 인간에게 질환을 유발할 수 있다. 이러한 식품 매개 질환은 공중보건학적 조치를 통한 예방이 필요하다(그림 3-21)(Ziska et al., 2016).

한편으로 기후변화는 식품에 포함된 화학적 오염물질에 대한 노출을 더 촉진할 수 있다. 바닷물 온도의 상승은 해산물의 수은 축적을 촉진할 수 있고, 이산화탄소 농도가 올라감에 따라 동식물의 병충해 위험이 커지면서 농약 사용과 축산물에 대한 항생제 사용이 더 늘어나게 된다.

대기 중 이산화탄소 농도의 상승에 따라 주식 곡물인 밀과 쌀의 생산이 줄어들고 한편으로 여러 식물의 단백질과 미량 원소를 포함한 영양성분이 줄어들게 된다. 기후변화가 진행됨에 따라 곡물 생산은 지역별 차이를 보이는데, 특히 동남아시아와 남아시아, 사하라 이남 아프리카 지역의 식량생산 부족이 심각하고 선진국보다는 저개발국가들에서 더 심할 것으로 추정된다(Tubiello and Fisher, 2007).

기상이변은 사회기반시설을 파괴하고 운송에 장애로 작용해 식품의 적절한 분배를 어렵게 만든다. 이로 인해 식품이 손상되거나 오염됨으로써 식품의 영양 손실과 안전성이 위협받을 수 있는데, 이는 식품의 공급 부족을 더 악화시키는 방향으로 작용할 수 있다.

기후위기와 식량과 관련한 주요 주제 중 하나인 육식에 대한 논의를 빠뜨릴 수 없다. 오늘날 세계적으로 생산되는 곡물의 50% 이상이 가축을 사육하는 데 소모되고 있어 식량난을 가중시키고 있다. 축산업은 사육 장소를 확보하기 위한 벌목, 비료, 운송에서 발생하는 이산화탄소와 소, 양, 염소를 비롯한 반추동물의 사육과 분변에서 발생하는 메탄가스, 비료에서 발생하는 이산화질소로 인해 전체 온실가스 발생의 20%에 기여하고 있다. 세계적인 인구증가와 경제발전에 따라 육류 소비량은 지속적으로 증가하고 있다. 총 육류 소비를 1인당 1일 90g, 붉은 고기 50g 수준으로 줄이는 것은 세계적인 인구증가를 생각할 때 축산으로 인한 기후변화 발자국을 현재 수준으로 유지하기 위해 필수적이다(McMichael et al., 2007). 향후 대체육 개발로 축산의 비중을 줄이는 방향이 모색되고 있다.

3. 기후변화의 질병부담

1) 기후변화로 인한 질병부담 및 건강 비용 산출

건강과 질병에 대한 계획을 수립하고 공중보건 정책의 효과를 평가하기 위해서는 건강과 질병을 객관적으로 측정해야 한다. 같은 질병이라 할지라도 가벼운 상병에서 사망에 이르기까지 그 앓는 기간과 정도가 다르고 질병 간에는 더욱 큰 차이가 있다. 질병이 지역사회 혹은 국가와 같은 인구집단에 미치는 영향을 그 중증도와 기간을 고려해 평가하는 일은 건강에 대한 정책을 수립하고 효과를 평가하는 데 있어 매우 중요하다. WHO는 세계은행, 하버드 보건대학원과 함께 총 질병부담(Global Burden of Disease: GBD) 프로젝트를 통해 질병부담을 산출했다. 질병부담은 장애보정생존년(Disability-Adjusted Life Year: DALY)으로 산출되는데, 이는 특정 질환이 이환됨으로써 발생한 장애로 소모된 연수(Years Lived with Disability: YLD)와 사망으로 인해 소모된 연수(Years of Life Lost: YLL)를 더해 하나의 단위로 나타낸 것이다. 이를 이용해 서로 다른 중증도와 장애 수준을 가진 질병 간에 객관적인 질병부담을 비교할 수 있다. 질병부담은 질병별, 인구집단별, 건강위험 요인별 등 다양한 인구집단에 따라 산출할 수 있다.

환경적 요인에 의한 질병부담은 환경성 질병부담(Environmental Burden of Disease: EBD)이라고 하는데 WHO는 2007년 192개 전 회원국을 대상으로 국가별 환경성 질병부담을 산출했다. 이후 미국의 건강측정 및 평가연구소(Institute of Health Metrics and Evaluation: IHME)에서는 GBD 측정 방법론을 더욱 고도화하고 세계적인 건강 자료의 집적화를 통해 매년 다양한 종류의 GBD를 산출하고 있다.

질병부담은 질병 간, 인구집단 간 비교와 그 상대적 크기를 알기가 쉬워 국가 혹은 특정 인구집단에 대한 보건 정책을 수립하는 데 매우 유용하다. 또한 비용으로 산출하기도 쉬워서 예산의 책정과 사업의 타당성 평가에도 활용된다. 그러나 DALY는 직관적인 지표가 아니어서 익숙치 않은 대상에 대해서는 별도의 해석이 필요한 점이 단점이다.

질병부담 산출에서 활용되는 다른 지표로는 초과 사망과 초과 상병(excess morbidity)이 있다. 초과 사망의 산출은 폭염으로 인한 사망에서 다루었다. 초과 사망의 경우 상병으로 인한 장애 수준을 포함하지 못하는 단점이 있으나 DALY에 비해 더 직관적인 해석이 가능하므로 소통하는 데는 장점이 있다.

질병부담을 산출하기 위해서는 각 질병의 인구, 사망, 상병, 장애에 관한 역학 지표가 연령군별로 필요하므로 생정통계와 질병에 대해 잘 정리된 역학 지표가 뒷받침되어야 한다. 환경성 질병부담을 산출하려면 각 환경요인에 의한 인구집단 기여분율(Population Attributable Fraction: PAF)을 구해 해당 인구집단의 해당 질환 혹은 총 질병부담에서 산출하는 것이 일반적이다. 따라서 환경성 질병부담의 산출은 국가 혹은 지역사회 수준에서 생정통계와 상병 및 사망 관련한 주요 건강 지표와 환경 노출 관련 지표가 세분되어 뒷받침되어야 하므로 해당 국가 혹은 지역사회의 공중보건 기반 체계의 수준을 나타내는 지표로 볼 수 있다. WHO는 총 질병부담과 환경성 질병부담을 국가별, 지역별로 산출하고 있으며 IHME는 자체적으로 구축한 빅데이터를 이용해 다양한 수준의 질병부담지표를 산출하므로 직접 자료가 없는 지역이나 시기에 대한 질병부담을 산출하는 데 유용하게 활용할 수 있다.

2) 기후변화로 인한 질병부담

기후변화가 건강에 미치는 경로는 특정 인구집단과 시기, 그 정도에 따라 매우 다양하다. 기후변화로 인한 질병부담 산출은 현재까지의 질병부담 산출뿐만 아니라 기후변화 시나리오에 따른 미래 질병부담의 산출도 필요하다. 이를 위해서는 기후변화의 주요 요소가 특정 인구집단에서 건강에 미치는 기전과 경로에 대한 이해가 정량화되어 필요하며 미래 예측을 위해서는 좀 더 많은 정보가 필요하다(Hess, 2017).

WHO는 기후변화 시나리오에 따라 2030년 전 세계의 기후변화로 인한 초과 사망을 25만 명으로 추산했다(그림 3-22)(WHO, 2014). 세계적으로 봤을 때 영양 결핍으로 인한 초과 사망이 9.5만 명으로 가장 크고 말라리아 6만 명, 설사증 4.8만 명이었다. 이들 질환으로 인한 사망은 2050년쯤에는 인구증가와 기후변화의 진행에도 불구하고 조금 줄어들 것으로 예상되는데, 이는 적응대책의 효과로 볼 수 있다. 폭염으로 인한 사망은 2030년도에는 3.7만 명이나 기후변화가 심화할 2050년쯤에는 9.4만 명으로 2배 이상 커질 것으로 예상된다.

WHO의 최근의 추산에 따르면 기후변화로 인한 주요 건강장애의 질병부담은 540만 4천 DALY이나 이 중 5세 미만 어린이의 질병부담이 471만

그림 3-22 **기후변화로 인한 주요 질병별 초과 사망**

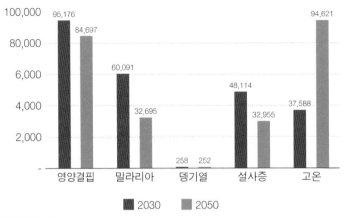

자료: WHO(2014).

그림 3-23 **기후변화로 인한 질병부담(좌)과 인구당 질병부담(우)**

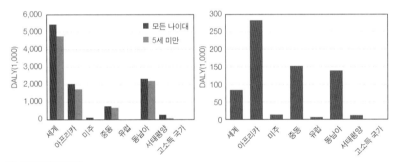

자료: WHO(2023).

7천 DALY로 전체의 87%에 달한다. 지역별로는 동남아시아와 아프리카의 비중이 가장 크다(WHO, 2023). 인구당 질병부담은 아프리카가 가장 크고 중동 지역과 동남아시아가 다음이다. 기후변화 취약지의 분포는 건강 취약지의 분포와 크게 다르지 않다.

3) 한국의 기후변화 질병부담

국내 자료를 이용한 기후변화 질병부담은 2014년 처음 산출되었다. 국내의 경우 주요한 기후변화로 인한 건강부담은 폭염과 기상재해로 인한 것이며 나머지 요소의 비중은 매우 작았다(성균관대학교, 2014; Chung et al., 2017; Han et al., 2018). 국내의 경우 극한 기상은 홍수와 태풍으로, 세계적인 기준에서는 상대적으로 피해가 적은 편이다. 폭염으로 인한 건강 피해가 가장 큰 비중을 차지하는데, 이는 향후 노령인구의 증가로 인해 그 비중이 더욱 커질 것으로 예상된다. 대기오염으로 인한 피해 역시 향후 노령인구의 증가와 함께 더 커질 것으로 예상되나 현재 수준에서는 폭염에 비해 적은 비중을 차지한다. 물, 위생과 감염병은 국내에서도 문제이지만 사망의 비중이 작아 상대적으로는 큰 비중을 차지하지 못한다. 이런 양상은 세계적으로 볼 때 중위도의 고소득 국가들의 양상과 비슷하다.

폭염과 관련해서 국내에서는 심혈관 질환으로 인한 질병부담이 가장 크다. 심혈관 질환의 질병부담은 미래 한국의 기후변화 시나리오를 대비해봤을 때 고탄소 배출 시나리오에서 2050년 이후 현저하게 증가할 것으로 예상되며, 이러한 증가는 전체적으로 나타나지만 특히 심혈관 질환의 증가가 클 것으로 예상된다(그림 3-25).

심혈관 질환의 사망 및 상병으로 인한 질병부담이 커지는 가장 주요한 요인은 인구의 고령화로 민감 집단의 비중이 급격히 늘어나는 데 있다. 미래 폭염 질병부담의 예측을 보면 전체 질병부담 중 노령인구의 비중이 계속 늘어나 2050년도에는 전체 질병부담의 77%가 고령인구에서 발생하는 것으로 추산된다(그림 3-26). 따라서 한국은 고령화 문제가 기후변화 취약성 증가의 가장 큰 요인임을 알 수 있다.

그림 3-24 **국내 기후변화로 인한 주요 원인별 질병부담**

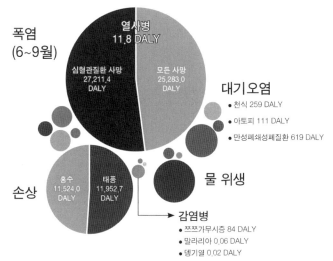

자료: 성균관대학교(2014).

그림 3-25 **기후변화 시나리오에 따른 한국의 현재 및 미래 폭염으로 인한 질병부담**

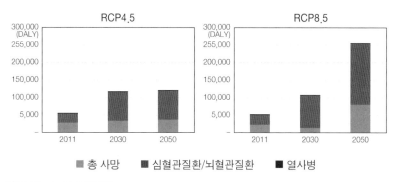

자료: Chung et al.(2017).

한편, 기후변화로 인한 건강 영향을 비용으로 산출하는 것도 가능하다. 국내 미래 기후변화로 인해 발생하는 질병부담을 직간접 건강 비용으로 산출했을 때 2010년 이후 2050년까지의 누적 건강 비용은 저탄소 시나리

그림 3-26 폭염으로 인한 현재 및 미래의 총 사망의 나이별 구성

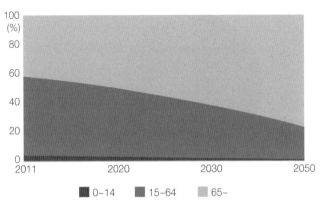

자료: 성균관대학교(2014).

그림 3-27 한국의 기후변화 시나리오별 기후변화로 인한 누적 건강 비용

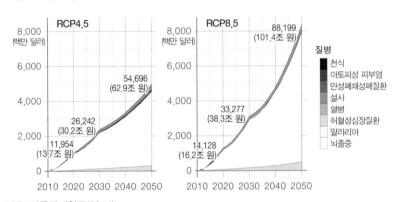

자료: 성균관대학교(2014).

오에서 63조 원, 고탄소 시나리오에서는 101조 원에 달해 기후변화가 미치는 경제적인 손실이 매우 큼을 알 수 있다.

참고문헌

성균관대학교 산학협력단·한국건강증진재단. 2014. 「기후변화로 인한 건강피해 부담 및 사회 경제적 영향평가 관련 연구」. 건강증진연구사업 정책, 14~35쪽.

질병관리청. 2022. 「제1차 기후보건영향평가 보고서」.

행정안전부. 2021. 「2020 재해연보: 자연 재난」.

Allen B. J. 2002. "Birthweight and environment at Tari." *PNG Med J*, 45(1-2), pp. 88~98.

Baek J. H. et al. 2015. "Prevalence, behavioral manifestations and associated individual and climatic factors of seasonality in the Korean general population." *Comprehensive Psychiatry*, 57, pp. 148~154.

Bulbena, A. et al. 2009. "Impact of the summer 2003 heat wave on the activity of two psychiatric emergency departments." *Actas Esp Psiquiatr*, 37, pp. 158~165.

Chung S. E. et al. 2017. "Current and projected burden of disease from high ambient temperature in Korea." *Epidemiology*, Suppl 1, PP. S98~S105.

Dogden et al. 2016. "Impacts of climate change on human health in the United States". https://health2016.globalchange.gov/downloads

Han H. J. et al. 2018. Estimation of the national burden of disease and vulnerable population associated with natural disasters in Korea: heavy precipitation and tyhoon. *J Korean Med Sci*, 33(49), PP. e314.

Hansen, A. et al. 2008. "The effect of heat waves on mental health in a temperate Australian city." *Environ Health Persp*, 116, pp. 1369~1375.

Heijmans, B. T. et al. 2008. "Persistent epigenetic differences associated with prenatal exposure to famine in humans." *Proc Natl Acad Sci USA*, 105(44), pp. 17046~17049.

Hess, J. J. et al. 2017. Projecting Climate-related Disease Burden: A Guide for Health Departments. Climate and Health Technical Report Series. Climate and Health Program, Centers for Disease Control and Prevention. https://www.cdc.gov/climateandhealth/pubs/projectingclimaterelateddiseaseburden1_508.pdf

Jung E. J., Lim A. H. and Kim J. H. 2023. "Decreased birth weight after prenatal exposure to wildfires on the eastern coast of Korea in 2000." *Epidemiol Health*, 45 p. e2023003.

Kim H., Ha J. S. and Park J. 2006. "High temperature, heat index, and mortality in 6 major cities in South Korea." *Arch Environ Occup Health*, 61(6), pp. 265~270.

Kim Y. M., Park J. W. and Cheong H. K. 2012. "Estimated effect of climatic variables on the transmission of Plasmodium vivax malaria in the Republic of Korea." *Environ Health Perspect*, 120(9), pp. 1314~1319.

Lim A. Y. et al. 2021. Mosquito abundance in relation to extremely high temperatures in urban and rural areas of Incheon Metropolitan City, South Korea from 2015 to 2020: an observational study. *Parasit Vectors*, 14(1), p. 559.

Liu, C. et al. 2019. "Ambient particulate air pollution and daily mortality in 652 cities." *N Engl J Med*, 381(8), pp. 705~715.

McIver L. J. et al. 2012. "Climate change and health in Fiji: environmental epidemiology of infectious diseases and potential for climate-based early warning systems." *Fiji J Public Health*, 1(1), pp. 7~13.

McMichael, A. J. 2013. "Globalization, Climate Change, and Human Health." *New England Journal of Medicine*, 368, pp. 1335~1343.

_____. 2014. "Climate Change and Global Health." *Climate Change and Global Health*, edited by D. B. Colin. Wallingford and Boston: CABI.

McMichael, A. J. et al. 2007. "Food, livestock production, energy, climate change and health." *Lancet*, 370(9594), pp. 1253~1263.

Naranbat, N. et al. 2009. "Seasonality of tuberculosis in an Eastern-Asian country with and extreme continental climate." *Eur Resp J*, 34, pp. 921~925.

Park J. W. et al. 2016. "Time trend of malaria in relation to climate variability in Papua New Guines. Environ Health Toxicol." 31, p. e2016001.

Rotton J, Cohn EG. 2003. "Gloabl warming and U.S. crime rates: an application of routine activity theory." *Environ Behav* , 35, pp. 802~825.

Sung J, H. K. Cheong and H. J. Kwon. 2022. Pathogen-specific response of infectious gastroenteritis to ambient temperature: National surveillance data in the Republic of Korea, 2015-2019. *J Hyg Environ Health*, 240, p. 113924.

Tobi, E. W. et al. 2014. "DNA methylation signatures link prenatal famine exposure to growth and metabolism." *Nat Commun*, 5, p. 5592.

Tubiello, F. N. and G. Fisher. 2007. "Reducing climate change impacts on agriculture: Global and regional effects of mitigation, 2000-2080." *Technol Forecasting Soc Change*, 74(7), pp. 1030~1056.

US EPA. 2019. Integrated Science Assessment (ISA) for Particulate Matter (Final Report, Dec 2019). US Environmental Protection Agency, Washingto, D.C. EPPA/600/R-19/188.

WHO. 2014. Quantitative Risk Assessment of the Effects of Climate Change on Selected Causes of Death, 2030s and 2050s. Geneva.
https://iris.who.int/bitstream/handle/10665/134014/9789241507691_eng.pdf?sequence=1

_____. 2023. "Mortality and burden of disease attributable to climate change." *The Global Health Observatory*. https://www.who.int/data/gho/indicator-metadata-registry/imr-details/2391

_____. 2021. "Air Global Quality Guidelines." Geneva.

Ziska, L. et al. 2016. "Ch. 7: Food Safety, Nutrition, and Distribution. *The Impacts of Climate Change on Human Health in the United States: A Scientific Assessment*. U. S. Global Change Research Program, Washington, DC, pp.189~216.

기후변화의 건강위험 연구

김호 (서울대학교 보건대학원 교수)

1. 기후-건강위험 연구의 설계와 자료원

기후변화와 건강 연구를 수행하기 위해서는 다양한 연구 설계 방법 및 데이터를 활용해 이 두 요인 간 관계를 조사할 수 있다. 이 분야에서 사용되는 일반적인 연구 설계 방법 및 자료원은 다음과 같다.

1) 연구 설계

(1) 관찰연구

기후변화와 건강 결과의 연관성(association)을 중재(intervention) 없이 관찰한다. 다음과 같은 연구 설계 방법이 여기에 속한다.

단면연구(Cross-sectional studies): 한 시점에서 자료를 수집해 분석한다. 건강 및 환경 자료 간 시간과 공간의 해상도를 일치시키는 것이 중요하다. 이 방법에서는 요인 간의 시간적인 선후관계를 알기 어려운 경우가 대부분이므로 원인-결과를 확정할 수 없는 경우가 대부분이다. 자료를 해석할 때 이러한 특성에 유의할 필요가 있다.

코호트 연구(Cohort studies): 이 방법에서는 개인들을 모집해 정해진 시간 동안 추적하면서 자료를 수집한다. 장기간의 기후변화 건강 영향을 파악하기 위해 실행한다. 실제로 시간이 지나면서 관찰하는 후향적 코호트와 모집 후 과거의 자료를 역추적하는 전향적 코호트로 나눌 수 있다. 전통적 의미에서의 후향적 코호트 연구를 진행하기 위해서는 대규모의 연구비와 장기간에 걸친 관찰이 필요하다. 최근에는 각종 의료자료를 활용한 가상 코호트(synthetic cohort) 연구도 많이 시행되고 있다.

환자-대조군 연구(Case-control studies): 이 방법에서는 특정한 질환이나 사건을 경험한 집단(환자군)과 그렇지 못한 집단(대조군)을 모집해 과거의 기후위험 요인의 노출 관계를 비교한다. 이 방법은 효과의 크기가 크고 사전 자료가 있는 임상시험 분야에서 많이 사용되는 기법이다. 기후변화-건강 분야에서는 효과의 크기가 작고 사전 증거가 많지 않아 직접적으로 활용하기에는 제한적인 방법이라고 할 수 있다.

(2) 생태학적 연구

개인적인 자료가 수집되지 못한 경우에는 자료를 시공간적으로 축약해 수집함으로써(aggregated data) 환경과 건강의 관계를 살펴볼 수 있다. 이 방법에서는 시간 추세, 지역 특성 등의 혼란요인(confounder)을 잘 보정하는 것이 대단히 중요하다. 그럼에도 불구하고 이 방법으로는 개인 수준에서의 인과관계를 일반적으로 증명하기가 불가능하다고 알려져 있다. 대기오염 역학용으로 개발된 시계열(time-series analysis) 분석 방법을 활용한 것이 분산-지연 비선형모형(distributed-lag non-linear models: DLNM)인데 이것이 현재 광범위하게 사용되고 있다.

(3) 개입연구(Intervention Studies)

기후변화에 의한 건강 피해를 줄이기 위해 어떠한 정책을 시행했다고 한다면 정책 시행 전후 비교 등을 통해 그 정책의 효과를 평가하는 연구다. 예를 들어 어떠한 지역에서 폭염 조기 경보를 새로이 시행했다면 이 정책의 시행 전후를 비교해 효과를 평가하는 것이다. 이 경우 시계열 추세, 다른 변수의 영향 등을 고려해서 분석하는 것이 중요하고 단절적 시계열 분석(interrupted time-series analysis) 등이 실무에서 많이 사용되고 있다.

2) 기후변화와 건강 연구 자료원

(1) 건강 자료

의료차트 등 각종 병원 자료(Electric Medical Record: EMR), 건강보험 자료 등을 정리해 연구에 사용할 수 있다. 한국의 경우 병원 전산화가 비교적 잘 되어 있어서 이러한 자료를 확보하기가 용이하다. 그러나 현재 개인정보 등의 이유로 활발한 사용에는 제약이 많이 따른다. 한국의 공적 의료보험 자료도 세계적으로 드문 우수한 자료원이다. 하지만 의료보험 청구 자료는 기본적으로 각 의료기관이 치료에 따른 보험금 지급을 국가기관에 요청하기 위해 생산한 자료이므로 왜곡이 발생할 확률이 있으므로 이에 대한 주의가 요구된다. 이 외에도 국민건강보험공단에서 제공하는 각종 코호트 자료(맞춤형 코호트 DB)를 연구에 사용할 수 있다. 이 코호 트는 국민의 대표 표본을 정한 후 후향적으로 의료 이용에 대한 정보를 정리한 것으로 많은 건강 연구에 활용되고 있다. 그 밖에도 국가응급진료정보망(National Emergency Department Information System: NEDIS)을 통한 자료도 공개되고 있으며, 이를 통해 응급실 방문 등의 자료를 활용할 수 있다.

(2) 조사 자료

연구기관이나 개인들이 직접 조사한 것으로 대단히 많은 자료원이 존재한다. 단면조사 연구로는 질병관리청에서 생산하는 국민건강 영양조사와 지역사회 건강조사를 들 수 있다. 국민건강 영양조사는 1998년 이후 3년 주기로 실행되고 있으며, 한국 국민의 영양 상태와 식습관, 건강 행태 등을 조사한다. 이를 통해 국민의 영양 섭취 현황과 영양실조(malnutrition) 유무, 비만율, 식습관 변화 등을 파악할 수 있다. 이 조사에서는 직접 설문에 의한 방법과 건강검진에 의한 방법을 동시에 사용하고 있다. 지역사회 건강조사는 전국 모든 기초지자체 단위의 건강통계 생산을 목표로 2008년부터 매년 22만여 명을 직접 설문 방식으로 조사하고 있다. 지역사회의 건강 상태와 건강 행태를 파악해 건강정책 수립과 실행에 활용한다. 최근에는 각종 기관에서 패널연구 형식의 자료를 구축해 제공하고 있다. 한국보건사회연구원에서 수행 공표하는 한국의료패널 및 한국복지패널 자료가 대표적이다.

(3) 기후 및 환경 자료

각종 기상 자료, 환경 자료 등이 이에 해당한다. 연구에 활용하기 위해서는 건강 자료와의 연계가 필요한데 일반적으로 건강 자료의 시공간 해상도보다는 기상, 환경 자료의 시공간 해상도가 훨씬 정밀하므로 연구기획 단계에서 환경 자료의 시공간 해상도에 대한 검토가 필요하다. 연구에 활용되는 대표적인 기상, 환경 변수로는 기온, 습도, 대기오염 등이 있다. 한국 국내 연구를 위해서는 공간적으로 개인의 주소 등이 확보된 경우 수 킬로미터 혹은 500미터 정도의 해상도를 이용하는 경우도 있으나 보통은 시군구 행정단위를 활용하는 실정이다. 시간 해상도의 경우 시간 단위의 건강 자료를 확보하기가 어려우면 일 단위 혹은 주, 월, 년 단위의 자료를 사용할 수 있다. 기후자료의 경우 기상청에서 제공하는 자료가 가장 공신력이 있다고 판단되고, 환경 자료로는 환경부에서 제공하는 대기오염 자료 등을 활용할 수 있다. 대기오염 자료의 경우 실제 측정 장소의 수에 제한이 있으므로 공간적인 모델링을 통해 자료가 제공되는 경우가 많은데, 이때 실제 측정치와는 차이가 있으므로 분석에 유의해야 한다.

(4) 원격 측정(Remote Sensing) 및 지리 정보(Geographic Information System: GIS)

최근 기술 발전에 따라 인공위성 이미지 자료가 연구에 활용되는 사례가 급증하고 있다. 토지 이용, 녹색 및 청색 정보(Greenness, Blueness), 미세먼지 등의 대기오염 자료 등을 활용한 건강 연계 연구의 결과들이 많이 발표되고 있다. 미국우주항공국(National Aeronautics and Space Administration: NASA)에서 운영하는 Landsat, MODIS, GRACE 등의 인공위성 자료, 유럽우주청(European Space Agency· ESA)에서 운영하는 자료 등이 많이 사용되고 있다. 최근 한국의 인공위성 자료는 한국항공우주연구원(Korea Aerospace Research Institute: KARI)을 통해 획득할 수 있으며, 아리랑 위성(Korean Multi-Purpose Satellite: KOMPSAT), COMS(Communication, Ocean and

Meteorological Satellite), 우리별 위성(Korea Institute of Technology Satellite: KITSAT) 등의 자료를 활용할 수 있다.

2. 기후 건강위험 자료 분석 방법

기후변화와 건강의 관계를 분석하기 위해서는 기후 및 기상 자료와 건강 자료를 이해해야 하며 또한 매우 약한 신호를 잡아내기 위해서는 복잡한 통계적인 모형을 사용해야 한다. 일반적인 방법론은 다음과 같다.

1) 자료 수집

기온, 강수량, 습도, 공기 질 등의 기상 자료는 전통적으로 기상 관측을 통해 수집하지만 최근에는 인공위성 자료 혹은 대기 모델링 방법을 응용해서 수집하는 경우가 증가하고 있다. 건강 자료로는 사망 자료가 전통적으로 가장 많이 사용되었으나 상병 자료, 입원 자료, 응급실 자료, 건강 모니터링 자료, 국가통계 자료 등의 활용도 점점 많아지고 있다.

2) 자료 정리

기상, 환경 자료와 건강 자료를 수집한 후 자료의 질 관리, 자료의 표준화, 결측치 점검, 이상치 점검(필요한 경우 결측치 대체를 실시) 등을 실시한다. 가장 중요하고도 어려운 점은 환경 자료와 건강 자료의 시공간 해상도를 일치시키는 것이다. 그림 4-1은 1990~2012년까지 런던에서의 일별

그림 4-1 **런던의 일별 사망자 수(1990~2012년)**

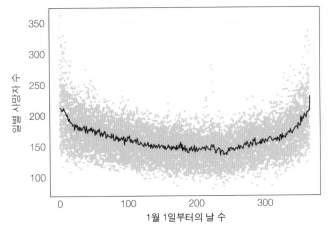

자료: Vicedo-Cabrera, Sera and Gasparrini(2019).

사망자 수를 나타낸다. 여기서 수평축은 1월 1일에서의 날수를 나타내고 검정색 선은 평균값을 나타낸다. 평균적으로 겨울철 사망이 여름철 사망보다 많음을 알 수 있다. 이 그림에서 주의할 것은 이상치의 분포다. 여름철과 겨울철에 이상치들이 존재함을 알 수 있는데, 이는 각각 폭염에 의한 영향 및 인플루엔자 유행에 의한 사망자의 증가로 짐작된다.

3) 시공간 분석

자료의 시공간 추세를 확인하는 일이 자료 분석의 시작이라고 할 수 있다. 이를 위해 지도를 이용한 확인과 분석이 필요하므로 지도 분석을 위한 시스템을 갖추어야 한다. 공간에 따른 이질성(heterogeneity)을 확인해 추후 통계분석을 위한 기초값을 정리하는 것, 공간상관(spacial correlation) 관계를 파악하는 것 또한 중요하다. 시계열 추세를 정리해 자료의 전체 추세, 계절성 등과 함께 시간상관(temporal correlation)을 파악하는 것도 필요하다.

4) 노출평가

분석 대상자의 노출 정보를 각종 자료를 활용해 구축해야 하고 이를 엄밀히 하기 위해서는 각 개인의 이동 정보를 정확히 알아야 하는데, 대규모 연구에서 이는 거의 불가능하기 때문에 개인의 주소 정보를 활용하는 경우가 많다. 이는 연구 결과의 해석에서 문제를 일으킬 수 있으므로 세심한 검토가 필요하다. 정확한 노출평가를 위해 모바일 정보 등을 활용해 개인의 동선 정보를 정확히 파악하는 연구가 최근 많이 진행되고 있다. 또한 연구의 목적이 급성 영향을 평가하는 것인지 아니면 만성 영향을 파악하는 것인지에 따라 노출의 기간도 중요한데 폭염의 경우에는 그 영향이 급성적으로 나타나므로 2~3일의 지연 효과만을 고려해도 충분하다는 의견이 있는 반면, 한파의 경우에는 2~3주의 지연 효과를 고려해야 한다는 의견이 있다. 오랜 기간의 기후변화 건강 영향을 평가하기 위한 (특히 만성병과 연관된) 연구에서 노출평가에 대한 통일된 이론이 정립되어 있지 않기 때문에 이 분야의 연구가 좀 더 필요하다고 판단된다. 감염병 모델링의 경우 감염 경로에 따른 지연 효과가 질환에 따라 알려진 경우가 있으므로 전문가와의 협업이 필요하다.

5) 통계적 모형

환경, 기후 및 기상이 건강에 미치는 영향을 대규모의 인구집단에서 확인하는 일은 전통적이고 실험적인 방법으로는 대단히 어렵다. 왜냐하면 매우 작은 신호를 찾아내야만 하고 시공간 단위에서의 이질성을 고려해 분석하는 데도 많은 한계가 따르기 때문이다. 그래서 통계적 모형을 이용한 분석이 주로 이용된다. 전통적인 회귀 분석, 시계열 분석, 공간통계 분석 등이 주로 사용되고 있으며 비교적 최근에 개발된 각종 기계학습(learning algorithms) 방법론이 적용되는 경향이 강하다. 대기오염 역학 분야에서 개발된 분산-지연 비선형모형(DLNM)도 빈번하게 사용되고 있다. 이 모형에서는 기온과 건강 결과(예: 사망자 수)의 관계가 비선형일 때, 그리고 며칠 혹은 몇 주의 지연 효과가 있는 경우를 분석할 수 있다. 이 모형에서는 비선형 회귀 분석 기법을 활용해 사망이 최소가 되는 기온(Minimum Mortality Temperature: MMT)을 중심으로 그 이상, 이하의 기온에서는 사망위험이 증가하는 U자형 모형을 활용할 수 있다. MMT 이상에서의 기울기를 고온의 영향, MMT 이하에서의 기울기를 저온에서의 영향으로 판단해 건강부담을 계산하는 방법이 많이 사용되고 있다. 고온에서는 3~4일 정도의 지연 효과를, 저온에서는 2~4주 정도의 지연 효과를 고려하는 것이 바람직하다는 보고가 있다. 통계적 모형을 사용하려면 모형에서의 보정변수를 잘 선택해야 하는데, 통상적으로는 기온 외에 습도, 기압 같은 기상변수와 계절성 시계열 추세 등을 반드시 보정해야 한다. 최종 모형을 선택한 후에도 모형에서 고려된 선택사항에 대한 민감도 분석을 실시해 연구 결과가 모형 선택에 따라 크게 달라지지 않는다는 모형의 둔감성(robustness)을 보여주는 것도 중요하다.

그림 4-2는 DLNM에서의 온도-사망 분석을 위한 개념들을 소개하는데, A는 기온-지연에 따른 사망 위험을 입체적으로 보여준다. 높은 기온과 짧은 래그에서 위험이 급증함을 알 수 있다. 래그가 길어지면서 (5일 이상)

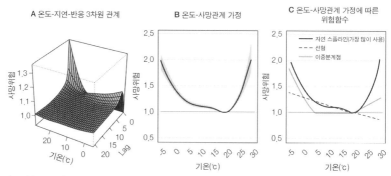

그림 4-2 **DLNM에 의한 온도-사망자 수의 관계 결과(1990~2012년, 런던 자료)**

자료: Vicedo-Cabrera, Sera and Gasparrini(2019).

폭염의 효과는 거의 보이지 않는 것을 알 수 있다. B는 모든 래그에서 평
균적인 기온-사망의 관계를 보여준다. 높은 온도와 낮은 온도에서 사망
위험이 커짐을 알 수 있다. C는 위험함수의 모수적 가정에 따른 결과를 보
여주는데, 검정 실선은 모수적 가정이 가장 적은 비모수적 평활 방법에 의
한 결과를, 점선은 선형함수에 의한 결과를, 회색 실선은 높은 온도와 낮
은 온도에서 선형을 가정한 조각별 선형모형(piece-wise linear model)의 결
과를 보여준다. 모형의 가정에 따라 매우 다른 결과가 산출되는 것을 알
수 있다.

감염병 분석을 위해서는 인구집단에서 질병이 어떤 식으로 전파되는지
를 고려해야 한다. 이를 위해 전파 양식(mode of transmission)(예: 공기, 매개
체, 물, 인간 접촉 등), 잠복기, 발생 기간, 대상 집단의 연령, 면역, 행동 패턴
등을 고려해야 한다. SIR 혹은 SEIR 등의 구획모형(compartment model), 에
이전트 기반 모델(agent-based model) 등의 수학적 모형이 이러한 분석법의
예다. 그림 4-3은 다양한 구획모형의 예를 보여준다. 가장 복잡한 SEIR 모
형의 경우 감수성 있는 집단(Susceptible)이 노출되고(Exposed), 그중에서

그림 4-3 **감염병 연구를 위한 구획모형의 예**

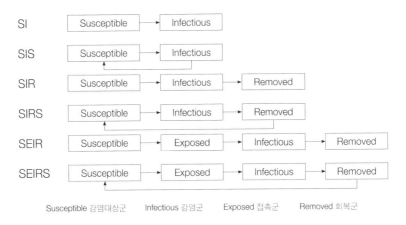

자료: 도미진·김종태·최보승(2017).

감염(Infected)이 발생하며, 추후에 사망하거나 회복하는 구획들을 보여준다. 이 모형에서는 각 구획에서 다음 단계로 이동할 때의 확률을 미분방정식을 이용해 여러 모수로 표현한다. 이러한 방법의 결과는 모형의 가정과 모수에 매우 의존한다. 하지만 실무에서는 전파 양식이나 사람의 이동, 그리고 각종 정보에 의해 모수를 추정하기 어려운 경우가 발생한다. 특히 면역에 대한 모수는 집단에 따라 다를 수 있는데, 질병 발생 초기에는 경험적 자료가 부족하므로 역사적 자료 혹은 다른 지역에서의 값을 활용하는 경우가 많다. 이 경우 앞서 지적한 민감성 분석을 통해 연구 결과의 신뢰성을 확보해야 한다.

6) 위험평가(Risk Assessment)

노출평가와 통계적 모형의 결과를 이용해서 인구 수준에서의 건강위험을 계산할 수 있다. 통상적인 선형모형에서는 상대위험을 추정하는데, 이는 기온 1℃ 증가에 따른 로그 사망자 수의 증가 비율에 해당한다. 이를 식으로 표현하면 Δt 온도 변화에 따른 사망자 수 증가비=$\exp[(\hat{\beta} \cdot \Delta t]$로 쓸 수 있다. 여기서 $\hat{\beta}$는 회귀모형에서 추정된 기울기다. 예를 들어 $\hat{\beta}=0.00995$인 경우 $\exp[(\hat{\beta} \cdot \Delta t]=\exp(0.00995\times1)=1.010$이고 이는 기온이 1℃ 증가하면 1.0%의 추가 사망이 예상된다는 의미다. 인구 1천 만 명의 도시에서 하루에 평균적으로 100명 정도의 사망자가 발생한다고 하면 이 경우 1명 정도의 추가 사망에 해당한다. 추가 사망자를 계산하기 위해서는 총 사망자 수가 필요한데, 이는 인구수에 사망률을 곱해 얻을 수 있다. 미래 예측 측면에서는 미래의 인구수 및 사망률을 예측하는 것이 연구 결과에 큰 영향을 미치므로 이에 대한 세심한 검토가 필요하다. 추가 사망 외에도 기여분율(attributable fraction)을 활용한 기여사망(attributable deaths)을 제시하는 경우가 최근 많이 늘어나고 있다. 추정치의 제시에서는 가능하면 신뢰구간을 함께 제시하는 것이 의사결정에 도움이 된다. 추정치의 분산을 모르고 있다면 부츠트랩(bootstrap) 등의 재추출(re-sampling) 방법을 사용하는 경우가 많다. 만약 앞의 예에서 $\hat{\beta}$의 표준오차가 0.00332라고 한다면 추가 사망률의 95% 신뢰구간은 다음의 식에 의해서 (1.0035, 1.0166)으로 주어진다.

$$\exp[(\hat{\beta}\pm1.96\times0.00332) \cdot \Delta t]=\exp[(0.00995\pm1.96\times0.00332)\times1]=(1.003449, 1.01660)$$

　연구 결과의 제시에서는 취약 집단에 대한 분석도 중요한데 전통적으로는 영유아, 노인 등 취약한 세부 집단만을 따로 분석해 결과를 제시하는 경우가 많고 통계적 모형에서는 교호작용(interaction)을 활용한 효과보정

(effect modification) 결과를 제시하는 경우도 있다. 폭염의 경우 물론 폭염 발생여부가 가장 중요한 요인이고 이외에도 성별, 연령, 소득, 주거 환경, 직업의 형태, 기저질환 여부 등 개인 변인, 사회경제적 상황, 교통, 대기오염, 녹지, 의료 인프라 등 지역적인 변인에 따라 건강위험이 매우 달라진다는 것은 잘 알려진 사실이다. 그런데 선진국의 경우 매우 더운 지역에서는 에어컨 등의 조건이 잘 갖춰진 경우 폭염의 위험이 크지 않은 반면 평소에 크게 덥지 않아 에어컨 등의 시설이 잘 갖춰져 있지 않은 경우에 그 영향이 훨씬 크다고 알려져 있다. 미국의 예를 들면 마이애미 등 남부의 도시들의 경우 거의 모든 시설에 냉방이 잘 되어 있어 폭염의 건강 피해는 미미한 반면, 북부 시카고의 경우는 냉방시설이 미약한 거주환경에 사는 인구가 많아 폭염으로 대규모 인명피해가 발생할 수 있다. 1995년 시카고 폭염이 그 예다.

7) 모형의 유효성 검사 및 평가(Model Validation and Evaluation)

모형의 결과를 실제 자료와 비교해 모델의 유효성을 검사하는 것이 중요하다. 특히 감염병의 경우 유행의 시기 및 규모와 같은 주요 특징을 포착하는 능력에 따라 모형의 유효성을 평가할 수 있다. 모델 성능은 재생산 수(R0), 단기 예측의 정확도, 관찰된 패턴을 소급해 설명하는 능력 같은 지표를 통해 평가할 수 있다. 코로나-19의 예에서 각국의 예측이 시간이 지남에 따라 점차 크게 틀리는 경향이 있는데, 이는 조기의 신상삼이 풀리면서 각종 대책의 효과가 떨어지는 점, 바이러스의 변이 등에 의해 면역학적 모수들의 값이 변하는 것 등에 기인한다고 할 수 있다. 이를 극복하기 위해서 가정이 다른 여러 모형들을 적용하고 결과들을 합치는 앙상블 모델링(Ensemble Method)이 시도되고 있다.

8) 불확실성 분석(Uncertainty Analysis)

기후, 기상, 환경, 건강 등 원자료의 수집 및 가공, 모형의 구축, 노출 및 위험평가 등 각 단계에서의 불확실성이 존재하므로 이에 대한 고려가 필요하다. 기본적으로는 최종 결론에 해당하는 값들이 중간단계의 입력변수가 바뀌면 얼마나 달라지는가를 확인해야 한다. 민감성 분석, 몬테카를로 시뮬레이션(Monte Carlo Simulation), 앙상블 모델링 방법론을 사용할 수 있다.

미래 예측을 위해서는 기후변화 시나리오를 활용한 방법들이 사용되는데, 이 시나리오는 온실가스, 에어로졸, 토지 이용 변화 등 인위적인 원인으로 발생한 복사강제력 변화를 지구 시스템 모델에 적용해 산출한 미래 기후 전망정보(기온, 강수량, 바람, 습도 등)다. 기후변화 시나리오는 미래에 기후변화로 인한 영향을 평가하고 피해 최소화에 활용할 수 있는 선제적인 정보로 활용되며, 한반도 지역별 상세 기후변화 전망은 지자체별 기후변화 대응과 적응대책 수립을 위한 필수적인 정보다. 기후변화 시나리오의 목표는 단순히 미래를 예측하는 것이 아니라 '광범위하게 발생할 수 있는 모든 범위의 미래'를 고려해 신뢰할 수 있는 의사결정을 위해 불확실성을 이해하는 것이다. 범세계적인 기후변화 시나리오를 작성하는 기후변화에 관한 정부 간 협의체(Intergovernmental Panel on Climate Change: IPCC)의 제3차 평가 보고서(2001)에 사용된 미래 배출 시나리오는 「배출 시나리오에 관한 특별 보고서(Special Report on Emission Scenarios: SRES)」인데, 여기에는 예상되는 이산화탄소 배출량에 따라 A1B, A2, B1 등 6개의 시나리오가 있다. IPCC 제5차 평가 보고서에서는 대표 농도 경로(Represent-ative Concentration Pathways: RCP) 시나리오를 제시했는데, 이는 인간 활동이 대기에 미치는 복사량으로 온실가스 농도를 정하는 것이다. 같은 복사강제력에 대해 사회경제 시나리오는 여러 가지가 될 수 있다는 의미에서 '대표(Representative)'라는 표현을 사용한다. 그리고 온실가스 배출량 시나리오의 시간에 따른 변화를 강조하기 위해 '경로(Pathways)'라는 의미를 포함했다. 이 시나리오에는 RCP2.6, RCP4.5, RCP6.0 및 RCP8.5가 있는데, 이는 각각 지금부터 즉시 온실가스 감축 수행, 온실가스 저감정책 상당히 실현, 온실가스 저감정책 어느 정도 실현, 현재 추세대로 온실가스 배출을 가정하고 있다. IPCC 제6차 평가 보고서(6th Assessment Report: AR6)를 위해 2100년 기준 복사강제력 강도(기존 RCP 개념)와 함께 미래 사회경제 변화를 기준으로 기후변화에 대한 미래의 완화와 적응 노력에 따라 5개의 공통 사회경제 경로(Shared Socioeconomic Pathways: SSP) 시나리오가 제시되었으며, 여기에는 인구통계, 경제발달, 복지, 생태계 요소, 자원, 제도, 기술발달, 사회적 인자, 정책이 고려되었다. 현재 많이 사용되는 시나리오로는 SSP1-2.6, SSP2-4.5, SSP3-7.0, SSP5-8.5가 있고 이들의 가정은 각각 다음과 같다.

- SSP1-2.6: 재생에너지기술 발달로 화석연료 사용이 최소화되고 친환경적으로 지속가능한 경제성장을 이룰 것으로 가정하는 경우
- SSP2-4.5: 기후변화 완화 및 사회경제 발전 성도가 중간 단계를 가정하는 경우
- SSP3-7.0: 기후변화 완화 정책에 소극적이며 기술개발이 늦어 기후변화에 취약한 사회구조를 가정하는 경우

• SSP5-8.5: 산업기술의 빠른 발전에 중심을 두어 화석연료 사용이 높고 도시
   위주의 무분별한 개발이 확대될 것으로 가정하는 경우

   그림 4-4는 건강 영향 예측을 위한 미래의 기온 자료 예를 보여준다. 이
그림은 두 가지 미래 시나리오의 결과를 비교하는데, 2060년 이후 먼 미
래에서는 추세가 매우 다름을 확인할 수 있고 따라서 건강 영향의 결과도
매우 다를 것을 쉽게 예상할 수 있다.

   그림 4-5에서 맨 위의 그림은 기온-사망의 관계를 보여주는데, 회색 실
선은 낮은 온도에 의한 위험, 검정 실선은 높은 온도의 위험을 보여준다.
검정 점선의 경우는 과거에 관측되지 않았지만 미래에 예상되는 매우 높

그림 4-4 예측을 위한 기온 자료의 미래 추세

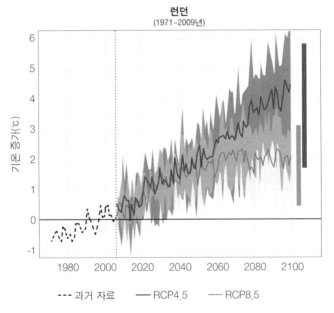

자료: Vicedo-Cabrera, Sera and Gasparrini(2019).

그림 4-5 **기온과 과거 초과 사망과 미래 예측 분포**

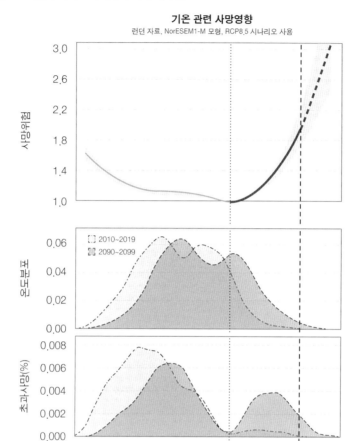

기온 관련 사망영향
런던 자료, NorESEM1-M 모형, RCP8.5 시나리오 사용

자료: Vicedo-Cabrera, Sera and Gasparrini(2019).

은 온도에서의 건강위험을 나타낸다. 이 부분은 관측 자료가 없으므로 기정에 의한 선이며, 미래 예측의 불확실성을 크게 만드는 것임을 알 수 있다. 중간 그림은 과거와 미래의 온도 분포를, 맨 아래 그림은 이에 따른 초과 사망자 수를 나타낸다. 그림 4-5에서 보듯이 저온에 의한 초과 사망은 감소하고 고온에 의한 초과 사망은 증가하는 것을 알 수 있다.

9) 소통 및 정책 연계

　과학적인 연구의 결과를 가지고 정치인, 정책 입안자, 대중과 소통하는 일은 문제해결을 위해서 중요하다. 연구의 결과를 대중이 이해할 수 있도록 제시하고 현재 선택할 수 있는 대안을 제시해야 한다. 이를 위해서는 건강위험, 취약 집단의 제시, 완화 및 적응 정책을 종합적으로 고려해야 한다.

　감염병에 대비하기 위해서는 전 세계적인 감시 시스템을 갖추고 운용해야 하고 유사시 필요한 가이드라인을 갖추고 있는 것이 중요하다. 이러한 의미에서 국제적인 공조가 더욱 강화되어야 한다. 발생 초기의 대응이 중요하다는 점을 고려하면 후진국과 선진국의 협조관계를 잘 유지하는 것 또한 강조되어야 한다. 기후변화의 추세를 생각하면 외국에서의 감염병 유입에 효과적으로 대응하기 위한 국내 기반을 잘 유지하는 것, 그리고 효과적인 대책들이 긴급하게 진행될 수 있도록 시스템 및 물적 자원을 비축하는 일 등이 필요하다. 유사시 개입하기 위해서는 한국에 맞는 감염병 모형을 잘 구축해야 하는데, 이 모형에서는 개입을 위한 모수[예: 백신 효과, 사회적 거리 두기, 접촉자 추적(contact tracing), 치료제의 효과 등]를 고려해야 한다. 이러한 모형을 이용해 다양한 정책 효과를 예측함으로써 과학적인 의사결정이 되도록 해야 한다.

3. 기후변화 건강 영향 예측

기후변화는 인간의 건강과 깊은 연관관계가 있고 더욱 빨라지는 기온 상승의 추세를 생각한다면 기후변화의 건강 영향 예측은 매우 중요한 영역이다. 다음에서는 기후변화 건강 영향 예측에 대해 고찰해보자.

1) 기온과 관련된 건강 영향

기온-사망의 연관관계, 그리고 이를 이용한 미래 예측에 대한 대규모 연구 결과들이 최근 발표되고 있다. 가스파리니 외(Gasparrini et al., 2017)의 연구는 다양한 기후변화 시나리오에 따른 미래의 폭염 추가 사망 위험을 평가했다. 연구 결과에 따르면 미래에는 더 잦은 그리고 고강도의 폭염과 이에 따른 추가적인 초과 사망이 예상되었다. 특히 취약한 집단으로는 노인, 영유아와 더불어 질환을 가진 환자들이 지목되었다. 이 연구는 미래의 건강위험이 지역에 따라 다르게 나타나고 있음을 강조하고, 기온의 증가가 심한 지역, 저개발 및 개발도상 지역에서의 큰 피해를 예상했다. 또한 온실가스의 배출을 줄이는 정책과 더불어 기후변화 적응 정책의 중요성을 강조했다. 미래의 건강 피해를 최소화하기 위해서는 효과적인 도시계획, 지속가능한 보건의료 시스템, 각종 보건 사업이 중요하다고 지적하고 있다.

2) 기후재난과 정신건강

기후위기와 관련된 재난이 자주 발생하면서 거주지 및 지역사회의 파괴 및 이에 따른 비자발적 이주의 증가, 가족과 반려 동물들의 사상 경험 등에 의한 정신건강의 문제가 최근 급격히 대두되고 있다. 이 같은 경험에 의한 스트레스, 불안 및 우울증, 외상 후 스트레스 장애(Post-Traumatic Stress Disorder: PTSD), 자살 시도가 증가하는 것으로 보고되고 있다. 기후 위기가 심화됨에 따라 정신건강 부담도 매우 증가할 것으로 예상된다.

3) 대기 질과 연관된 질환의 증가

기후변화는 대기 질에 영향을 미치는 것으로 알려져 있다. 기후변화에 의해서 대기 질의 악화뿐만 아니라 꽃가루의 증가, 산불의 증가 등이 관찰되고 있다. 이러한 현상의 증가는 직접적으로 천식이나 알러지 질환 같은 호흡기 질환을 일으킬 수 있다. 또한 온도의 증가에 따라 오존 농도도 같이 증가한다고 알려져 있으므로 오존에 의한 건강부담도 증가할 것으로 예상된다. 세계보건기구(WHO) 보고에 의하면 대기오염은 호흡기 질환 이외에도 심혈관계 질환, 조산 같은 임산부 건강, 당뇨 같은 대사성 질환의 악화, 치매 같은 뇌신경 질환과도 연관이 많으므로 이러한 질환의 추세도 세심히 살펴볼 필요가 있다.

4) 감염병

기후변화가 미래의 감염병에 큰 영향을 미칠 것은 분명하다. 하지만 현재의 과학지식으로는 그 기전을 정확히 이해하지 못하는 질병이 많고 환경인자에 대한 과학지식에는 더 많은 한계가 존재한다. 또한 사람 간의 혹은 동물-사람 간의 전파 양상 및 매개체와 기후인자의 관계에도 매우 큰 불확실성이 존재한다. 하지만 전 지구적 모형을 이용한 예측 연구의 결과가 존재한다. 한편 감염성 질환은 그 전파를 차단하면 이론적으로는 완전한 통제가 가능하므로 효과적인 개입정책을 실시하는 것이 필요하고, 이를 위해서는 모형을 통한 미래 예측이 대단히 중요하다. 한편 대부분의 개입정책은 사회경제적으로 큰 부담을 가지고 있고, 오랫동안 지속되면 대중의 순응도도 급격히 감소하므로 종합적인 검토와 정치적인 판단이 필요하다. 시나리오에 따른 연구로 개입 효과를 정확히 추정하고 이러한 판단의 근거로 사용할 필요가 있다고 하겠다.

매개체를 통한 감염병: 기후변화는 모기, 진드기, 벼룩 등의 생태에 많은 영향을 주고 이는 인간의 감염병과도 깊은 관계가 있다. 특히 기온, 습도 및 강수량 등이 매개체에 많은 영향을 주고, 이는 말라리아, 뎅기열, 지카 바이러스, 라임병, 치쿤구니아 열병 같은 감염병의 발생 및 확산과도 연관이 있다. 기후변화의 진행과 함께 특히 저개발 지역에서 이러한 질환의 확대가 예상되며 이를 효과적으로 조정하기 위해서는 범세계적인 감시체계가 필요하다.

수인성 및 식품 매개 감염병: 기후변화에 의한 수온 및 강수량 변화에 따른 수량과 수질의 변화는 수인성 질환의 발생과 확산에 영향을 미친다. 특히 홍수에 따른 수질오염은 콜레라 및 렙토스피라증(leptospirosis) 같은 질환을 일으킬 수 있다. 그리고 온도의 증가에 따라 식품의 처리, 보관 및 위생과 연관된 문제로 바이러스, 박테리아, 기생충 등의 생육조건이 바뀌고 이들이 일으키는 질환이 증가할 가능성이 매우 크다. 식품안전관리인증기준(Hazard Analysis and Critical Control Point: HACCP) 같은 현재의 위생 관련 기준들을 좀 더 강화할 필요가 있다.

4. 사례

1) WHO 결과

기후변화 건강 영향 예측에 관한 가장 공신력 있는 결과는 WHO에서 발표한 것이다. 2021년에 발표한 결과를 요약하면 다음과 같다(WHO, 2021).

① 기후변화는 대기의 질, 수질, 식량 및 영양, 안전한 거주지 등의 환경보건 결정요인에 변화를 줘 인간의 건강에 영향을 준다.

② 기후변화로 인한 영양 문제, 말라리아, 설사병, 폭염 등으로 인해 2030~2050년에 연평균 약 25만 명의 추가 사망이 예상된다.

③ 건강 부분에 미치는 직접적인 (식량이나 식수 등의 간접 부문은 제외) 비용은 2030년까지 매년 20억~40억 달러(미국)로 추정된다.

④ 보건 인프라가 취약한 지역 ― 대부분 개발도상국 ― 에서는 외부의 도움이 없다면 준비와 대응 측면에서 큰 도전에 직면할 것이다.

⑤ 교통, 식량 및 에너지 등 부문에서 온실가스 배출을 줄이는 일은, 특히 대기의 질 개선을 통해, 보건 문제 해결에 큰 기여를 할 것이다.

2) IPCC의 보고

기후변화 보고서 중에서도 가장 공신력 있는 보고서는 유엔 산하 IPCC의 보고서다. 가장 최근에 발간된 제6차 보고서 시리즈 중 2023년 초에 발간된 『정책 결정자를 위한 요약본(Summary for Policymakers: SPM)』에서 예측과 관련된 사항 몇 가지를 정리해보면 표 4-1과 같다.

그림 4-6은 SSP 시나리오별 미래 기온 예측(그림 4-6의 A)과 미래 건강 예측의 결과(그림 4-6의 B)를 보여준다. 그림 4-5의 A에서 보는 것처럼 세기 중간까지는 모든 시나리오에서 온도 증가를 예상할 수 있고, 지금의 노력이 온도 증가 패턴을 꺾이게 하는 것은 세기 중반 이후임을 알 수 있다. 그림 4-6의 B는 적응 노력에 따라 미래의 건강부담이 대단히 달라짐을 보여준다. 이상에서 알 수 있듯이 IPCC의 최근 보고서는 우리의 노력으로 미래의 기온 상승 추세와 이에 따른 건강을 포함한 각 분야의 영향이 크게 달라짐을 보여주면서 빠른 전환을 촉구하고 있다.

로클뢰브 외(Rocklöv et al., 2021)의 논문은 기후변화와 건강 예측에 대한 주요 논문들의 결과를 제시한다. 표 4-1은 미래 예측 부문의 주요 논문을 요약한 것이다.

그림 4-7은 로클뢰브 외(Rocklöv et al., 2021)가 제시한 범세계적인 시각에서의 주요 건강 문제들을 나타낸다. 선진국을 중심으로 한 폭염의 피해, 열대 지방과 개발도상국을 중심으로 한 감염병 및 노동생산성 감소가 주요한 문제임을 알 수 있다. 미주 및 유럽에서의 감염병도 지적되고 있다.

그림 4-8과 그림 4-9는 세 가지 RCP 시나리오에 의한 21세기 중반 및 후반에서의 유럽 한파 및 폭염에 의한 기여사망 예측 결과(Martinez-Solanas et al., 2021)를 보여준다. 전반적으로 한파에 의한 변화보다는 폭염에 의한 변화가 훨씬 더 크고 이탈리아, 스페인 같은 남부 유럽의 피해가 큼을 알 수 있다. 그리고 RCP 시나리오에 따라서도 그 결과가 매우 다름을 알 수 있다. 또한 먼 미래에서의 피해가 중간 미래보다 큼을 알 수 있다.

그림 4-10은 츄아 외(Chua et al., 2021)가 제시한 미래 장염에 의한 사망의 분포를 나타낸다. 이 결과는 위경도 $0.5°×0.5°$ 해상도 모형들의 앙상블 평균값을 의미한다. 중부 아프리카와 인도에 피해가 몰려 있지만 희망적

표 4-1 **기후변화 건강 연구의 주요 결과**

논문	건강 문제	기간	기후 시나리오	주요 결과
Martinez-Solanas et al.(2021)	폭염, 한파 및 기온에 의한 초과 사망: European scale	현재 (1976~2005년) 대비 세기 중간 (2035~2064년) 및 세기 말 (2070~2099년)	RCP2.6, RCP6.0, RCP8.5: SSP 없음	RCP8.5에 의하면 폭염에 의한 기여사망 비율이 세기 중간에 2% 이상, 세기말에 4% 이상 증가
Chua et al.(2021)	10가지의 병인과 연관된 장염에 의한 기온 관련 기여사망	예측 시기: 2080~2095년 기온 기준: 1976~2005년	RCP2.6, SSP1 RCP4.5, SSP2 RCP6.0, SSP3 등과 다른 건강 변수를 고려한 시나리오	건강에 대한 투자가 없는 경우 RCP6.0와 SSP3 시나리오를 사용한 2080~2095년의 연평균 사망자 수
Coloón-González et al.(2021)	말라리아, 뎅기열	1951~2005년 대비 2006~2099년	RCP2.6, SSP1&2; RCP4.5 SSP2; RCP6.0 과 SSP2; RCP8.5과 SSP2&5	RCP8.5 시나리오에 의한 전염 시기 1~3개월 증가
Trinanes and Martinez-Urtaza (2021)	비브리오균 적합조건 (해수면 온도 > 18℃, 염도 < 28 psu) 노출 인구	1850~2014년 대비 2015~2100년	SSP245 SSP585 (CMIP6)	SSP245에 따라 30년에 1개월의 비브리오균 적합도 증가
Dasgupta et al.(2021)	생산성 및 노동력 감소	기준연도 (1986~2005년) 대비 20년 간격 미래	1.5℃, 2℃, 그리고 3℃ 기온 증가와 SSP2 인구자료	3℃ 증가 시나리오에 따라 20% 이상의 야외생산성 감소
Zhao et al.(2021)	폭염, 한파 및 기온에 의한 초과 사망비	2000~2019년	후향적 연구	지도에 표시함

자료: Rocklöv et al.(2021).

그림 4-6 **과거 및 미래의 기온 예상과 이에 따른 건강 관련 결과**

A.1850~1900년에 대비한 전 세계 지표면 온도 변화 증가

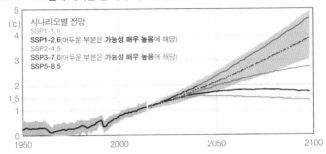

B. 세 가지 적응 시나리오에 따른 기후민감성 건강 관련 결과

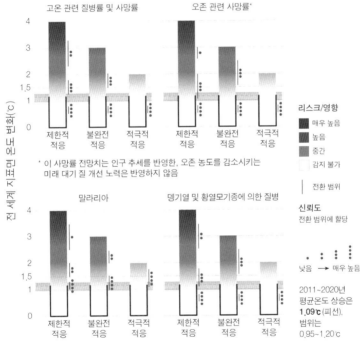

시나리오 설명
제한적 적응: 적극적 적응 실패, 낮은 의료시스템 투자
불완전 적응: 적응계획 수립 미흡, 중간 수준의 의료시스템 투자
적극적 적응: 적극적 적응 관리, 높은 수준의 의료시스템 투자

자료: 기상청 기후전망 포털(http://www.climate.go.kr/home/).

그림 4-7 세계 지도로 표시한 기후-건강의 주요 문제들

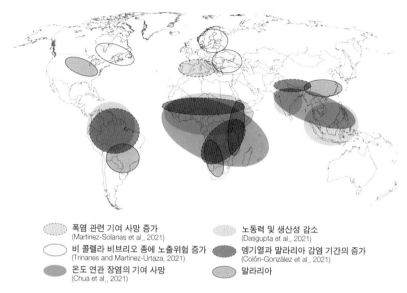

폭염 관련 기여 사망 증가 (Martinez-Solanas et al., 2021)	노동력 및 생산성 감소 (Dasgupta et al., 2021)
비 콜렐라 비브리오 종에 노출위험 증가 (Trinanes and Martinez-Urtaza, 2021)	뎅기열과 말라리아 감염 기간의 증가 (Colón-González et al., 2021)
온도 연관 장염의 기여 사망 (Chua et al., 2021)	말라리아

자료: Rocklöv et al.(2021).

그림 4-8 **RCP 시나리오로 보는 21세기 중반 유럽의 한파 및 폭염에 의한 기여사망 예측**

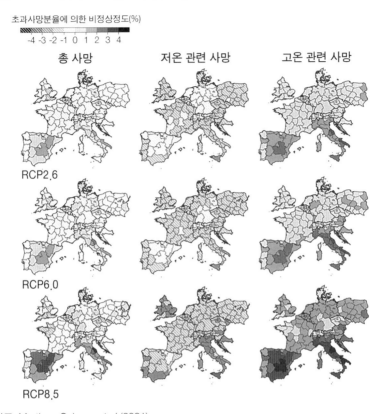

자료: Martinez-Solanas et al.(2021).

그림 4-9 RCP 시나리오로 보는 21세기 후반 유럽의 한파 및 폭염에 의한 기여사망 예측

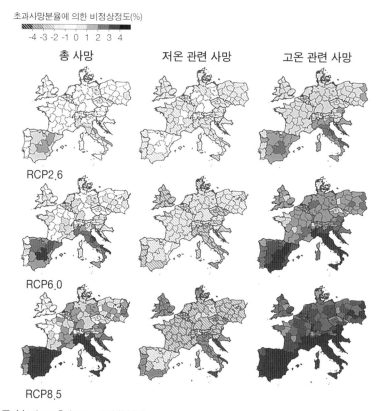

자료: Martinez-Solanas et al.(2021).

그림 4-10 **비관적·희망적·중간적 미래 시나리오별 장염에 의한 사망 분포**

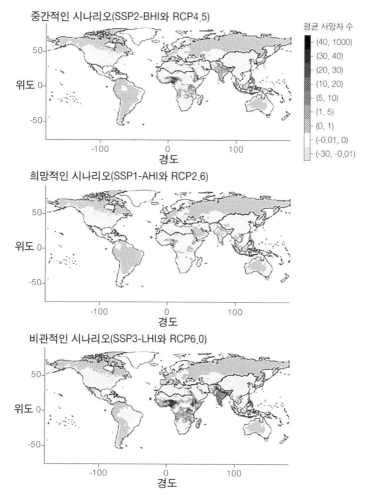

주: 앙상블 평균값, 위경도 0.5°X 0.5° 해상도 모형 결과.
자료: Chua et al.(2021).

인 시나리오와 비관적인 시나리오 간에 매우 큰 차이가 있음을 알 수 있다.

그림 4-11은 콜론-곤잘레스 외(Colón-González et al., 2021)가 제시한 1970~1999년 대비 2070~2099년의 연평균 말라리아 및 댕기열의 유행기간 변화 예측 결과를 시나리오별로 보여준다. 노란색 및 빨간색은 유행기간의 증가, 파란색은 유행기간의 감소를 의미한다. 왼쪽 위가 가장 희망적이고 오른쪽 아래가 가장 비관적인 시나리오다. 전반적으로 증가 양상이 많지만 감소 양상의 지역도 보이는 것을 알 수 있다. 이 결과는 매개체 감염병의 증가 조건이 더 만들어진다는 것과 매개체 관리가 필요함을 의미한다.

그림 4-12는 트리난데스와 마티네스-유타자(Trinanes and Martinez-Urtaza, 2021)가 제시한 비브리오균이 서식하기 좋은 환경이 되는 날 수의 증감을 나타낸다. 비관적인 시나리오에 따라서 증가하는 지역이 많아지고 있음을 알 수 있다. 한국을 포함한 많은 지역에서 최근의 경향을 이용한 모형을 보면 감소가 예측되는 반면 비관적인 시나리오에서는 증가 지역이 넓어진다는 예측이 흥미롭다.

그림 4-13은 다스굽타 외(Dasgupta et al., 2021)가 제시한 미래의 기온 변동에 따른 1986~2005년 대비 미래의 노동력 공급(A), 노동생산성(B), 이상적 노동조건(C)의 변화를 나타낸다. 미래의 기온 변동에 따라 개발도상국을 중심으로 노동력에 영향을 미치며 이는 가구 수입 등을 통해 저소득층에 영향을 줄 것이다.

그림 4-14는 자오 외(Zhao et al., 2021)가 제시한 2000~2019년 연평균 온도 변동에 따른 초과 사망자 수의 분포를 보여준다. 한파에 의한 영향도 아프리카, 히말라야, 동아시아 지역에서 관찰되고 있고, 특히 동아시아는 폭염과 한파 모두에 많은 영향을 받는 것으로 나타난다.

이상에서 본 것처럼 관측 자료와 기후변화 시나리오 자료를 활용한 많

그림 4-11 연평균 말라리아 및 뎅기열의 유행기간 변화

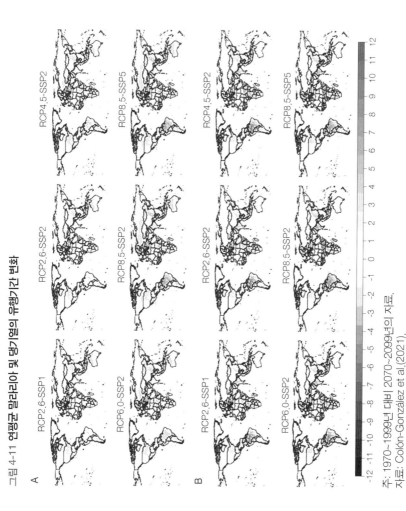

주: 1970~1999년 대비 2070~2099년의 자료.
자료: Colón-González et al.(2021).

그림 4-12 **비브리오균이 서식하기 좋은 환경이 되는 날 수의 증감**

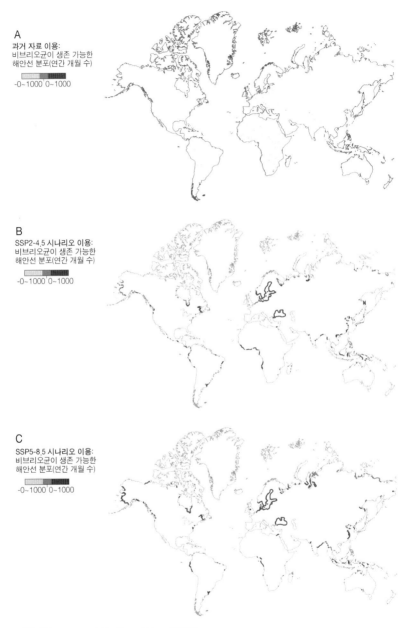

A
과거 자료 이용:
비브리오균이 생존 가능한
해안선 분포(연간 개월 수)

-0~1000 0~1000

B
SSP2-4.5 시나리오 이용:
비브리오균이 생존 가능한
해안선 분포(연간 개월 수)

-0~1000 0~1000

C
SSP5-8.5 시나리오 이용:
비브리오균이 생존 가능한
해안선 분포(연간 개월 수)

-0~1000 0~1000

자료: Trinancs and Martinez-Urtaza(2021).

그림 4-13 미래의 기온 변동에 따른 노동 관련 영향(1986~2005년)

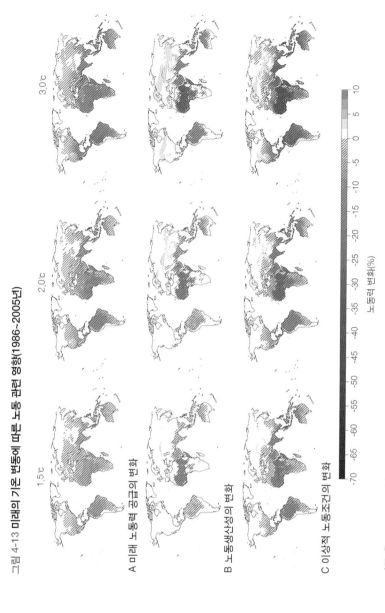

A 미래 노동력 공급의 변화

B 노동생산성의 변화

C 이상적 노동조건의 변화

노동력 변화(%)

자료: Dasgupta et al.(2021).

그림 4-14 **온도 변동에 따른 초과 사망자 수의 분포**

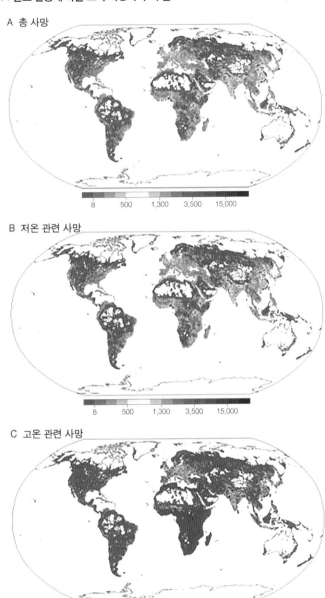

A 총 사망

B 저온 관련 사망

C 고온 관련 사망

자료: Zhao et al.(2021).

은 분야의 연구 결과들이 발표되었다. 이러한 연구의 중요한 결론은 현재의 노력에 따라 우리의 미래가 매우 달라진다는 것이다. 또한 온실가스 저감 및 대체에너지 기술이 빠르게 발전하고 있으며 이에 따라 비용이 감소함으로써 미래의 건강 편익이 더욱 커진다는 것을 알 수 있다. 미래의 건강부담과 건강 격차를 줄이기 위해서 탄소중립 노력이 중요하다는 것을 이해할 수 있다.

참고문헌

도미진·김종태·최보승. 2017. 「SEIR 모형을 이용한 전염병 예측 연구」. ≪한국데이터정보과학회지≫, 28(2), 297~307쪽.

Colón-González, F. J. et al. 2021. "Projecting the risk of mosquito-borne diseases in a warmer and more populated world: a multi-model, multi-scenario intercomparison modelling study." *Lancet Planet Health*, 5, pp. e404~414.

Chua, P. L. C. et al. 2021. "Global projections of temperature-attributable mortality due to enteric infections: a modelling study." *Lancet Planet Health*, 5, pp. e436~445.

Dasgupta, S. et al. 2021. "Effects of climate change on combined labour productivity and supply: an empirical, multi-model study." *Lancet Planet Health*, 5, pp. e455~465.

Martínez-Solanas, E. et al. 2021. "Projections of temperature-attributable mortality in Europe: a time series analysis of 147 contiguous regions in 16 countries." *Lancet Planet Health*, 5, pp. e446~454.

Gasparrini, A. et al. 2017. "Projections of temperature-related excess mortality under climate change scenarios." *Lancet Planetary Health*, 1(9), pp. e360~367.

Rocklöv, J. et al. 2021. "Taking globally consistent health impact projections to the next level." *Lancet Planetary Health*, 5(7), pp. e487~493.

Trinanes, J. and J. Martinez-Urtaza. 2021. "Future scenarios of risk of Vibrio infections in a warming planet: a global mapping study." *Lancet Planet Health*, 5, pp. e426~435.

Vicedo-Cabrera, A. M., F. Sera and A. Gasparrinia. 2019. "Hands-on Tutorial on a Modeling Framework for Projections of Climate Change Impacts on Health." *Epidemiology*, 30, pp. 321~329.

Zhao, Q. et al. 2021. "Global, regional, and national burden of mortality associated with non-optimal ambient temperatures from 2000 to 2019: a three-stage modelling study." *Lancet Planet Health*, 5, pp. e415~425.

WHO. 2021. https://www.who.int/news-room/fact-sheets/detail/climate-change-and-health

기후변화의 건강취약성과 불평등

하미나 (단국대학교 의과대학 예방의학교실 교수)

1. 건강의 사회적 결정요인과 불평등

사람의 건강과 안녕 상태가 다양한 요인에 의해 결정된다는 것을 설명하는 모형 중 하나가 사회-생태학적 모형인데, 여기서는 개인의 생활 습관, 사회 및 지역사회의 네트워크, 일반적·사회경제적·문화적 및 환경적 조건이 중층적으로 건강에 영향을 미친다(그림 5-1)(Dahlgren and Whitehead, 1991). 따라서 이러한 다층적 요인이 어떻게 조합되느냐에 따라 집단이나 개인의 건강상태가 달리 나타나게 된다.

세계보건기구(WHO)는 건강 불평등(Health inequities)을 다음과 같이 정의한다.

건강 불평등이란 사람들이 태어나고, 성장하고, 생활하고, 일하고, 나이를 먹

그림 5-1 **건강에 대한 사회-생태학적 설명 모형**

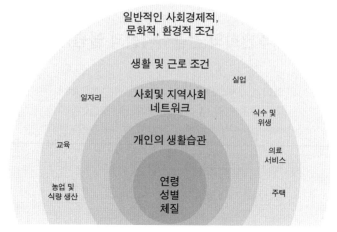

일반적인 사회경제적,
문화적, 환경적 조건

생활 및 근로 조건

실업

일자리

사회및 지역사회
네트워크

식수 및
위생

교육

개인의 생활습관

의료
서비스

농업 및
식량 생산

연령
성별
체질

주택

자료: Dahlgren and Whitehead(1991).

는 사회적 조건에서 비롯되는, 다양한 인구집단 간의 건강상태 또는 건강 자원 분배의 차이를 말한다. 건강 불평등은 공정하지 않으며 정부가 다양한 정책을 시행해 줄일 수 있다(WHO, 2018).

즉, 건강 불평등은 개인과 인구집단의 건강과 안녕(well-being)을 결정하는 요인 중 개인의 유전적인 특성 혹은 흡연, 음주와 같은 생활 습관, 선택과 같은 개인 수준이 아니라, 법, 제도, 정책, 시스템과 같은 구조적이고 체계적인 사회 수준의 요인에 의한 것을 말한다(Tobin-Tyler and Teitelbaum, 2023).

그러나 건강 불평등은 단순히 건강상태가 다르다는 의미인 건강 차이 혹은 격차(health inequalities)가 아니라, 이러한 차이가 불필요하며 피할 수 있을 뿐 아니라 부당(unfair)하고 불공정(unjust)하다는 것을 의미한다(김창

엽 외, 2015). 예를 들어, 코로나-19 팬데믹 상황에서 노인이 청년보다 더 많이 사망해 연령 간 차이를 나타내는 것을 불공정한 것으로 보기는 어렵 다. 그러나 백신이나 치료제를 구매할 경제적 능력이 부족한 노인들이 부 유한 노인들에 비해 훨씬 많이 사망하는 것은 불공정하다.

WHO는 사회 및 경제환경, 물리적 환경, 개인의 특성 및 행동이 모두 포함된 사람들의 총체적인 '삶의 맥락'이 건강을 결정하므로, 개인이 건강 을 결정하는 많은 요인을 모두 직접 통제할 수 있는 여지가 낮다고 했다 (WHO, 2017). 즉, 개인 수준에서는 해결되지 않는 사회구조적 요인에 의해 여러 인구집단 간에 건강상태 혹은 건강자원의 배분에서 차이가 초래되 는 것이다.

사회적 요인을 이러한 점에서 건강과 질병의 근본적 원인이라고도 한 다(Link and Phelan, 1995). WHO는 구조적 요인(사회적 맥락과 계층화)이 원 인이 되어 ➔ 매개 요인[노출과 취약성(vulnerability)의 차이]을 거쳐 ➔ 건강 불평등이 발생하는 것으로 설명하고 있다(그림 5-2)(WHO, 2010).

구조적 요인으로는 ① 사회경제 및 정치적 맥락과, 이로 인해 발생하는 ② 사회계층화다. 사회경제 및 정치적 맥락이란 사회의 구조나 관계들을 말하며, 노동시장, 교육체계, 정치적 제도, 기타 문화적 및 사회적 가치가 포함된다. 노동시장 구조, 복지국가 체계와 재분배정책은 가장 강력한 건 강 결정요인이다. 이러한 맥락은 구조적으로 다양한 사회적 계층을 만들 어 내는데, 소득, 학력, 직업, 사회계급, 젠더, 인종, 민족 등이 그것이다. 계층에 따라 개인의 사회경제적 지위에 차별이 생긴다.

개인의 사회경제적 지위에 따른 차별은 나아가 건강 유해 인자에 대한 노출 정도와 취약성에 차이를 낳는다. 즉, 사회심리적 조건(스트레스가 많 은 관계, 사회적 지원 부족 등과 같은 스트레스-유발 환경), 행태 요인(영양, 신체

그림 5-2 **사회적 결정요인에 의해 건강 불평등이 초래되는 기전**

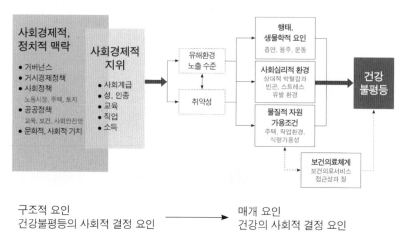

자료: WHO(2010) 수정 변경.

활동, 흡연 및 음주)과 같은 건강 관련 조건의 측면에서, 그리고 물질적인 환경(주택, 이웃의 질, 재정적 능력, 물리적 작업환경 등)과 보건의료 서비스의 접근성과 질과 같은 물질자원의 가용성 측면에서 차이가 발생한다.

결과적으로 이러한 유해 환경인자에 대한 노출과 취약성의 차이에 따라 건강 결과의 차이, 즉 건강 불평등이 초래된다.

이처럼 건강 불평등은 사회구조적인 차원에서 비롯되므로 불평등(inequity)의 교정과 관리는 사회적·제도적·정책적인 수준에까지 매우 포괄적으로 이루어져야 한다는 것을 의미한다. WHO는 건강 불평등 완화를 위해 크게 세 가지의 전략, 즉 ① 일상의 생활조건 개선, ② 권력, 돈, 자원의 불평등한 분포의 개선, ③ 문제를 이해하고 측정하며, 정책의 영향 평가를 제시했다(WHO, 2008). 일상의 생활조건이란 '태어나고 성장하고 살아가고 일하며 늙어가는 생애 전 과정'을 말한다. 이를 개선하기 위해서 특히, 초기 아동기에 대한 투자, 거주환경, 건강하고 안전한 일터, 연금, 고용보험 등 사회안전망, 보편적인 의료보장을 갖추는 것이 중요하다.

2. 기후변화와 사회적 불평등의 악화

1) 사회경제적 불평등과 온실가스 배출의 차이

경제와 산업활동 과정에서 화석연료의 사용으로 지구 전체에 배출되고 있는 온실가스의 대부분은 고소득 선진국들이 배출하고 있다. 2019년 1인당 평균 탄소배출량의 국가 간 격차는 최고 30배에 달했다(그림 5-3).

이러한 국가 간 온실가스 배출량 격차는 소득(income)과 부(wealth)의 편중에서 비롯된다. 유럽을 제외한 세계 대부분 지역에서 하위 50%가 세계 총소득 중 차지하는 비중은 15% 미만인 데 비해, 상위 10%가 차지하는 비중은 40% 이상이다. 부의 편중은 더욱 심해 전 세계 총 부에서 하위 50%가 차지하는 비중은 2%이지만, 상위 10%가 차지하는 부의 비중은 76%에 달한다(그림 5-4). 부는 미래의 경제적 이익과 권력 및 영향력의 주요 원천이므로 향후 불평등이 더욱 심화될 것임을 예고한다.[1] 부의 증가 속도도 더 많이 소유한 집단이 더 빠르다.

다른 한편, 국가 내 소득격차는 국가별로 편차가 크지만 대체로 저소득 국가일수록 소득격차가 더 크다. 예를 들어 브라질의 경우 상위 10% 소득군이 하위 50% 소득군에 비해 29배, 프랑스는 7배 소득이 더 많다(그림 5-5)(Chancel et al., 2022).

세계인의 탄소배출량은 소득수준에 따라 큰 차이를 나타내, 2019년 상

그림 5-3 **국가별 탄소배출량의 차이**

• 인구 1억 명 이상 몇 국가에서 1인당 CO₂ 배출량(2019년)

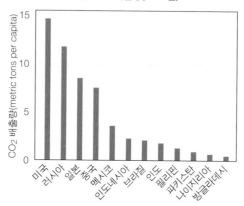

• 국가별 1인당 평균 CO₂ 배출량에 관한 카토그램(2020년)

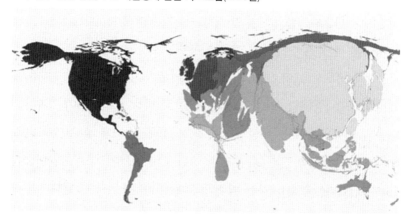

자료: (위) The World Bank Data https://data.worldbank.org/indicator/EN.ATM.CO2E.PC 자료를 활용하여 재구성. (아래) World Mapper. CO2 emissions 2020. https://world mapper.org/maps/co2-emissions-2020/

---

1) 구매력평가(Purchasing Power Parity: PPP) 방식에 기반해 소득은 제도(연금 및 실업 제도) 적용 후 및 납세(소득세와 재산세) 전 시점에서, 부는 가구별 자산(토지, 주택, 저축, 주식 또는 현금 등)을 총합해 산출한다(Chancel et al., 2022 참고).

그림 5-4 **세계인의 소득과 부의 불평등(2021년)**

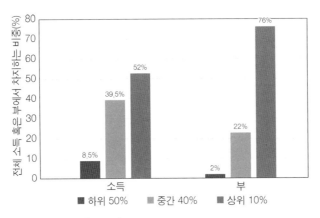

자료: Chancel et al.(2022: Figure 1).

그림 5-5 **국가 내 상위 10%와 하위 50% 소득군의 비율(2021년)**

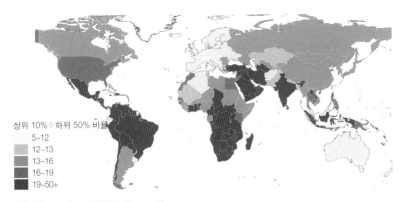

자료: Chancel et al.(2022: Figure 3).

위 10%의 고소득군은 전 세계 총 배출량의 47%를 배출했으며, 상위1%와 하위 50% 소득군의 배출량 격차는 70배에 가깝다(그림 5-6).

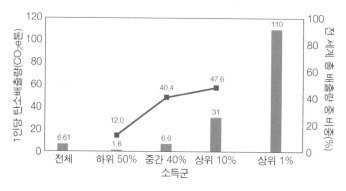

그림 5-6 **세계인의 소득수준별 1인당 탄소배출량 격차(2019년)**

자료: Chancel et al.(2022: Figure 6.5a, 6.5b)를 재구성.

2) 지구온난화가 국가 경제에 미치는 영향의 차이

기온과 국내총생산(Gross Domestic Products: GDP)의 관계는 뒤집어놓은 U자형 관계를 보였다. GDP는 연평균기온이 13°C 부근인 곳에서 가장 높으며, 이보다 기온이 낮은 곳에서는 기온이 증가함에 따라 13°C에 도달할 때까지 GDP가 증가하다가 이 지점을 지나면 감소한다(그림 5-7).

그런데 대부분의 선진국들이 위치한 북반구의 나라들은 연평균기온이 13°C 부근이거나 그보다 낮으며, 대부분의 가난한 나라들이 위치한 적도 부근에서는 연평균기온이 13°C보다 높다. 1960~2010년까지 자료에서 지구온난화로 인해 적도 근처의 가난한 국가들은 GDP 잠재 성장률이 평균 25% 이상 감소한 반면, 북반구의 부유한 국가들은 따뜻한 날씨 덕에 20% 이상의 성장을 기록했다. 예를 들어, 1961년 이후 노르웨이의 1인당 GDP 는 34% 증가했고, 인도는 거의 같은 수준으로 감소했다(Burke, Hsiang and Miguel, 2015: 235~239).

그림 5-7 **연평균기온이 경제 생산에 미치는 영향: 글로벌 비선형 관계(1960~2010년)**

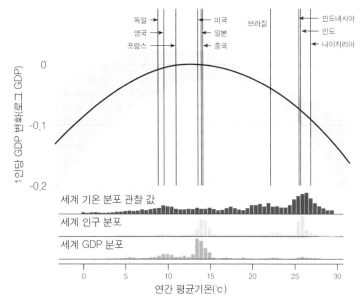

주: 연평균기온과 1인당 로그 GDP 변화(검정 곡선, 최적 대비)와 90% 신뢰구간(검정 곡선을 감싼 회색 면, 6,584개 국가군집). 세로선은 일부 국가의 평균기온.
자료: Burke, Hsiang and Miguel(2015: 235~239, Figure 2-a).

그림 5-8 **지구온난화가 지역 경제에 미치는 영향: 국가별 GDP 변화량 추정치(2100년)**

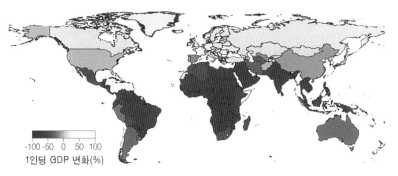

주: 상수 1980~2010년 평균기온에 기반한 1인당 GDP 변화(RCP8.5, SSP5)의 상대적 전망.
자료: Burke, Hsiang and Miguel(2015: 235~239, Figure 4-a).

이 결과를 바탕으로 2100년 지구온난화가 미칠 경제적 영향을 예측한 결과 대부분 부유국들이 위치한 북반구는 GDP의 증가를, 대부분 가난한 나라들이 위치한 적도와 남반구는 GDP의 큰 감소를 나타냈다. 기후변화로 인한 지구온난화는 국가 간 경제 양극화를 더욱 악화시키게 되는 것이다(그림 5-8).

3) 사회경제적 불평등과 기후피해 불평등의 악순환

그런데 이러한 기후피해의 불평등은 사회경제적 불평등을 가중시키며 악순환한다(그림 5-9)(Islam and Winkel, 2017).

사회경제적 취약계층은 고소득층 혹은 권력층에 비해 활용할 수 있는 사적 자원이 부족할 뿐 아니라 상대적으로 정치적 역량이 미약해 정부 정책이 고소득층의 이익에 치우칠 가능성이 더 높아 공적 자원의 활용 기회가 더 적다. 이러한 이유로 사회경제적 취약계층은 기후위험에 더 많이 노출되며(예: 임대료가 싼 가옥은 지리적·환경적으로 열악해 기후재해에 노출될

그림 5-9 **취약계층의 사회적 불평등이 기후피해의 불평등을 초래하는 기전과 악순환**

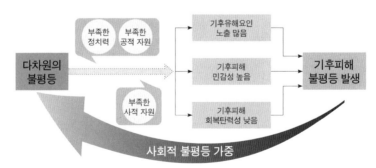

자료: UN(2017: Figures 1, 2, 8)을 재구성.

가능성이 높음), 더 민감하게 피해를 입을 수 있으며(예: 값싸고 안전도 낮은 가옥은 홍수에 휩쓸려가는 피해를 입을 위험이 높은 반면, 잘 지은 가옥은 피해 위험이 낮음), 피해를 회복할 수 있는 역량이 낮다(예: 피해 회복을 위해 쓸 수 있는 사적 및 공적 자원 부족). 이로 인해 기후피해는 불평등하게 나타나며, 이는 기존의 사회적 불평등(사회적 지위와 상태가 더 나빠짐)을 더욱 악화시킨다.

4) 기후피해의 세대 간 불평등

기후변화가 초래하는 피해는 세대 간에도 불평등하게 나타난다. 이것은 기후변화와 그 피해에서 선진국과 개발도상국의 불공정한 관계와 유사하다. 미래 세대는 현재의 기후변화가 초래되는 것에서 책임이 없다. 그러나 과거나 현재 세대보다 더 크고 치명적인 피해를 입을 것이다. 지구 표면 온도(1850~1900년 대비)의 관측치(1900~2020년)와 예상 변화치(2021~2100년)에 따라 대표적인 3세대(1950년, 1980년, 2020년 출생)가 살아갈 70년을 살펴봤을 때 미래 세대는 훨씬 더 뜨거운 지구환경에서 살게 된다(그림 5-10).

그림 5-10 미래 기후변화 시나리오에 따른 과거·현재·미래 세대가 사는 지구의 온도

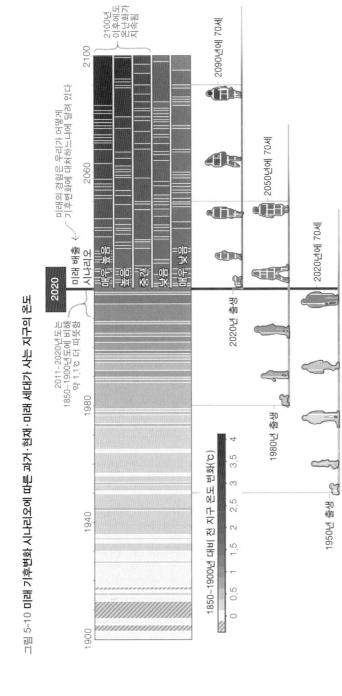

자료: IPCC(2023: Figure SPM1-(c)).

3. 기후변화 건강 영향 취약성의 구성요소

불평등과 취약성은 유사한 개념으로 서로 관련되어 있지만 다르다. 불평등이 사회 내 개인이나 집단 간에 자원, 기회 또는 결과가 불균형하게 분배되는 것을 의미하는 것이라면, 취약성은 개인이나 집단이 닥친 문제, 역경 또는 부정적인 영향에 취약한 정도를 나타낸다. 불평등은 자원, 권력, 기회가 불균형하게 분배되는 것에 초점을 맞추고, 인구의 다양한 부문 간 경제적·사회적·정치적 지위의 상대적인 차이(inequality)를 강조한다. 반면 취약성은 개인이나 지역사회가 위험과 충격에 노출되는 정도와 민감성(sensitivity)에 초점을 맞추므로 위험한 사건 발생 시 부정적인 결과가 발생할 가능성을 높이는 요인들에 관심을 둔다.

그러나 불평등과 취약성은 서로 연관되어 있다. 높은 수준의 불평등을 경험하는 특정 집단은 위험에 더 취약한 것이 일반적이기 때문이다. 가령 소외된 지역은 경제적으로 불평등할 뿐 아니라 환경 재해에 대한 취약성이 높다. 불평등과 취약성은 공통적으로 사회적·경제적 문제를 이해하고 해결하고자 하므로 실제 상황에서는 개념적으로 구분되지 않을 수도 있다.

기후변화는 인간을 포함한 지구상의 모든 생명체에게 일어나는 일이지만 그 피해의 크기는 모두에게 같은 정도로 나타나지 않는다. 기후위험의 크기에 차이를 발생하게 하는 것이 무엇인지를 파악하는 것은 기후위험 대응 방안을 마련하는 데 매우 중요하다.

1) 기후변화 취약성의 개념

기후변화에 관한 정부 간 협의체(IPCC)의 제4차 보고서에서는 기후변화 취약성(climate change vulnerability)[2]을 '한 시스템이 기후 변동성과 극한 현상을 포함한 기후변화의 부정적 영향을 받기 쉬운 정도 또는 그 영향에 대처할 수 없는 정도로서, 시스템이 노출(exposure)된 기후변화와 변동의 특성, 규모 및 비율, 시스템이 지닌 민감도(sensitivity)와 적응능력(adaptive capacity)의 함수'라고 정의했다(IPCC, 2007).

IPCC 제5차 보고서(2014년)에서는 기후위험의 프레임워크를 재구성해 기후변화 취약성의 개념을 발전시켰다. 여기서 기후변화 취약성은 기후위해, 노출과 함께 기후위험을 구성하는 3대 요소로서, 기후시스템과 사회경제적 과정의 변화에 따라 영향을 받고 진화하는 것으로 설명된다(그림 5-11)(IPCC, 2014).[3] 즉, 이전의 개념에 비해 기후위험에서 사회경제적 과정의 역할을 분명하게 했는데, '적응능력'뿐 아니라 기후변화 대응의 사회적 경로와 거버넌스를 구체적으로 고려한 것이다.

실제 지역사회에서 취약성을 평가하기 위해서는 기후변화 취약성을 나타내는 지표를 개발해 사용하게 된다. 이때 기후변화 취약성의 주요 구성요소인 기후노출, 민감도, 적응능력을 대표하는 세부요소(지표)를 선정하고, 각 지표를 표현하는 대리변수를 적용한다(표 5-1)(추장민, 2022).

---

[2] 취약성이란 우리말 사전에 따르면 '무르고 약한 성질이나 특성', '어떤 것에 민감하거나 약하여 쉽게 부서지거나 영향을 받거나 손상되는 성질'이다.

[3] 기후위해는 기후와 관련된 물리적 현상이나 경험, 또는 이에 따른 물리적 영향을 말하며 재산, 사회간접자본, 생계, 공공서비스 및 환경자원에 대한 피해와 손실뿐 아니라 사망, 상해 또는 기타 건강상의 문제를 야기한다. 노출은 인간, 생활(생계), 종이나 생태계, 환경 기능, 서비스 및 자원, 사회기반시설 또는 경제·사회·문화적 자산이 부정적인 영향을 받을 수 있는 위치 및 환경에 놓인 상태를 말한다. 취약성은 부정적인 영향을 받기 쉬운 성향이나 경향을 의미한다. 특정 대상이 피해에 대해 보이는 민감성이나 대응·적응 능력의 부족 등 다양한 개념과 요소를 아울러 지칭한다.

그림 5-11 **기후변화 영향(위험)의 핵심 개념**

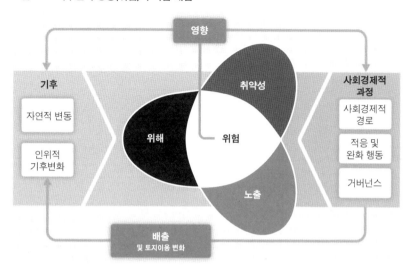

주: 기후위해(hazard)(위해 현상과 경향 포함)뿐 아니라 인간계와 자연계의 취약성 및 노출 간 상호작용에 의해 기후변화 관련 영향(위험)이 나타난다. 기후시스템(좌)과 사회경제적 과정(우)(적응 및 완화 행동 포함)이 변하면 위해, 노출 및 취약성 또한 영향을 받아 변한다.
자료: IPCC(2014: Figure SPM1).

표 5-1 **도시 지역사회(동) 기후변화 취약성 평가지표 및 주요 대리변수의 예**

구분	세부요소	지표	대리변수
기후 노출	호우	강수량	일 강수량이 80mm 이상인 날의 빈도
	기온	혹서	일 최고기온이 33°C 이상인 날의 빈도
		혹한	일 최저기온이 영하 5°C 이하인 날의 빈도
민감도	지리 특성	홍수 취약지역	상습수해지역/ 재해위험지구의 면적/ 전체면적
	인구 특성	인구밀도	인구수/ 전체면적
		생물학적 취약인구(%)	12세 이하 인구, 65세 이상 인구
		사회적 취약인구(%)	독거노인가구(기초생활수급자, 차상위계층), 기초생활수급인구/ 차상위계층인구, 한부모(조손)가구, 소년소녀가장가구
		건강상태(%)	장애인 인구
	정주 시설	건물유형	건축연도별 단독, 다세대(다가구), 연립, 아파트, 주택의 비율(%) 주거복잡도(%)
	보건	출산율(%)	출산율

	경제적 능력	예산지출/ 재산세	예산지출 총액 및 비목별 예산액/ 전체 인구수, 재산세/ 세대
		주택 점유형태	주택점유형태별(일반가구) 가구율(%)
		차량소유	자가용 보유 대수/ 세대
	물적 인프라	보건의료	보건의료시설(보건소, 병원, 의원) 개수 및 종사자/전체 인구수
		사회복지	사회복지시설 개수 및 종사자/ 전체 인구수
		청소년 보호	청소년 관련 교육훈련시설 개수 및 수용인원/ 청소년 인구수
		주민자치	주민자치센터 면적/ 전체 인구수
		녹지면적	도시 일상권 공원 기수 및 면적/ 전체 인구수
적응 능력		대피시설	풍수해대피시설(노인정, 학교, 주민자치센터, 교회 등) 수용인원 및 개수/ 전체 인구수, 폭염 관련 무더위 쉼터 수용인원 및 개수/ 전체 인구수, 한파 관련 대피시설 수용인원 및 개수/ 전체 인구수
		대응시설	빗물 펌프장 용량(mm/hr)/ 면적, 빗물저류시설 용량/ 면적, 비상급수시설 공급능력 및 개수/ 전체 인구수
		에너지 접근성(%)	도시가스 이용가구
		맑은 물 접근성(%)	상수도 보급가구
	사회적 자본	기후변화 인지도	기후변화 및 재해관리 교육 이수자/ 전체 인구수 및 교육 횟수
		사회적 네트워크	주민자치위원회 구성인원수 및 프로그램 개수, 동반장회의 구성인원, 자원봉사자 조직개수 및 인원수, 지역자율방재/ 방범 조직개수 및 인원수, 응급상황 발생 시 동원 조직, 시민단체 등 민간단체
	제도적 역량	인적자원	담당공무원(기후변화, 자연재해관리, 저소득층 지원 및 관리)수, 도우미(노인바우처, 요양보호사 등)수 및 1인당 관리대상 인원수
		제도 시행	홍수해 대응 예경보 및 재난예방 시스템, 지원정책 폭염/ 혹한 등 대응 예경보 및 재난예방 시스템, 지원정책
		기자재 운용능력	대피차량 대수, 배수펌프 개수, 앰뷸런스 차량 대수, 비상급수 차량 대수, 응급 복구물자 규모 및 종류

자료: 추장민(2022: 346~347)에서 재인용.

2) 기후변화 취약성의 국가간 불평등

앞서 언급한 바와 같이 불평등과 취약성은 서로 관련되어 있다. 기후변화 취약성은 국가 간, 국가 내에서 다르며 불평등과 주변화(marginaliza-tion)로 악화된다. 온실가스 배출이 많은 국가일수록 기후변화에 대한 취약성은 더 낮으며, 기후변화에 대한 취약성이 낮은 국가일수록 1인당 온실가스 배출량은 더 적다(그림 5-12)(IPCC, 2023). 이러한 관련성은 국제사회에서 국가별 사회, 경제, 정치적 자원 및 권한의 격차(국가 간 불평등)에서 비롯되는 것이며, 기후변화 대응에서 선진국과 개발도상국 간 정의의 문제가 그 핵심 기저에 놓여 있음을 의미한다.

그림 5-12 **국가별 기후변화 취약성과 1인당 온실가스 배출량의 관계(2019년)**

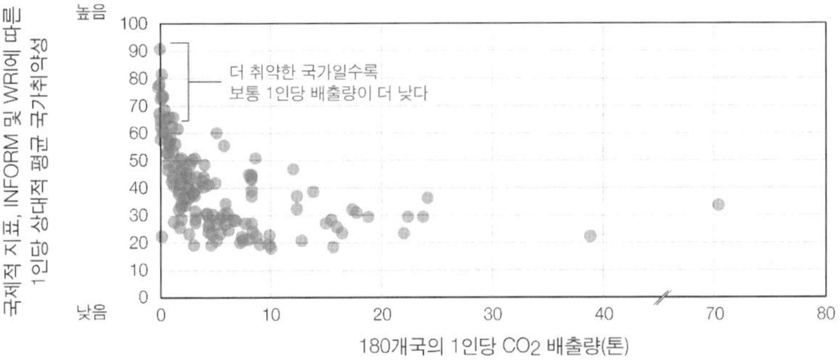

자료:IPCC(2023).

3) 기후변화 건강 영향의 취약성

기후변화로 인한 건강 영향은 구조적 요인(사회적 결정요인)에 의해 기후위해요인에 대한 노출 수준뿐만 아니라 기후변화에 대한 취약성과 피해에 대한 회복능력에도 차이를 발생시키며, 결과적으로 불평등한 건강 결과를 나타낸다(Haines and Frumkin, 2021).

기후변화로 인한 기상이변, 대기·수질 오염 등 기후 유해요인에 직간접적으로 노출된 후 민감성과 보건시스템의 적응능력이 상호작용해 건강취약성의 수준을 결정하며, 나아가 기후-민감 건강위험과 보건의료 시스템에 대한 부담을 증가시킨다. 즉, ① 기후 유해요인과 노출 경로, ② 취약성 요인, ③ 보건의료 시스템의 적응능력[회복탄력성(resilience)]이라는 세 가지 변수의 함수로 기후-민감 건강위험의 결과가 결정된다(그림 5-13)(WHO, 2014).

그림 5-13 **기후-민감 건강위험, 노출 경로와 취약성 요인에 관한 개념도**

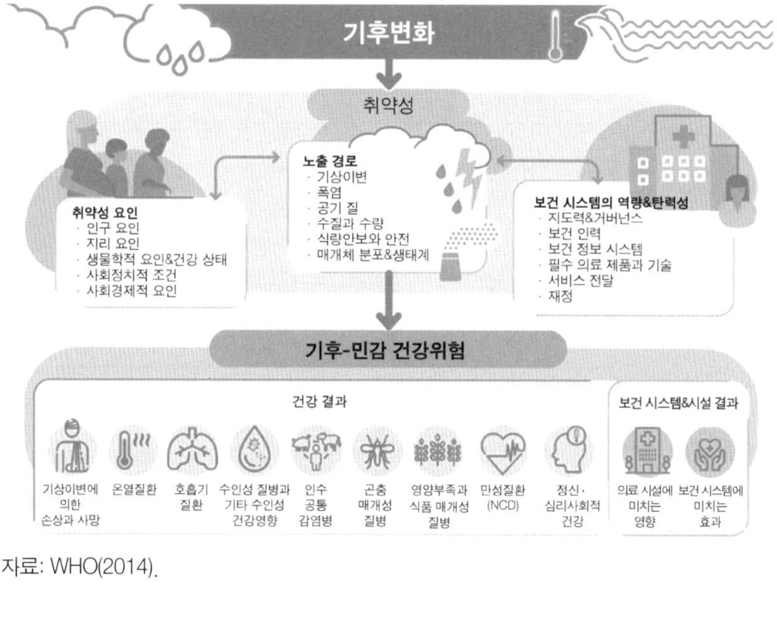

자료: WHO(2014).

(1) 기후변화 건강 영향 취약성 요인

기후 건강위험을 높이는 취약성 요인은 인구학적·생물학적·지리적·사회경제정치적 영역 등 전반에 걸쳐 존재한다(표 5-2).

표 5-2 **기후-민감 건강위험을 높이는 취약성 요인**

범주	요인
인구학적 요인	• 연령(어린이, 노인), • 성 • 인구변화(예: 강제이주)
생물학적 요인, 건강상태	• 임산부, 수유부 • 면역감퇴자 • 영양부족 인구 • 감염병 부담이 높은 인구집단 • 만성질환 부담이 높은 인구집단 • 정신적 혹은 신체적 장애
지리적 요인	• 난개발 도시 주거지역 • 홍수 위험 지역 • 가뭄 위험 지역 • 연안 폭풍과 태풍 위험 지역 • 물 부족 지역 • 식품안전 수준이 낮은 지역 • 도시, 외지, 시골 지역
사회경제적 요인	• 낮은 교육서비스 접근성 • 안전하지 않은 식수와 위생환경 • 부적절한 대피소
사회정치적 요인	• 정치적 불안정 • 소수자에 대한 차별 • 복잡한 위기 상황과 갈등의 존재 • 언론과 정보의 자유 보장 제한 • 시민의 권리와 사회운동의 제한

자료: WHO(2021).

폭염의 피해는 어린이, 고령인구, 소수 민족, 빈곤 지역, 기저 건강 문제가 있는 사람들을 포함해 가장 취약한 사람들에게서 높게 나타난다. 식량 수확량 감소와 생태계의 파괴로 인한 환경위기는 문제에 가장 적게 기여했으나 피해를 완화할 역량이 가장 미흡한 국가와 지역에 가장 큰 영향을 미친다.

기후변화는 농지, 산림, 강물, 어류 등 중요한 자연자산이 줄어들게 하고, 이는 사회정치적인 갈등과 불안정으로 이어져 전쟁, 고문, 갱들의 전쟁과 같은 집단폭력의 위험까지 높인다(Levy and Patz, 2015: 310~322). 이러한 집단폭력은 저소득국가와 고소득국가의 저소득층에서 주로 나타난다.

(2) 보건시스템의 회복탄력성

건강위험 취약성을 결정하는 또 다른 중요한 변수는 보건시스템의 적응능력인데, 이것은 보건시스템의 역량과 회복탄력성의 수준이라 할 수 있다.

IPCC는 회복탄력성이란 '위험한 사건이나 장애에 대처하는 사회 생태 시스템의 능력으로서, 적응·학습·전환 능력을 유지하면서도 필수적인 기능·정체성·구조를 유지하는 방식으로 대응하거나 재구성하는 것'으로 정의한다(IPCC, 2014).

기후회복탄력적 보건시스템이란 '기후변화로 인한 충격과 스트레스를 예상하고, 이에 대응, 극복, 회복해 불안정한 기후에도 불구하고 인구의 건강이 지속적으로 개선될 수 있게 하는 보건시스템'이다(WHO, 2015). 즉, 취약성은 줄이고 적응능력은 높이며 여러 가지 바람직한 정책적 및 사회적 선택과 기회를 통해 기후 충격에서 회복하는 것이다. 기후회복탄력성의 수준이 높을수록 기후충격으로부터 더 잘 회복할 수 있다.

보건시스템이 기후회복탄력적이기 위해서는 지도력과 거버넌스, 보건 인력, 보건 정보시스템, 필수 의료제품과 기술, 서비스 전달과 재정 분야 또한 탄력적이어야 하며, 기후에 민감한 건강위험이 무엇인지 파악하고 예측해 대비할 수 있어야 한다. 인구집단의 건강을 효과적으로 보호하기 위해서는 보건 분야를 넘어서서 물, 에너지, 식품과 농업, 도시계획 등 건강에 영향을 미치는 다른 분야에 대한 관리도 필요하다. 예를 들어 수질이나 대기 질의 관리기준을 건강보호의 관점에서 평가해 다시 설정하는 것이다. 취약성을 줄이기 위해서는 빈곤 퇴치와 불평등 완화에 대한 지속

표 5-3 WHO의 기후회복탄력적 보건시스템 구축을 위한 상호연결된 10가지 구성 항목

범주	구성 항목
지도력과 거버넌스	부처 내 및 부처 간 지도력, 이행력 담보 방안
보건 인력	개인 및 기관의 재교육과 대응 역량, 소통력 강화
보건 정보시스템	취약성, 역량 및 적응 평가 체계
	통합적 위험 모니터링과 조기 경보 체계
	건강과 기후 연구
필수 의료제품과 기술	기후회복탄력적이고 지속가능한 기술과 기반
서비스 전달	건강의 환경적 결정요인 관리
	기후 정보가 반영된 보건 프로그램
	응급상황 대응과 관리
재정	기후보건 재정

자료: WHO(2015)의 내용 정리.

적 투자가 필요하며, 누구나 필수적인 서비스(보건, 교육, 깨끗한 식수와 적절한 식품 공급)를 받을 수 있도록 해야 한다.

WHO는 보건시스템의 기후회복탄력성을 확보하기 위한 국가 시행계획을 수립할 때 고려해야 하는 7개 분야 10가지 항목을 제안하고 있다. 이 항목들은 보건시스템 내에서 서로 밀접하게 연결되어 상호강화한다. 또 나라별 특수한 상황에 맞춰 유연하게 적용하기를 권고하고 있다(표 5-3).

4. 기후변화와 영양 - 건강 불평등

1) 영양실조의 이중부담

2019년 세계에는 6억 9천만 명이 기아에 시달리고, 20억 명이 미량 영

양소 결핍을, 성인 6억 7,760만 명이 비만을 겪고 있다(WHO, 2021).

　오늘날 세계 인구 9명 중 1명은 기아 상태이며 5세 미만 어린이의 약 1/4이 발육부진을 겪는 한편, 3명 중 1명은 과체중 또는 비만에 시달리고 있다. 오래전부터 지속되어 온 식량 불안(food insecurity) 및 영양부족(undernutrition)뿐만 아니라 최근의 식습관과 관련된 만성질환이 증가하며 이중 부담을 안기고 있다.

그림 5-14 **5세 미만 어린이 발육부진, 가임기 여성 빈혈, 성인 여성 과체중이 중복되는 국가 지도**

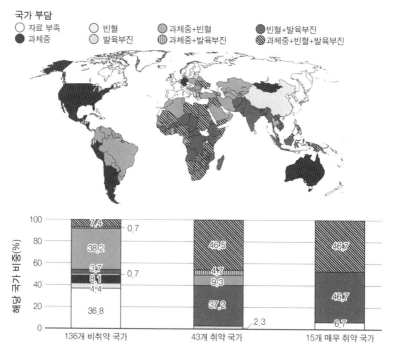

유니세프/ WHO/ 세계은행 공동자료 유병률(%) 기준
• 5세 미만 어린이의 발육부진: ≥20%, 가임기 여성(15~49세)의 빈혈: ≥20%
• 18세 이상 성인 여성의 과체중(비만 포함): 체질량지수 ≥ 25kg/m² ≥35%
143개(위)과 194개(아래)국 최신자료 포함

자료: Development Initiatives(2020: Figure 2.4, 2.5).

「2020 세계 영양 보고서(2020 Global Nutrition Report)」에 따르면 모든 국가에서 지역, 연령, 성별, 학력, 재산에 따른 영양실조(malnutrition)의 불평등이 뚜렷하다. 5세 미만 어린이의 경우, 국가 내 지역 간 격차가 급성 영양장애(wasting)가 최대 9배, 발육부진(stunting)은 4배, 과체중(overweight) 및 비만(obesity)은 3배였다. 특히 코로나-19 이후 식품의 생산과 분배에

그림 5-15 **5세 미만 어린이의 발육부진과 과체중 유병률의 불균등 분포**

• 유병률의 국가 지도

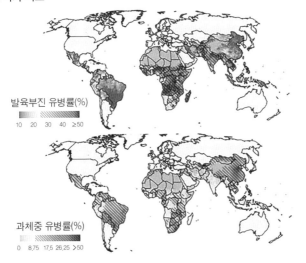

• 도시-농촌 지역, 성별, 부, 교육 정도에 따른 유병률

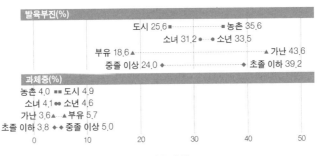

자료: Development Initiatives(2020: Figure 2.7, 2.9).

서 불공정과 불평등이 증가했다(Development Initiatives Poverty Research Ltd., 2020). 코로나-19는 취약한 집단에 더 큰 영향을 미쳐 저체중은 부유국에 비해 최빈국에서 10배, 과체중과 비만은 빈곤국에 비해 부유국에서 최대 5배 높게 나타나고 있다.[4]

국가 수준에서 어린이(5세 미만)의 발육부진, 가임기 여성(15~49세)의 빈혈, 성인 여성(18세 이상)의 과체중(비만 포함) 등 세 가지 형태의 영양실조가 공존하는 정도를 평가한 최근 자료에 따르면 대부분의 국가가 한 가지 이상의 영양실조를 겪고 있으며, 정치, 사회, 경제, 환경 및 안보 차원에서 평가된 국가의 취약성이 높을수록 공존의 정도가 심했다(그림 5-14).

5세 미만 어린이에서 발육부진은 지역, 성, 부, 부모의 교육 수준에 따라 그 격차가 심한 반면, 과체중은 세계 거의 모든 국가에서 빠르게 증가해 상대적으로 그 격차가 적다(그림 5-15).

2) 식품 시스템과 건강

식품 시스템이란 식품의 생산에서부터 가공, 유통, 소비에 이르는 먹거리를 둘러싼 환경 전반을 말한다. 포괄적으로는 농업, 임업, 수산업, 식품산업에서 식품의 생산, 집하, 가공, 유통, 소비, 처리와 관련된 부가가치 활동과 이들이 속해 있는 더 넓은 범위의 경제, 사회, 자연환경이 포함된다. 이러한 식품 시스템을 구성하는 중요한 네 가지 요소는 공급망, 식품환경, 소비자 행태 및 외부 요인이다. 이 구성요소들은 상호의존적이며

---

4) 2020년 전 세계 기아 인구는 7억 2천만 명에서 8억 1,100만 명으로 2019년보다 1억 6,100만 명이나 증가했고, 약 23억 7천만 명이 식량이 부족했는데, 이는 1년 만에 3억 2천만 명이 증가한 수치다(FAO et al., 2021).

그림 5-16 **식품 시스템의 프레임워크**

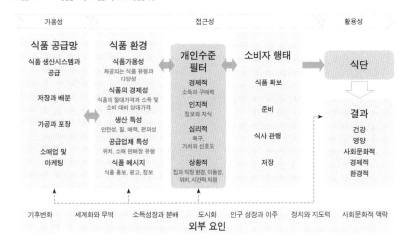

가용성　　　　　　　　　접근성　　　　　　　　　활용성

식품 공급망
식품 생산시스템과 공급

저장과 배분

가공과 포장

소매업 및 마케팅

식품 환경
식품가용성
제공되는 식품 유형과 다양성

식품의 경제성
식품의 절대가격과 소득 및 소비 대비 상대가격

생산 특성
안전성, 질, 매력, 편의성

공급업체 특성
위치, 소매 판매장 유형

식품 메시지
식품 홍보, 광고, 정보

개인수준 필터
경제적
소득과 구매력

인지적
정보와 지식

심리적
욕구, 가치와 선호도

상황적
집과 직장 환경, 이동성, 위치, 시간적 자원

소비자 행태

식품 확보

준비

식사 관행

저장

식단

결과
건강
영양
사회문화적
경제적
환경적

기후변화　세계화와 무역　소득성장과 분배　도시화　인구 성장과 이주　정치와 지도력　사회문화적 맥락
외부 요인

자료: Development Initiatives(2020); HLPE(2017) 재구성.

식단과 건강 영양, 그리고 전체 사회에 폭넓은 영향을 미친다(그림 5-16).

도시화, 세계화, 무역 자유화로 인해 식품 시스템은 빠르게 변화하고 있다. 식품 환경은 세계적으로 연결되어 있으며 공급망은 더 길고 복잡해졌다. 사람들이 식품에 접근하는 방식, 구매하는 식품의 종류, 소비 방법, 문화적으로 규정된 식품과 식생활의 의미도 식품 시스템을 형성하고 있다.

식품 환경은 소비자가 식품을 구입, 준비, 소비하는 데 있어 식품 시스템과 관련된 물리적·경제적·정치적·사회문화적 맥락을 의미하는 것으로, 식품이 판매되고 사람들이 접근하는 장소와 방식이다. 즉, 식품 환경은 식품 시스템(공급)과 개인의 식단(수요) 사이의 접점 역할을 한다.

식품 시스템은 여러 가지 방식으로 건강에 영향을 미친다. 매년 동물원성 질병으로 인해 전 세계적으로 25억 건의 질병이 발생하고, 270만 명이 사망하며, 최소 70만 명이 약물 내성 질환으로 사망하고, 44%의 농민이 농약에 중독되고, 최소 17만 명의 농업 종사자가 사망하고 있다(WHO,

그림 5-17 식품 시스템이 건강에 영향을 미치는 경로

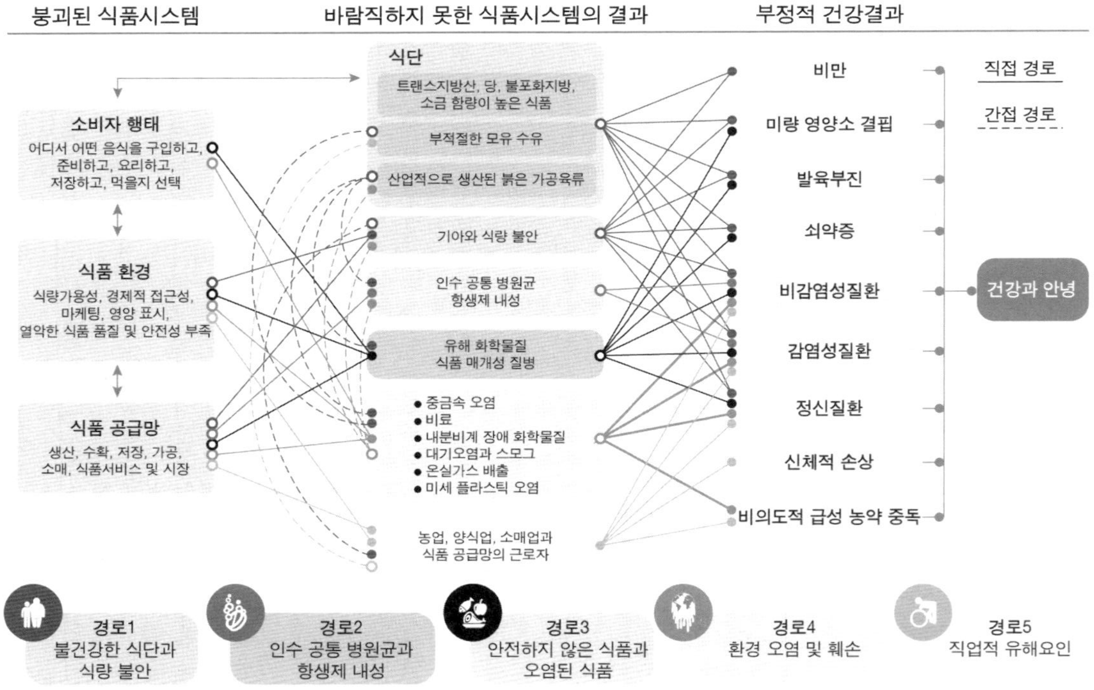

| 붕괴된 식품시스템 | 바람직하지 못한 식품시스템의 결과 | 부정적 건강결과 |

건강과 안녕

직접 경로
간접 경로

부정적 건강결과
- 비만
- 미량 영양소 결핍
- 발육부진
- 쇠약증
- 비감염성질환
- 감염성질환
- 정신질환
- 신체적 손상
- 비의도적 급성 농약 중독

식단
- 트랜스지방산, 당, 불포화지방; 소금 함량이 높은 식품
- 부적절한 모유 수유
- 산업적으로 생산된 붉은 가공육류
- 기아와 식량 불안
- 인수 공통 병원균 항생제 내성
- 유해 화학물질 식품 매개성 질병

- 중금속 오염
- 비료
- 내분비계 장애 화학물질
- 대기오염과 스모그
- 온실가스 배출
- 미세 플라스틱 오염

소비자 행태
어디서 어떤 음식을 구입하고, 준비하고, 요리하고, 저장하고, 먹을지 선택

식품 환경
식량가용성, 경제적 접근성, 마케팅 영업 표시, 열악한 식품 품질 및 안전성 부족

식품 공급망
생산, 수확, 저장, 가공, 소매, 식품서비스 및 시장

경로1 불건강한 식단과 식량 불안
경로2 인수 공통 병원균 관리 및 항생제 내성
경로3 안전하지 않은 식품과 오염된 식품
경로4 환경 오염 및 훼손
경로5 직업적 유해요인

자료: WHO(2021a).

2021a). 식품 시스템은 다음의 다섯 가지 경로를 통해 건강에 영향을 미친다(그림 5-17)(WHO, 2021a).

우선 건강에 해로운 식단이나 식량 불안정을 통해 모든 유형의 영양실조가 생길 수 있다(그림 5-17의 경로 1). 영양실조와 기아는 인류의 질병과 사망에 가장 크게 기여하는 원인이며, 비만, 미량 영양소 결핍, 발육부전, 쇠약증, 감염성 및 비감염성 질병, 정신질환 등을 유발한다. 또 항생제의 사용으로 농장, 목장, 야생동물에서 항생제 내성과 인수 공통 감염병이 생기고, 이들과 접촉한 인간에게 감염성 및 비감염성 질병을 유발한다(그림 5-17의 경로 2).

식품과 물이 오염되면 다양한 질환이 발생할 수 있다(그림 5-17의 경로 3). 식품 공급망이나 식품 환경에서 안전과 위생에 관련된 문제가 있다면 미생물 병원체, 화학성 잔류물 또는 생물 독소 등에 식품이나 물이 오염될 수 있다.

또 비료, 분뇨, 중금속 함유 제품, 내분비 교란 화학물질 또는 호르몬 성장 촉진제 등이 식품 공급망과 식품 환경에서 사용되어 대기오염, 온실가스, 미세 플라스틱을 배출해 환경을 악화시킬 수 있다. 이와 같은 오염된 환경에 노출되어 다양한 질환이 발생할 수 있다(그림 5-17의 경로 4).

다른 한편, 식품 시스템에서 일하는 사람들, 농부, 어부, 농업 종사자, 식품 소매, 가공 및 식품 생태계에 속하는 부문의 근로자는 업무 특성이나 근무 조건에 따라 직업적 유해요인에 노출되어 건강에 나쁜 영향을 받을 수 있다(그림 5-17의 경로 5).

WHO는 식품 시스템이 건강 영향을 미치는 경로에서 크게 사회경제적·물리적·생태적 및 상업적 요인으로 구분해 주요한 결정요인을 제시한다(표 5-4)(WHO, 2021a).

표 5-4 **식품 시스템이 건강에 영향을 미치는 경로에서 주요 결정요인**

범주	주요 건강 결정요인
사회경제적	• 소득과 경제적 기회 • 사회적 처지와 지지 네트워크 • 성 평등 정도 • 재량 시간 사용 가능 • 식품 시스템과 활기찬 사회문화적 연결 • 시민 단체 및 참여
물리적	• 건강하고 안전한 생활 및 업무 공간 • 저렴하고, 안전하며, 영양가 있고, 문화적으로 풍부한 음식 • 교육/ 문해력에 대한 접근성 • 의료 서비스 이용 및 접근성(예방적 건강 서비스 포함)
생태적	• 생물다양성 • 농업 생물다양성 • 기후변화 • 깨끗한 공기, 물, 토양
상업적	• 마케팅(광고, 홍보 및 후원) • 편향된 산업계 자금 지원 연구

자료: WHO(2021a).

3) 식품 환경, 식품 시스템의 불평등

빈곤과 불평등은 모든 유형의 영양실조와 식량 불안정의 구조적 원인이다. 빈곤은 식단의 영양 품질을 떨어뜨리고, 소득 불평등은 특히 사회적으로 배제되고 소외된 계층의 식량 불안정성을 높인다(FAO et al., 2021).

식품 시스템을 구성하는 요소 중 특히 식품 환경은 영양과 건강 상태를 결정하는 데 매우 중요하다. 식품의 가용성 부족, 가격 부담, 영양가 낮은 식품의 과잉 공급, 건강한 식품에 대한 접근성 제한에 이르기까지 식품 환경의 불평등은 건강에 큰 영향을 미칠 수 있다.

세계 농업의 주력이 주식인 곡물과 오일시드(oilseed)에 집중되어 다른 다양한 작물을 소비자가 쉽게 구하기 어렵다. 자연자원, 생태계, 기후변화 등 외부요인은 식량 생산과 소비자가 이용할 수 있는 식량의 양과 질에 영향을 미친다. 다른 한편, 소비자가 어떤 식품을 선택하고 얼마나 구매하는가에 따라 생태계에 가해지는 압력과 배출되는 온실가스의 양이 달라질 수 있다. 소득이 낮은 국가에서는 건강한 식품에 접근하기가 더 어렵고, 환경 변화에 민첩하게 대응할 수 있는 자원이 부족한 상황에서 다양한 식품을 구하기는 더 어려워진다.[5] 농촌, 빈곤층, 지리적으로 고립된 사람들은 식품 가용성과 접근성이 낮아 건강과 영양 상태가 나빠지기 쉽다.

건강한 식품을 구매하고 섭취하려면 가격이 저렴해야 한다. 생선, 과일, 채소와 같은 건강에 좋은 식품은 대체로 비싸서 저소득층이 구매하기 어려워 영양 결핍의 위험을 높인다.

최근 포장 및 가공 식품은 전 세계적으로 많이 소비되고 있다. 그러나 포장 및 가공 식품이 종종 건강에 좋은 식단으로 구성되지 못할 수 있으며, 특히 중·저소득 국가에서 이러한 포장 식품의 인기가 증가하고 있다.

식품에 대한 정보와 광고는 소비자의 구매 행동에 영향을 미치며, 건강에 해로운 제품의 홍보가 사회계층에 따라 차별적으로 이루어지는 경우에 건강 격차를 증가시키는 원인이 될 수 있다.[6]

---

5) 영양가 있는 식품의 상대적 가격(예: 주식의 칼로리당 가격 대비 계란의 칼로리당 가격)이 부르키나파소(Burkina Faso)가 15배인 반면, 미국은 1.9배로 저소득국가일수록 영양가 있는 식품의 상대적 가격이 훨씬 비싸다(Development Initiatives Poverty Research Ltd, 2020).

6) 아프리카계 및 라틴계 미국인은 고열량, 저영양 식품 및 음료, 앉아서 즐기는 오락 및 교통수단에 대한 옥외 광고에 많이 노출되는 반면, 영양가 있는 식품 및 음료, 신체활동을 장려하는 상품 및 서비스에 대한 광고에는 상대적으로 덜 노출된다. 최근 미국 텔레비전의 식품 마케팅에서도 유사한 결과가 보고되었다(Development Initiatives Poverty Research Ltd, 2020).

4) 기후변화가 식품 생산성에 미치는 영향

식품 시스템은 모든 인간 활동에서 배출되는 총 온실가스의 34%에 해당하는 온실가스를 배출하며 기후변화를 초래하는 주범 중 하나다(Crippa et al., 2021: 198~209).

다른 한편, 기후변화는 농업 생산성에 큰 영향을 미친다. 기후변화는 곡물의 종류와 지역에 따라 다르게 영향을 미치지만 1974~2008년 사이 10가지 곡물에서 세계 평균적으로는 적게는 3.5%에서 많게는 13.4%의 수확량이 감소했다(Ray et al., 2019: e0217148).

또 기온 상승에 따라 전 세계의 평균적인 곡물 생산량은 감소하는 것으로 예측되었다(그림 5-18)(Asseng et al, 2015: 143~147).

기후변화는 ① 곡물 생산량 감소, ② 감염력이 낮은 병원균과 기생충의

그림 5-18 **기온 상승에 따른 곡물 수확 감소 예측**

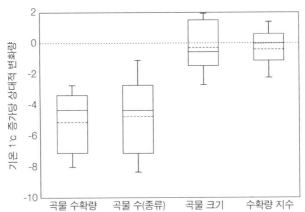

주: 각 상자에서 점선은 평균값, 실선은 중앙값, 위쪽 테두리 25%tile, 아래쪽 테두리 75%tile, 바깥쪽 위 선 10%tile, 아래선 90%tile 값을 의미함.
자료: Asseng et al.(2015: Fig 3-b).

증가, ③ 감염성질환 증가, ④ 신선식품과 관련된 미생물학적 위험, ⑤ 유해 금속, 잔류성 유기화학물질 및 독소의 해산물 오염, ⑥ 수생 동물의 기생충 질병 증가, ⑦ 해양 산성화 등을 통해 농업 생산성에 위험을 초래한다(Gomez-Zavaglia, Mejuto, Simal-Gandara, 2020: 109~256).

기후변화는 계절을 바꾸고 자연재해를 증폭시켜 토양 비옥도, 농작물 수확량과 임업과 축산업의 생산성을 감소시킨다. 기후변화는 식물이 개화하는 시기와 벌과 나비 같은 수분 매개자가 나오는 시기에 교란을 일으켜 작물의 수분이 이루어지지 않는 경우가 많아진다. 기후변화가 악화시키는 대기오염은 농작물, 식물, 산림에도 피해를 준다. 식물이 다량의 지상 오존을 흡수하면 광합성이 감소하고 성장이 느려지며 질병에 잘 걸린다. 또 산불 발생이 잦아지고 규모가 커져 농지, 초원, 목초지를 훼손한다. 기온과 강수량의 변화로 해충과 잡초의 발생과 범위가 확대되고, 잡초와 해충 방제에 농약을 더 많이 사용하게 되어 오염이 더 심해진다. 기후변화로 인한 해수면 상승과 폭풍우도 연안 지역에서 토양이 침식하고 농경지가 손실되고 바닷물의 침입으로 상수원이 오염되는 경우가 잦아진다.

대기 중 이산화탄소 농도가 증가하면 광합성과 성장 속도가 빨라진다. 이산화탄소 농도의 증가는 주로 밀, 보리, 귀리 등 C3[7] 곡물과 콩류의 영양성분(단백질, 철분, 아연 및 기타 미량 영양소)을 감소시킨다(Myers et al., 2014: 139).

기후변화는 가축에게도 큰 스트레스를 준다. 기온 상승은 직접적인 스트레스를, 가뭄은 탈수증을 유발한다. 특히 풀을 먹이는 경우 가축이 먹

---

7)　C3 식물은 냉대성 식물로 불리며, 밀, 카놀라, 아마, 대두가 포함되며 식물 종의 약 85% 가 C3 식물이다.

을 수 있는 사료가 줄어들 수 있다. 사소한 스트레스에도 가축은 젖을 덜 생산하거나 더 느리게 자라 사람이 섭취할 칼로리와 영양이 줄어든다. 스트레스가 증가하면 동물의 폐사로 이어질 수 있다.

기후변화는 해수의 온도(염분, 산소 및 산성화 수준)와 담수의 온도(수위 포함) 변화를 통해 수산업에도 영향을 미친다. 해양 서식지가 파괴되면 영양가 높은 수산 식품의 양과 종류가 줄어든다. 또한 잦은 폭우로 토양이 침식되어 영양분이 고갈되고 바다, 호수 및 하천으로 농업 유출수가 흘러들어 수질을 떨어뜨린다. 유출수는 기온 상승과 맞물려 물 속 산소를 고갈시키고 어패류가 저산소증으로 폐사할 위험이 높아진다.

5) 기후변화와 식품 시스템 및 영양-건강 불평등의 악화

이런 과정들을 통해 식품 생산량과 질이 감소하게 되고, 이것은 식품 시스템에 내재된 불평등을 악화시킨다. 기후변화는 자원이 부족한 지역의 농업 생산량에 가장 큰 영향을 미치며, 이는 소득 감소, 기후회복탄력성 감소, 영양가 있는 식품에 대한 접근성 감소로 이어져 많은 저소득 지역에서 영양 상태를 악화시키는 결과를 낳는다.

기후변화는 가정에서 식량 안정성, 어린이 수유와 양육 환경, 환경 및 보건 서비스 접근성에 악영향을 미쳐 특히 어린이와 여성에서 영양부족을 악화시킬 수 있다(Met Office and WFP's Office for Climate Change, Environment and Disaster Risk Reduction, 2012). 또 가용 식품과 가격에 영향을 미쳐 총 칼로리 섭취뿐만 아니라 채소와 과일 등 필수영양소를 섭취할 수 있는 식품을 구하기 어려워진다. 2050년까지 기후변화로 인해 세계 식량 가용성이 1인당 3.2% 감소하고 과일과 채소 소비는 4% 감소하며 붉은 육류 소비는 0.7% 감소하는 것으로 추정되었다(Springmann et al., 2016: 1937~1946).

기아(hunger)는 예측할 수 없는 강우량이나 극심한 기상이변이 있을 때 가장 심각해진다. 기후변화로 계절적 가뭄과 몬순은 더욱 심해지고 이를 예측하기는 더 어려워져 영양 상태가 악화되고 감염병 위험이 높아진다.

5. 기후 취약 인구의 건강

1) 어린이

어린이는 기후변화에 매우 취약한 집단이다(Sheffield and Landrigan, 2011: 291~298).

모든 사람이 기후변화로 건강에 영향을 받지만, 어린이는 신체적·생리적·인지적 미성숙으로 인해 더 큰 영향을 받는다(Etzel and Balk, 2018). 현재 기후변화로 인한 전 세계 질병부담의 88%가 5세 미만 어린이에게 발생하는 것으로 추정되며, 이미 질병부담이 높고 적응능력이 낮은 저소득 국가의 어린이는 기후변화에 훨씬 더 큰 영향을 받는다(UNICEF, 2015).

어린이에게 영향을 미치는 노출은 임신 전부터 시작되므로 부모의 환경이 매우 중요하다. 태아기에는 조직과 기관이 빠르게 성장하고 발달한다. 이 단계에서 유해한 노출이 일어나면 심세하고 민감한 몸에 손상을 줘 구조와 기능에 영구적인 장애를 일으킬 수 있다.

어린이는 성인보다 체중 단위당 호흡량이 더 많고 칼로리와 물을 더 많이 섭취하므로 공기, 음식, 물에 더 많이 노출된다. 또 성인과 달리 해독

시스템이 미성숙하고, 앞으로 살 날이 더 길기 때문에 노출기간이 길고, 외부환경에 대한 적응과 대응하는 생물학적 능력이 떨어지므로 이러한 유해한 노출로 인한 영향이 성인기에까지 남아 미래 세대에도 영향을 미칠 수 있다. 또한 어린이는 인지기능이 미성숙해서 위험을 판단하고, 이를 회피하는 행동을 적절하게 하기 어렵다.

(1) 국가 내 불평등

빈곤층, 저소득층, 저학력, 사회경제적으로 소외된 가정, 토착 및 전통 사회의 어린이들은 그렇지 않은 어린이들에 비해 기후변화의 영향을 더 크게 받는다(Arpin et al., 2021: 10896). 기후변화가 기존 불평등을 증폭시키며, 그 결과 가장 가난하고 사회적으로 취약한 어린이들이 기후변화로 인한 건강 악화의 부담을 가장 크게 지게 된다.

임신 중 폭염에 노출되면 조산의 위험은 폭염기간에 16%, 기온 1°C 증가당 5% 증가했고 사회경제적 수준이 낮은 그룹에서 증가 폭이 가장 컸다. 고온 노출로 인한 조산, 저체중, 사산의 위험은 인종적으로도 차이를 보였는데, 흑인, 히스패닉, 원주민 여성은 백인 여성보다 위험이 더 컸다(Chersich et al., 2020: m3811).

세계 최빈층 아동은 물질적·재정적 자원이 부족하므로 고소득 가정의 아동에 비해 기후변화로 인한 기상재해의 피해 위험이 최대 10배 더 높았다(Samantha and Pacheco, 2015: e1468~e1484). 2011년 홍수 이후 캄보디아에서는 위생 상태가 열악한 환경에서 깨끗한 식수를 공급받지 못하고 어머니의 교육 수준이 낮은 가정의 어린이들은 정수 처리된 물과 비누, 고학력 어머니가 있는 가정보다 설사 발병률이 더 높았다(Davies et al., 2015: 191~213). 기후변화로 인해 허리케인의 빈도와 심각성이 증가하면 소득이 낮은 미혼모 가정의 어린이가 소득이 높은 두 부모 가정의 어린이에 비해 정신적·정서적·신체적 건강위험이 더 커졌다(Benevolenza and DeRigne, 2019: 266~281).

(2) 국가 간 불평등

기후변화로 인해 2030년까지 아시아와 사하라 이남 아프리카에서 설사병 사망자가 4만 8천 명이 더 늘어나고(Ahdoot et al., 2015) 아프리카인은 기후변화로 인한 건강 수명 손실이 유럽인보다 500배 더 클 것으로 예측되었다(Costello et al., 2009: 1693~1733). 기상이변과 기온 및 강수 패턴의 변화로 인해 농작물이 손상되고 파괴되어 특히 사하라 이남 아프리카와 남아시아에서 영양실조가 증가하고 식량 불안이 심화되고 있다(Anderko et al., 2020: 414~419).

기후변화로 설사, 말라리아, 영양 결핍이 증가하고, 이로 인해 중·저소득국가의 5세 미만 어린이의 예방 가능한 사망 부담이 증가할 것으로 예측되었다(Philipsborn and Chan, 2018: e20173774). 또 기후변화로 인해 중·저소득국가에서 임신부의 말라리아, 뎅기열, 주혈흡충증 발병률이 증가해 임신 합병증, 조산, 저체중아 출산 위험이 증가할 것으로 예측되었다(Rylander, Odland and Sandanger, 2013: 19538).

(3) 지리적 불평등

기후변화가 어린이의 건강에 미치는 영향은 지리적으로도 차별적이다. 산악 지역과 극지방은 기온 상승으로 인해 만년설과 빙하가 빠르게 녹아내려 홍수와 물 부족의 위험이 높아진다. 섬나라와 해안 지역은 해수면 상승으로 국토가 줄어들거나 사라져 생존의 위협이 커지고 있다. 빈민층

이 많은 대도시에는 열섬 효과 등 기온 상승 효과가 뚜렷하다. 서늘한 기후에 살았던 어린이들이 라임병이나 뎅기열과 같은 기후변화 관련 질병 및 감염에 취약해지고 있다(Ebi and Paulson, 2007: 213~226).

(4) 세대 간 불평등

어린이는 생리적·발달적 취약성뿐만 아니라 미래에 기후변화의 심각한 영향을 경험할 가능성이 높아 특히 불평등한 집단이 된다. 즉, 어린이는 성인보다 더 긴 기간 동안 기후 유해요인에 노출되어 부정적인 건강 영향을 입을 수밖에 없으며, 자신이 거의 관여하지 않은 윗세대들이 한 행동의 결과로 피해를 입게 되는 것이다(McMichael, 2014: 99~106).

2) 노인

기후변화 연구와 정책에서 소홀히 다루어진 그룹 중 하나가 노인이다. 기후변화의 노인건강 연구는 대부분 심혈관계 질환으로 인한 사망에 집중되어 있으며, 다양한 유형의 중요한 건강 영향(예: 정신건강, 호흡기계건강, 홍수로 인한 익사, 곤충매개성 감염병, 영양, 노쇠, 전반적 건강 등)에 대해서는 연구가 매우 부족하다(Harper, 2023: 565~568). 제26차 글래스고 유엔기후변화협약 당사국 총회에서 어린이, 청소년, 여성, 장애인, 원주민이 언급되었으나 고령자가 기후변화의 위협에 큰 영향을 받고 있다는 사실은 거론되지 않았다. 이는 최근 세계적으로 인구 고령화가 급격히 진행되는 상황을 고려할 때 시급히 개선되어야 할 문제다(WHO, 2020).

향후 30년 동안 전 세계 60세 이상 인구는 2021년 11억 명에서 2050년에는 약 21억 명으로 두 배 이상 증가할 것으로 예상된다. 전체 인구에서 차지하는 비율도 2050년에는 60세 이상이 21%를 넘고, 그중 2/3 이상이 기후 관련 재해가 발생할 가능성이 높은 중·저소득 국가에 거주하게 된다 (UN DESA, 2019). 다른 한편 핵가족화에 따라 독거노인이 증가하고 있다 (UN DESA, 2021). 독거노인은 도움을 받을 가족이 없으므로 건강 및 사회복지 서비스를 받기 위해 전용 시설이 있는 곳으로 이동하기 어려운 경우가 많을 것이다.

생리적 취약성, 기존 건강상태, 장애 및 사회적 취약성, 특히 혼자 살거나 가난한 도시 지역에 거주하고 대응 능력이 떨어지는 노인들은 기후변화의 영향을 더 크게 받는다.

(1) 장기간의 폭염과 한파

폭염은 체온 조절을 어렵게 해 탈수 및 심혈관계 긴장 등 건강을 악화시키고 사망 위험을 높인다. 노인은 발한 능력과 피부 혈류량, 심박 출량이 떨어지므로 젊은 성인보다 열 스트레스에 훨씬 더 취약하다(Ebi et al., 2021: 698~708). 약물을 복용하는 경우 온열질환의 위험이 더 커질 수 있다. 또 추운 날씨에는 심혈관, 호흡기, 뇌혈관 질환 등으로 이환율과 사망률이 높아진다. 고령자가 기저 질병이 있거나 빈곤하고 인구가 밀집된 도시 지역에 거주하는 경우 더위와 추위 스트레스에 더 취약하다.

(2) 대기오염

대기오염은 대부분 기후변화의 주원인인 화석연료의 연소로 인한 것이다. 세계 인구의 90% 이상이 건강에 해로운 수준으로 오염된 공기를 흡입하고 있다. 대기 질 저하는 고령자에 흔한 만성 폐쇄성 폐질환, 만성 기관지염, 천식 및 폐기종과 심혈관계 질환의 발생 위험을 더 높이며, 더위, 한파, 대기오염이 중첩되면 고령자의 건강은 더욱 악화된다.

(3) 해수면 상승과 극한 기상

기후변화로 인한 해수면 상승과 극한 기상은 홍수, 폭풍 해일, 식수원의 오염을 유발한다. 거동이 불편하거나(신속한 대피에 방해가 됨), 청각이나 시력이 떨어지거나, 요양원이나 요양 시설에 거주하는 등 이미 건강이 좋지 않은 고령자는 외상 후 스트레스 장애(PTSD), 우울증, 불안증 등 심각한 신체적·정신적 건강 문제를 겪을 가능성과 사망 위험이 더 높다. 가난한 노인은 물 공급이 부족하거나 오염된 지역에 거주하는 경향이 있으며 이로 인해 장염에 걸릴 위험이 높아진다. 기후재해는 또한 고령자를 고립시키고 보건서비스와 사회적 지원으로부터 단절시킬 수 있다. 이들은 응급 상황이나 재해 이후에도 적절하게 대처하기 어려울 수 있다 (HelpAge International, 2015).

(4) 곤충 매개성 및 인수 공통 감염병

고령자는 면역 체계가 약해 신경학적 침범이 동반되는 중증 감염의 위험이 더 큰 경향이 있다.

(5) 물 부족, 식량 불안과 영양실조

노인은 가벼운 탈수증에도 정신 기능과 기억력이 나빠져 쇠약, 현기증, 낙상 위험이 높아지며, 급성 탈수증은 신장 및 심장 기능의 상실로 이어진다. 따라서 가뭄 시기의 식수 부족은 노인에게 심각한 영향을 미친다. 오염된 물은 이질, E형 간염, 콜레라 및 장티푸스와 같은 노인에게 치명적인 설사 질환을 유발할 수 있다.

또한 가뭄이 지속되는 동안 영양부족으로 인해 급성적으로나 장기적으로 건강이 더욱 악화된다. 중·저소득국가 노인들은 먹을 수 있는 음식이 부족하고, 식량을 생산하거나 구하기 어렵고 영양가 낮은 식품과 오염된 식품을 섭취하는 경우가 많아 질병의 발생률이나 사망률이 높다. 식량 고갈과 기근으로 인해 노년층의 영양소가 조금만 감소해도 당뇨병, 심장병, 우울증, 낙상 및 허약증의 위험이 증가한다.

3) 성별 차이

아직 충분한 관심을 받지 못하고 있는 또 다른 문제는 기후변화가 건강에 미치는 영향이 성별에 따라 다르다는 점이다(Daalen et al., 2020: e44~45). 남성과 여성은 환경 위험에 대한 인식, 기후변화에 대한 취약성, 적응 행동에서 차이가 있다. 사회적·문화적으로 성 역할이 다르면 책임도 다르고, 생태계 이용 방식도 다르며, 건강 요구도 달라진다(Gender in conservation and climate policy, 2019: 255). 기후변화 건강 영향의 성별 차이는 주로 지리적 요인과 사회경제적 요인의 차이에 의하며, 특히 중·저소득국가에서 기존의 성별 건강 격차를 더욱 악화시킨다(Sorensen et al., 2018: e1002603).

(1) 여성

여성은 다양한 사회적·문화적 맥락에서 기후변화의 영향에 취약하다(Watts et al., 2019: 1836~1878). 유엔기후변화협약(United Nations Framework Convention on Climate Change: UNFCCC)에서 지적한 바와 같이 여성, 특히 빈곤층 여성은 기후변화로 인한 위험에 더 많이 노출되고 더 큰 부담을 경험한다. 여성의 건강취약성을 더욱 악화시키는 것은 문화적 구조다. 세계 중·저소득국가의 총 13억 명의 인구가 빈곤선 이하에서 살고 있는데, 그 중 70%는 여성이다.

여성은 임신 중 특별히 더 다양하고 많은 영양 섭취가 필요하다. 전 세계적으로 여성은 빈혈과 영양실조로 고통받고 있으며, 월경과 출산으로 인해 필요한 영양 섭취량이 증가하므로 기후변화로 인한 식량 불안에 민감하다. 보통 저개발국의 여성은 가정 내 식사 위계에서 마지막에 위치해 식량 불안정 시기에는 끼니를 거를 가능성이 높다. 또 전 세계 소규모 농가의 대다수가 여성이므로 기후변화로 인한 작물 실패로 여성의 생계가 어려워지고, 빈곤이 심화되며 건강이 악화될 수 있다.

전통적인 성 역할에 따라 여성과 여아는 남성과 남아보다 상대적으로 더 많은 시간을 가정에서 보낸다. 요리와 난방을 위해 실내 난로를 사용하는 경우 실내 미세먼지 노출 위험이 높아 호흡기 및 순환기 질환, 출산 결과 등 모자보건에 부정적인 결과를 초래한다(WHO, 2014).

기후 재난이 발생하면 여성은 더 높은 사망률을 보이며(WHO, 2014), 생존자의 기대 수명이 감소한다(Neumayer and Plümper, 2007: 3; 551~566). 여성과 소녀들은 재난 이후 신체적·성적 가정 폭력의 위험에 더 많이 노출되며, 정서 장애를 겪을 위험이 커진다(Norris et al., 2002: 207~239). 이런 기후재난의 영향은 여성의 사회경제적 지위가 낮을 때 더 증폭된다.

(2) 남성

고소득 국가에서 남성과 소년은 기후변화와 관련된 정신건강 문제(예: 심각한 우울증과 자살, 사회적 고립)로 인한 사망 위험이 높아진다(WHO, 2014). 남성은 가뭄으로 인한 농업 손실로 자살 및 심각한 우울을 경험하며 폭풍과 홍수 때는 익사 위험이 더 높을 수 있다(Sorenson et al., 2018). 미혼 남성은 미혼 여성보다 폭염으로 사망할 위험이 더 높다(WHO, 2014).

성별 간 명백한 격차에도 불구하고 의학 연구, 환경 연구, 완화 및 적응 정책 계획에서 기후변화의 건강 영향 평가 시 사용되는 건강 데이터는 성별로 세분화된 경우는 드물고, 많은 경우 성 변수가 없는 실정이다. 다른 한편, 성소수자는 복합적인 차별로 특히 취약한 집단임에도 불구하고 기후변화가 성소수자의 건강에 미치는 영향에 대한 연구나 보고는 거의 없다.

6. 정의로운 전환

1) 탈탄소 전환과정에서 발생하는 부정의

기후변화 대응의 핵심은 현재의 화석에너지 시스템에서 탈피해 탄소 배출이 없는 재생에너지 체계를 갖춘 저탄소 사회로 전환하는 것이다. 그런데 실제 저탄소 전환은 편익과 위험을 동시에 수반한다(Sovacool et al., 2019: 581~619). 저탄소 전환은 좀 더 탄력적이고 민주적인 에너지 시스템, 산업 구조조정과 기술의 발전, 빈곤 완화, 국가 내 및 국가 간 사회 및 환경 분쟁 해결, 재생에너지 개발로 환경오염 위험이 높은 회색 경제를 환경 친화적인 녹색경제로 대체하는 등 많은 이점이 있다. 반면, 고탄소 산업의 쇠퇴는 지방 세수의 중요한 기반이 되는 지역 산업과 경제에 타격을 줘 교육, 교통, 폐기물 관리 등 지역 공공서비스가 위축되며, 노동자들이 일자리를 잃는 등의 피해가 발생할 수 있다. 뿐만 아니라 소위 '녹색 일자리 창출자'인 재생에너지의 발전 혜택이 전기가격 상승 과정에서 흔히 나타나듯이 소외된 계층에게 거의 돌아가지 않고 기존의 화석연료 산업과 다름없이 지역별, 성별, 인종별 불평등이 유지될 수 있다. 즉, 저탄소 전환은 새로운 불공정과 취약성을 야기할 수 있으며, 에너지 시장과 사회경제적인 기존의 구조적 불공정을 해결하지 못하는 것에 그치지 않고 이를 더 악화시킬 수 있다.

2) 정의로운 전환의 배경과 역사

정의로운 전환(Just transition)은 1980년대 미국 노동운동에서 유래한다. 당시 미국에서는 러브 캐널 사건(Love Canal accident)[8]으로 인해 환경규제가 강화되면서 환경오염산업에 종사하는 노동자들이 대량 실직위험에 처하게 되었다. 노동계에서는 오염토양의 정화를 위한 슈퍼펀드가 있다면 노동자와 지역사회 보호를 위한 슈퍼펀드도 있어야 한다고 주장했다 (JTRC, 2018). 노동조합은 이후 오염산업 규제로 인한 비용을 사회 전체가 공정하게 나눠 부담해야 한다는 '정의로운 전환' 개념으로 확장해 나갔다.

화석연료를 기반으로 한 경제성장은 지구환경을 파괴하고 기후변화를

---

[8] 러브 캐널은 퇴역군인인 러브(Love) 대령이 1880년대 미시시피강 상류에 건설하던 운하로 대공황으로 사업이 중단, 방치되었다가 화학산업체들이 들어오면서 1942~1952년까지 총 2만 1천 톤의 화학폐기물이 매립된 곳이다. 1953년 다 채워진 캐널은 흙으로 덮혀 넓은 초지로 변했고, 이 터에 마을이 들어섰다. 이후 주민들이 피부병과 두통, 자극증상, 화상을 지속적으로 호소했으나 무시되다가, 1976년 홍수 이후 매립되었던 화학폐기물이 침수되고 슬러지를 형성, 마을 전체가 유독물질로 극심하게 오염되고, 출생아의 정신박약, 선천성 기형을 포함한 심각한 건강 문제들이 나타났다. 1978년 환경청은 이곳을 재난지역으로 선포, 학교를 폐쇄하고 주민들을 이주시켰다. 이때 미국 환경정책의 획기적인 전환을 가져온 슈퍼펀드법(The comprehensive environmental response, compensation and liability act)이 제정되었다.

일으켜 인류와 지구의 운명을 위험에 빠트렸다. 세계는 성장이냐 환경보호냐라는 진퇴양난의 길에 봉착하고, 정의로운 전환은 국제사회에서 기후환경보호와 오염산업 노동자의 실직이라는 상충적 관계를 풀기 위한 전략적 개념으로 다루어지기 시작했다. 국제노동연맹(International Trade Union Confederation: ITCU)은 안정된 양질의 일자리 창출은 환경적 지속가능성이 달성되는 경우에만 가능하다고 선언했다(UNEP, 2007:118). 특히 탈탄소화는 명확한 목표가 있는 계획된 전환이므로 체계적·총체적인 정책 접근이 필요함이 강조되었다(ILO, 2018). ITCU는 정의로운 전환을 지속가능발전을 위해 노동조합 운동이 국제 공동체와 공유하는 개념적 도구로 정의하며, 사회진보, 환경보호, 경제적 필요가 민주적 거버넌스의 틀로 함께 수용되고 노동자를 비롯한 인간의 권리존중과 성평등이 실현되는 지속가능발전 사회로 전환하는 것이라 했다. ITCU의 정의로운 전환은 이후 유럽 등 여러 나라의 노동조합들에 의해 국제적으로 확산되었고, 2010년 칸쿤 제16차 기후변화당사국 총회(COP16) 합의문에 노동력의 정의로운 전환과 양질의 일자리 창출 촉진 내용이 포함되었다(Wang and Lo, 2021: 102291).

한편 유엔 산하 국제노동기구(International labour Organization: ILO)는 정의로운 전환을 지속가능발전 의제에 포함시키려는 노력을 기울여 왔다. 녹색일자리와 지속가능발전에 대한 보고서 발간, 그리고 2015년에는 '정의로운 전환 지침(Guideline for a Just Transition towards Environmentally Sustainable Economies and Societies for All)'을 마련해 11개 비전과 7개 이행 원칙, 9개 핵심 정책영역을 제시했다(ILO, 2015).

2015년 파리 기후변화당사국 총회(COP21) 합의문 전문에 정의로운 전환 문구가 포함되고, 2018년 24차 총회(COP24)에서 '연대와 정의로운 전환에 관한 실레지아 선언'이 채택되었다(COP24-KATOWICE 2018). 2021년 COP26에서는 영국 등 유럽 14개국과 유럽연합(EU) 집행위원회가 정의로운 전환 선언을 채택해 빈곤 국가의 기후변화 완화 및 탈탄소를 위한 선진국의 자금 지원과 국내 정의로운 전환 계획의 원칙을 마련했다. COP28을 앞두고 처음으로 90여 명이 참여한 고위 장관급 원탁 회의가 열려 COP28에 권고할 정의로운 전환을 위한 작업 프로그램에 대해 논의했다. 국제협력 구축, 국가정책 수용 촉진, 다양한 이해관계자 참여, 재정 및 경제적 측면, 포용성, 형평성, 누구도 뒤처지지 않는 야심차고 효과적인 전환 보장 등의 내용이 포함되었다. COP28에서는 성인지적 정의로운 전환에 관한 결의문을 발표했다. 여기에는 여성과 소녀들의 리더십, 기후행동 참여, 의사결정, 역량 및 생계 강화로 성평등의 달성과 적응, 완화 및 재정 노력에 관한 내용이 담겼다.

3) 정의로운 전환의 개념과 스펙트럼

정의로운 전환의 개념은 다양한 관점과 범위로 사용되고 있다. 기본적으로는 고용안정과 환경보호의 가치가 상충되는 전통적 관념에 맞서 저탄소 에너지 시스템 전환이라는 과제를 기술적 문제로부터 사회정의의 문제로 확장해 나가는 데 사용된 개념이었다(JTRC, 2018). 초기에는 노동자의 일자리유지와 안정, 대체 고용 및 보상, 지역사회 지원에 중점을 두었고, 제도화가 진행되는 과정에서 녹색일자리 창출, 기업에 대한 지원과 규제, 참여와 사회적 대화 등이 새롭게 제안되었다.

또 정의로운 정의 개념이 확장되어 노동권이 중심이 되는 개념에 더해 기존의 세 가지 정의(환경, 기후, 에너지 정의)를 포함하는 통합적 프레임워크(분배적·절차적·승인적·회복적 정의)로 제기되기도 하며, 오늘날은 식량정의, 녹색 젠트리피케이션[9], 에너지 주권[10] 등 다양한 이슈를 포괄하고 있다(Henry, Bazilian and Markuson, 2020: 101668).

정의로운 전환에 대한 요구는 매우 넓은 스펙트럼을 가지고 있다. 단순히 산업의 구조조정(전환)으로 인해 일자리를 잃은 노동자에게 새 일자리의 기회를 제공하거나 보상해 주는 '현상유지'에 그칠 수 있는 반면, 양질의 일자리와 지역사회의 지원을 보장하기 위한 '제도개선'을 동반할 수 있다. 또 피해를 입는 주체들이 민주적으로 참여해 전환과 관련된 의사결정

그림 5-19 **정의로운 전환의 스펙트럼**

현상유지	제도개선	구조개혁	혁신
• 전환으로 일자리를 잃은 노동자에게 새 일자리 기회 제공 또는 보상 • 독일 석탄광산 폐쇄에 따른 광부지원정책 사례	• 양질의 일자리와 노동자·지역사회 지원을 보장하기 위한 제도개선 동반, 고용, 직업안전 보건의 규칙이나 기준을 개선 • ILO·ITCU의 접근법 • 캐나다·호주 석탄광산 사례	• 민주적 참여와 의사결정 보장, 탈탄소에너지 시스템의 집합적 소유와 관리 • TUED(에너지민주주의 노동조합)의 접근법 • 에너지기업 재공영화, 노동자·시민이 소유한 에너지협동조합	• 기존 정치경제체계의 근본적 변화 추구 • 정의로운 전환을 '젠더, 인종, 계급적 차별을 넘어서 견고한 민주적 지역 기반의 새로운 경제 창출'의 수단으로 이해 • 미국의 지속가능노동자 네트워크의 접근법

자료: JTRC(2018) 재구성.

---

9)   녹지는 지속가능하고 기후에 대응하는 도시의 필수적인 부분으로 인식되고 있다. 그런데 새로운 녹색 인프라와 녹지 공간이 조성되면 도시 지역의 재산 가치가 높아져 부유한 주민들이 들어오고, 가난한 주민들은 좀 더 값싼 다른 지역으로 이주하게 되어, 녹색 공간의 혜택에 대한 사회적·인종적 불평등을 초래하고 환경 및 기후 불공정을 심화시킬 수 있다. 이러한 현상을 녹색 젠트리피케이션이라 한다. 북미와 유럽 28개 도시 중 17개 도시에서 녹화와 젠트리피케이션 사이의 강력한 연관성이 확인되었다(Anguelovski et al., 2022 참고).

10)   에너지 주권이란 '사람들이 존엄한 삶을 영위하기 위해 생태적 한계 내에서 에너지 자원에 접근할 수 있는 권리'를 말한다.

에 관여할 수 있는 절차를 보장하고, 탈탄소 에너지 시스템을 공동으로 소유하고 관리할 수 있도록 하는 '구조개혁'과 기존의 정치경제체계의 근본적인 변화를 추구해 차별 없는 사회체제를 만들고자 하는 '혁신'으로까지 나아갈 수도 있다(그림 5-19)(JTRC, 2018).

다른 한편, 정의로운 전환은 영향을 받는 모든 그룹 간의 효과적인 사회적 대화, 기본적인 노동원칙과 권리 존중을 포함해 문제를 최소화하고 신중하게 관리하면서 기후행동의 사회적·경제적 기회를 최대화하는 것을 의미한다.

정의로운 전환은 사회적 포용성 정도[각 주체들이 어떤 수준으로 전환과정에 참여하는가, 사회적 통합(social inclusion)]와 정의로운 전환 정책이 미치는 분배적 영향력이 어느 범위까지인가에 따라서 구분될 수 있다. 즉, 참여 주체들이 의사결정과정에서 권한이 클수록, 정책의 분배적 영향의 범위

그림 5-20 **정의로운 전환의 프레임워크**

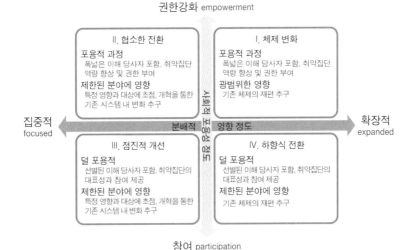

자료: https://justtransitioninitiative.org/about-just-transitions/의 내용을 재구성.

가 넓을수록 더 포용적이고 광범위한 영향으로 근본적인 변화를 가져올
수 있다(그림 5-20).

4) 한국의 정의로운 전환 정책

2021년에 제정된 한국의 '기후위기 대응을 위한 탄소중립·녹색성장기
본법(탄소중립기본법)'에서는 정의로운 전환을 '탄소중립 사회로 이행하는
과정에서 직·간접적 피해를 입을 수 있는 지역이나 산업의 노동자, 농민,
중소상공인 등을 보호하여 이행 과정에서 발생하는 부담을 사회적으로
분담하고 취약계층의 피해를 최소화하는 정책 방향을 말한다"(법 제3조)라
고 정의하고 있다. 기후위기 사회안전망 마련(47조), 정의로운 전환 특별
지구 지정 등(48조), 사업전환 지원(49조), 자산손실 위험의 최소화 등(50
조), 국민참여 보장을 위한 지원(51조), 협동조합 활성화(52조), 정의로운
전환 지원센터 설립 등(53조)이 규정되어 있다(법 제7장 정의로운 전환).
2023년에 수립된 '제1차 탄소중립·녹색성장 국가 기본계획(2023~2027
년)'은 정의로운 전환 추진을 위해 5개 과제 및 14개 세부과제와, 전체 탄
소중립·녹색성장 예산의 2.47%(2조 2,203억 원)를 임시 배정했다(관계부처
합동, 2023).

7. 맺음말: 기후행동에서 건강과 사회정의를 중심에

COP26을 앞두고 각국 정부와 기타 이해관계자에게 정보를 제공하고,
국제 기후 운동과 지속가능한 개발 의제에서 건강과 형평성을 우선해야

표 5-5 COP26 기후변화와 건강 특별 보고서의 10가지 권고사항

1	**코로나로부터 건강한 회복** 코로나-19로부터 건강하고 친환경적이며 정의로운 회복을 위해 노력
2	**건강과 사회정의를 기후행동의 중심에** 건강과 사회 정의를 유엔 기후 회담의 중심에 놓아야
3	**기후행동의 건강상 이점을 활용** 보건, 사회경제적·환경적 이득이 가장 큰 기후 개입에 우선순위를
4	**기후위험에 대한 건강회복력 구축** 기후회복탄력성이 있고 환경적으로 지속가능한 보건시스템 및 시설을 구축하고, 여러 부문에 걸쳐 보건 적응 및 회복탄력성을 지원
5	**기후와 건강을 지키는 에너지 전환** 재생에너지로의 공정하고 포용적인 전환을 유도해, 특히 석탄 연소로 인한 대기오염으로부터 생명을 구함. 가정과 의료시설의 에너지 빈곤 퇴치
6	**도시환경, 운송, 교통의 녹색전환** 토지 이용 개선, 녹색 및 푸른 공공 공간에 대한 접근성, 보행, 자전거 및 대중교통 우선권을 통해 지속가능하고 건강한 도시 설계 및 교통 시스템을 장려
7	**건강의 근간인 자연 보호와 보전** 건강한 삶과 생계의 기반인 자연을 보호하고 복원
8	**식품 시스템의 건강성, 지속가능성, 회복탄력성 향상** 지속가능하고 기후회복탄력성 있는 식품 생산과 기후와 건강 모두를 충족하는 좀 더 저렴하고 영양가 높은 식단을 장려
9	**건강하고 공정한 녹색 재정** 웰빙 경제로 전환
10	**기후행동에서 보건 분야의 참여와 지원** 기후행동에 대한 보건 분야 조직과 단체를 동원하고 지원

자료: WHO(2021b).

함을 강조하는 10가지 권고사항을 담은 특별 보고서가 발표되었다(표 5-5).

현재 저개발국의 기후변화 적응을 위해 실제 운용되고 있는 국제 기후변화 적응 기금은 필요한 재원에 비해 5~10배 더 부족하다(UNEP, 2022). 보건 분야 사업 중 22% 정도만 기후위험 저감을 목표로 명시하고 있으며, 사업규모는 전체 사업 평균의 반에도 미치지 못했다(70만 달러 vs. 230만 달러). 기후변화의 책임과 피해에 관한 선진국과 개도국 사이의 오랜 논쟁 끝에, 최근 두바이에서 열린 COP28에서는 저개발국의 기후변화로 인한 손실피해기금(Loss and Damage Fund)으로 약 8억 달러가 약정되었다.

기후변화로부터 대응하는 과정은 다른 한편으로는 기회일 수 있다. 기후변화 대응은 전 세계 사회경제가 탈탄소와 환경을 보전하는 지속가능한 녹색 사회로 전환(transformation)하는 것이며, 기존의 사회구조적 불공정과 불평등을 함께 해결할 수 있는 기회이기도 하다.

참고문헌

김창엽 외. 2015. 『한국의 건강 불평등』. 서울대학교출판문화원.

관계부처 합동. 2023.4. 「탄소중립·녹색성장 국가전략 및 제1차 국가 기본계획」.

추장민. 2022. 「기후변화 취약성과 기후정의」. 조명래 외. 『기후변화와 탄소중립』. 한울아카데미.

Anderko, L. et al. 2020. "Climate changes reproductive and children's health: a review of risks, exposures, and impacts." *Pediatr Res*, 87(2), pp. 414~419.

Anguelovski, I. et al. 2022. "Green gentrification in European and North American cities." *Nat Commun*, 13, p. 3816.

Arpin, E. et al. 2021. "Climate Change and Child Health Inequality: A Review of Reviews." *Int J Environ Res Public Health*, 18(20), p. 10896.

Asseng et al. 2015. "Rising temperatures reduce global wheat production." *Nature Climate Change*, 5(2), pp. 143~147.

Benevolenza, M. A. and L. DeRigne. 2019. "The impact of climate change and natural disasters on vulnerable populations: A systematic review of literature." *Journal of Human Behavior in the Social Environment*, 29(2), pp. 266~281.

Burke, M., S. M. Hsiang and E. Miguel. 2015. "Global non-linear effect of temperature on economic production." *Nature*, 527, pp. 235~239.

Chancel, L. et al. 2022. "World Inequality Report 2022." World Inequality Lab. https:// wir2022.wid.world/

Chersich M. F. et al. 2020.11.4. "Associations between high temperatures in pregnancy and risk of preterm birth, low birth weight, and stillbirths: systematic review and meta-analysis." *BMJ*, 371, p. m3811.

Costello, A. et al. 2009. "Managing the health effects of climate change: Lancet and University College London Institute for Global Health Commission." *The Lancet*, 373(9676), pp. 1693~1733.

COP24-KATOWICE 2018. "Solidarity and just transition Silesia declaration". https://www.ioe-emp.org/index.php?eID=dumpFile&t=f&f=134978&token=91237abd5b4e38c1e7c2e4364b2b8e7095d8e0fd(검색일: 2023.12.3)

Crippa, M. et al. 2021. "Food systems are responsible for a third of global anthropogenic GHG emissions." *Nat Food* 2, pp. 198~209.

Daalen, K. van et al. 2020. "Climate change and gender-based health disparities." *The Lancet Planetary Health*, 4(2), pp. e44~45.

Dahlgren, G. and M. Whitehead. 1991. *Policies and strategies to promote social equity in health*. Stockholm Institute for Future Studies.

Davies, G. I. et al. 2015. "Water-Borne Diseases and Extreme Weather Events in Cambodia: Review of Impacts and Implications of Climate Change." *International Journal of Envi-*

ronmental *Research and Public Health*, 12(1), pp. 191~213.

Decade of healthy ageing. 2022. The UN Decade of Healthy Ageing 2021-2030 in a Climate-changing World-connection series 3.
https://cdn.who.int/media/docs/default-source/decade-of-healthy-ageing/decade-conn ection-series-climatechange.pdf?sfvrsn=e926d220_3&download=truehttps://cdn.who.in t/media/docs/default-source/decade-of-healthy-ageing/(검색일: 2023.11.5)

Development Initiatives Poverty Research Ltd. 2020. Global Nutrition Report: Action on equity to end malnutrition. Bristol, UK. Development Intiatives.
https://globalnutritionreport.org/reports/2020-global-nutrition-report/(검색일: 2023.10.19)

Ebi, K. L. and J. A. Paulson. 2007. "Climate change and children." *Pediatr Clin North Am*, 54(2), pp. 213~226, vii.

Ebi, K. L. et al. 2021. "Hot weather and heat extremes: health risks." *Lancet*, 398(10301), pp. 698~708.

Etzel, R. A. and S. J. Balk. 2018. *Pediatric Environmental Health*(4th edn). American Academy of Pediatrics.

FAO et al. 2021. In Brief to The State of Food Security and Nutrition in the World 2021. Transforming food systems for food security, improved nutrition and affordable healthy diets for all. Rome.

Gender in conservation and climate policy. 2019. *Nat Clim Chang*, 9(4), pp. 255.

Gomez-Zavaglia, A, J. C. Mejuto and J. Simal-Gandara. 2020. "Mitigation of emerging implications of climate change on food production systems." *Food Res Int*, 134, p. 109256.

Haines and Frumkin. 2021. *Planetary Health: Safeguarding human health and the environment in the anthropocene*. Cambridge University Press.

Harper, S. 2023. "The Implications of Climate Change for the Health of Older Adults." *Population Ageing*, 16, pp. 565~568.

HelpAge International. 2015. "Climate change in an ageing world-HelpAge position paper".
https://www.preventionweb.net/files/47086_cop21helpagepositionpaperfinal.pdf(검색 일: 2023.11.5)

HLPE. 2017. Nutrition and food systems.

ILO. 2015. "Guidelines for a just transition towards environmentally sustainable economies and societies for all." *ILO ACTRAV Policy Brief*. Geneva: ILO.

_____. 2018. "Just Transition towards Environmentally Sustainable Economies and Societies for All." *ILO ACTRAV Policy Brief*. Geneva: ILO.

International Federation of Red Cross and Red Crescent Societies. 2007. World Disasters Report 2007: Focus on Discrimination.
https://www.preventionweb.net/files/1720_WDR2007English.pdf(검색일: 2023.11.5)

IPCC. 2007. *Climate change 2007: IMpacts, Adaptation and Vulnerability, Contribution to Working Group II to the 4th Assessment Report of the Intergovernmental Panel on Climate Change*, p. 27.

_____. 2014. "Glossary." in C. B. Field et al(eds.). *Climate change 2014: impacts, adaptation, and vulnerability. Part A: Global and Sectoral Aspects Contribution of Working Group II to the AR5 of the Intergovernmental Panel on Climate Change.* Cambridge: Cambridge University Press.

_____. 2023. *Climate Change 2023: Synthesis Report. Contribution of Working Groups I, II and III to the Sixth Assessment Report of the Intergovernmental Panel on Climate Change.* Core Writing Team, H. Lee and J. Romero(eds.). IPCC, Geneva, Switzerland, p. 184.

Islam, N. and J. Winkel. 2017. "Climate change and social inequality." *DESA Working Paper* No.152, ST/ESA/2017/DWP/152. United Nations, Department of Economic and Social Affairs.

https://www.un.org/en/desa/climate-change-and-social-inequality

JTRC. 2018. *Mapping Just Transition(s) to a Low-Carbon World.* Geneva; United Nations Research Institute for Social Development(UNRISD), Rosa Luxemburg-Stiftung and University of London in Paris.

https://www.uncclearn.org/wp-content/uploads/ library/report-jtrc-2018.pdf

Kinyoki, D. K. et al. 2020. "Mapping child growth failure across low-and middle-income countries." *Nature*, 577, pp. 231~234.

Levy, B. S. and J. A. Patz. 2015. "Climate Change, Human Rights, and Social Justice." *Ann Glob Health*, 81(3), pp. 310~322.

Link, B. G. and J. Phelan. 1995. "Social conditions as fundamental causes of disease." *Journal of Health and Social Behavior*, Spec No, pp. 80~94.

Martínez-Solanas, E. et al. 2021. "Projections of temperature-attributable mortality in Europe: a time series analysis of 147 contiguous regions in 16 countries." *Lancet Planet Health*, 5, pp. e446~e454.

Matthew, S. H., M. D. Bazilian and C. Markuson. 2020. "Just transitions: Histories and futures in a post-COVID world." *Energy Research & Social Science 2020*, 68, p. 101668

McMichael, A. J. 2014. "Climate Change and Children: Health Risks of Abatement Inaction, Health Gains from Action." *Children(Basel)*, 1(2), pp. 99~106.

Met Office and WFP's Office for Climate Change, Environment and Disaster Risk Reduction. Climate impacts on food security and nutrition-a review of existing knowoledge. 2012. https://documents.wfp.org/stellent/groups/public/documents/communications/wfp258 981.pdf

Myers, S. S. et al. 2014. "Rising CO2 threatens human nutrition." *Nature*, 510(7503), pp.

139~142.

Neumayer, E. and T. Plümper. 2007. "The Gendered Nature of Natural Disasters: The Impact of Catastrophic Events on the Gender Gap in Life Expectancy, 1981~2002." *Annals of the Association of American Geographers*, 97(3), pp. 551~566.

Norris, F. H. et al. 2002. "60,000 disaster victims speak: Part I. An empirical review of the empirical literature, 1981-2001." *Psychiatry*, 65(3), pp. 207~239.

OECD. 2018. "States of Fragility 2018." OECD Publishing, Paris.

Philipsborn, R. P. and K. Chan. 2018. "Climate Change and Global Child Health." *Pediatrics June*, 141(6) p. e20173774.

Ray, D. K. et al. 2019. "Climate change has likely already affected global food production." *PLOS ONE*, 14(5), p. e0217148.

Rylander, C. 2013. "Climate change and the potential effects on maternal and pregnancy outcomes: an assessment of the most vulnerable - the mother, fetus, and newborn child." *Global Health Action*, 6(1), p. 19538.

Samantha A., S. E. Pacheco and COUNCIL ON ENVIRONMENTAL HEALTH. 2015. "Global Climate Change and Children's Health." *Pediatrics*, 136(5), pp. e1468-1484.
https://pubmed.ncbi.nlm.nih.gov/26504134/

Sheffield, P. E. and P. J. Landrigan. 2011. "Global climate change and children's health: threats and strategies for prevention." *Environ Health Perspect*, 119(3), pp. 291~298.

Sorensen et al. 2018. "Climate change and women's health: Impacts and policy directions." *PLoS Med*, 15(7), p. e1002603.

Sovacool, B. K. et al. 2019. "Decarbonization and its discontents: a critical energy justice perspective on four low-carbon transitions." *Climatic Change 2019*, 155, pp. 581~619.

Springmann, M. et al. 2016. "Global and regional health effects of future food production under climate change: a modelling study." *The Lancet*, 387(10031), pp. 1937~1946.

Tobin-Tyler, E. and J. B. Teitelbaum(ed.). 2023. *Essentials of health justice: law, policy, and structural change*(2nd ed.). Burlington, MA, USA, Jones & Bartlett Learning.

UNEP. 2022. "Adaptation Gap Report 2022: Too Little, Too Slow-Climate adaptation failure puts world at risk." Nairobi.
https://www. unep.org/adaptation-gap-report-2022

UNICEF. 2015. "Unless we act now: The impact of climate change on children." [cited 2023 Nov 5].
https://www.unicef.org/reports/unless-we-act-now-impact-climate- change-children

UN DESA. 2019. "World Population Prospects 2019".

UN DESA. 2021. "World population ageing 2020 Hightlights: Living arrangements of older persons(ST/ESA/SER.A/451)."
https://www.un-ilibrary.org/content/books/9789210051934

Wang X. and K. Lo. 2021. "Just Transition: A conceptual Review." *Energy Research & Social Science*, 82, p. 102291.

Watts, N. et al. 2019. "The 2019 report of The Lancet Countdown on health and climate change: ensuring that the health of a child born today is not defined by a changing climate." *Lancet*, 394(10211), pp. 1836~1878.

WHO. 2008. "Closing the gap in a generation: health equity through action on the social determinants of health. Final Report of the Commission on social determinant of health".

https://www.who.int/publications/i/item/9789241563703

_____. 2014. "Gender, Climate Change and Health." [cited 2023 Nov 5].

https://www.who.int/publications-detail-redirect/9789241508186

_____. 2017.2.3. Determinants of health.

https://www.who.int/news-room/questions-and-answers/item/determinants-of-health

_____. 2018.2.22. "Health inequities and their causes".

https://www.who.int/news-room/facts-in-pictures/detail/health-inequities-and-their-ca uses

_____. 2010. "A conceptual framework for action on the social determinants of health".

https://apps.who.int/iris/handle/10665/44489b

_____. 2015. "Operational framework for building climate resilient health systems".

https://apps.who.int/iris/handle/10665/189951(검색일: 2022.6.5)

_____. 2020. The UN Decade of Healthy Ageing 2021-2030 in a Climate-changing World-connection series 3.

https://cdn.who.int/media/docs/default-source/decade-of-healthy-ageing/decade-conn ection-series-climatechange.pdf?sfvrsn=e926d220_3&download=true;

https://cdn.who.int/media/docs/default-source/decade-of-healthy-ageing/(검색일: 2023.11.5)

_____. 2021a. "Food systems delivering better health: executive summary".

https://www.who.int/publications-detail-redirect/9789240031814(검색일: 2023.12.3)

_____. 2021b. COP26 special report on climate change and health: the health argument for climate action.

https://www.who.int/publications-detail-redirect/9789240036727(검색일: 2023.11.2)

━

https://climatejusticealliance.org/about/

https://just transitioninitiative.org/about-just-transitions/

https://www.rienner.com/title/World_Disasters_Report_2007_Focus_on_ Discrimination

https://www3.compareyourcountry.org/states-of-fragility/about/0/

Just Transition Alliance. https://climatejusticealliance.org/about/(검색일: 2023.11.18)

Just Transition Initiative. https://justtransitioninitiative.org/about-just-transitions/(검색일: 2023.11.18)

The World Bank Data. https://data.worldbank.org/indicator/EN.ATM.CO2E.PC(검색일: 2023.11.8)

UNFCCC. "Introduction to Gender and Climate Change".
https://unfccc.int/gender(검색일: 2023.11.5)

WHO. "Climate change and health. Key facts".
https://www.who.int/news-room/fact-sheets /detail/climate-change-and-health(검색일: 2022.6.5)

World Mapper. "CO2 emissions 2020".
https://worldmapper.org/maps/co2-emissions-2020/(검색일: 2023.11.8)

생물다양성과 원헬스

명수정 (한국환경연구원 선임연구위원)

1. 들어가며

건강한 자연환경은 건강한 사람과 건강한 사회에 필수적인 조건이다. 자연환경은 인간에게 깨끗한 물과 공기, 그리고 식량과 약품 등 인간이 필요로 하는 각종 물질을 제공한다. 뿐만 아니라 깨끗한 환경과 그 속에 사는 다양한 생물들은 환경 속에서 질병을 예방하고 치유하며, 공중보건에도 기여한다. 만약 이러한 자연환경이 훼손되고, 그 속에서 살아가는 생물들의 다양성이 파괴되면 어떻게 될까? 전 세계를 강타했던 코로나-19는 자연에서 살아가던 야생생물과 인간의 관계를 돌아보게 하는 계기를 제공했다. 특히 코로나-19가 대유행하게 된 원인으로 야생생물에서 기인한 바이러스가 지목되면서 무분별한 자연환경의 훼손이 사람들의 건강에 미치는 영향과 난개발의 위험성에 대한 인식도 커졌다. 대부분의 질병들은 인간과 인간의 접촉을 통해 전파되는데, 코로나-19와 같이 동물에서 인간으로 전파되는 질병(zoonotic infectious diseases)은 인간이 자연환경을 훼손함에 따라, 야생의 자연과 인간의 접촉이 커지면서 본격적으로 확산되기 시작한 질병이다. 코로나-19를 계기로 이러한 인수 공통 질병의 발생 원인과 그 위험성에 대한 우려가 본격적으로 제기된 것이다. 뿐만 아니라 교통의 발달로 전 지구적인 이동과 여행의 기회가 잦아져 지역 간 연결성이 커지면서 인간에게 감염되는 바이러스는 과거보다 훨씬 빠르고 쉽게 세계 곳곳으로 전파되어 인류는 이러한 질병에 더욱 취약해졌다. 이에 따라 인간과 다른 생물 및 자연의 건강이 각각 독립된 것이 아니라 서로 밀접히 연결되어 있다는 원헬스(One Health)와 생물다양성의 의미, 그리고 자연 생태계 보호의 필요성에 대해 돌아볼 필요가 있다. 이 장에서는 이러한 배경 아래 생물다양성 현황과 생물다양성 위기, 그리고 원헬스에 대해 살펴보고자 한다.

2. 생물다양성

1) 생물다양성의 의미와 가치

(1) 생물다양성의 정의

생물다양성은 말 그대로 생물의 다양성을 의미한다. 생물다양성은 다양한 측면에서 살펴볼 수 있는데, 유전자와 같은 마이크로한 수준에서부터 생물군계(biome)와 같은 매크로한 수준에 이르기까지 여러 수준에서 정의할 수 있다.[1] 생물다양성을 보존하고 생물다양성으로부터의 공정한 혜택을 위해 설립된 유엔의 생물다양성협약(Convention on Biodiversity: CBD)은 생물다양성을 '육상과 해양 및 그 밖의 수생태계와 이들이 속한 생태계를 포함한 모든 살아 있는 유기체의 다양성'으로 정의한다. 생물다양성은 유전자 다양성, 종 다양성 그리고 서식처 다양성으로 구분할 수 있다. 일반적으로 잘 알려진 생물다양성은 말 그대로 종 수준에서의 다양성을 의미한다. 다양한 생태계가 존재할 때, 즉 다양한 유형의 서식처가 존재할 때 생물의 다양성은 더욱 늘어나게 된다. 또 다양한 생물이 있으면 그렇지 않은 경우에 비해 훨씬 안정적인 생태계를 유지할 수 있으며, 인간과 생태계에 많은 혜택을 제공할 수 있다.[2]

(2) 생물다양성의 가치

생물다양성의 가치는 무엇보다 모든 생물의 존재는 그 자체로 의미를 갖는다는 데 있다. 또한 다양한 생물은 인간을 비롯한 모든 생물들이 살아가는 데 필요한 식량이나 각종 물질을 지원한다는 점이다. 인간의 경제활동은 생물다양성에 의존하며, 궁극적으로 생물다양성은 인간 삶의 근간이 된다. 우리가 사용하는 대부분의 물질은 생물에서 나온다. 우리가 먹고 살아가는 쌀, 보리, 밀과 같은 곡물은 생물다양성에서 유래하며 전통의학에서 사용하는 한약재나 현대의 많은 약품들도 생물다양성에 뿌리를 두고 있다. 푸른곰팡이에서 추출한 페니실린(penicillin)은 항생제로 사용

---

1) 생물군계란 기후 혹은 지리적으로 유사한 기후환경에 있는 동식물 군집과 토양 유기체의 집합으로 생물지리학적 단위라고 할 수 있다. 생물군계는 많은 경우 생태계로 불리기도 하는데, 그 예로 열대우림, 타이가, 온대림, 온대우림, 사막, 사바나, 초원을 들 수 있다.
2) 가령 식량작물로 벼와 밀, 그리고 옥수수가 같이 있다면 쌀을 경작할 수 없을 경우 밀이나 옥수수로 대체할 수 있지만, 오직 벼만 있다면 벼가 없어질 경우 식량으로 대체할 수 있는 다른 종이 없어 식량 문제가 발생하게 된다.

되며, 양귀비에서 추출하는 모르핀(morphine)은 진통제로, 버드나무 껍질에서 추출한 살리실산(salicylic acid)으로 합성하는 아세틸 살리실산(acetyl salicylic acid)은 아스피린(aspirin)으로 불리는 진통 해열제로 사용된다. 신종플루 치료제로 쓰이는 타미플루(tamiflu)도 생물다양성에서 유래한다. 우리가 옷감으로 사용하는 면은 목화에서, 비단은 누에고치에서 추출한다. 초가집의 초가지붕도 생물다양성을 활용한 것이며, 막걸리와 젓갈 및 장과 같은 전통음식과 각종 전통문화도 눈에 보이지 않는 수준의 미생물에서부터 큰 생물에 이르기까지 다양한 생물자원에 기반을 두고 있다. 즉, 우리의 일상생활을 지원하는 많은 것들이 생물다양성에 뿌리를 두고 있는 것이다. 인류는 오랜 시간에 걸쳐 생물에 잠재한 이러한 가치를 활용했으며, 생물다양성이 제공하는 가치는 인류의 생존에도 필수적인 것으로 평가받고 있다. 또한 아직 인간에 의해 발견되지 않은 무한한 가치가 생물다양성에 숨어 있을 것으로 추측된다.

2) 생물다양성 현황과 위기

오늘날 인류는 생물다양성 위기를 맞이했다. 전 세계적으로 생물다양성이 심각히 파괴되면서 생물다양성의 잠재적인 가치는 미처 발굴되지도 못한 채 사라지고 있다. 과학자들은 오늘날의 생물다양성 손실은 지구 역사상 그 어느 때보다 빠른 속도로 진행되고 있음을 우려한다. 생물다양성의 파괴는 인류에게 어떤 의미를 갖는 걸까? 생물학자인 에드워드 윌슨(Edward O. Wilson)은 모든 생물종은 인류가 유전공학으로 복제할 수 없는 진화의 걸작이며, 오늘날과 같은 생물다양성 손실 추이가 계속될 경우 생물종이 더 이상 회복되지 못하는 수준으로 심각하게 줄어들 것이라고 했다.[3) 그는 생물종의 대규모 감소는 환경의 안정성을 잃는 것이며, 인류에게 매우 유용한 살아 있는 유전자 정보 도서관을 잃는 것이라고 했다.

생물다양성이 파괴되는 이유에는 남획과 환경오염, 기후변화 등 여러 가지가 있지만 무엇보다도 생물들이 살아가는 서식처의 파괴가 주된 원인이다. 인류가 개발과 도시화로 자연을 본격적으로 훼손하기 시작한 1900년대 후반기부터 생물다양성의 파괴는 더욱 빨라지고 있다. 생물다양성이 매우 높다고 알려진 습지 생태계의 경우 전 세계적으로 1970년대 이후 급격히 사라졌다. 특히 도시화와 인구증가가 빠르게 진행된 선진국에서 습지가 많이 사라졌는데, 그 주원인은 도시화와 더불어 식량 생산을 위한 농경지 확대였다(Fluet-Chouinard et al., 2023). 농경지 확장을 위한 자연환경의 파괴는 아마존과 같은 열대우림 지역에서도 심각히 진행되고 있는데, 지난 반세기 동안 아마존 열대우림의 17%가 벌채로 사라졌다. 육상의 약 1/3을 차지하며 다양한 동식물과 곤충의 80% 이상이 서식하는 숲은 그 어느 때보다 빠르게 사라지고 있다.

세계자연기금(World Wide Fund for Nature: WWF)은 지난 50년 이상 자연의 건강을 추적해왔는데, 포유류, 조류, 어류, 파충류, 양서류의 개체수를 추적하여 지구생명지수(Living Planet Index: LPI)를 개발해 생물다양성을 모니터링하고 있다. 지구생명지수와 같은 지표는 생물다양성이 변화해가는 외부환경의 압력에 어떻게 대응하고 있는지, 또 자연의 건강상태가 어떠한지를 보여주는 포괄적인 척도로 활용된다. 지구생명지수에 따르면 1970년 이후 모니터링한 야생동물의 개체수는 평균 69% 감소한 것으로

---

3) 풀리처 상을 수상한 생물학자 윌슨은 2002년 1월 인터뷰에서, 6,500만 년 만의 최대 규모의 멸종을 겪고 있는 상황에서 환경운동을 영적으로 받아들일 것을 촉구했다.

그림 6-1 **지구생명지수(1970~2018년)**

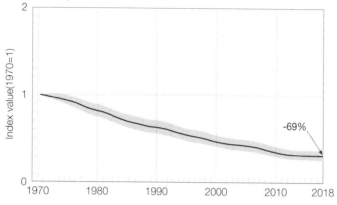

자료: WWF(2022: 32).

나타났다(그림 6-1). 이러한 생물다양성 손실 속도는 전례가 없는 것이다. 생물다양성의 감소는 인류의 경제활동이나 문화가 지탱되기 어려우며 궁극적으로 인류의 생존까지도 위협할 수 있다는 것을 의미한다.

3) 글로벌 생물다양성 프레임워크

생물다양성협약에서는 생물다양성의 위기를 극복하고자 다양한 방식으로 생물다양성 보호를 위해 노력해왔다. 그중 하나가 2010년 국제사회가 채택한 아이치 타깃(Aichi Target, 2011~2020)인데, 국제사회가 추진해야 하는 생물다양성 보전 목표 및 이행에 대한 전략계획을 담고 있다. 생물다양성협약은 2020년 달성을 목표로 한 아이치 타깃의 이행을 통해 생물다양성을 사회 전반에 주류화해 생물다양성에 대한 압박과 손실을 막고 지속가능한 이용을 장려하며, 유전자와 종, 그리고 생태계 수준에서 생물다양성을 개선하고, 생물다양성으로 인한 혜택을 늘리고 관련 역량 강화를 높이고자 하는 전략 목표와 세부 목표 20가지를 수립했다. 그러나 아이치 타깃은 단 한 가지 세부 목표도 달성하지 못하고 온전히 실패한 것으로 평가받았다. 국제사회는 생물다양성협약 당사국들의 자발적인 이행을 독려했던 아이치 타깃의 대실패를 교훈 삼아 새로운 생물다양성 틀인 '쿤밍-몬트리올 글로벌 생물다양성 프레임워크(Kunming-Montreal Global Biodiversity Framework: GBF)'를 채택했다. 국제사회는 생물다양성에 대한 새로운 목표를 설정했는데, 2030년까지 생물다양성 지표가 온전히 긍정적인 방향으로 전환되는 것을 목표로 하고 있다.

새로운 생물다양성 틀인 글로벌 생물다양성 프레임워크는 아이치 타깃의 실패를 반복하지 않기 위해 구체적이고 정량적인 목표를 제시해 각 당사국들이 실질적으로 이행하고 이를 보고하도록 한다는 점에서 이전과는 다르다. 글로벌 생물다양성 프레임워크는 2050년까지 '자연과 조화를 이루는 삶'이라는 비전을 달성하기 위해 사회경제 전 분야에서 혁신적인 행동을 강조하는데, 2050년까지의 4개의 목표와 2030년까지 23개의 실천 목표를 제시했다(CBD, 2022). 육상 및 해양의 최소 30%를 보호지역으로 관리하고, 훼손된 육상과 해양 생태계를 최소 30% 복원하며, 과잉 영양유출은 절반으로 줄이고, 살충제와 유해 화학물질로 인한 위험을 완화시키며, 침입 외래종의 유입과 정착을 저지하는 등 과거와 달리 보다 구체적인 실천 목표를 제시했다는 점이 특징이다. 그리고 생물다양성 파괴를 멈추기 위해 2030년까지 전 세계적으로 생물다양성에 유해한 보조금을 점진적으로 줄여나가고, 공공과 민간의 각종 재원을 매년 최소 2천억 달러 동원하고, 개도국의 생물다양성 보존활동을 지원하는 국제 재원 증대 목표와 같이 다양한 측면의 세부 목표를 제시했다. 당사국의 이행 과정을 모니터링하고 평가하는 체계를 강화한 것 또한 특징으로, 생물다양성 위기

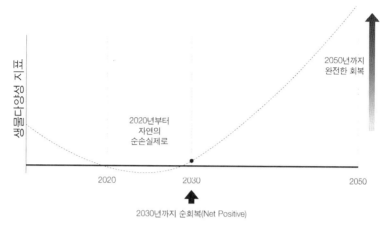

그림 6-2 **2030년까지 자연의 회복**

생물다양성 지표

2050년까지
완전한 회복

2020년부터
자연의
순손실제로

2020   2030   2050

2030년까지 순회복(Net Positive)

자료: Locke et al.(2021: 4).

를 극복하기 위해 전 지구적 이행 경과를 정량적으로 평가 및 모니터링하고 검토하는 절차를 마련했다. 이행 및 검토 과정에서는 중앙정부뿐 아니라 지자체와 시민단체, 청소년, 학계와 기업 등 모든 이해당사자들의 참여를 독려해 좀 더 주인의식을 갖고 이행할 수 있는 틀을 마련했다고 볼 수 있다.

생물다양성의 보존과 관리에 대한 국제사회의 논의는 궁극적으로 앞으로 자연이 양과 질적인 측면에서 점점 늘어나는 것을 지향한다. 이를 "자연의 회복(Nature Positive)"이라고 하는데, 국제사회는 2030년까지 현재와 같은 자연의 손실 경향을 역전시키고 2050년까지는 자연을 충분하게 회복시켜 생물다양성을 확보한다는 목표를 갖고 있다(그림 6-2).[4]

---

4) 'Nature Positive'는 네이처 포지티브라고 음독하기도 한다. 여기서는 자연이 증가(+)하려면 자연을 회복해야 한다는 점을 강조하기 위해 '자연의 회복'이라고 번역했다.

3. 원헬스

1) 원헬스란?

원헬스란 인간의 건강이 인간을 둘러싼 환경 및 다른 생물과 밀접히 관련되어 있다는 개념이다. 세계보건기구(World Health Organization: WHO)는 원헬스를 "사람과 동물, 생태계의 건강을 지속가능하게 균형을 유지하고 최적화하는 것을 목표로 하는 통합적인 접근 방식"으로 정의한다. 이는 인간과 가축 및 야생동식물, 그리고 더 나아가서는 생태계의 건강이 서로 밀접하게 연결되어 있으며 상호의존적이라는 인식을 바탕으로 하고 있다. 원헬스라는 용어의 기원을 찾다 보면 19세기까지 거슬러 올라가는데, 인간과 동물의 약품을 연구하던 병리학자인 로돌프 피르호 박사(Dr. Dudolf Virchow)는 다른 생물의 건강과 인간의 건강이 분리될 수 없다는 점에 착안해 '원헬스'라는 용어를 쓰기 시작했다. 2004년 개최된 '원월드, 원헬스(One World, One Health)' 회의에서는 감염병으로부터 인간을 보호하고 지구의 생물학적 완전성을 지키는 환경책임주의에 대한 맨해튼 원칙(The Manhattan Principles)이 적용되면서 본격적으로 원헬스라는 용어가 확산되기 시작했다. 원헬스는 인수 공통 감염병과 같은, 감염성 질환에 대한 대응책으로 주로 논의되었지만 점차 자연환경의 파괴와 생물다양성, 환경오염 문제와 같이 비감염성 이슈로까지 확장되고 있다. 즉, 원헬스의 개념은 인류의 건강은 인간과 동식물, 그리고 살아 있는 생태계의 건강과 분리될 수 없으며 하나로 연결되어 있다는 것이다. 따라서 원헬스는 인간 및 야생생물과 생태계, 환경오염, 매개체성 질병, 식품안전과 식량안보, 동물 기원의 감염 질병, 항균제 내성(antimicrobial resistance)과 같은 폭넓은 분야를 모두 포함하게 된다. 또한 더 나은 공중보건을 위해 여러 부문이 함께 소통하고 협력해야 한다.

앞서 언급한 바와 같이 원헬스의 개념은 코로나-19의 대유행으로 전 세계적인 관심을 끌었는데, 그 이전에도 사람에게 감염되는 동물 기원의 바이러스로 인해 서서히 관심이 촉발되고 있었다. 2000년대 초반 유행했던 사스(SARS)의 경우 774명이 사망했으며, 415억 달러의 피해를 초래한 바 있다(WWF, 2020). 사스는 저수지의 말발굽박쥐와 히말라야팜이 숙주로, 그리고 중간 숙주로 사향고양이 등이 지목되었고, 세계적인 대유행의 주원인으로는 야생동물의 불법 거래가 꼽히기도 했다. 이는 동물 기인성 감염병의 전파를 막기 위해서는 야생생물의 보호뿐 아니라 식문화와 야생생물 거래에 대한 시장 관리도 필요하다는 의미이다. 따라서 원헬스는 그 범위가 포괄적인 것처럼 인간과 자연환경, 야생생물, 환경과 문화 그리고 시장 및 경제에 이르기까지 사회경제 전반을 고려해야 달성 가능하다는 점을 알 수 있다. 뿐만 아니라 사회적인 측면에서는 부상이나 정신건강, 직업병과 만성질환, 심지어 기후변화 이슈까지 다뤄야 하는 포괄적이고도 다학문적인 협력이 요구되는 개념이다. 다음으로는 앞서 살펴본 생물다양성과 더불어 기후변화, 그리고 식량안보 이슈를 중심으로 원헬스에 대해 좀 더 살펴보기로 한다.

2) 생물다양성과 원헬스

앞서 살펴본 생물다양성의 감소는 가장 심각한 생태계 이슈의 하나이다. 생물다양성의 파괴로 종과 개체군이 감소하면 질병이 좀 더 쉽게 확산될 수 있는 조건이 만들어진다. 이동을 하는 동물은 바이러스를 전파시켜 질병 매개체의 역할을 하기도 하는데, 생물다양성이 높을 경우 이처럼 숙주가 되는 동물과 병원균의 밀도가 줄어들어 오히려 전염성 질병의 전파를 줄이는 효과를 낼 수 있는데, 루이스 외(Luis, Kuenzi and Mills, 2018)는 이것을 희석 효과라고 불렀다. 그런데 생물다양성이 줄어들면 이와 반대의 조건이 조성된다. 가령 흑사병을 전파시키는 쥐를 포식하는 고양이나 뱀의 개체수가 줄어들고 쥐 개체군이 폭발적으로 늘어나는 방식으로 생물다양성이 줄어든다면 흑사병은 좀 더 쉽게 확산될 것이다. 따라서 질병을 전파하는 매개체를 조절하려면 생태계의 먹이사슬에서 다양한 생물종이 존재할 때 서로 견제와 균형을 이루면서 특정한 질병이 집중적으로 발생하는 것을 막을 수 있다. 한타 바이러스 유병률의 경우 포유동물의 다양성 감소에 따라 오히려 증가하는 것으로 보고되기도 했다(WHO, 2015). 지난 세기 동안 인간은 자연을 훼손하며 개발을 해왔고, 야생생물의 서식처를 파괴해왔다. 개발로 인한 서식처의 파괴는 생물다양성 감소뿐만 아니라 많은 생물종의 멸종으로 이어졌으며, 인류는 그간 별다른 접촉이 없었던 야생생물에게 노출되기 시작했다. 이에 따라 과거에는 주로 야생생

그림 6-3 야생생물-가축-인간의 상호작용

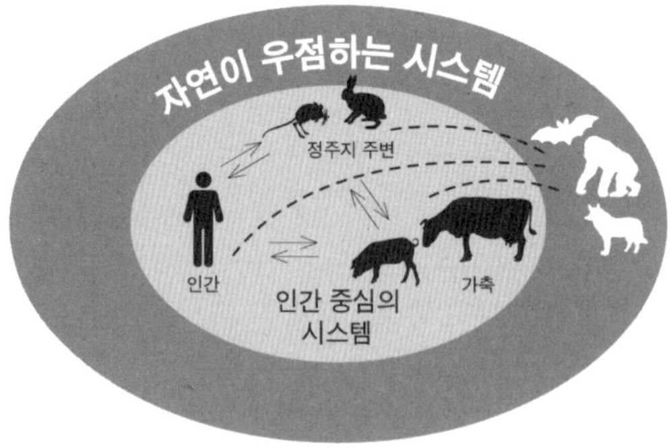

자료: WWF(2020).

물들 간에 전파되던 질병이 인간에게도 전파되기 시작한 것은 결코 우연이 아니다. 그림 6-3은 야생생물-가축-인간의 상호작용을 도식화한 것으로 자연이 파괴되면 동물들에게 전파되던 병균이 인간에게까지 옮겨 가는 조건이 만들어질 수 있음을 보여준다.

도시 개발과 같은 경우 숲이나 습지와 같은 자연 생태계를 훼손시키고, 서식처의 분절화를 가져오는데, 이는 자연적인 공간에서 살아가던 야생생물과 인간의 접촉을 더욱 촉진시킨다. 이에 따라 그간 야생생물을 숙주로 삼던 병균이 인간을 새로운 숙주로 삼아 전파되는 기회도 늘어난다. 따라서 도시화와 산업화 등 인간의 개발 활동은 숲과 습지와 같은 자연적인 서식처를 파괴시켜 자연스럽게 야생생물에서 기인하는 신종 전염병이 확산되는 여건을 조성한다(Loh et al., 2015). 샐리어(Salyer et al., 2017)는 이러한 신종 전염병 확산에 있어 압도적인 요인은 단연코 토지 이용의 변화라고 지적한 바 있다. 그는 토지 이용의 변화 다음으로는 농·식품업의 변화, 국제여행 및 상업, 의료산업의 변화, 그리고 전쟁과 기근을 들었다. 즉, 인간의 모든 활동은 다른 생물들에게 영향을 미치는데, 결국 인간에게 그 영향이 돌아오게 된다. 1980년대 이후 새롭게 발생하는 감염성 질환도 증가하고 있는데, 감염성 질병의 약 75%와 알려진 감염성 질병의 60%는 동물에 기인한다(Salyer et al., 2017). 사람들에게 잘 알려진 감염성 질병을 일으키는 동물 기원성 바이러스로는 지카 바이러스(Zika virus), 에이즈(AIDS), 사스(SARS), 에볼라(Ebola), 메르스(MERS), 웨스드나일 바이러스(West Nile virus) 등이 있다. 이들은 모두 야생생물로부터 인간에게 전파된 질병이다. 이렇게 인간을 감염시키는 동물 기원성 바이러스의 누적 종 수는 인류의 도시화, 산업화 및 인구증가가 폭발적으로 늘어난 20세기 이후 빠르게 증가하고 있으며, 특히 20세기 중반부터 급격히 늘어가는 추세이

그림 6-4 인간 감염 바이러스의 누적 종 수 추이

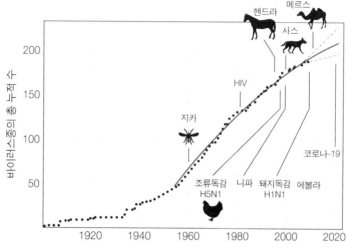

자료: WWF(2020: 11).

다(그림 6-4). 그간 수십억 명이 동물에서 기인한 바이러스 관련 질병으로 사망했는데, 공중보건을 위해서는 야생의 자연을 잘 보호하고 관리해서 궁극적으로 야생생물로부터 기인하는 질병의 시작 자체를 막는 접근이 최선이다.

3) 기후변화와 원헬스

전 지구적 기후변화 현상은 단순히 기후의 변화만이 아니라 다양한 방식으로 인간에게 영향을 미친다. 기후변화는 생물들의 서식 환경을 변화시켜 생물다양성을 줄이고, 대기오염을 악화시켜 대기 질을 떨어뜨리며, 물 순환의 교란을 가져와 수자원의 이용과 깨끗한 음용수에 접근하기 어렵게 만들고, 식량 생산성을 감소시켜 영양부족을 초래하기도 한다. 기후변화로 인한 환경의 변화는 질병이 보다 전파되기 쉬운 환경을 만드는데, 이는 야생생물 간에 전파되던 질병이 인간에게도 전파되는 기회로 작용한다. 또한 기후변화로 초래되는 식량 및 영양부족으로 인해 면역과 저항성이 떨어짐에 따라 각종 바이러스성 질환에 취약해져 질병이 더 쉽게 확산되기도 한다.

기후변화의 대표적인 현상인 평균기온의 상승이나 각종 극한 현상, 그리고 해양의 산성화나 빙하가 녹아 해수면이 상승하는 것은 모두 환경의 변화를 가져온다. 온난해진 기후로 인해 땅속에 잠들어 있던 병원균이 나오기도 하고, 모기처럼 질병을 잘 옮기는 생물이 살아가기 좋은 조건이 조성되어 각종 매개체성 질병이 인간과 야생생물에게 더 쉽게 전파된다. 실제로 평균온도가 2~3°C 증가하면 말라리아에 걸릴 위험에 처한 인구가 3~5% 증가한다고 보고된 바 있다. 뿐만 아니라 기후변화에 따른 환경의 변화는 야생생물의 이동을 초래하는데, 인간과 생물이 이동을 하면서 새로운 질병균에 노출됨으로써 위험이 더욱 커진다. 기후변화는 또 대기와 수질을 악화시키고 식품 오염 증가를 촉발시켜 인간의 건강을 위협하기도 한다.

4) 식량안보와 원헬스

건강을 지키기 위해서는 충분한 영양공급이 필수이다. 그러나 전 세계적으로 8억 2천만 명이 식량 부족과 만성적인 기아 및 영양실조를 겪고 있다. 지난 10년 동안 영양 공급은 상당한 진전을 보였으나, 최근 잦아진 자연재해와 기후변화는 농업 생산성에 부정적 영향을 미치며, 인류의 식량안보를 위협하는 요소가 되고 있다. 특히 사회 빈곤계층은 영양부족 위협에 더욱 크게 노출되는데, 이는 선진국과 개도국 모두 마찬가지다. 자연재해에 취약한 개도국에서는 재해가 발생하면 많은 경우 고용과 식량 문제를 초래한다. 즉, 농업 관련 고용과 식량 생산이 감소하여 가족 수입이 줄어들고 식품 가격이 인상되면 식량 구입이 어려워져 점차 질이 낮은 음식을 먹음으로써 결국 영양실조로 이어질 수 있다. 유엔식량농업기구(FAO, 2015)는 21세기의 식량안보를 위협하는 가장 큰 요인으로 농업 생산성 저하, 식료품 가격 상승, 자연재해 및 국경을 넘나드는 동물 기인성 질병의 확산을 지적했다. 이동 수단의 발전에 따라 지역 간 이동이 늘어나는 것도 공중보건에 위협이 된다. 특히 전염성이 있는 동물 기인성 질병이 가축에 전파되면 식량 문제로 확대될 수 있어 우려를 자아낸다.

아프리카에서 처음 발병한 아프리카 돼지열병(African Swine Fever: ASF)은 돼지 및 야생 멧돼지를 감염시키는 질병으로 치사율이 100%이다(FAO, 2019). ASF는 유라시아를 지나 북한을 넘어 남한에까지 전파된 가축질병으로 인간은 감염되지 않아 직접적인 공중보건의 위협이라고 보긴 어렵다. 하지만 ASF로 인한 국가 간 거래 금지와 해당 농가의 살처분 등 후속 여파를 고려한다면 식량안보와 영양공급에 큰 문제가 되는 사안임이 분명하다. 돼지고기 소비가 많은 중국은 ASF로 인해 돼지고기의 가용성과 가격뿐 아니라 한 발 더 나아가 식량안보에 대한 우려까지 커졌다. 세계 최대의 돼지 생산국인 중국은 ASF로 인해 돼지 수가 14% 감소한 것으로 추정된다(Zhang et al., 2019). 이는 중국의 육류 수입으로 이어졌는데, 결과적으로 전 세계 저소득계층의 식량안보에 영향을 미치게 되어 더 나아가 공중보건 위기를 초래할 수 있다.

2050년까지 전 세계 인구는 97억 명에 달할 것으로 예상된다. 인류는 늘어나는 인구에 대비하여 식량을 비롯한 주거 환경 및 건강한 삶의 여건을 제공해야 하는 과제에 직면해 있다. 인구가 계속 증가함에 따라 무엇보다도 충분한 식량을 공급하고, 안전하고 영양이 풍부하며 건강한 식품에 대한 접근을 보장하는 것은 인류에게 큰 도전이다. 인구가 증가함에 따라 인류는 식량 생산을 증진하고 농경지를 확대해왔다. 농경지 조성은 결국 대규모 토지 이용의 변화를 초래하는데, 이는 앞서 살펴본 것처럼 자연 생태계에 서식하던 야생생물과의 접촉이 늘어나는 위험성을 안고 있기 때문이다. 따라서 식량안보 측면에서 인구증가 문제에 대응하기 위해서는 지속가능한 식량 생산과 자연환경의 관리가 필수이며, 원헬스를 고려해야 한다.

4. 맺으며

산업화 이후 인류는 야생생물이 살아가는 자연환경을 파괴하고 농경지와 도시 및 산업단지로 전환해왔다. 인구가 증가하고 개발지가 늘어나면서 자연 생태계는 더욱 교란되고 인간과 야생생물과의 상호작용에 큰 변화가 생기면서 그동안 동물들 간에 전파되던 동물 기인성 감염병이 인간에게도 전파되어 공중보건을 위협하고 있다. 또한 전 세계적인 기후변화는 생물다양성뿐 아니라 식량안보와 식품안전에도 영향을 주는데, 이 또한 인류의 공중보건에 큰 위협이 되고 있다. 앞으로 이러한 영향과 위협은 더욱 커지리라 전망되어 인류에게 많은 과제를 안겨준다. 우리는 무엇을 해야 할까? 야생생물을 포획해 불법 거래하는 행위가 근절되어야 한다. 이는 야생생물을 멸종위기에서 보호하는 것뿐 아니라 인간의 건강을 안전하게 지키는 데도 중요하다. 또한 야생생물들의 서식처를 분절화하는 난개발을 멈춰야 하며, 환경을 많이 훼손하는 산업활동도 신중해야 한다. 이에 따른 새로운 대안의 산업과 직업을 창출하기 위한 노력도 필요하다. 그러나 무엇보다 인간과 자연이 조화를 이루며 살아가도록 생물다양성의 가치와 자연이 인간에게 주는 혜택을 제대로 인식해야 하며, 자연환경의 보호와 복원을 위해 힘써야 할 것이다. 결론적으로 인류에게 위협이 되는 문제에 대응하기 위해서는 야생생물의 관리 및 지속가능한 토지 이용과 식량 생산, 그리고 환경관리가 필수이며, 모든 것이 연결되어 있고 상호작용한다는 원헬스 접근이 필요하다. 특히 원헬스의 다학제적인 측면은 여러 문제가 복잡하게 얽혀 있는 최근의 환경·사회 이슈를 해결해가는 데 큰 도움이 될 것이다.

참고문헌

CBD. 2022. "Post-2020 Global Biodiversity Framework." Convention on Biodiversity.

FAO. 2015. "The Impact of Disasters on Agriculture and Food Security." Rome: FAO.

＿＿＿. 2019. "ASF Situation in Asia Update".

Fluet-Chouinard, E. et al. 2023. "Extensive global wetland loss over the past three centuries." *Nature*, 614, pp. 281~286.

Locke, H. et al. 2021. *A Nature-Positive World: The Global Goal for Nature*. IUCN.

Loh, E. L. et al. 2015. "Targeting Transmission Pathways for Emerging Zoonotic Disease Surveillance and Control." *Vector borne and zoonotic diseases*, 15(7), pp. 432~443.

Luis, A. D., A. J. Kuenzi and J. N. Mills. 2018. "Species diversity concurrently dilutes and amplifies transmission in a zoonotic host-pathogen system through competing mechanisms." *PNAS*, 115(31), pp. 7979~7984.

Salyer, Stephanie J. et al. 2017. "Prioritizing Zoonoses for Global Health Capacity Building-Themes from One Health Zoonotic Disease Workshops in 7 Countries, 2014-2016." *Emerging infectious diseases*, 23(13), pp. S55~S64.

WHO. 2015. "Connecting global priorities: biodiversity and human health: a state of knowledge review".

WWF. 2020. "COVID 19: Urgent call to protect people and nature".

＿＿＿. 2022. "Living Planet Report 2022".

Zhang, W. et al. 2019. "African swine fever in China: an update." Center for Agricultural and Rural Development (CARD) Publications apr-winter-2019-2, Center for Agricultural and Rural Development (CARD) at Iowa State University.

▬

"Centers for Disease Control and Prevention(CDC)", history. "One Health History". https://www.cdc.gov/onehealth/basics/history/index.html#:~:text=Dr.,passed%20between%20humans%20and%20animals

"Convention on Biodiversity, Article 2". https://www.cbd.int/convention/articles/?a=cbd-02

"Living in shimmering disequilibrium". https://www.salon.com/2000/04/22/eowilson/

"One World-One Health". The Manhattan Principles. https://oneworldonehealth.wcs.org/About-Us/Mission/The-Manhattan-Principles.aspx

"Sustainable development". https://www.un.org/sustainabledevelopment/biodiversity/

"WHO". Climate Change and Infectious Diseases. https://www.who.int/globalchange/environment/en/chapter6.pdf

2부 기후환경보건 실천

07

기후변화 완화 정책과 건강

홍윤철 (서울대학교 의과대학 휴먼시스템의학과 교수)

1. 기후변화 완화 정책

기후변화는 거의 모든 자연 및 사회경제 시스템에 영향을 미친다. 기후변화와 생물다양성, 토지 황폐화, 삼림, 화학물질 및 폐기물, 국제 수역 간의 상호작용이 있고, 이러한 상호작용을 통해 기후변화는 인간 활동의 다양한 영역에 영향을 미치기 때문에 기후변화 영향은 단순하게 기후나 기상 조건의 변화만이 아니라 인간 활동과 관련된 모든 영역에서 인식하는 것이 중요하다.

이러한 기후변화에 대한 대책으로 우선은 기후변화를 일으키는 요인을 줄여 나가거나 없애는 완화 정책을 시행해야 한다. 기후변화 완화는 기후변화 감소를 의미하는데, 전기, 열 또는 운송을 위한 화석연료 사용을 줄여서 연소열을 가두는 온실가스의 배출원을 줄이거나 온실가스 흡수원을 강화하여 대기로 유입되는 열을 가두는 온실가스의 흐름을 줄이는 것이다. 이러한 흡수원은 바다, 숲 및 토양이 될 수 있는데, 여기에 온실가스를 축적하고 저장해 대기 중에 있는 온실가스의 농도를 줄일 수 있다. 기후변화에 관한 정부 간 협의체(IPCC)의 기후변화 완화에 관한 2014년 보고서에서 정리한 기후변화 완화의 목표는 지구 기후에 대한 인간의 심각한 간섭을 피하고, 생태계가 기후변화에 자연스럽게 적응할 수 있도록 충분한 시간 내에 온실가스 수준을 안정화하고, 식량 생산이 위협받지 않도록 하며, 경제발전을 지속가능하게 하는 것이다.

이를 위해서는 에너지원일 뿐 아니라 우리 생활 곳곳에 들어와 있는 화석연료를 이용한 생활양식을 바꾸거나 개선해나가는 정책을 수행해야 한다. 예를 들어 전 세계적으로 약 14억 명이 기본적인 에너지 수요를 충족하기 위해 석탄 및 목재와 같은 전통적인 연료에 의존하고 있다. 이는 기후환경에 해로울 뿐만 아니라 또한 수백만 명의 사람들, 특히 여성과 어린이의 조기사망으로 이어질 수 있다.

기후변화는 오늘날 우리가 직면한 가장 복잡한 문제 중 하나로 과학, 경제, 사회, 정치, 도덕 및 윤리적 질문과 같은 다차원의 글로벌 문제다. 지구온난화의 주요 원인인 이산화탄소는 대기 중에 수천 년 동안 머물며 서서히 지구 표면의 기온을 높인다. 따라서 오늘날 모든 온실가스 배출을 중단하더라도 지구온난화와 기후변화는 미래 세대에 계속 영향을 미칠 것이다.

지구온난화가 어느 정도까지 진행될 것인가에 인류의 미래가 달려 있다. 이산화탄소 배출량이 얼마나 증가하는지에 따라 인류의 미래가 결정될 것이다. 문제는 기후변화에 대한 인식이 높아지고 있음에도 불구하고 온실가스 배출량은 끊임없이 증가하고 있다는 것이다. 2013년에는 인류역사상 처음으로 하루 대기 중 이산화탄소 농도가 400ppm을 넘어섰고, 이러한 증가는 현재도 계속 진행 중이다.

지구온난화를 1.5°C로 제한하는 파리협정의 목표를 달성하려면 2030년까지 전 세계 배출량을 2010년 수준에서 45% 줄여야 한다. 그러나 현재의 에너지 생성 및 사용 기술로는 필요한 배출량 감소의 절반 미만을 달성할 수 있을 것으로 예상된다. 따라서 배출량 감소 전략만으로는 기후변화에 대한 대응을 제대로 할 수 없다. 에너지, 토지 및 생태계, 도시 및 인프라, 산업의 네 가지 시스템에 걸친 전환을 가속화하여 배출량을 빠르게 줄일 뿐만 아니라 이미 전 세계가 경험하고 있는 심각한 기후변화 영향의 위험을 함께 줄여야 한다. 기후변화 완화 정책은 기본적으로 온실가스 배출의 감소나 탄소 흡수원 용량의 증가를 추구한다. 우리는 태양열 및 풍력과 같은 더 깨끗한 에너지원으로 전환하고, 건물 및 가전제품의 효율성을 높이고, 좀 더 효율적이고 지속가능한 운송수단을 도입하고, 산림의 재조림을 수행하고, 토지 이용을 개선함으로써 이를 달성할 수 있을 것이다.

2035년까지 전 세계 에너지 수요는 50% 이상 증가할 것으로 예상되며 이러한 추세는 개발도상국에서 더 빠를 것이다. 따라서 온실가스 배출을 줄이기 위해서는 자신이나 환경에 해를 끼치지 않는 청정에너지가 필요하다. 이러한 기후변화 완화 전략에는 건물의 에너지 효율을 높이기 위한 개조, 태양열·풍력·소수력(小水力)과 같은 재생가능한 에너지원의 채택, 전기 자동차 및 바이오 연료와 같은 지속가능한 운송수단과 연료 개발을 실천해나가야 한다. 2018년 IPCC 특별 보고서에서 채택한 목표인 지구온난화 1.5°C는 적절한 기후 조치가 시급함을 나타낸다. 이러한 목표를 달성하기 위해서는 온실가스 배출량을 2050년까지 순 제로로 빠르게 감소해야 하고 지속가능한 에너지 개발을 위한 혁신 및 기술 이전이 촉진되어야 한다. 이러한 기술혁신은 온실가스 배출량의 증가를 줄이거나 늦추고 안정화하는 핵심 수단 중 하나다. 이와 같은 기술 혁신이 민간 부문과의 파트너십을 통해 촉진될 때 녹색 제품 및 서비스 시장이 창출 또는 확장되고 일자리가 늘어나며 경제성장을 지원하는 동시에 온실가스 배출 감소에 기여할 수 있다.

특히 먹거리와 관련한 식품 시스템 개선, 토지 이용 및 복원에 관한 새로운 기술의 적용, 지속가능한 산림 관리 등의 새로운 기술 적용과 지역개발 전략을 택해 지속가능한 도시와 지역사회를 만들어가면서 한편으로는 데이터 분석 및 정책 개발을 통해 기후변화 문제를 국가 계획 및 개발 의제로 만들어나가야 한다. 국가의 범주를 넘어 국가 간 커뮤니케이션, 국가별 분담금 및 그 실행의 투명성을 위한 국제 협조와 국제기구의 역할도 매우 중요하다.

2. 강력한 전략이 필요하다

인간의 역사를 뒤돌아보면 기후변화와 극한기후 현상에 적응하고 대처해왔던 시간이라고 할 수 있다. 10만 년 전에 아프리카에서 지구 사방으로 퍼져 나가면서 다양한 기후 현상을 경험했고, 그 이후 두 번에 걸친 빙하기를 겪은 후 대략 1만 5천 년 전에 시작된 온난화 현상이 1만 2천 년 전쯤에 현재의 기후로 안정화되면서 농업을 통한 문명사회로 전환할 수 있었다. 이와 같이 기후변화는 문명의 흥망성쇠에 커다란 영향을 준다고 할 수 있다. 이후 지구의 기후는 비교적 안정적이었고, 이러한 안정은 우리의 현대 문명과 농업의 발전을 가능하게 했다. 하지만 현대 생활은 안정된 기후에 맞춰져 있으며 현재의 기후보다 더 따뜻한 기후에 맞춰져 있지 않다는 것이 문제이다. 따라서 기후가 현재 상태에서 크게 변화하지 않도록 기후변화 완화 정책을 강력하게 시행해야 하며, 한편으로는 변화된 기후에 적응해야 하는 것이다. 그런데 기후변화가 빠를수록 적응하기가 어려워지기 때문에 좀 더 강력한 완화 정책이 시행되어야 한다.

특히 기후변화 완화 전략에서 중요한 부분은 개도국을 포함한 각 나라가 유엔기후변화협약(United Nations Framework Convention on Climate Change: UNFCCC) 및 파리협정의 목표와 양립할 수 있는 저배출 개발 경로로 변화되는 것이다. 이 전략은 또한 민간 부문의 참여를 촉진하고 저탄소 기술에 대한 투자를 늘리는 것을 목표로 한다. 이러한 목표를 달성하기 위해서 기후변화 완화 전략은 지속가능한 도시, 지속가능한 산림 관리 및 식품 가치 사슬에 초점을 맞춘 통합 프로그래밍을 계획하고 실천에 옮기는 것이다. 이를 위해서 지속가능한 에너지 생산과 사용을 위한 혁신이 있어야 하고 이러한 기술 혁신이 온실가스 배출량의 증가를 줄이거나 늦추고 농도를 안정화하는 열쇠 중 하나다. 특히 분산형 전기 생산과 저장 기술, 전기차와 같은 이동수단, 효율적인 에너지 사용기술 등 기술 혁신이 온실가스 완화를 실현하는 데 매우 중요하다.

지속가능한 도시, 식품 시스템, 토지 및 복원, 지속가능한 산림 관리에 대한 효과적인 프로그램을 통해 총체적으로 온실가스 배출의 완화를 실현할 수 있다. 기후변화 완화는 지속가능한 개발 전략으로 자리매김해야 한다. 따라서 도시가 통합된 방식으로 저배출 및 탄력적인 도시 개발로 전환하도록 돕기 위해 상당한 기후변화 완화 잠재력을 가진 도시를 만드는 지속가능한 도시 전략이 필요하다.

기후변화는 전 지구적 문제이지만 지역적으로 다르게 나타나기 때문에 지역사회와 각국의 도시들이 기후변화 완화와 적응 정책을 수립하고 시행해 각자의 기후 문제를 해결하는 데 힘을 모아야 한다. 예를 들어 홍수 방어 시설을 구축하고, 폭염에 대한 계획을 세우고, 홍수와 폭우를 처리하기 위해 배수가 잘 되는 포장도로를 설치하고, 물 저장 및 사용을 개선하는 데 노력을 기울여야 한다. 더 나아가 디지털 기술을 활용함으로써 안전에 대한 모니터링과 보건의료 시스템을 개선해야 한다.

한편 기후변화 적응은 변화하는 기후에서 인간의 삶과 생태계가 적응해나갈 방법을 모색하는 것으로 현재와 예상되는 미래 기후에 적응하는 것을 포함한다. 좀 더 구체적으로는 해수면 상승, 더 극심한 기상이변 또는 식량 불안정과 같은 기후변화의 해로운 영향으로 인한 위험을 줄이면서 한편으로는 일부 지역에서의 일시적인 수확량 증가와 같은 기후변화와 관련된 잠재적인 유익한 기회를 최대한 활용하는 것도 포함된다.

3. 완화 정책과 적응 정책의 상호작용

온실가스 배출 감소를 통한 기후변화 완화와 기후변화로 인한 위험에 대한 적응은 기후변화를 해결하기 위한 두 가지 상호보완적인 접근 방식이다. 기후변화 완화와 적응 모두 기후변화라는 동일한 원인을 다루기 때문에 각각의 목표를 성공적으로 달성하기 위해서는 통합된 방식으로 작업해야 한다. 예를 들어, 다양한 적응 조치는 기후변화 완화라는 목표 달성에 기여할 수 있으며 그 반대의 경우, 즉 다양한 완화 조치도 마찬가지이므로 적응에 의한 이익을 극대화할 수 있다.

기후변화 완화에는 더 이상의 기후변화를 늦추거나 방지하기 위해 온실가스 배출을 줄이는 노력이 포함된다. 이는 에너지 효율 증가, 재생가능에너지원으로의 전환, 삼림 벌채 및 기타 토지 이용 변화 감소와 같은 조치를 시행함으로써 달성할 수 있다. 한편, 기후변화 적응은 완화 노력을 통해 피할 수 없는 기후변화의 부정적인 영향을 줄이기 위한 조치를 포함한다. 여기에는 해안 지역을 해수면 상승으로부터 보호하기 위한 방파제 건설, 가뭄 방지 농업 관행 구현, 극한기상 현상에 대한 조기 경보 시스템 개발과 같은 조치가 포함될 수 있다.

완화와 적응 사이의 상호작용은 상호연결되고 상호보완적이기 때문에 중요하다(그림 7-1). 예를 들어, 기후변화 완화 노력의 성공은 극한기상 현상과 관련된 것과 같은 일부 적응 조치의 필요성을 줄이는 데 도움이 될 수 있다. 반대로 효과적인 적응 조치는 기후변화의 부정적인 영향을 완화하는 데 도움이 될 수 있으므로 완화 목표를 더 쉽게 달성할 수 있다. 또한 완화 및 적응 전략의 비용과 이점은 밀접하게 관련되어 있다. 완화에 투자하면 기후변화 최악의 영향을 방지해 적응 비용을 줄이는 데 도움이 될

그림 7-1 **기후변화 정책에서 완화와 적응의 보완적 접근**

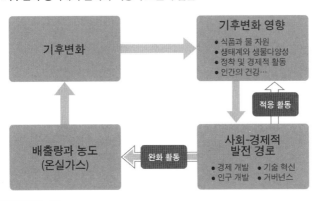

자료: IPCC(2001b: 3).

수 있으며, 적응에 투자하면 저탄소 경제로 전환하는 비용을 줄여 완화 목표를 더 쉽게 달성할 수 있다.

완화 또는 적응, 이 두 정책 영역의 주요 차이점은 완화 노력은 온실가스 배출량을 줄이는 데 기여하는 반면 적응 노력은 기후변화 영향에 대한 회복탄력성을 높이는 데 기여한다는 것이다. 두 가지가 통합적으로 효과를 얻기 위해서는 완화와 적응을 대표하는 이해관계자가 지속적으로 소통하면서 계획을 세우고 정책을 실현해나가는 것이 좋다.

그러나 기후변화 완화와 적응이라는 상호 간 소통을 위해서는 다음과 같은 사항을 고려할 필요가 있다. 예를 들어, 일부 적응 조치에는 에너지 사용의 증가가 필요할 수 있다. 이런 경우에 재생가능한 에너지를 사용하도록 한다면 기후변화 완화에 도움이 될 뿐 아니라 완화와 적응 사이에 부정적인 영향이 생기는 것을 막을 수 있다. 따라서 완화 및 적응 조치 모두에 긍정적인 영향을 미치는 프로세스를 찾아 정책화하는 것이 중요하다. 토지 이용 및 도시 공간 계획, 수자원 계획, 재해 위험 관리, 전략적 개발 계획, 인프라 프로젝트, 건강 및 사회 정책 등 모든 관련 의사결정 영역에서 완화 및 적응을 함께 고려하면서 전략적 목표 간의 일관성을 갖도록 해야 한다.

공동 이익을 개선하거나 적응과 완화 모두에 직접적인 영향을 미치는 정책 결정이 필요한 경우 상호작용을 분명히 명시하는 것이 좋다. 적응과 완화 사이에 큰 시너지 효과가 나타날 수 있는 도시 부문은 공간 계획이나 에너지 분야다. 따라서 이러한 상호연결 측면을 적절하게 다루기 위해서는 완화 전략이 적응에 대한 정책이나 효과 설정에 포함되어야 한다. 또한 개발된 적응 전략 및 실행 계획을 수립할 때 역시 완화 노력과의 상호작용 및 시너지 효과를 고려해야 한다.

하지만 현실적으로 보면 기후변화 영향 및 적응에 대한 작업은 기후변화 완화 전략과의 상호작용을 거의 고려하지 않는다. 재생가능에너지 시스템은 일반적으로 화석연료 기반 시스템보다 기후변화에 더 취약하다. 재생가능에너지는 기후 조건과 밀접하게 관련된 에너지 흐름에 의존하기 때문이다. 따라서 재생가능에너지 시스템은 기후변화에 매우 취약한 에너지 시스템이 되기 때문에 재생가능에너지를 완화 전략으로 택하면 이상기후 현상에서 에너지 공급의 안정성이 문제가 된다. 결국 그로 인해 사람들은 이상기후 현상에 대한 피해를 볼 확률이 커지기 때문에 이는 적응의 관점에서 보면 바람직한 현상이 아니다. 즉 기후변화 완화 전략이나 완화를 달성하기 위한 노력은 적응 전략에 있어서 기존의 전략과는 다른 형태를 요구받는다.

효과적인 완화를 위해서는 전 세계적으로 주요 온실가스 배출자가 참여해야 하지만 대부분의 적응은 지역사회나 국가 수준에서 이루어진다. 완화의 기후 혜택은 전 세계적 수준에서 나타나지만 대부분의 경우 적응의 비용과 이익은 지역적, 국가적으로 발생한다. 결과적으로 완화는 국제 협약과 그에 따른 국가 공공 정책에 의해 주도되는 반면에, 대부분의 적응은 기후변화의 영향을 받는 개인의 사적 행동이나 지역사회 수준 혹은 개별적인 국가 정책인 경우가 많다. 전반적으로 기후변화 완화와 적응 사이의 상호작용은 복잡하고 다면적이기 때문에 변화하는 기후로 인한 문제를 해결하기 위해서는 완화와 적응의 두 전선에서 효과적인 연합 조치가 필요하다.

4. 회복탄력성을 높이기 위한 기후변화 완화 정책

기후변화 완화 전략은 기후변화 속도를 늦추기 위해 온실가스 배출을 줄이거나 대기에서 제거하는 노력을 말한다. 한편, 지역사회 회복탄력성은 지역사회가 기후변화 및 기타 환경 스트레스 요인의 영향을 견디고 회복할 수 있는 능력을 의미한다. 따라서 기후변화 완화와 지역사회 회복탄력성 사이에는 강한 연관성이 있다. 지역사회에서 온실가스 배출량을 줄이는 노력을 하면 기후변화의 최악의 영향을 예방하고 지역사회가 더 탄력적이 되도록 도울 수 있기 때문이다. 다음은 기후변화 완화 전략이 지역사회 회복탄력성에 어떻게 기여할 수 있는지에 대한 몇 가지 예다.

1) 재생가능에너지

풍력 및 태양광 발전과 같은 재생가능에너지원을 배치하면 온실가스 배출량을 줄이는 데 도움이 될 수 있으며, 이는 다시 기후변화의 영향을 완화할 수 있다. 재생가능에너지는 또한 신뢰할 수 있고 지속가능한 에너지원으로 제공될 수 있도록 기술혁신을 통해 공급함으로써 지역사회 회복탄력성을 구축하는 데 도움이 되며, 이는 극한기상 현상으로 인한 정전에 대한 지역사회의 취약성을 줄일 수 있다.

2) 지속가능한 토지 이용 관행

도시 농업, 산림 보존, 지속가능한 산림 관리와 같은 지속가능한 개발을 우선시하는 토지 이용 관행은 삼림 벌채 및 토지 이용 변화로 인한 배출량을 줄임으로써 기후변화의 영향을 완화하는 데 도움이 될 수 있다. 지속가능한 토지 이용 관행은 또한 식량, 물, 생물다양성과 같은 중요한 서비스를 제공하는 생태계의 역량을 강화함으로써 지역사회 회복탄력성을 구축하는 데 도움이 될 수 있다.

3) 기후변화 대응 스마트 기반시설

해수면 상승 및 극한기상 현상과 같은 기후변화의 영향에 탄력적으로 대응하도록 설계된 기반시설은 지역사회 회복탄력성을 구축하는 데 도움이 될 수 있다. 여기에는 투과성 포장도로 및 녹색 지붕과 같은 녹색 기반시설뿐만 아니라 방파제나 빗물 관리 시스템과 같은 견고한 기반시설이 포함될 수 있다.

4) 지역사회 참여

기후변화와 그 영향에 대한 지역사회 참여와 교육은 인식과 준비성을 높임으로써 지역사회 회복탄력성을 구축하는 데 도움이 될 수 있다. 여기에는 기후변화 영향에 대한 솔루션을 식별·구현하는 데 지역사회를 참여시키는 지역사회 기반 기후적응 계획과 같은 이니서티브가 포함될 수 있다.

5) 에너지 효율성

가정, 건물 및 산업 분야의 에너지 효율성을 개선하면 에너지 소비를 줄이고 온실가스 배출도 줄일 수 있다. 이것은 또한 에너지 비용을 줄이는 데 도움이 되므로 지역사회가 기후변화로 인한 경제적 스트레스 요인에 더 쉽게 대처할 수 있게 한다. 또한 단열 및 내후성과 같은 에너지 효율 조치는 실내 공기 질을 개선하고 실외 오염물질에 대한 노출을 줄여 지역사회의 건강과 회복력을 향상시킬 수 있다.

6) 저탄소 수송

대중교통, 자전거 타기, 걷기와 같은 저탄소 운송수단의 사용을 촉진해 운송에서 화석연료에 대한 의존도를 줄이면 온실가스 배출량을 줄이고 대기 질을 개선할 수 있다. 이것은 또한 교통 관련 비용을 줄이고, 신체활동과 지역사회 연결성을 촉진하며, 극한기상 상황이 발생할 경우 교통 대안을 제공함으로써 지역사회 회복탄력성을 향상시킬 수 있다.

7) 순환 경제

순환 경제는 자원의 효율적인 사용을 강조하고 낭비를 최소화하는 경제 모델이다. 폐기물을 줄이고 재료의 재사용 및 재활용을 촉진함으로써 순환 경제는 온실가스 배출을 줄이고 지역사회 회복탄력성을 구축하는 데 도움이 될 수 있다. 이것은 또한 새로운 일자리 창출 및 폐기물 처리 비용 절감과 같은 경제적 이익을 창출할 수 있다.

8) 생태 기반 솔루션

재조림(reforestation), 습지 복원, 지속가능한 농업과 같은 생태 기반 솔루션은 대기에서 이산화탄소를 격리하고 온실가스 배출량을 줄이는 데 도움이 될 수 있다. 이러한 솔루션은 또한 토양 품질 개선, 침식 감소, 생물다양성 보호와 같은 추가적인 이점을 제공해 환경 스트레스 요인에 대한 지역사회의 회복력을 높일 수 있다.

요약하면 기후변화 완화 전략은 온실가스 배출량을 줄이고 지속가능한 관행을 촉진함으로써 지역사회 회복탄력성에 기여할 수 있다. 에너지 효율 개선, 저탄소 교통 촉진, 순환 경제 관행 구현과 자연 기반 솔루션 활용은 모두 기후변화 완화 전략이 기후변화에 대한 지역사회 회복탄력성을 구축하는 데 어떻게 도움이 되는지 보여주는 예다. 이처럼 기후변화 완화 전략은 온실가스 배출을 줄이고 지속가능하고 회복력 있는 인프라와 생태계를 구축함으로써 지역사회 회복탄력성에 기여할 수 있다. 한편 지역사회 참여와 교육 또한 기후변화에 대한 지역사회 회복탄력성을 구축하는 데 중요한 요소다.

5. 지속가능한 건강 도시

도시화는 전 세계적인 현상으로 앞으로 적어도 수십 년 이상 더 지속될 전망이다. 전 세계 인구는 2020년 78억 명에 달했고, 2030년에는 85억 명, 2050년에는 97억 명, 2100년에는 110억 명을 넘어설 것으로 예상된다(UN DESA, 2019). 이미 인구의 절반 이상이 도시에 살고 있으며 도시의 주민 수는 매년 약 7,300만 명씩 증가했다. 많은 사람들이 도시로 이주하면서 2019년에 55%였던 전 세계 도시 인구의 비율은 2050년이 되면 68%에 이를 것으로 전망된다. 유엔경제사회국(UN DESA)은 「2018 세계 도시화 전망(World Urbanization Prospects 2018)」 보고서를 통해 향후 약 30년 사이 25억 명이 도시에 새로 정착할 것이라 전망했다.

이와 같이 도시화가 빠르게 진행되면서 도시 계획과 주거환경 계획의 중요성이 대두되고 있다. 이러한 계획들이 도시민의 건강과 생활에 밀접한 영향을 미치고 있으며, 이를 개선할 수 있는 방안을 마련해주기 때문이다. 지역사회 안에 있는 기업, 학교, 병원, 그리고 녹지 공간에 대해서 보행자들이 쉽게 접근할 수 있도록 계획하고 조성한 주거 환경은 도시민의 편의성과 안전성을 높일 수 있다. 그리고 이는 시민의 건강, 여성·어린이·노인 등 취약계층 보호와 같은 기본적인 사회의 건강과 안전 서비스와도 연결된다. 특히 녹지 공간이 도시의 주거지 근처에 있으면 정서 행동 발달, 기억력, 주의력이 좋아지고, 우울증과 같은 증상이 줄어든다. 아마도 공원과 같은 녹지 공간이 있으면 걷기와 조깅 등 신체활동이 많아지는 한편, 대기오염과 소음을 줄이는 효과와 함께 스트레스를 줄여주기 때문일 것이다. 그리고 도시와 주변 지역 간 대중교통 연결, 적절한 보행 환경 조성, 자전거 이용의 편의성 등을 잘 계획하면 대기오염 및 소음공해를 저감하면서 도시민의 건강에 긍정적인 요인으로 작용한다. 결국, 도시화가 여러 가지 부정적인 영향을 끼쳐왔지만 잘 계획된 건물 배치와 주거 환경은 도시민들에게 다양한 이점으로 작용할 수도 있다.

도시의 '지속가능한 발전'이라는 개념은 또한 에너지 생산 및 소비와 긴밀히 연결되어 있다. 지속가능한 발전을 추구하는 사회를 위해서는 에너지 사용이 환경적 영향을 최소화하는 방향으로 이루어져야 한다. 화석연료의 연소로 인한 대기오염 및 기후변화, 석유의 운송 과정에서 발생하는 해양오염, 유류 저장 시설의 관리 소홀과 송유관 부식으로 인한 토양오염 및 수질오염, 방사성 폐기물에 의한 토양오염, 원자력 발전 시설의 냉각수에 의한 해양 수온 상승 등 에너지 생산과 소비는 다양한 환경오염 및 파괴와 연결되어 있다. 즉, 에너지 사용에 따른 환경 영향을 최소화하지 않으면 지속가능한 발전은 기대할 수 없다.

도시의 건물배치 계획도 중요한데, 건물이 같은 높이로 늘어서 있는 것보다는 건물의 높이가 다양할 때 도시 공간 내 자연 환기 및 빌딩의 열섬 현상 감소를 촉진하며, 냉방 에너지와 온열질환 감소에 기여할 수 있다. 건축물에서의 에너지 사용은 대기오염과 온실가스 배출을 일으키기 때문에 화석연료를 기반으로 한 에너지 사용을 줄여야 한다. 또한 빌딩과 같은 인공구조물은 여름철에 태양복사열을 축적하고 야간에 주변의 대기로 그 열을 배출해 열대야 및 도심 열섬현상을 초래할 수 있다. 특히 최근 기후변화로 인해 혹서기에 지속적으로 발생하는 폭염은 이와 같은 도시의 열섬 효과를 더욱 악화시키고 있다. 열대야를 극복하기 위해 사람들이 에어컨을 가동하면 에어컨 실외기는 끊임없이 고온의 인공 폐열을 도시 공간으로 배출하고, 이로 인해 도시의 열대야가 더욱 가중되는 악순환이 발생하고 있다. 도시 건물 자체가 온실가스 배출과 열섬 효과의 주요 원인이 되면서 인간을 비롯한 생태계의 생존을 위협하고 있다.

이와 같이 도시 계획을 수립할 때 에너지, 교통 시스템, 건축물 등 도시 환경을 이루는 모든 주제를 고려해야 한다. 특히 미래의 도시 건축물들은 건물 그 자체에서 발생하는 온실가스 배출량을 감소하기 위한 에너지 사용 절감, 효율 향상, 에너지 전환 등을 고려하고 열섬 효과를 줄이려는 방안을 마련해야 한다. 한편으로는 주민의 삶의 질을 유지하면서 기후변화 적응 역량을 강화하는 방향으로 접근해야 한다.

참고문헌

기후변화 2014 종합보고서.
        https://www.ipcc.ch/site/assets/uploads/2018/02/ar5-syr-spm_ko rean.pdf
UN DESA, "2019 World Population Prospects".

08

기후회복탄력성 강화를 위한 보건의료 정책

채수미 (한국보건사회연구원 미래질병대응연구센터장)

1. 기후변화 건강적응 관련법

1) 국외

미국과 영국은 기후변화 대응을 위해 다양하고 적극적인 전략을 취해 왔다. 우선 미국의 법적 체계를 살펴보면 미국은 정권에 따라 기후변화 대응에 다른 입장을 보이기도 했다. 1992년 유엔기후변화협약(United Nations Framework Convention on Climate Change: UNFCCC)에 따라 기후변화 문제와 온실가스 배출 감수에 참여 의지를 표명했고, 1997년 교토의정서(Kyoto Protocol)에 서명하기는 했지만 비준하지는 않았다. 이후 버락 오바마(Barack Obama) 행정부는 기후변화 대응에 협력적이었고, 2015년 파리협정(Paris Agreement)을 채택했다. 오바마 대통령은 파리협정을 상원에 제출하지 않고 행정명령으로 수락해 2016년부터 법적 효력을 갖게 되었다. 그러나 2017년 도널드 트럼프(Donald Trump) 행정부에서는 파리협정 탈퇴 의사를 발표했고, 2020년 11월에는 공식적으로 탈퇴하기에 이르렀다. 다시 정권이 바뀌며 정책 기조에 변화가 있었는데, 조 바이든(Joe Biden) 정권 출범 첫날 파리협정에 재가입하면서 2021년 2월 19일 미국은 다시 참여 국가로 합류하게 되었다.

미국 연방정부는 기후변화에 대처하기 위해 자발적 프로그램을 운영하거나 차량, 가전제품 및 장비, 건물에서 발생하는 온실가스 배출에 대해 간접적으로 제한하는 정책을 수행하기 시작했다. 그러다가 2007년에 이르러 '대기오염방지법(Clean Air Act)'을 제정하면서 온실가스 배출을 직접 규제하기 시작했다. 그 이후로도 여러 법률과 행정명령이 확인되고 있다.

건강적응의 측면에서 주목할 만한 법은 1990년에 제정된 '지구변화연구법(Global Change Research Act)'이다. 이 법은 기후변화 정책이 본격적으로 논의되기 전에 제정되었으며, 조사와 연구를 지원하는 목적이 있다. 이 법률에서는 미국지구변화연구프로그램(US Global Change Research Program: USGCRP)을 설립하고, 국가 차원에서 지구변화연구계획을 수립하도록 하며, 계획은 3년 이내 최소 1회 이상 개정해야 할 것을 명시하고 있다. 이 계획에는 연구 활동, 데이터 수집 및 분석, 예측 모델링, 국제적 연구 참여 촉진, 정보 관리 등 목표 및 우선순위를 달성할 수 있도록 구체적인 활동을 명시해야 하며, 계획 실행을 위한 각 연방기관 및 부서의 역할을 포함해야 한다. 또한 법률에서는 정보관리에 대한 사항을 포함하고 있다. 첫째, 일관되고 호환 가능한 데이터의 전송과 사용을 촉진하기 위한 시스템 및 데이터 기반을 구축, 개발, 유지하는 것, 둘째, 다국적 출처에서 수집된 데이터를 전 세계적으로 접근 가능하도록 제작하는 것, 셋째, 다양한 출처의 데이터를 결합하고 해석함으로써 정책 입안자가 지구변화의 영향을 예방, 완화, 적응하기 위한 전략을 추진할 수 있도록 쉽게 활용 가능한 정보를 생성하는 것이다. 이 법률에 따라 USGCRP은 4년마다 의회와 대통령에게 과학적인 평가를 담은 보고서를 제출해야 한다. 그 보고서에는 ① 프로그램의 결과를 통합, 평가, 해석, ② 다양한 영역에서 지구적 기후변화의 영향평가(보건 영역 포함), ③ 인류가 유발한 자연적인 지구변화의 현재 상황 및 향후 25~100년의 주요 트렌드 예측이 포함되어야 한다.

살펴본 바와 같이 '지구변화연구법'에서 요구하는 평가, 정보 제공, 그것의 주기와 형식이 상당히 구체적이어서 미국 정부의 역할을 이해하는 데 도움이 된다. 그러나 건강적응의 주체와 전략은 여전히 모호한 측면이 있다. 건강적응에 뚜렷한 목적을 둔 법적 움직임은 그 이후 오랜 시간이 지난 뒤에서야 나타났다. 2021년에 미국 의회는 '기후변화 건강보호 및 증진에 관한 법률(Climate Change Health Protection and Promotion Act)'을 발의했다. 이 법은 보건 전문가와 시스템이 기후변화가 공중보건에 미치는 영향에 대해 준비하고 대응할 수 있도록 하기 위해 보건부가 국가행동계획(National Strategic Action Plan)과 프로그램을 개발하고 이행해야 함을 규정하고 있다. 국가행동계획을 통해 기후변화에 따른 건강 영향에 취약한 인구집단을 규명하고, 공중보건 및 보건의료 전문가와 국민을 위해 지원하고 소통해야 하며, 기존의 관련 전략을 재검토해 중요한 보건의료 인프라를 구축하도록 하고 있다. 또한 기후변화의 건강 영향을 예측하고 모델링할 수 있는 툴을 개발하고, 지역의 기후변화 건강적응을 지원하며, 감시 시스템을 개발하고 모니터링 역량을 강화하도록 하고 있다. 감시 및 모니터링의 대상을 법률에 명시하고 있는 점도 특징적인데, 감염성 질환, 공기 중 알레르겐과 독성 노출에 따른 호흡기 질환, 극단적인 기온으로 인한 심뇌혈관 질환, 대기오염에 따른 건강 영향, 기후변화에 따른 정신건강 영향, 이주 관련 건강 문제 등을 포함하고 있다. 법률은 국가행동계획과 함께 프로그램을 이행하도록 하고 있다. 그 내용으로는 보건부가 기후변화와 건강에 대해 신뢰할 만한 정보원이 되어야 하고, 기후변화와 건강에 대한 과학적 기반을 강화하며, 또한 기후변화와 건강에 대한 사회적 비용, 위험, 그것을 줄이는 방법에 대해 대중, 정책 입안자, 공중보건 및 보건의료 전문가와 소통해야 한다는 점 등이 포함되어 있다(USA.GOV, 2021).

미국의 법적 변화 속에서 확인되는 정책의 특징은 초기에는 감축 전략을 시작으로 해서 적응 전략이 뚜렷하게 드러나지 않았으나 최근에는 적응도 중요하게 다루고 있다는 점이다. 그리고 초기에는 연방정부의 통합적 대응 속에 건강적응이 일부 포함되어 있었으나, 이제 건강적응의 주체와 역할을 구체화하고 있는 것도 눈여겨봐야 할 지점이다. 지금부터 살펴볼 영국 역시 비슷한 변화를 보이고 있다. 영국은 2008년에 '기후변화법(Climate Change Act)'을 제정해 기후변화에 대응하기 시작했다. 법률에서는 온실가스 감축과 함께 기후변화의 위험에 대한 적응까지 의무화했다. 한국과 미국의 법이 구체적인 역할(다만, 한국은 기후변화의 영향에 대한 평가에 한정되어 있음)을 명시하고 있는 것과 다르게 영국의 법은 역할을 의무화하는 데 집중했다(표 8-1).

영국에서 기후변화의 건강 영향에 대한 보건부의 역할은 '보건복지법(Health and Care Act 2022)'을 통해 뚜렷해졌다. 이 법은 2021년 영국 하원의회에서 발의해 약 1년 후 왕실의 승인을 받았는데, 다양한 서비스를 필요로 하는 사람들을 위해 보건의료 조직들이 좀 더 쉽게 협력할 수 있도록 하기 위한 목적을 갖는다. 그런데 이 법에서는 9조 NHS England(duties in relation to climate change etc), 53조 NHS trusts(duties in relation to climate

표 8-1 영국 '기후변화법'의 구성과 주요 내용

구분	주요 내용
제1부 탄소 목표와 할당 (Carbon Target and Budgeting) (제1조~제31조)	2050년 목표, 탄소 할당, 탄소배출량, 탄소 할당을 실현하기 위한 제안 및 정책, 목표 달성 여부 판단 등
제2부 기후변화위원회 (The Committee on Climate Change) (제32조~제43조)	기후변화위원회의 설치, 구성, 역할 및 의무 규정
제3부 거래제도 (Trading Schemes) (제44조~제55조)	온실가스 배출량 거래제도에 대한 하위 입법의 근거 마련
제4부 기후변화의 영향과 적응 (Impact of and Adaptation to Climate Change) (제56조~제70조)	기후변화 리스크 평가, 기후변화 적응 프로그램, 적응 관련 진도 보고, 보고 기관에 대한 지도 및 보고서 작성 지시 등 **제56조 [기후변화 영향에 관한 국가 보고서]** ① 현재 및 예상되는 기후변화의 영향에 따른 영국에의 위험평가를 내용으로 하는 보고서를 의회에 제출하는 것을 소관 중앙행정기관 장의 의무로 한다. ② 이 조가 정하는 최초의 보고서는 이 조의 시행 후 3년 이내에 의회에 제출하여야 한다. ③ 그 이후의 보고서는 그 전 보고서의 제출 후 5년 이내에 의회에 제출하여야 한다. ④ 소관 중앙행정기관 장은 모든 보고서에 대하여 제출 기간을 연장할 수 있는데 연장의 이유 및 보고서가 의회에 제출되는 기일을 기술한 보고를 공표하여야 한다. ⑤ 소관 중앙행정기관 장은 이 조에 기초하는 보고서를 의회에 제출하기에 앞서 제57조가 정하는 기후변화위원회의 조언을 고려하여야 한다. ⑥ 소관 중앙행정기관 장은 다른 국가 기관에도 각 보고서의 사본을 송부하여야 한다. **제57조 [기후변화 영향에 관한 보고서에 대한 기후변화위원회의 조언]** ① 제56조가 정하는 소관 중앙행정기관 장의 각각의 보고서의 준비에 대하여 조언을 하는 것을 기후변화위원회의 의무로 한다. ② 위원회는 이 조가 정하는 보고서와 관련된 조언을 당해 보고서를 의회에 제출해야 할 최종일(제56조 제2항부터 제4항을 참조)의 6월 이상 전에 하여야 한다. ③ 위원회는 소관 중앙행정기관 장에 대하여 본 조가 정하는 조언을 하는 데 있어서 다른 국가 기관에도 당해 조언의 사본을 송부하여야 한다. ④ 위원회는 소관 중앙행정기관 장에게 조언을 한 후 조속한 시일 이내에 적절하다고 판단되는 방법으로 당해 조언을 공표하여야 한다.

		제58조 [기후변화 적응 프로그램]
		① 다음의 사항을 기술한 프로그램을 의회에 제출하고 제56조가 정하는 최신 보고서 중에서 확인된 위험에 대처하는 것을 소관 중앙행정기관장의 의무로 한다.
		(a) 기후변화에의 적응과 관련된 영국 여왕폐하 정부의 목표
		(b) 전 항의 목표를 달성하기 위한 정부 제안 및 정책
		(c) 당해의 제안 및 정책이 실시되는 계획
		② 전항의 목표, 제안 및 정책은 지속가능한 발전에 기여하는 것이어야 한다.
		③ 이 조가 정하는 각 프로그램은 그와 관련된 제56조의 보고서가 의회에 제출된 후 조속한 시일 이내에 의회에 제출되어야 한다.
		④ 소관 중앙행정기관 장은 다른 국가 기관에 각 프로그램의 사본을 송부하여야 한다.
		제59조 [적응과 관련된 진척에 관한 보고]
		① 이 조가 적용되는 제36조의 기후변화위원회의 보고서는 제58조(기후변화에의 적응)가 규정하는 의회에 제출된 프로그램에서 기술된 목표, 제안 및 정책의 실시를 위한 진척 평가를 포함하여야 한다.
		② 이 조는 소관 중앙행정기관 장이 제58조의 프로그램을 의회에 제출한 2년 후의 보고서에 적용한다.
		③ 이 조는 그 이후 제4항이 정하는 명령에 따라 위원회가 이 조에 적용되는 보고서를 제출한 후 2년마다 제36조의 보고서에 적용한다.
		④ 소관 중앙행정기관 장은 명령에 따라 당해 명령이 지정한 해 이후 매년 이 조가 제36조의 보고서에 적용되는 것을 정할 수 있다.
		⑤ 제4항의 명령은 거부의결 절차에 따른다.
		(이하생략)
제5부 기타 규정 (Other Provisions) (제71조~제88조)		폐기물 감축제도, 일회용 가방 규제, 재생가능연료 도입 의무 등
제6부 일반 보충 규정 (General Supplementary Provisions) (제89조~제101조)		온실가스 배출 관련 규정 적용의 지리적 범위, 명령 및 규칙, 결의 절차 등

자료: 박종원(2016: 267); 법제처 세계법제정보센터(2008).

change), 68조 NHS foundation trusts(duties in relation to climate change)의 기후변화와 관련된 역할을 포함하고 있다. 그 역할은 각 조직이 기능을 수행할 때 2008년 '기후변화법' 제1조(영국 순 배출량 제로 목표), '기후변화법' 제56조(기후변화의 예측된 영향), 2021년 '환경법'(환경 목표)의 규정을 준수해 의무 사항을 수행해야 한다는 내용이다. 즉, 영국의 적응 정책은 이미 2008년의 법을 근거로 진행되어왔기 때문에 최근 '보건복지법' 제정을 통해 보건부의 역할이 강조된 측면은 적응이 아닌 감축이라는 점에서 시사하는 바가 있다.

2) 국내

한국 기후변화 적응 정책은 환경부 소관법인 「기후위기 대응을 위한 탄소중립·녹색성장기본법(탄소중립기본법)」을 근거로 운영된다. 이 법은 2010년에 제정 및 시행되었던 국무조정실 소관의 「저탄소 녹색성장 기본법(녹색성장법)」의 한계를 보완해 2021년 9월에 제정되어 2022년 3월부터 시행되었다. 온실가스의 감축을 위한 목표, 계획, 시행에 대한 사항을 주요 내용으로 해서 탄소중립 사회로의 이행과 녹색성장 추진을 위한 제도와 기반을 마련하는 것을 목적으로 하고 있다. 법률에서 기후위기 적응을 기후위기에 대한 취약성을 줄이고 기후위기로 인한 건강 피해와 자연재해에 대한 적응 역량과 회복탄력성을 높이는 등의 활동이라고 정의하고 있으며, 제6장 기후위기 적응 시책에서는 감시·예측을 비롯해 국가와 지방의 적응대책을 수립, 시행하고 추진 상황을 점검하도록 하고 있다. 그리고 국가 기후위기 적응센터를 지정해 적응대책의 수립과 시행을 지원하고, 적응 관련 사업을 수행하도록 했다(제46조). 특히 물(제43조 기후위기 대응을 위한 물 관리), 국토(제44조 녹색국토의 관리), 농림수산(제45조 농림수산의 전환 촉진 등)과 같은 몇 가지 부문의 적응에 대해서는 추가로 다루고 있으나, 건강적응에 대한 사항은 별도로 다루지 않고 있다.

보건복지부 소관법에 따른 기후변화 적응은 2017년 「보건의료기본법」

'탄소중립기본법' (시행 2022.3.25)
제6장 기후위기 적응 시책

제37조(기후위기의 감시·예측 등) ① 정부는 대통령령으로 정하는 바에 따라 대기 중의 온실가스 농도 변화를 상시 측정·조사하고 기상현상에 대한 관측·예측·제공·활용 능력을 높이며 기후위기에 대한 감시·예측의 정확도를 향상시키는 기상정보관리체계를 구축·운영하여야 한다.
② 정부는 기후위기가 생태계, 생물다양성, 대기, 물환경, 보건, 농림·식품, 산림, 해양·수산, 산업, 방재 등에 미치는 영향과 취약성, 위험 및 사회적·경제적 파급효과를 조사·평가하는 기후위기적응정보관리체계를 구축·운영하여야 한다.
③ 정부는 제1항에 따른 기상정보관리체계 및 제2항에 따른 기후위기적응정보관리체계의 구축·운영을 위하여 조사·연구, 기술개발, 전문기관 지원, 국내외 협조체계 구축 등의 시책을 추진할 수 있다.
④ 제1항에 따른 기상정보관리체계 및 제2항에 따른 기후위기적응정보관리체계의 구축·운영, 제3항에 따른 시책 추진 등에 필요한 사항은 대통령령으로 정한다.

제38조(국가 기후위기 적응대책의 수립·시행) ① 정부는 국가의 기후위기 적응에 관한 대책(이하 "기후위기적응대책"이라 한다)을 5년마다 수립·시행하여야 한다.
② 기후위기적응대책에는 다음 각 호의 사항이 포함되어야 한다.
1. 기후위기에 대한 감시·예측·제공·활용 능력 향상에 관한 사항
2. 부문별·지역별 기후위기의 영향과 취약성 평가에 관한 사항
3. 부문별·지역별 기후위기 적응대책에 관한 사항
4. 기후위기에 따른 취약계층·지역 등의 재해 예방에 관한 사항
5. 기후위기 적응을 위한 국제협력 등에 관한 사항
6. 그 밖에 기후위기 적응을 위하여 필요한 사항으로서 대통령령으로 정하는 사항
③ 기후위기적응대책을 수립하거나 변경하는 경우에는 위원회의 심의를 거쳐야 한다. 다만, 대통령령으로 정하는 경미한 사항을 변경하는 경우에는 그러하지 아니하다.
④ 관계 중앙행정기관의 장은 기후위기적응대책의 소관사항을 효율적·체계적으로 이행하기 위하여 세부시행계획(이하 "적응대책세부시행계획"이라 한다)을 수립·시행하여야 한다.
⑤ 정부는 기후위기적응대책에 따라 관계 중앙행정기관, 지방자치단체, 공공기관, 사업자 등이 기후위기에 대한 적응 역량을 강화할 수 있도록 필요한 기술적·행정적·재정적 지원을 할 수 있다.
⑥ 제1항부터 제4항까지의 규정에 따른 기후위기적응대책 및 적응대책세부시행계획의 수립·시행 및 변경 등에 관하여 필요한 사항은 대통령령으로 정한다.

제39조(기후위기적응대책 등의 추진 상황 점검) ① 정부는 기후위기적응대책 및 적응대책세부시행계획의 추진 상황을 매년 점검하고 결과 보고서를 작성하여 위원회의 심의를 거쳐 공개하여야 한다.
② 제1항에 따른 결과 보고서에는 부문별 주요 적응대책 및 이행실적, 적응대책 관련 주요 우수사례, 제1항에 따른 점검 결과 확인된 부진사항 및 개선사항이 포함되어야 한다.
③ 정부는 제1항의 결과 보고서 작성에 필요하다고 인정되는 경우 관계 중앙행정기관의 장에게 관련 정보 또는 자료의 제출을 요청할 수 있으며, 관계 중앙행정기관의 장은 특별한 사정이 없으면 요청에 따라야 한다.
④ 관계 중앙행정기관의 장은 제2항에 따른 부진사항 또는 개선사항이 있는 경우 해당 기관의 정책 등에 이를 반영하여야 한다.
⑤ 제1항에 따른 점검의 방법 및 절차 등에 관하여 필요한 사항은 대통령령으로 정한다.

제40조(지방 기후위기 적응대책의 수립·시행) ① 시·도지사, 시장·군수·구청장은 기후위기적응대책과 지역적 특성 등을 고려하여 관할 구역의 기후위기 적응에 관한 대책(이하 "지방기후위기적응대책"이라 한다)을 5년마다 수립·시행하여야 한다.

② 시·도지사, 시장·군수·구청장은 지방기후위기적응대책을 수립하거나 변경하는 경우에는 지방위원회의 심의를 거쳐야 한다. 다만, 대통령령으로 정하는 경미한 사항을 변경하는 경우에는 심의를 생략할 수 있다.

③ 지방기후위기적응대책이 수립 또는 변경된 경우 시·도지사는 이를 환경부장관에게, 시장·군수·구청장은 이를 환경부장관 및 관할 시·도지사에게 각각 제출하여야 하며, 환경부장관은 제출받은 지방기후위기적응대책을 종합하여 위원회에 보고하여야 한다.

④ 시·도지사 및 시장·군수·구청장은 지방기후위기적응대책의 추진 상황을 매년 점검하고 그 결과 보고서를 작성하여 지방위원회의 심의를 거쳐 시·도지사는 환경부장관에게, 시장·군수·구청장은 환경부장관 및 관할 시·도지사에게 각각 제출하여야 하며, 환경부장관은 이를 종합하여 위원회에 보고하여야 한다.

⑤ 제1항부터 제4항까지에 따른 지방기후위기적응대책의 수립·시행 및 변경, 점검 등에 관하여 필요한 사항은 대통령령으로 정한다.

(중략)

제46조(국가 기후위기 적응센터 지정 및 평가 등) ① 환경부장관은 기후위기적응대책의 수립·시행을 지원하기 위하여 국가 기후위기 적응센터(이하 "적응센터"라 한다)를 지정할 수 있다.

② 적응센터는 기후위기적응대책 추진을 위한 조사·연구 등 기후위기 적응 관련 사업으로서 대통령령으로 정하는 사업을 수행한다.

③ 환경부장관은 적응센터에 대하여 수행실적 등을 평가할 수 있다.

④ 환경부장관은 적응센터에 대하여 예산의 범위에서 사업을 수행하는 데에 필요한 비용의 전부 또는 일부를 지원할 수 있다.

⑤ 제1항부터 제3항까지의 규정에 따른 적응센터의 지정·사업 및 평가 등에 관하여 필요한 사항은 대통령령으로 정한다.

'보건의료기본법' (개정 2017.2.8)
제37조의2(기후변화에 따른 국민건강영향평가 등) ① 질병관리청장은 국민의 건강을 보호·증진하기 위하여 지구온난화 등 기후변화가 국민건강에 미치는 영향을 5년마다 조사·평가(이하 "기후보건영향평가"라 한다)하여 그 결과를 공표하고 정책수립의 기초자료로 활용하여야 한다. (개정 2020.8.11)

② 질병관리청장은 기후보건영향평가에 필요한 기초자료 확보 및 통계의 작성을 위하여 실태조사를 실시할 수 있다. (개정 2020.8.11)

③ 질병관리청장은 관계 중앙행정기관의 장, 지방자치단체의 장 및 보건의료 관련 기관이나 단체의 장에게 기후보건영향평가에 필요한 자료의 제공 또는 제2항에 따른 실태조사의 협조를 요청할 수 있다. 이 경우 자료제공 또는 실태조사 협조를 요청받은 관계 중앙행정기관의 장 등은 정당한 사유가 없으면 이에 따라야 한다. (개정 2020.8.11)

④ 기후보건영향평가와 실태조사의 구체적인 내용 및 방법 등에 필요한 사항은 대통령령으로 정한다.
[본조신설 2017.2.8]

'보건의료기본법 시행령' (개정 2017.8.9)
제13조의2(기후보건영향평가의 내용 및 방법 등) ① 법 제37조의2제1항에 따른 기후보건영향평가(이하 "기후보건영향평가"라 한다)의 내용은 다음 각 호와 같다. (개정 2020.9.11)

1. 국민건강에 영향을 미치는 기후변화의 유형, 내용 및 특성 등에 관한 사항
2. 기후변화와 관련이 있는 질병·질환 등의 임상적 증상, 발생 추이 및 진료경과 등에 관한 사항
3. 기후변화와 관련이 있는 질병·질환 등의 성별·연령별·지역별 분포 및 특성 등에 관한

사항
4. 기후변화가 노인·장애인·임산부·어린이 등 보건의료 취약계층의 건강 및 생활 등에 미치는 영향
5. 그 밖에 제1호부터 제4호까지의 내용에 준하는 것으로서 기후변화가 국민건강에 미치는 영향을 고려하여 질병관리청장이 특히 필요하다고 인정하는 사항
② 질병관리청장은 기후보건영향평가에 대한 전문적 검토가 필요하다고 인정하는 경우에는 법 제37조의2제1항에 따라 기후보건영향평가의 결과를 공표하기 전에 위원회의 심의를 거치게 할 수 있다. (개정 2020.9.11)
③ 질병관리청장은 국민건강의 보호·증진을 위하여 필요하다고 인정하는 경우에는 기후보건영향평가의 결과를 관계 중앙행정기관의 장, 시·도지사 및 시장·군수·구청장에게 알려야 한다. (개정 2020.9.11)
④ 질병관리청장은 법 제37조의2제1항에 따라 기후보건영향평가의 결과를 공표하는 경우에는 질병관리청장이 지정하는 인터넷 홈페이지에 게재하여야 한다. (개정 2020.9.11)
⑤ 제1항부터 제4항까지에서 규정한 사항 외에 기후보건영향평가의 내용·방법 및 절차 등에 필요한 세부 사항은 질병관리청장이 정한다. (개정 2020.9.11)
[본조신설 2017.8.9]
[종전 제13조의2는 제13조의4로 이동 (2017.8.9)]

제13조의3(실태조사의 내용 및 방법 등) ① 법 제37조의2제2항에 따른 실태조사(이하 이 조에서 "실태조사"라 한다)의 내용은 다음 각 호와 같다. (개정 2020.5.19, 2020.9.11)
1. 기후변화에 따른 질병·질환 등의 발생 경로, 발생 현황 및 임상정보 등에 관한 사항
2. 기후변화에 따른 질병·질환 등의 진단·검사·처방 등 진료정보에 관한 사항
3. 기후변화에 따른 질병·질환 등의 분석·연구와 관련된 각종 문헌 및 자료 등의 조사에 관한 사항
4. 기후변화에 따른 질병·질환 등과 관련하여 노인·장애인·임산부·어린이 등 보건의료 취약계층의 진료경과에 관한 사항
5. 그 밖에 제1호부터 제4호까지의 내용에 준하는 것으로서 질병관리청장이 실태조사를 위하여 특히 필요하다고 인정하는 사항
② 질병관리청장은 실태조사의 실시를 위하여 필요하다고 인정하는 경우에는 질병관리청장이 정하는 바에 따라 실태조사반을 구성·운영할 수 있다. (개정 2020.9.11)
③ 질병관리청장은 실태조사의 효율적 추진을 위하여 필요하다고 인정하는 경우에는 보건의료 관계 연구기관·단체 또는 전문가 등에게 실태조사를 의뢰하여 실시할 수 있다. (개정 2020.9.11)
④ 질병관리청장은 기후변화에 따른 국민건강의 보호 및 관리를 위하여 필요하다고 인정하는 경우에는 실태조사 결과를 공개할 수 있다. (개정 2020.9.11)
⑤ 제1항부터 제4항까지에서 규정한 사항 외에 실태조사의 내용·방법 및 절차 등에 필요한 세부 사항은 질병관리청장이 정한다. (개정 2020.9.11)
[본조신설 2017.8.9]

개정을 통해 출발했다. '기후보건 영향평가'의 법제화를 통해 국가가 기후변화가 국민의 건강에 미치는 영향을 주기적으로 평가하도록 했다. 법 개정 당시에는 보건복지부장관이 수행하도록 했으나, 2020년 질병관리청이 출범하면서 질병관리청장이 수행할 것으로 개정되었다. 동법 시행령에서는 기후보건 영향평가와 실태조사의 내용 및 방법에 대한 세부 사항이 명

시되어 있다. 「탄소중립기본법」이 감시·예측, 대책 수립 및 시행, 전담 기관의 지정까지 넓게 다루고 있는데 반해, 「보건의료기본법」은 기후변화의 영향에 대한 근거를 마련하는 데 중점을 두고 있고, 평가를 전담할 조직에 대한 규정은 나타나 있지 않다.

「보건의료기본법」과 비교되는 유사 법률은 농업·농촌에 대한 영향을 평가하도록 하는 농림축산식품부 소관의 「농업식품기본법」이다. 「농업식품기본법」의 기후영향평가에 대한 개정은 「보건의료기본법」의 기후보건 영향평가보다 앞선 2014년도에 이루어졌다. 두 법률은 5년 단위의 조사·평가, 실태조사 실시 등의 측면에서 유사하게 구성되어 있다. 그러나 「보건의료기본법」이 법률과 시행령으로 2단의 구성을 취하고 있는 것에 반해, 「농업식품기본법」은 법률, 시행령, 시행규칙의 3단의 구성을 취하고 있다. 특히 행정규칙을 통해 농업 분야 기후변화 실태조사 및 영향·취약성 평가 기준을 구체화하고 있다는 점에서 큰 차이를 보인다. 행정규칙에 따르면 국립식량과학원, 국립원예특작과학원, 국립축산과학원과 같은 국가 기관에서 각각의 평가를 담당하도록 하고 있으며, 평가지표, 대상에 대한 세부 항목을 고시하고 있다.

기후변화가 건강에 미치는 영향은 직접적인 노출로 인한 영향뿐만 아니라 생태계 및 환경 변화를 통해 간접적으로 나타나는 영향까지 매우 광범위하다. 또한 노출 이후 단기적으로 발생하는 건강 문제도 있지만, 건강 영향이 발생하기까지 수일 이상의 시간이 소요되기도 한다. 따라서 기후변화로 인한 건강 영향은 예상되는 시점에 섬세하는 것으로는 충분히 파악하기 어려우며, 통계적 모형을 개발하고 평가 전략을 마련하는 것이 필요하다. 이러한 이유로 평가지표, 산출방식 등을 표준화하고, 국가 기관별 업무를 배분해 고시하는 것이 적절하지 않다.

'농업·농촌 및 식품산업 기본법(농업식품기본법)'

제47조의2(기후변화에 따른 농업·농촌 영향 및 취약성 평가) ① 농림축산식품부장관은 농업·농촌의 지속가능한 발전을 위하여 지구온난화 등 기후변화가 농업·농촌에 미치는 영향과 기후변화에 따른 취약성을 5년마다 조사·평가(이하 "기후영향평가등"이라 한다)하여 그 결과를 공표하고 정책수립의 기초자료로 활용하여야 한다. (개정 2015.6.22)

② 농림축산식품부장관은 기후영향평가등에 필요한 기초자료 확보 및 통계의 작성을 위하여 실태조사를 실시할 수 있다. (개정 2015.6.22)

③ 농림축산식품부장관은 관계 중앙행정기관의 장, 지방자치단체의 장 및 농업·농촌 관련 기관이나 단체의 장에게 기후영향평가등에 필요한 자료의 제공 또는 제2항에 따른 실태조사의 협조를 요청할 수 있다. 이 경우 자료제공 또는 실태조사 협조를 요청받은 관계 중앙행정기관의 장 등은 특별한 사유가 없으면 이에 협조하여야 한다. (개정 2015.6.22)

④ 기후영향평가등과 실태조사의 구체적인 내용 및 방법 등에 필요한 사항은 농림축산식품부령으로 정한다. (개정 2015.6.22)

⑤ 농림축산식품부장관은 제1항부터 제3항까지에 따른 정책을 효율적으로 추진하기 위하여 기후영향평가등 관련 사항에 관한 권한 또는 업무를 대통령령으로 정하는 자에게 위임 또는 위탁할 수 있다. 〈신설 2015.6.22〉

[본조신설 2014.5.20]

[제목개정 2015.6.22]

'농업·농촌 및 식품산업 기본법' 행정규칙 '농업 분야 기후변화 실태조사 및 영향·취약성 평가 기준'

제7조(조사·평가기관 지정) ① 농촌진흥청장은 농업 분야 기후변화 실태조사, 영향평가 및 취약성 평가를 효율적으로 추진하기 위하여 다음 각 호와 같이 사항별로 소속기관을 조사·평가기관으로 지정하여 업무를 수행한다.

1. 기상·기후의 이상 변화, 돌발 및 외래병해충·잡초의 발생과 피해, 농업 생태계의 생물다양성 및 생물계절 변화에 관한 사항: 국립농업과학원.

2. 식량작물의 적지 및 생산성 변화에 관한 사항: 국립식량과학원.

3. 원예·특용작물의 적지 및 생산성 변화에 관한 사항: 국립원예특작과학원.

4. 축산·목초·사료작물의 적지 및 생산성 변화에 관한 사항: 국립축산과학원.

② 제1항에 따라 업무를 수행하는 조사·평가기관은 농촌진흥청의 다른 소속기관 및 한국농업기술진흥원, 각 도 농업기술원 및 농업기술센터, 대학 및 연구기관, 전문기관 등과 공동으로 실태조사, 영향평가 및 취약성 평가를 수행할 수 있다.

"기후변화 영향·취약성 평가" 기준 세부항목의 예

분야		지표	영향·취약성 평가				평가 기관
			대상	기준연도, 기준값	영향 평가	취약성 평가 (○, ×)	
기상·기후 이상변화		기후 변화량	온도, 강수량, 일조	기후 평년 (1991~2020)	분석값/ 기준값	×	농과원
		이상 기상 발생 회수	고온, 저온, 다조, 과조, 과우, 다우	기후 평년 (1991~2020)	분석값/ 기준값	×	농과원
적지 및 생산성 변화	식량, 원예	기후 생산력 지수	벼	기후 평년 (1991~2020)	분석값/ 기준값	×	농과원
			고온, 저온, 다조, 과조, 과우, 다우	기후 평년 (1991~2020)	분석값/ 기준값	×	농과원

마지막으로 건강적응과 관련된 법률은 행정안전부 소관의 「재난안전법」이 있다. 법률에서 정의하는 재난은 자연재난과 사회재난으로 분류된다. 자연재난으로는 태풍, 홍수, 호우, 한파, 폭염 등이 포함되어 있는데, 이런 기상현상은 기후변화의 영향으로 향후 빈도가 잦아지거나 강도가 높아질 것으로 예상되고 있다. 감염병은 사회재난으로 분류되어 있는데, 곤충·동물 매개 감염병, 수인성·식품 매개 감염병은 국내외 연구들에서 기후변화의 영향이 보고되어온 질병이다. 한편, 2018년 심각한 폭염이 발생함에 따라 그해 폭염이 자연재난으로 명시되기에 이르렀다. 이로써 폭염으로 인한 피해가 발생한 경우 국가가 보상할 수 있는 법적 기반이 마련되었다.

폭염이 「재난안전법」에 자연재난으로 포함되고, 같은 해 폭염 인명피해 판단 지침이 마련되었다. 지침에 따르면 폭염 특보가 발효된 지역에서 발생한 인명피해에 한해 적용된다. 인명피해가 발생하면 폭염 특보 여부를 확인하고, 온열질환 여부를 판단한 뒤 귀책사유 등을 종합적으로 검토해 최종 인명피해를 확정한다. 온열질환은 의사의 진단이 있어야 하고, 본인 또는 보호자의 귀책사유로 피해가 발생한 경우에는 폭염피해 대상

'재난 및 안전관리 기본법(재난안전법)'
제3조(정의) 이 법에서 사용하는 용어의 뜻은 다음과 같다. (개정 2009.12.29, 2011.3.29, 2012.2.22, 2013.3.23, 2013.8.6, 2014.11.19, 2014.12.30, 2015.7.24, 2016.1.7, 2017.1.17, 2017.7.26., 2018.9.18)
1. "재난"이란 국민의 생명·신체·재산과 국가에 피해를 주거나 줄 수 있는 것으로서 다음 각목의 것을 말한다.
 가. 자연재난: 태풍, 홍수, 호우(豪雨), 강풍, 풍랑, 해일(海溢), 대설, 한파, 낙뢰, 가뭄, 폭염, 지진, 황사(黃砂), 조류(藻類) 대발생, 조수(潮水), 화산 활동, 소행성·유성체 등 자연우주물체의 추락·충돌, 그 밖에 이에 준하는 자연현상으로 인하여 발생하는 재해
 나. 사회재난: 화재·붕괴·폭발·교통사고(항공사고 및 해상사고를 포함한다)·화생방사고·환경오염사고 등으로 인하여 발생하는 대통령령으로 정하는 규모 이상의 피해와 에너지·통신·교통·금융·의료·수도 등 국가기반체계(이하 "국가기반체계"라 한다)의 마비, '감염병의 예방 및 관리에 관한 법률'에 따른 감염병 또는 '가축전염병예방법'에 따른 가축전염병의 확산 등으로 인한 피해

그림 8-1 **폭염 인명피해 판단 기준 및 절차**

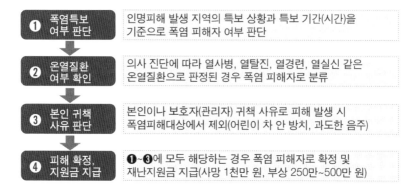

❶ 폭염특보 여부 판단	인명피해 발생 지역의 특보 상황과 특보 기간(시간)을 기준으로 폭염 피해자 여부 판단
❷ 온열질환 여부 확인	의사 진단에 따라 열사병, 열탈진, 열경련, 열실신 같은 온열질환으로 판정된 경우 폭염 피해자로 분류
❸ 본인 귀책 사유 판단	본인이나 보호자(관리자) 귀책 사유로 피해 발생 시 폭염피해대상에서 제외(어린이 차 안 방치, 과도한 음주)
❹ 피해 확정, 지원금 지급	❶~❸에 모두 해당하는 경우 폭염 피해자로 확정 및 재난지원금 지급(사망 1천만 원, 부상 250만~500만 원)

자료: 행정안전부 보도자료(2018.12.3).

에서 제외된다. 따라서 폭염 인명피해자로 확정되기 위해서는 폭염특보
가 폭염과 인명피해의 연관성을 적절하게 반영할 수 있는 기준이어야 하
며, 의사가 환자의 질병을 진단할 때 온열질환을 누락하지 않아야 한다.
한편 인명피해 확정이 어려운 경우에는 폭염 인명피해 심의위원회가 개
최된다. 심의위원회는 시군구 재난대책본부장을 위원장으로 하고, 소방,
의학계 민간전문가, 해당 병원 관계자, 피해조사 담당 부서장 등 지자체
실정에 맞게 구성하도록 하고 있다(그림 8-1).

2. 기후변화 건강 영향 감시 및 평가

1) 국외

미국의 평가는 13개 연방기관 통합조직인 USGCRP에서 이루어진다.

이 조직은 대통령 선언(Presidential Initiative, 1989)으로 설립되었고, '지구변화연구법(Global Change Research Act, 1990)' 제정으로 의회에 의해 권한을 부여받았다. 13개 각 연방기관의 대표자들이 대통령 직속 국립과학기술위원회(National Science and Technology Council) 산하 환경위원회(Committee on Environment)의 지구변화연구분과위원회(Subcommittee on Global Change Research)를 구성하고 있다. 관계부처 간 그룹/팀(Interagency Groups and Teams)은 각 연구 영역별로 활동을 계획, 발전, 수행하는 역할을 하며 연방기관 대표들로 구성된다. 조직의 예산에 대한 사항이 법에 명시되어 있어서 각 연방기관과 부서는 매년 대통령과 의회에 지구변화연구프로그램과 관련된 활동에 대해 예산 보고서를 제출해야 한다. 조직의 예산은 매년 급격하게 증가해 조직이 상징적으로 존재하는 것이 아니라 실질적으로 연구

그림 8-2 **USGCRP의 조직도**

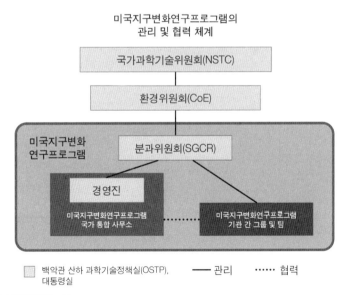

자료: USGCRP(n.d.).

의 기능을 수행하고 있음을 알 수 있다(그림 8-2).

'지구변화연구법' 106조에 따라 지구변화연구프로그램은 4년마다 의회
와 대통령에게 과학적인 평가를 담은 보고서를 제출해야 하는데, 평가 보
고서가 실제 정확히 4년 주기로 발표되고 있지는 않다. 국가기후평가(Na-
tional Climate Assessment: NCA)는 2000년에 제1차 발표를 시작으로, 2009
년에 제2차, 2014년에 제3차, 2017~2018년에 제4차가 발표되었으며, 2023
년 하반기에 제5차가 발표되었다.

제4차 보고서는 2개년에 걸쳐 1권(『기후과학 특별 보고서(Climate Science
Special Report, 2017)』)과 2권(『미국에서의 영향, 위험 적응(Impacts, Risks, and
Adaptation in the U.S., 2018)』)이 발표되었는데, 2권에서 건강 영향을 다루
고 있다. 여기에서 기후변화는 모든 국민의 건강에 영향을 주지만 기후변
화에 대한 노출과 회복탄력성은 인구집단과 지역사회마다 다르며, 기후
적응 정책과 프로그램이 기후변화의 위험을 줄이고 건강을 증진할 수 있
음을 설명하고 있다. 또한 온실가스 감소가 장·단기적으로 건강과 경제에
유익할 수 있다는 내용을 통해 건강을 위해 공동편익의 관점에서 접근할
필요성을 시사하고 있다.

국가기후평가는 단기간에 소수 연구자의 참여로 시행되는 것이 아니
다. 국가기후평가가 건강뿐만 아니라 다 부문의 평가를 포함하고 있기 때
문에 단순히 국내 상황과 규모를 비교하는 것은 어렵지만 절차와 구성을
이해하는 것이 중요하다. 제4차 평가를 위한 조직도를 보면 국가기후평가
운영위원회(NCA4 SC)를 중심으로 지구변화연구프로그램을 포함한 연방
기관 및 부서(그림 8-3의 왼쪽), 외부 관련 기관(그림 8-3의 오른쪽) 등 300명
이상의 전문가들이 보고서 제작에 참여했다. 구체적으로는 앞의 지구변
화연구프로그램 조직도에서 보였던 지구변화연구프로그램 분과위원회

그림 8-3 미국 국가기후평가 운영의 조직도

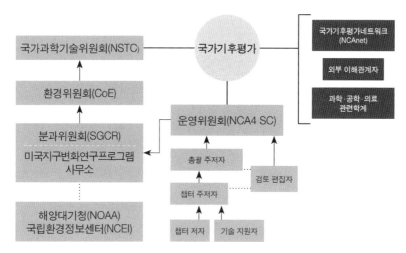

자료: Reidmiller et al.(2019: 1391).

(Subcommittee on Global Change Research: SGCR)와 NCA4 SC가 협의해 각 챕터의 총괄 주저자를 선정한다. 총괄 주저자는 챕터 주저자와 일대일로 업무를 수행하고, 챕터 주저자는 각 챕터의 저자를 총괄하는 역할을 하고 있다(그림 8-3).

지구변화연구프로그램의 13개 연방기관에는 보건부(U. S. Department of Health and Human Services: HHS)가 포함되어 있다. 보건부는 국립보건원 (National Institute of Health: NIH)과 질병통제예방센터(Centers for Disease Control and Prevention: CDC)를 통해 환경보건 및 기후변화에 의한 건강 영향과 관련된 광범위한 연구와 의사결정을 지원하고 있다. 보건당국은 기후변화와 건강에 대한 기초 및 응용 연구를 수행하고, 관련 모니터링 및 감시를 운영하며, 건강 지표를 산출하기 위한 자료를 구축하는 것 등의 역할을 하고 있다.

그림 8-4 영국 '기후변화법'에 근거한 평가 및 정책의 수행체계

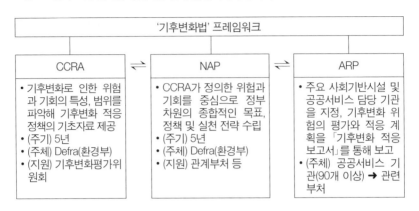

영국은 '기후변화법'에 따라 매 5년 이내 평가 보고서를 의회에 제출해야 하며, 평가 결과는 법에 따라 정책과 연결되는 구조를 갖고 있다. 첫 단계로 이루어지는 기후변화위험평가(Climate Change Risk Assessment: CCRA)는 기후변화로 발생할 수 있는 영국의 사회적·환경적·경제적 위험을 평가하는 것이다. 다음 단계는 국가적응프로그램(National Adaptation Programme: NAP)으로 이것은 기후변화에 따른 주요 위험 요인들의 우선순위를 설정하는 것으로 기후변화위험평가가 발표될 때마다 수립된다. 마지막으로 적응보고제도(Adaptation Reporting Powers: ARP)는 장관에게 관련 기관이 기후변화 대응 정책이 어떻게 실현되고 있는지 보고하는 도구로, 이 보고서를 통해 각 기관, 특히 환경 및 인프라 관련 주요 기관들의 기후변화 대응 역량이 평가된다(그림 8-4).

기후변화위험평가는 '기후변화법'을 근거로 설립된 독립 자문기구인 기후변화위원회(Climate Change Committee: CCC)가 운영한다. 위원회는 온실가스 배출량 감축에 관한 자문을 제공하는 '완화위원회(Mitigation Committee)'와 기후변화 적응에 관한 자문을 제공하는 '적응위원회(Adaptation Committee)'로 분류되어 있으며, 영국의 기후 목표와 기후 정책에 대해 전문적인 자문을 제공하고 온실가스 감축과 기후변화 적응 현황을 모니터링하는 역할을 하고 있다.

영국 기후변화위험평가의 결과는 2012년을 시작으로 5년마다 평가 보고서로 발간되고 있는데, 평가 결과를 다루는 과학적 정보와 그것을 기반으로 한 정책 정보가 분리되어 발표되고 있다는 특징이 있다. 제1차(2012년)와 제2차(2016년, 2017년) 기후변화위험평가는 근거 보고서(Evidence Report)와 정부 보고서(Government Report)의 형태로 발표되었고, 제3차 평가(2021년)는 기술 보고서(Technical Report)와 조언 보고서(Advice Report)로 발간되었다. 기술 보고서에서는 현재와 미래의 기후를 고려해 영국의 기후 위험뿐만 아니라 기회를 제시하고 이에 적응하기 위한 시급성을 평가했다. 조언 보고서는 기술 보고서의 분석을 기반으로 국가 적응 계획과 대응을 위한 우선순위에 대해 조언했다.

제3차 평가에 따르면 영국은 고온으로 인해 사망과 질병이 증가할 것이며, 의료 및 사회복지 기관의 적응 조치가 없을 시 홍수의 위험이 커질 것으로 경고했다. 또한 기후변화로 인한 건강 영향에 불평등이 존재함을 강조했다. 이와 같은 위험과 함께 기회 요인도 다루었는데, 따뜻해진 기온으로 야외활동이 늘어나면서 신체활동이 증가하고 정신건강이 개선될 수 있는 점은 잠재적 혜택으로 설명했다.

2) 국내

기후변화의 건강 영향을 모니터링하는 시스템은 온열질환 응급실 감시체계, 한랭질환 응급실 감시체계의 두 가지이며, 질병관리청에서 운영하

그림 8-5 온열질환자 응급실 감시체계 신고체계

참여 의료기관 → 관할 보건소 → 관할 시·도 → 질병관리청

자료: 질병관리청(2022b: 8).

고 있다. 온열질환 응급실 감시체계는 폭염 기간(5~9월)에 온열질환자 발
생현황을 모니터링하기 위한 목적으로, 2011년부터 운영되기 시작했다.
전국 응급실 운영 의료기관 중 참여를 희망하는 500여 개 기관이 참여해
폭염으로 인한 온열질환자와 온열질환 추정 사망자를 신고한다(그림 8-5).

신고 대상 질환의 주요 증상과 질병코드는 표 8-2와 같다.

감시체계가 운영된 이래 신고건수가 가장 많았던 해는 2018년으로, 온
열질환자 수는 4,526명, 온열질환 추정 사망자 수는 48명으로 신고되었다
(표 8-3).

한랭질환 응급실 감시체계는 매년 한파기간 중(12월 1일부터 다음해 2월
말일까지 3개월) 한랭질환자 발생 현황을 모니터링하기 위한 목적으로, 온
열질환 감시체계보다 2년 뒤인 2013년부터 운영되기 시작했다. 온열질환
감시체계와 마찬가지로 참여를 희망하는 응급실 운영 의료기관 약 500개
기관에서 한파로 인한 한랭질환자와 한랭질환 추정 사망자를 신고한다.
한랭질환의 분류는 표 8-4와 같다.

두 가지 감시체계의 결과는 참여 의료기관의 자발적 참여로 신고된 자
료이기 때문에 국내에서 발생된 전체 온열 및 한랭질환의 수를 포함하는
것이 아니다. 질병관리청은 감시 운영 결과에 대해 2015년부터 연보를 발

표 8-2 **온열질환 응급실 감시체계의 온열질환 분류**

분류	주요 증상	질병코드
열사병	• 중추신경 기능장애(의식장애/ 혼수상태) • 땀이 나지 않아 건조하고 뜨거운 피부(>40°C) • 심한 두통 • 오한 • 빈맥, 빈호흡, 저혈압	T67.0
열 실신	• 실신(일시적 의식소실) • 어지러움증	T67.1
열경련	• 근육경련(어깨, 팔, 다리, 복부, 손가락)	T67.2
열 탈진	• 체온은 정상, 혹은 상승(≤40°C) • 땀을 많이 흘림(과도한 발한) • 극심한 무력감과 피로 • 창백함, 근육경련 • 오심 또는 구토	T67.3 T67.4 T67.5
열 부종	• 손, 발이나 발목의 부종	T67.7
기타	• 기타 열 및 빛의 영향 • 상세불명의 열 및 빛의 영향	T67.8 T67.9

주: 한국표준질병·사인분류(KCD-8차 개정) 기준.
자료: 질병관리청(2022b: 4).

표 8-3 **연도별 온열질환 응급실 감시체계 운영 결과**

구분	운영기간	참여기관	온열질환자(사망)	폭염일수*
2011년	7.1~9.3	491개소	443명(6명)	6.5
2012년	6.1~9.6	459개소	984명(15명)	14
2013년	6.2~9.7	437개소	1,189명(14명)	16.6
2014년	6.1~9.6	541개소	556명(1명)	6.6
2015년	5.24~9.5	539개소	1,056명(11명)	9.6
2016년	5.23~9.21	529개소	2,125명(17명)	22
2017년	5.29~9.8	527개소	1,574명(11명)	13.5
2018년	5.20~9.10	521개소	4,526명(48명)	31
2019년	5.20~9.20	508개소	1,841명(11명)	12.9
2020년	5.20~9.13	503개소	1,078명(9명)	7.7
2021년	5.20~9.30	494개소	1,376명(20명)	11.8
2022년	5.20~9.30	497개소	1,564명(9명)	10.6

주: * 폭염일수는 일 최고기온 33.0°C 이상인 날의 일수로 전국 62개 지점을 활용하여 산출
한 일수(기상자료개방포털)를 의미함.
자료: 질병관리청(2022b: 11).

표 8-4 **한랭질환 응급실 감시체계의 한랭질환 분류**

분류		주요 증상	질병코드
전신	저체온증	심부체온 35℃ 미만	T68
국소	동결	동상	표재성 동상	T33
			조직괴사 동반한 동상	T34
			여러 신체부위를 침범한 동상 및 상세불명의 동상	T35
	비동결		침수병 및 침족병	T69.0
			동창	T69.1
		기타	저하된 온도의 기타 명시된 영향 저하된 온도의 상세불명의 영향	T69.8 T69.9

주: 한국표준질병·사인분류(KCD-8차 개정) 기준.
자료: 질병관리청(2022a: 3).

표 8-5 **연도별 한랭질환 응급실 감시체계 운영 결과**

구분	운영기간	참여기관	한랭질환자(사망)	평균 최저기온(℃)*
2013~2014 절기	2013.12.1~ 2014.2.28	436개소	258명(13명)	-3.2
2014~2015 절기	2014.12.1~ 2015.2.28	539개소	458명(12명)	-3.6
2015~2016 절기	2015.12.1~ 2016.2.29	531개소	483명(26명)	-2.7
2016~2017 절기	2016.12.1~ 2017.2.28	532개소	441명(4명)	-3.2
2017~2018 절기	2017.12.1~ 2018.2.28	523개소	631명(11명)	-5.5
2018~2019 절기	2018.12.1~ 2019.2.28	517개소	404명(10명)	-3.4
2019~2020 절기	2019.12.1~ 2020.2.29	505개소	303명(2명)	-1.4
2020~2021 절기	2020.12.1~ 2021.2.28	503개소	433명(7명)	-3.9
2021~2022 절기	2021.12.1~ 2022.2.28	492개소	300명(9명)	-4.8

주: * 전국 기상관측지점에서 측정한 일별 평균 최저기온을 12월부터 다음 해 2월까지 합산하여 평균한 값.
자료: 질병관리청(2022a: 11).

간해 공개하고 있다.

또한 기후변화와 관련된 건강 영향에 대한 정보는 「보건의료기본법」 제37조의2(기후변화에 따른 국민건강영향평가 등)를 근거로 하는 '기후보건 영향평가'를 통해서 확인할 수 있다. 2017년 법 개정 이후 단계적 이행 이후 2022년 3월 제1차 기후보건 영향평가 보고서가 공표되었다.

기후보건 영향평가는 폭염 및 한파 등 극한 기온에 대한 온열 및 한랭 질환, 심혈관 질환을 비롯해 생태계 변화에 따른 감염병 발생, 대기 질 변화에 따른 심혈관 및 호흡기 질환을 아우르고 있다. 온열 및 한랭 질환, 감염병의 경우 감시체계를 기반으로 수집된 데이터로 지표가 산출되나, 그 외 만성질환은 의료 이용 데이터를 활용한 모델링을 통해 산출된 추산 지표로 나타나 있다.

기후변화가 건강에 미치는 영향이 광범위하고, 질환에 따라 복잡하거나 매우 다른 메커니즘을 갖기 때문에 기후변화와 건강의 관계를 감시, 평가하는 것은 어려운 일이다. 그런데 기후변화가 건강에 미치는 피해는 기후변화가 가속화되고 있기 때문에 지금보다 더 빠르게 확대될 수 있다. 따라서 기후변화에 대한 적극적인 적응이 필요하다. 여기에서 적응은 악화되고 있는 기후환경에서 건강하게 살아가기 위해 필요한 변화를 의미한다. 그런데 그 변화는 기후변화의 속도만큼 빠르게 이루어지기 어려우므로 기후변화의 속도를 늦추기 위한 변화가 함께 필요하다. 이 두 가지 변화는 개인, 민간의 참여도 필요하지만 국가 정책의 틀 속에 계획되고 추진되어야 한다.

건강적응 과제가 국가의 한정된 자원에서 얼마만큼 차지할 필요가 있는지 근거를 구축하는 것, 즉 기후변화가 건강에 미치는 영향을 감시하고 평가하는 것이 건강적응을 위한 첫 단계다. 감시 및 평가는 건강적응 정

그림 8-6 **기후보건 영향평가의 추진 경과**

자료: 질병관리청 홈페이지(기후변화) 일부 수정.

그림 8-7 **제1차 기후보건 영향평가의 공표**

그림 8-8 **건강적응 정책 수립을 위한 기후보건 영향평가의 근거 구축 방향**

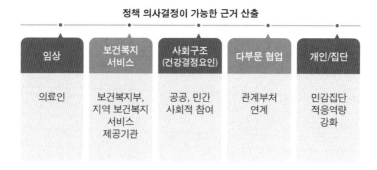

책의 첫 단계일 뿐만 아니라 건강적응 정책 과정 전반에 중요한 근거가 된다. 평가 근거를 기반으로 임상, 보건복지서비스, 사회구조, 다부문 협업, 개인 및 집단에서 필요한 역할과 방향이 마련되는 것이 필요하다. 따라서 근거법을 통해 시행되는 기후보건 영향평가는 다양한 정책 의사결정을 지원할 수 있도록 안정적인 운영체계를 갖추는 것이 중요하다(그림 8-8).

3. 기후변화 건강적응 정책

1) 국외

정책 수립과 시행을 위해서는 무엇이 문제인지 인식하는 것이 필요하다. 미국과 영국 정부가 기후변화와 관련된 건강 문제로 포함하고 있는 내용을 살펴보고자 한다. 한 가지 기후요인이 한 가지 건강 결과에만 영향을 주는 것이 아니기 때문에 모든 상관관계를 전부 다루기는 어렵다. 따라서 기후와 건강의 분류체계는 평가와 정책 수립을 위한 우선순위라고 이해할 수 있다. 평가를 담당하는 USGCRP이 정하고 있는 건강 평가 영역은 고온, 대기 질, 홍수, 감염병, 정신건강으로 구분되어 있다(표 8-6). USGCRP의 평가를 지원하면서 적응을 담당하는 CDC에서는 우선순위 영역을 간결하게 나타내고 있다(그림 8-9). 영국 기후변화 위험평가는 기후변화가 건강에 미치는 부정적 요인과 기회요인을 다루고 있다(표 8-7). 국가마다 빈번하고, 심각하게 발생하는 기후요인이 다르고, 그로 인해 영향을 받게 되는 집단의 특성과 규모도 다르다. 그러므로 각 국가의 문제와 여건에 맞게 평가와 정책 대상을 설정하게 된다.

표 8-6 **USGCRP의 건강 평가 영역**

구분	기후 요인 (Climate Driver)	노출 (Exposure)	건강 결과 (Health Outcome)	영향 (Impact)
고온	잦은 빈도의 심각하고 지속적인 고온 발생	기온 상승	고온 관련 사망 또는 질환	기온 상승은 열성 질환 및 사망을 증가시킴
대기 질	고온 상승, 강수 경향 변화	대기 질 악화(오존, 미세먼지, 꽃가루 등)	조기사망, 급성/만성 심장질환 및 호흡기계 질환	기온과 산불 증가, 강수량 감소가 심장질환 및 호흡기계 질환을 유발하는 오존, 위험물질 발생을 증가시킴
홍수	해수면 상승, 잦은 빈도의 강력한 강수, 허리케인, 폭풍	오염된 물, 잔해, 필수 인프라 파괴	익사 사고, 상해, 정신건강 문제, 위장질환 및 기타 질환	해안가와 내륙 지방의 홍수는 발생 전, 중, 후에 걸쳐 건강에 부정적인 영향을 줌
매개체 감염 질환 (라임병)	극단적인 기후변화, 계절성 기후변화	조기의, 지리적으로 확장된 진드기 활동	라임병	진드기의 조기 활동, 북쪽으로 확장된 활동 범위는 라임병 노출 위험을 증가시킴
수인성 질환 (비브리오 패혈증)	해수면 온도 상승, 강수량 및 담수 변화가 연안 바다의 염분에 영향	비브리오 패혈증에 감염된 어패류	비브리오 패혈증으로 인한 설사, 부상, 혈액 감염, 사망	수온 상승이 비브리오 패혈증 발생 시기와 장소를 변화시키고 수인성 질환의 노출 위험을 증가시킴
식품 매개 질환 (살모넬라)	기온과 습도 상승	병원체 증가, 살모넬라의 계절성 변화	살모넬라 감염, 위장 문제	기온 상승으로 인한 식품 내 살모넬라균 증식 위험이 증가함
정신건강과 웰빙	기후변화 영향(특히 극단적인 기후변화)	재난과 같은 외상성 사건에 대한 노출 수준	고통, 비탄, 행동장애, 사회적 영향, 회복탄력성	기후변화 또는 날씨로 인한 재난 등은 스트레스와 정신건강 문제의 원인이 되거나 위 문제들을 심화함(특히, 특정 집단에 매우 심각한 영향을 미침)

자료: USGCRP(2016).

미국은 보건부와 질병통제예방센터에서 기후변화에 따른 건강정책을 담당하고 있다. 질병통제예방센터 내 비감염성질환국에는 4개의 센터가 속해 있는데, 그중 하나인 국가환경보건센터(National Center for Environmen-

그림 8-9 CDC의 기후변화 관련 주요 건강 문제

자료: CDC(2021).

표 8-7 기후변화 위험평가의 건강 부문 평가 영역

	제1차 CCRA	제2차 CCRA	제3차 CCRA
주제	건강과 웰빙 (Health and Wellbeing)	사람과 건축환경 (People and the built environment)	건강, 지역사회, 건축환경 (Health, Communities and the Built Environment)
위험요인	• 기온 증가 → 사망·이환 • 홍수 발생 → 사망·상해·정신질환 • 오존 농도 → 사망·호흡기 질환 입원 • 기온·실외활동 시간 → 피부암 발생·사망 • 겨울철 강수량 증가 → 해안 인구 질환 발생 • 해수온도 증가 → 해양 병원균 증가	• 고온으로 인한 건강·웰빙 위험 • 홍수 발생으로 인한 위험 • 극한 기상현상이 의료 및 복지 서비스 제공에 미치는 위험 • 대기 질 변화에 의한 건강위험 • 매개체 감염병에 대한 위험 • 수질 악화에 의한 건강위험	• 고온으로 인한 건강·웰빙 위험 • 홍수로 인한 인구, 지역사회, 건물 위험 • 대기 질 변화에 의한 건강위험 • 매개체 감염병에 대한 위험 • 의료 및 복지 서비스 제공에 미치는 위험
기회요인	• 기온 증가 → 한랭질환의 사망·이환 감소 • 기온·실외활동 증가 → 건강 수준 향상	• 고온으로 인한 실외활동 증가 기회 • 추위 감소로 인한 건강·웰빙의 잠재적 영향	• 따뜻한 여름과 겨울로 건강·웰빙의 기회

자료: Climate Change Committee(각 연도).

tal Health)가 관련 업무를 수행하고 있다. 질병통제예방센터는 평가, 사업
운영, 예산 지원 등 다양한 형태의 대응을 하고 있다. 대표적으로 기후적

응 지역 이니셔티브(Climate-Ready States and Cities Initiative: CRSCI)는 기후와 건강 관련 협력을 통해 주 정부, 도시, 지역이 회복탄력성 구축(Building Resilience Against Climate Effects: BRACE) 프레임워크를 개발하고 이행할 수 있도록 보조금을 지원하는 사업이다. 2010~2020년까지 39개 지역에서 43개의 협력 협약이 체결되어, 기술과 보조금 지원이 이루어졌다(Schramm et al., 2020: 365). 보조금을 지원받은 지역은 BRACE 프레임워크를 통해 지역의 건강적응 계획을 개발하는데, 이 프레임워크는 5단계로 구성되어 있다.

- 1단계: 기후영향 예측 및 취약성 평가
- 2단계: 질병부담 산출
- 3단계: 공중보건 프로그램 평가 - 최적의 건강 프로그램 파악
- 4단계: 기후 및 건강적응 계획의 개발 및 이행
- 5단계: 영향 평가, 개선(CDC, 2020)

2021년 미국 보건부에는 기후변화 및 건강형평국(Office of Climate Change and Health Equity: OCCHE)이 설립되었다. 기후변화와 건강에 대한 정책을 총괄하는 역할을 하고, 소외된 지역이나 취약 집단의 문제에 중점을 둔다. 기후변화 및 건강형평국의 우선순위 사업으로는 기후 위험의 영향에 더 취약한 지역과 집단을 파악해 건강 격차를 해소하는 것이다. 또한 기후변화와 건강 문제에 대응할 수 있는 인력을 양성한다. 적응 정책뿐만 온실가스 배출 규제 활동을 지원하며, 의료 부문 전반에 대한 대기오염 기준을 설정하는 등 감축 정책도 추진하고 있다.

미국 보건부는 2021년 기후행동계획(Cimate Acton Plan)을 통해 보건부의 우선순위 전략을 발표했다. 보건부는 기후적응을 위한 보건 프로그램

을 확대하고, 기후변화 및 건강형평국을 중심으로 보건부의 여러 부서가
협력해 대응을 개선하고자 했다. 또한 보건부의 기후회복 기금 정책을 개
발해 기후적응 정책을 추진하겠다는 계획을 포함하고 있다. 보건부는 기
후변화 취약성 평가의 개선에 대한 사항을 명시했는데, 폭염, 극한 기상
(태풍, 허리케인), 산불, 가뭄, 홍수에 대한 취약성 평가를 통해 적응 역량을
강화하려는 목적을 가지고 있다. 보건부는 조직 구성원의 기후 리터러시
를 향상시키고자 했고, 이를 위해 기후위기가 조직의 역할에 미치는 영향
에 대해 장관의 성명서를 발표해 구성원에게 전달되게 하는 것 등의 계획
을 포함하고 있다.

영국은 보건안보청(UK Health Security Agency: UKHSA)에서 인간의 건강
에 영향을 미치는 기후변화 및 기타 환경 변화의 영향에 대해 필요한 데이
터를 생산하고 연구 활동을 수행해 의사결정을 지원할 수 있도록 하고 있

그림 8-10 **NHS의 온실가스 배출 범위**

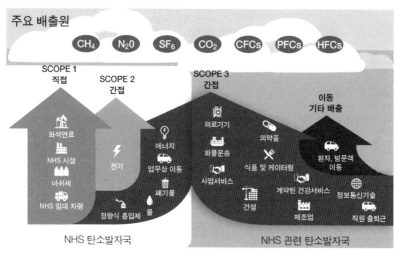

자료: NHS(2022: 12).

다. 또한 '기후변화법'에 따라 「적응 보고서(Health and care adaptation report)」를 발간하고 있다. 2022년에는 기후 및 건강안전센터(Center for Climate and Health Security: CCHS)를 신설했는데, 센터는 기후변화로 인한 위험 감소 및 적응 문제를 포함해 영양, 해외 이슈 등 여러 건강 안보 정책을 다루려는 목적을 가지고 있다. 이를 위해 다학제적 전문 지식을 생산하는 전문가 팀을 관리하며 필요한 정책과 프로그램을 개발하고 있다.

영국에서도 보건 분야의 감축 정책이 이루어지고 있다. 이른바 Greener NHS 프로그램이 운영되고 있는데, 그 일환으로 NHS 탄소중립 목표를 설정하고 있다. NHS에서 직간접으로 발생되는 탄소 배출을 파악하고 단계적 감축 계획을 제시했다(그림 8-10).

- Scope1(직접 배출): NHS 소유 또는 NHS가 직접 관리 가능한 영역에서 배출
- Scope2(간접 배출): 에너지 구매를 통한 간접 배출(전기 영역)
- Scope3(간접 배출): 전체 공급망을 포함해 상품 및 서비스의 생산과 운송 과정에서 발생하는 모든 간접 배출

2) 국내

기후변화 건강적응 관련 법에서 살펴본 바와 같이 미국과 영국에서는 법률에 건강적응 또는 감축과 관련된 보건당국의 역할이 명시되어 있다. 국내에서는 평가의 실시(「보건의료기본법」의 기후보건 영향평가)에 대한 사항 외에 정책의 수립과 이행에 대한 보건당국의 역할은 법제화되어 있지 않다. 다만, 최근 법정계획 내에 기후변화 대응에 대한 사항이 새롭게 포함되었다. 「국민건강증진법」(제4조)에 따라 질병 사전 예방 및 건강증진을 위

표 8-8 '국민건강증진종합계획'의 기후변화 대응 세부과제

세부과제 내용	상세내용
① 기후변화성 질환 모니터링 체계 구축·운영	• 폭염, 한파로 인한 온열질환자 및 한랭질환자 발생 추이를 모니터링하기 위한 감시체계 운영 지속(매년 운영) • 기후변화성 질환의 지속적·체계적 모니터링을 위한 기후보건 영향평가 추진(5년마다 평가 결과 공표)
② 기후변화성 질환 예방수칙 홍보	• 일반 국민과 취약계층 대상 폭염, 한파, 미세먼지 등의 건강 영향과 건강보호를 위한 예방수칙을 통해 인식 개선 • 동영상을 활용한 온라인 홍보 방식 도입, 대상자별 제공 방법과 매체 다양화
③ 기후보건 교육체계 구축	• 폭염, 한파, 미세먼지로 인한 건강 영향 최소화를 위해 의료진, 지자체 담당자, 감시체계 담당자 대상 교육 프로그램 개발 및 확산 • 교육 운영의 효율성과 지속성을 위해 관련 학·협회 보수교육 과정에 추가 또는 전문교육기관 온·오프라인 교육과정 개설 추진
④ 기후변화성 질환 정보 공유 플랫폼 구축	• 기후보건 영향평가를 위한 기초자료, 분석자료, 평가자료, 교육·홍보자료 등 기후변화성 질환 관련 정보 공유 플랫폼 구축·운영

자료: 한국건강증진개발원(2022: 45).

한 중장기 정책 방향을 제시하는 '국민건강증진종합계획'이 수립된다. 2022년 4월 제5차 국민건강증진종합계획(2021~2030)에는 28개 중점과제 중 하나로 '기후변화성 질환'이 처음 포함되었다. 국민건강증진종합계획은 중점과제별로 대표 지표를 선정하고, 대표 지표의 목표를 수치로 제시하고 있다. 기후변화 대응을 위한 대표 지표는 '기후보건 영향평가 평가체계 구축 및 운영'으로 설정되어 있어 구축 완료를 목표로 제시하고 있다(표 8-8).

성과지표는 '기후보건 영향평가 평가체계 구축 및 운영', '온열·한랭질환 건강수칙 인지도', '미세먼지 건강수칙 인지도', '기후변화성 질환 인지도', '기후변화성 질환 담당자 교육이수율(%)', '기후변화성 질환 담당자의 건강수칙 이해도', '기후변화성 질환 정보 공유 플랫폼 구축'의 8개다(한국건강증진개발원, 2022: 77). 성과지표를 통해 기후변화 대응 측면에서 강조되는 전략은 평가를 통한 근거 마련, 인식 제고, 정보 제공에 있음을 알 수 있다.

이 외에 기후변화 대응에 있어 보건당국은 관계부처 합동으로 추진되

는 대책 수립과 이행을 지원하고 있다. 건강적응에 대한 국가의 정책 방향은 '탄소중립·녹색성장 국가전략 및 제1차 국가 기본계획'과 '제3차 국가 기후변화 적응대책'에 나타나 있다. '탄소중립·녹색성장 국가전략 및 제1차 국가 기본계획'은 「탄소중립기본법」 제10조를 근거로 하며, 2023년 4월에 발표되었다. 이 계획은 기후위기 대응 및 지속가능발전을 위한 국가 최상위 계획으로, 중장기 국가 온실가스 감축 목표를 달성하기 위한

표 8-9 '탄소중립·녹색성장 국가전략 및 제1차 국가 기본계획'의 적응과제와 주관부처

핵심과제	세부과제	주관부처(협조부처)
모든 이행주체의 적응 추진체계 강화	국가 적응대책 추진체계 강화	환경부
	지자체·공공기관 적응대책 추진 내실화	환경부
	산업계 적응정보 제공 및 대책수립 지원	환경부(산업부, 기상청)
국민과 함께하는 적응 거버넌스 구현	모든 적응주체의 협업 강화 및 이행점검 내실화	환경부(국조실)
	적응대책의 법적 기반 공고화	환경부
	적응 인식도 제고 및 국제협력 강화	환경부(국조실)
기후위기 취약계층에 대한 국가적 보호 강화	기후위기 취약계층 주거·생활공간 맞춤형 적응력 제고	환경부(산업부)
	기후위기 보건복지 안전망 구축 상세내용 - 노인 맞춤돌봄 서비스, 보건소 방문 건강관리 등 기후위기 취약계층 대상 안전확인 및 건강관리 서비스 수행 - ICT 기기활용 위급상황 모니터링, 건강관리 교육 등 실시 - 폭염·한파 등에 노인일자리 참여 인력의 안전관리 및 건강보호를 위한 활동시간 조정·단축 등 보호 방안 마련 - 환경보건이동학교 등 찾아가는 맞춤형 환경보건 서비스 운영(2023~) - 기후위기 재난 피해자 및 가족 등에게 트라우마 상담 지원	복지부(환경부)
	저소득·노인 등 취약계층 에너지 부담 경감	산업부 (복지부)

자료: 관계부처 합동(2023: 115).

부문별 감축 목표를 설정하고 이행하는 데 초점을 두고 있기는 하지만 적응을 4대 전략의 하나[1]로 포함했다. 적응의 핵심과제는 ① 적응 추진체계 강화, ② 적응 거버넌스 구축, ③ 취약계층 보호기반 구축의 세 가지다. 보건복지부 주관의 과제는 취약계층에 대한 보건복지 안전망 구축으로, 세부적으로는 방문 건강관리 사업과 연계, 트라우마 상담 지원의 두 가지 사업이 소관 업무에 해당된다(표 8-9).

'제3차 국가 기후변화 적응대책(2021~2025)'은 수립 당시 '녹색성장법'을 근거 법령으로 했으나, 현재 그 법률은 폐지되고 '탄소중립기본법'이 제정 시행되고 있다. 제3차 대책이 시행되고 있는 상황에서, 기후위기가 가속화되고 그에 따른 피해가 증가함에 따라 2023년 3차 대책을 보완한 '제3차 국가 기후위기 적응 강화대책(2023~2025)'이 발표되었다.

적응대책에서는 기후변화의 영향에 대해 우선적으로 적응이 요구되는 문제를 '기후리스크'로 목록화하고, 기후리스크의 적응력을 제고하기 위한 정책을 마련하고 있다. 강화대책의 건강 영역 기후리스크는 기온 상승에 의한 곤충·동물 매개 감염병 증가를 포함해 13개[2]가 제시되어 있다.

---

[1] '탄소중립·녹색성장 국가전략 및 제1차 국가 기본계획'의 4대 전략은 ① 구체적·효율적 방식으로 온실가스를 감축하는 책임감 있는 탄소중립, ② 민간이 이끌어가는 혁신적인 탄소중립·녹색성장, ③ 모든 사회구성원의 공감과 협력을 통해 함께하는 탄소중립, ④ 기후위기 적응과 국제사회를 주도하는 능동적인 탄소중립이다(관계부처 합동, 2023).

[2] 3차 강화대책의 건강 부문 기후리스크는 ① 기온 상승에 의한 곤충·동물 매개 감염병 증가, ② 기온 상승에 의한 수인성·식품 매개 감염병 증가, ③ 기후·환경 변화로 인한 신·변종 감염병 발생 증가, ④ 대기오염에 의한 심뇌혈관계 질환 증가, ⑤ 기온 상승에 의한 심뇌혈관계 질환 증가, ⑥ 한파로 인한 심뇌혈관계 질환 증가, ⑦ 기상·기후 재난(홍수, 폭염 등)으로 인한 정신질환 증가, ⑧ 대기오염에 의한 호흡기계·알레르기 질환 증가, ⑨ 대기오염에 의한 정신질환 증가, ⑩ 기온 상승에 의한 호흡기계·알레르기 질환 증가, ⑪ 폭염에 의한 신장질환 증가, ⑫ 폭염에 의한 온열질환 증가, ⑬ 한파에 의한 한랭질환 증가의 13개이다(관계부처 합동, 2023: 97).

표 8-10 '제3차 국가 기후위기 적응 강화대책'의 건강적응 추진 과제

과제	세부내용	주관부처
폭염·한파 모니터링 및 피해 최소화	• 폭염·한파 영향예보 및 예방 인프라 강화 - 취약계층을 위한 폭염·한파 영향예보 서비스 제공 - 폭염·한파 건강피해 예방 인프라 강화	기상청 행정안전부, 환경부
	• 폭염·한파 대비 종합대책 수립 및 건강영향 감시체계 운영 - 폭염·한파 대비 종합대책 수립·추진 - 온열·한랭질환 응급실 감시 체계 운영	행정안전부 질병관리청
	• 폭염·한파 국민행동요령 및 응급조치요령 제공 - 폭염·한파 국민행동요령 홍보 - 기후변화에 따른 건강 영향 및 응급조치 요령 제공 정보플랫폼 운영	행정안전부, 환경부, 기상청 질병관리청
기후변화 기인 질병 연구·감시 및 대응역량 제고	• 기후변화 기인 질병 대응 연구개발 - 기후변화 질병부담 산출 - 기후변화 관련 급만성 질병 연구	질병관리청 질병관리청
	• 기후변화에 따른 감염병 대응 강화 - 긴급대응상황실(Emergency operation center) 운영 - 신종 인수공통감염병 관리를 통한 원헬스 체계 구축 - 기후변화기인 감염병 감시·대응 강화	질병관리청 환경부, 질병관리청 환경부, 질병관리청
	• 감염우려 의료폐기물 안전관리 및 처리기술 강화 - 감염우려 의료폐기물 처리 신기술 개발 - 고감염성 폐기물 안전처리 체계 마련	환경부 환경부
건강민감계층 피해 확대에 따른 보호기반 강화	• 기후변화에 따른 건강영향 평가체계 구축 - 기후보건영향평가 운영 체계 확립 - 기후보건영향평가 자료 수집 및 활용방안 마련	질병관리청 질병관리청
	• 기후변화에 따른 정신건강 증진 지원 - 기후위기 건강손실 예측 및 기후재난 트라우마 심리지원 - 정신건강 질환 실태조사 및 영향 연구	질병관리청, 보건복지부 보건복지부
	• 건강민감계층 보호사업 다각화 추진 - 건강도시 활성화 지원 - 기후변화 환경보건 서비스 거점 운영	보건복지부 환경부

자료: 관계부처 합동(2023: 100~105) 재구성.

건강적응의 주요 과제는 폭염·한파 모니터링 및 피해 최소화, 기후변화 기인 질병 연구·감시 및 대응역량 제고, 건강민감계층 피해 확대에 따른

보호기반 강화의 세 가지이다.

4. 기후보건 정책의 주류화

기후변화 대응은 완화와 적응으로 구분되고 있고, 이 두 가지 유형의 대응이 함께 이루어져 시너지를 이룰 때 공동편익을 얻을 수 있다고 설명되고 있다. 그런데 지금 나타나고 있는 기후변화의 속도와 정책 여건을 볼 때 두 가지 대응이 통합적으로 수립되고 이행되어야 의미 있는 효과를 거둘 수 있을 것으로 보인다. 기후변화의 가속화는 적응 정책의 수요를 더 증가시키기 때문에 완화가 시급하다. 그런데 많은 정책은 사회적 합의를 바탕으로 단계적으로 변화하므로 완화 정책만으로 적응의 수요를 충분히 해소하기는 어렵다. 또한 감축 노력이 건강의 피해를 적절하게 고려해 공동편익을 기대할 수 있는지 검토가 필요하다. 그러므로 한정된 자원 내에서 완화와 적응은 균형이 필요하다.

그동안 기후변화 정책을 위한 많은 자원이 완화에 집중되어 왔으나 최근에는 적응의 주류화, 적응의 실질적 실현을 위한 정책적 변화가 기대되고 있다. 이 장에서는 적응의 실현과 강화를 위한 법적·제도적 변화를 미국과 영국 사례에서 살펴봤다. 이들 국가에서 그동안 이루어져 왔던, 그리고 최근 더 뚜렷해진 건강적응 정책에서 우리는 다음을 이해할 수 있다. 건강적응을 주도하거나 관련 역할을 수행하는 보건당국 내 전담 부서가 있다. 그리고 그 역할은 최근 몇 년 내 근거법을 마련해 실행력을 강화했다. 기후변화에 따른 건강 영향을 평가하기 위한 체계적 구조를 가지고 있으며, 근거에 기반해 적응 정책을 마련하고 있다. 보건당국은 건강 피해에 집중할 뿐만 아니라 피해와 불평등을 야기하는 기후변화의 속도를 늦추기 위한 감축 정책에도 함께하고 있다. 한국도 2017년 건강 피해를 평가할 수 있는 근거법이 개정되었다. 이 평가를 통해 건강적응 정책을 뒷받침할 수 있는 근거를 산출할 수 있도록 향후 운영체계를 체계화하고 적절한 예산을 투입해야 한다. 평가 근거를 통해 보건당국이 주도해야 하는 적응 정책을 수립해 기후변화로부터 건강 피해를 최소화할 수 있는 건강 보장체계를 마련해야 한다.

참고문헌

관계부처 합동. 2023. 「제3차 국가 기후위기 적응 강화대책 2023~2025」.

_____. 2023. 「탄소중립·녹색성장 국가전략 및 제1차 국가 기본계획」.

박종원. 2016. 「영국 기후변화법(Climate Change Act)에 따른 기후변화 적응체계와 그 시사점」. 《환경법연구》, 38(2), 267쪽.

법제처 세계법제정보센터. 2008. '2008 기후변화법(Climate Change Act 2008)'.

질병관리청. 2022a. 「2021-2022절기 한파로 인한 한랭질환 신고현황 연보」.

_____. 2022b. 「2022년도 폭염으로 인한 온열질환 신고현황 연보」.

한국건강증진개발원. 2022. 「제5차 국민건강증진종합계획 2021-2030」.

행정안전부 보도자료. 2018.12.3. "「폭염 인명피해 판단 지침」 마련, 폭염 피해자 지원 실시."

CDC. 2020. "Preparing for the regional health impacts of climate change in the United States: a summary of health effects, resources, and adaptation examples from health departments funded by CDC's Climate and Health Program."

_____. 2021. "Climate Effects on Health." https://www.cdc.gov/climateandhealth/effects/ default.htm

Climate Change Committee. 각연도. "CCRA Evidence Report".

NHS. 2022. "Delivering a 'Net Zero' National Health Service".

Reidmiller et al. 2019. "Fourth national climate assessment. Volume II: Impacts, Risks, and Adaptation in the United States." Report-in-Brief. p. 1391.

Schramm et al. 2020. "Climate Change and Health: Local Solutions to Local Challenges." *Current Environmental Health Reports*, 7, pp. 363~370.

USA.GOV. 2021. "Climate Change Health Protection and Promotion Act of 2021". https://www.congress.gov/bill/117th-congress/senate-bill/1702/text

USGCRP. 2016. "The Impacts of Climate Change on Human Health in the United States-A Scientific Assessment".

—

「기후위기 대응을 위한 탄소중립·녹색성장기본법(탄소중립기본법)」

「농업·농촌 및 식품산업 기본법」

「보건의료기본법」

「재난 및 안전관리 기본법」

질병관리청 홈페이지. https://www.kdca.go.kr/contents.es?mid=a20308040401

Health and Care Act 2022. https://www.legislation.gov.uk/ukpga/2022/31/contents/enacted

USGCRP. (n.d.). About USGCRP(Organization & Leadership). https://www.globalchange.gov/about

09

지자체의 기후환경보건 정책 과제*

명형남 (충남연구원 공간·환경연구실 연구위원)

1. 서론

이제 이상기후 현상은 우리의 실생활에서 깊이 체감되고 있다. 2022~2023년에 걸쳐 미국·캐나다·남유럽에서 발생한 한파·폭염·산불은 이제까지 전례가 없는 기록을 뒤엎고 있다(BBC코리아, 2022). 2023년 동남아 지역에서 5월에 벌써 이례적인 폭염으로 40℃가 넘는 역대 최고기온을 경신했다(기상청 기상자료개방포털, 2023). 한국도 예외는 아니다. 2023년 5월에 벌써 전국 대부분 지역에서 낮 최고기온이 30℃ 이상을 넘어서면서, 8월 13일을 기준으로 2,190명의 온열질환자와 29명의 추정 사망자가 발생했

---

* 이 장은 「지역단위 기후위기 건강적응 현황과 정책 과제」, ≪보건복지포럼≫(2023년 6월호)의 내용을 추가·보완한 것이다.

다. 이는 2022년 대비 온열질환자는 약 1.6배, 추정 사망자는 약 4배를 초과하는 기록이다(질병관리청, 2023). 6~7월에는 충청권, 전라권 일부 지역에 10여 년 만에 기록적인 집중호우가 발생했다. 이로 인해 사망 48명, 실종 4명, 부상 35명, 이재민 1만 명 이상이 될 정도로 큰 피해를 입었다(행정안전부, 2023).

그동안 국제사회는 기후위기에 대한 경고를 해왔다. 기후변화에 관한 정부 간 협의체(Intergovernmental Panel on Climate Change: IPCC)와 유엔기후변화협약(United Nations Framework Convention on Climate Change: UNFCCC) 파리협정(Paris Agreement), 세계기상기구(World Meteorological Organization: WMO)에서는 2030년까지 전 세계 온실가스 순 배출량을 43% 줄이고 평균 기온도 1.5°C 이상 상승하지 않도록 시스템 대전환이 필요하다고 언급했다. 이런 경고들이 최근 들어 전 세계 곳곳에서 이상기후로 나타나고 있는 상황이다. 따라서 온실가스 배출로 불가피해진 기후위기 영향에 대한 적응 정책은 무엇보다도 중요하고 시급한 문제가 되었다.

한국은 2010년에 최초의 국가 적응 계획인 '국가 기후위기 적응대책'을 수립했다. 그리고 2020년에 제3차 국가 기후변화 적응대책(2021~2025)을 수립했으며, 2022년 3월에는 '기후위기 대응을 위한 탄소중립·녹색성장 기본법(탄소중립기본법)'을 시행했다. 광역자치단체와 기초지자체도 현재 이런 국가 적응대책과 연계해 기후위기 적응대책 세부시행계획(2022~2026)을 수립해 이행하고 있다.

그런데 기후위기가 전국적으로 동일한 영향을 미치는 것은 아니다. 지역적 특성과 취약성에 따라 피해가 달라질 수 있다. 해당 지역의 지리적·기후적 특성에 따라 어떤 지역은 더 많은 건조와 가뭄을 겪을 수도 있고, 폭염에 더 많이 노출될 수도 있다. 같은 강도의 폭염과 홍수 및 태풍에 노출된 지역이라 하더라도 도시와 농촌 혹은 해당 지역의 인프라 구조와 기반 조성의 정도에 따라 사망률이나 이환율에 차이가 날 수 있다. 또한 노약자가 많거나 지역적 특성상 기저 질환자가 많은 경우 혹은 사회경제적 취약계층의 인구밀도가 높은 지역일 경우에는 피해가 가중될 것이다. 그뿐만 아니라 기후위기에 대한 관심도나 정책적 대응 정도를 포함한 지자체의 적응 역량에 따라서도 건강 피해 정도가 달라질 수 있다.

이런 점에서 지역 주민과 직접 대면하면서 행정을 펼치고 있는 지자체의 기후환경보건 대책은 무엇보다도 중요하다. 이 장에서는 이런 점에 주목하면서 먼저 전체적으로 기후위기 적응 정책에 대한 초점이 어떻게 변했는지 살펴봤다. 충청남도를 중심으로 지자체의 기후환경보건 대책이 이러한 변화에 알맞게 이루어지고 있는지 점검하고, 나아가 미흡한 점을 보완하기 위한 정책 과제는 무엇인지 제안하고자 한다.

2. 기후위기 적응 정책 초점 변화

1) 기후위기 심층 적응

영국은 기후변화 적응 정책에 가장 적극적인 나라 가운데 하나다. 영국에서는 기후위기에 관심을 가지고 있는 다양한 분야의 전문가들을 중심으로 심층 적응 포럼(Deep Adaptation Forum: DAF)을 진행하고 있다. 이 포럼에 참여하고 있는 전문가들은 기후위기와 관련된 극단적인 변화에 대응하기 위해 이전과는 다른 심층 적응(deep adaptation)이 필요하다고 경고하고 있다(DAF). 이 포럼은 기후위기 비상 상황에 맞춰 사회·경제의 전반

그림 9-1 **심층 적응의 4R**

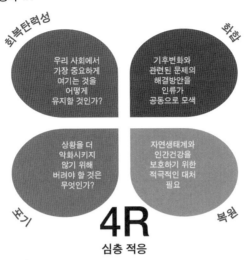

자료: DAF 내용 재구성.

적인 시스템 대전환이 필요하고, 시스템 붕괴에 대비해 기후회복을 위한 심층 적응 강화에 총력을 기울이면서 대안을 마련해야 한다고 주장하고 있다.

여기에 심층 적응을 위해 제시한 4R[회복탄력성(Resilience), 포기(Relinquish-ment), 복원(Restoration), 화합(Reconciliation)]은 어떤 종류의 적응이 우리 삶에 가장 적합할 수 있는지 탐구해야 하는 네 가지 질문이다. 첫째는 회복탄력성에 관한 것이다. 우리 사회에서 가장 중요한 것 가운데 꼭 유지해야 하는 것이 무엇인지 탐구하고, 기후변화에 따른 자연적·경제적·사회적 충격으로부터 강한 회복성을 가질 수 있는 방법을 찾아야 한다는 것이다. 둘째는 포기에 관한 것이다. 기후변화 속에서 상황을 더 악화시키지 않기 위해 버려야 하는 것을 탐구하고, 현재의 시스템과 생활 방식을 포기하며, 신규 시스템과 생활 방식을 도입할 필요가 있다는 것이다. 셋째는 복원에 관한 것이다. 이것은 자연 생태계 및 인간에 대한 공감을 통해 자연 생태계와 인간 건강을 보호하기 위해 적극적인 대처가 필요하다는 것이다. 넷째는 화합이다. 이것은 기후변화로 인해 피해를 입은 생태계와 인간에 대해 인류가 함께 책임을 지며, 기후변화와 관련된 문제를 공동으로 해결할 방안을 모색해야 한다는 것이다(DAF). 일부 전문가들은 기후변화 적응이 이제 이처럼 심층 적응으로 가야 할 만큼 긴박하다고 경고하고 있다.

2) 개인과 지역 기반의 기후위기 적응대책 강화

기후위기 적응 정책은 기후위기의 전망·영향·취약성·리스크 등을 분석하고, 기후위기로 발생 가능한 위해성 도출 및 이에 대한 대응책을 마련하는 것이다. 국제적으로는 이런 기후변화 적응에 대한 논의에서 표 9-1과 같은 초점의 변화가 이루어지고 있다.

표 9-1 기후적응에 대한 국제적 초점 변화

1세대	• 기후변화로 인해 어떤 영향이 있을 수 있는가? • 누가 영향을 받을 것인가? • 적응이 가능한가?
2세대	• 사회적인 요인이 어떻게 기후변화 취약성에 영향을 미칠 수 있는가? • 적응 역량의 개념과 역할은 무엇인가?
3세대	• 어떤 요인이 취약성을 증가 또는 감소시키는가? • 어떤 데이터가 필요한가? • 제도적·정책적 개선은 어떻게 이루어질 수 있는가? • 적응 지원을 위한 우선순위는 무엇인가?
4세대	• 적응이 실제로 어떻게 이루어지는가? • 성공적인 적응 정책은 무엇인가? • 적응 정책의 성과를 어떻게 측정할 수 있는가? • 이행 점검, 성과 측정을 기반으로 어떻게 실패로부터 배울 수 있는가?

자료: 장훈 외(2019: 8).

1세대(UNFCCC)는 주로 기후변화로 인한 영향을 규명하는 것이다. 그래서 '기후변화로 인한 영향의 종류와 대상'에 초점이 맞춰져 있다. 2세대(AR3-AR4)는 적응 역량의 강화를 강조한 것이다. 여기에서는 '사회적인 요인이 기후변화 취약성에 미치는 영향 및 적응 역량의 개념과 역할'에 초점을 맞췄다. 3세대(COP16)는 '취약성 증가·감소 요인과 제도적·정책적 개선'에 초점을 맞췄다. 그리고 4세대(파리협정서, AR5)는 1~3세대를 바탕으로 '적응의 실태 진단과 성과 측정'에 초점이 맞춰져 있다.

유럽연합(EU)은 파리협정의 새로운 적응 목표를 달성하기 위해 2021년에 표 9-2와 같은 '(신) 기후변화 적응 전략'을 발표했다. 새로운 적응을 위해 '더욱 스마트하게, 더욱 체계적으로, 더욱 빠른' 적응을 기본 방향으로 제시했다(유럽연합집행위원회, 2021). '더욱 스마트한 적응(지식 개선과 불확실성 관리)'의 주요 내용은 '더 많은, 더 좋은 기후 관련 리스크와 손실 데이터의 기록과 수집을 위해 리스크 데이터 허브(Risk Data Hub)의 사용을 촉진·지원하고, 국가 차원에서 공공과 민간의 파트너십을 촉진하는 것이다. EU의 기후변화 적응 전략을 추진하기 위해 개발된 기후적응플랫폼(Climate-ADAPT)을 확장하고, 그 일환으로 유럽 기후·보건관측소를 설립해 기후변화 관련 보건 문제에 대한 정보와 지원을 제공하고 있다. 이 관측소는 유럽 지역에서 발생하는 기후변화 영향을 모니터링하고, 이를 국가 및 지역 단위에서 기후위기 보건 대책을 수립하는 데 활용하고 있다. 이런 점에서 볼 때 현재 한국 질병관리청에서 진행하고 있는 기후보건 영향평가도 향후 유럽 기후·보건관측소의 역할과 기능으로까지 확대할 필요가 있다.

'더욱 체계적 적응'의 주요 내용에는 좀 더 세부적인 단위로 내려가 지방과 개인 중심의 공정한 회복탄력성 증진, 즉 지역 적응의 계획 및 이행

표 9-2 **EU의 (신) 기후변화 적응 전략의 기본 방향**

기본 방향	주요 내용
더욱 스마트한 적응(지식 개선과 불확실성 관리)	• 적응 관련 최첨단 지식 추구 - 유럽 해양관측 및 데이터 네트워크(European Marine Observation and Data Network) 등을 통해 해양을 포함해 기후 영향 및 회복탄력성에 대한 지식 격차의 해소 지원 - 기후변화 리스크 평가모델(Asset-Level Modeling)을 통해 적응 모델링, 리스크 평가, 관리 도구 등 최신 기술을 개선 • 더 많은, 더 좋은 기후 관련 리스크와 손실 데이터 - 데이터의 기록과 수집을 조화시키기 위해 리스크 데이터 허브의 사용을 촉진·지원하고, 국가 차원의 공공 민간 파트너십을 촉진 - 포괄적 보험손실 데이터 수집 개선방안을 모색 - 공간정보인프라 지침(INSPIRE Directive, 유럽연합 의회 및 각료 이사회에서, 유럽의 환경 관련 정책에 사용되는 공간데이터를 효율적으로 공유하고자 하는 목적으로 만들어짐)의 환경 정보에 대한 공공 접근 범위를 확대해 기후 관련 리스크 및 손실 데이터 포함 • Climate-ADAPT를 적응을 위한 유럽의 공식 플랫폼으로 만듦 - 기후변화 영향과 적응에 대한 지식 메커니즘으로 Climate-ADAPT 확장 - Climate-ADAPT에 따라 유럽 기후·보건관측소 설립
더욱 체계적 적응 (모든 부문에서 정책 개발지원)	• 적응 전략과 계획의 개선 - 회원국들과 협력해 국가 적응 전략에 대한 지침 강화 - 표준과 지표의 조화로운 프레임워크 사용을 위해 적응 모니터링·보고·평가 업그레이드 - 적응 및 방지 프로젝트가 경제에 미치는 공동 혜택과 긍정적 영향을 더욱 잘 식별할 수 있는 사전적 프로젝트 평가 도구 제공 - 기후-리스크 관리 정책 일관성 원칙을 더 잘 반영하도록 가이드라인 갱신 • 지방적·개인적·공정한 회복탄력성의 증진 - 지역 적응의 계획 및 이행의 지원을 강화하고, EU 시장서약(EU Co-venant of Mayors)에 따른 적응 지원 시설 출범 - 교육·훈련을 통해 근로자의 공정한 회복 지원 - 기존 고용 및 사회 법률의 이행을 지속 보장하고, 기후영향으로부터 근로자의 보호를 강화 • 국가적 재정 프레임워크에 기후회복탄력성 통합 - 기후 리스크가 공공 재정에 미치는 영향 측정 방법 개발, 기후 스트레스를 테스트하기 위한 도구·모델 개발, 기후변화를 더 잘 고려하는 방법에 대해 회원국들과 논의 - 기후 관련 사업의 재정적 영향을 완화하고, 재정적 지속가능성 리스크를 줄이는 조치를 회원국들과 검토·논의 - EU 기금으로 지원되는 사후 재난 비상 및 복구 활동 간 조율과 상호보완성 촉진으로 더 나은 재건(Build Back Better: BBB) 원칙을 독려
더욱 빠른 적응 (전면적인 적응 가속화)	• 적응을 위한 자연 기반 솔루션 촉진 - 탄소 농업 이니셔티브의 회계 및 인증을 포함해 탄소 제거를 위한 자연기반 솔루션 제안 - 자연 기반 솔루션의 재무 측면을 개발하고, 자연 기반 적응을 커버하는 금융 접근법 및 제품의 개발을 촉진 - 평가, 지침, 역량 강화, EU 자금 지원 등을 통해 회원국이 자연 기반 솔루션을 펼치도록 지속적으로 장려·지원

- 적응 해결책의 양산 가속화
  - 적응 관련 임무에 대한 호라이즌 유럽(Horizon Europe, EU 연구 및 혁신 지원 프로그램)의 미션을 이행
  - 신속 대응 의사결정 지원 도구를 포함해 적응 솔루션의 심층 개발을 지원
  - EU의 자연보호지역 네트워크(Natura 2000) 갱신과 기후변화 지침, 생물다양성 친화적 조림과 재림 등에 적응 통합
  - 적응을 위한 유전자원의 잠재력을 보호하는 지원을 강화
  - 기후적응을 위한 지속가능한 활동을 위한 EU 택소노미(EU Taxonomy)를 심층 개발
- 기후 관련 리스크 저감
  - 기후 예방 지침을 강화하고 유럽과 해외에서 사용을 촉진
  - EU 전역 기후 리스크 평가를 개발하고, EU의 재난위험 예방·관리에서 기후 고려사항 강화
  - 기후 관련 보건 위협에 대한 EU 차원의 준비 및 대응을 다룸
  - 표준들의 기후 예방력을 강화하고, 기후적응 솔루션을 위한 새로운 표준의 개발 등을 위해 표준화 기구와의 협력 강화
  - 건물 및 중요 인프라의 건설 및 개조에 적용되는 기준에 기후 복원력 고려사항을 통합하는 것을 지원
- 기후 보호 격차 줄이기
  - 국가 차원의 평가를 허용하는 자연재해 대시보드 개발 요청
  - 보험사, 정책 결정자, 기타 이해관계자 간 대화 강화
  - 리스크 관리를 위한 금융상품의 모범 사례의 정의·홍보
  - 기후에 의한 리스크에 대처하기 위한 금융 상품과 혁신적인 솔루션의 광범위한 사용 검토
- 담수의 이용가능성 및 지속가능성 확보
  - 주제별 계획과 기타 메커니즘의 조율을 개선해 부문과 국경을 초월해 기후회복탄력적이고 지속가능한 물의 사용·관리를 보장
  - 제품 절수 요건 강화, 물 효율 및 절약 장려, 가뭄 관리계획·지속가능한 토양 관리·토지 이용의 촉진 등을 통해 물 사용을 감소
  - 물 관리의 리스크 분석에 기후변화 리스크를 포함하도록 장려해 식수의 안정적이고 안전한 공급 보장

자료: 유럽연합집행위원회(2021).

의 지원 강화까지 포함되어 있다. 기후 영향으로부터 근로자를 보호하고 교육·훈련을 통해 근로자의 공정한 회복을 지원하는 것이다. 지역 간 기후 보호 격차를 줄이기 위해 정책 결정자와 관련 이해당사자 간 소통을 강화하고, 기후위기에 대처하기 위한 금융상품 등 혁신적인 해결책의 상범위한 사용을 검토한다.

'더욱 빠른 적응'에서는 기후 관련 리스크 저감에서 특히 기후변화와 관련된 보건 위협에 대해 EU 차원의 준비 및 대응 강화를 분명히 하고 있다.

과거보다 진일보한 적응 전략이라고 할 수 있다.

영국의 기후위기 심층 적응과 EU의 (신) 기후변화 적응 전략의 기본 방향에서 알 수 있듯이 국제사회의 기후적응 정책은 점차 개인과 지역 기반의 기후위기 적응대책을 강화하는 방향으로 초점이 변화하고 있다. 한국에서도 기후적응 정책이 지역 단위에서 어떻게 실현되고 있는지 진단할 필요가 있다. 적응 정책의 성과 및 한계, 장벽 등을 포괄해 지역의 적응 격차를 규명하고 적응대책을 검토할 필요도 있다.

3. 지역사회 기후환경보건 정책 현황(충청남도 사례를 중심으로)

충청남도에는 전국 석탄화력발전 57기 중 29기가 집중되어 있다(전력통계정보시스템, 2022년 12월 기준). 당진철강단지, 대산석유화학단지 등 대형 대기오염물질 배출 시설도 분포되어 있다. 이로 인해 충청남도는 에너지 부문의 온실가스 직접 배출량이 전국 배출량의 약 75%를 차지하고 있다(환경부 온실가스종합정보센터, 2022년 12월 기준). 이것은 대기오염물질 배출량과 온실가스 배출량에서 충청남도가 각각 전국 1~2위를 차지하는 오명도 떠안겨 주었다. 그래서 충청남도는 석탄화력발전에서 배출되는 대기오염물질과 온실가스를 저감하기 위해 자발적 협약 및 배출 허용 기준 강화 등을 통해 배출량을 꾸준히 줄여왔다. 또한 노후화된 보령 1~2호기를 조기 폐쇄하고 정의로운 에너지 전환을 추진하고 있다.

2017년부터는 '탈석탄 국제 콘퍼런스'를 매년 진행해 탈석탄 의제를 국내뿐만 아니라 국제적으로 확산시키고자 노력하고 있다. 그리고 국내 지자체로는 최초로 지구 온도 2℃ 상승을 막기 위한 세계도시연맹 '언더2 연합'에 가입하기도 했다.

이렇듯 충청남도는 대기오염물질과 온실가스 배출량에서 다른 지자체에 비해 심각한 문제점을 떠안고 있어 이를 해결하기 위한 정책 개발에 노력을 기울이고 있다. 또한 대기오염물질과 온실가스를 다량으로 배출하고 있는 석탄화력발전소, 석유화학단지, 철강단지 주변 주민들의 건강 피해를 규명하고 사후 대책을 마련하고 있다. 충청남도를 중심으로 기후환경보건 대책 현황을 살펴보려는 이유도 여기에 있다.

1) 중앙정부의 기후위기 관련 법규에 따른 지자체의 적응대책 수립 절차

환경부는 「기후위기 대응을 위한 탄소중립·녹색성장기본법(탄소중립기본법)」을 시행했다(2022.3.25). 이 법은 비전·전략 목표, 그리고 이행체계와 함께 '온실가스 감축', '기후위기 적응', '정의로운 전환', '녹색성장' 등 분야별로 네 가지 시책을 포함하고 있다. 탄소중립·녹색성장 이행 확산과 기후대응 기금 기반 마련의 내용도 포함되어 있다(관계부처합동, 2021).

지자체의 시·도지사 및 시장·군수·구청장은 이 법을 근거로 각자의 지역적 특성 등을 고려해 관할 구역의 기후위기 적응에 관한 대책을 5년마다 수립·시행해야 한다. 또한 시·도지사 및 시장·군수·구청장은 지자체 기후위기 적응대책의 추진 상황을 매년 점검하고, 결과를 보고서로 제출해 지자체위원회의 심의를 거쳐야 한다. 지자체 기후위기 적응대책의 수립 절차는 그림 9-2와 같다.

지자체는 이 수립 절차에 따라 물 관리 부문, 생태계 부문, 국토 부문, 농수산 부문, 건강 부문, 산업 및 에너지 부문, 적응 주류화 실현 부문으로 구분하고 전략과 세부 이행 과제를 도출하고 있다(환경부, 2023).

그림 9-2 지자체 기후위기 적응대책 수립 절차

절차	주요내용
제0차 적응대책 종합평가 (당해차수 전년도까지 평가)	• 주요 성과 및 한계, 미비점 파악 • 향후 시사점 및 개선·보완사항 파악
지역 현황 및 기후변화 적응여건 분석	• 관련정책·동향 검토 • 지역현황·특성 조사 및 분석 • 기후변화 현황·전망
지역 리스크 도출	• 국가 리스크 목록 검토 • 과거·현재·미래에 대한 영향평가(문헌 및 통계, 주민 인터뷰 및 설문조사, 영향평가 모형 활용) • 모형을 활용한 취약성 평가 • 종합분석을 통한 지역 리스크 도출
제0차 적응대책 추진방향 설정 및 부문별 세부 이행과제 수립	• 상위 계획 및 관련 계획 검토 • 계획 목표 및 전략 수립 • 現 추진과제 조사 및 신규 적응대책 발굴·선정 • 부문별 세부 이행과제 수립 • 집행 및 관리계획 수립

제0차 적응대책(안) 마련
(당해차수 전년도 9월)
	• 지자체, 시민사회, 청년, 산업계, 전문가 등 지역의 모든
	  이행주체에 대한 의견 수렴
	• 환경부 협의(지방 탄중위 심의 前)
	  ※ 환경부장관은 국가기후위기적응센터, 기상청의 의견을 들을 수 있음

적응대책 수립 확정 (당해차수 전년도 12월)	• 지방 탄소중립녹색성장위원회(이하 지방위원회) 심의 ※ 영에서 정하는 경미한 변경 제외, 지방위원회 미설치 시 생략 가능

자료: 환경부(2023: 6).

2) 충청남도의 기후위기 관련 법규 마련과 건강적응대책(제3차)

충청남도는 「기후위기 대응을 위한 탄소중립·녹색성장기본법(탄소중립
기본법)」 시행에 근거해 2050년까지 탄소중립 목표 달성과 기후위기에서

의 도민 보호, 저탄소 녹색성장 시책의 체계적인 추진을 위해 '충청남도 탄소중립·녹색성장 기본 조례'를 제정·시행했다(2022.10.18). 이 조례 제14조(충청남도 기후위기 적응대책의 수립·시행)에서 기후위기 적응에 대한 대책을 수립하고 추진 상황을 매년 점검하도록 했다. 충청남도는 이를 통해 기후위기 적응대책 수립과 수립 사항에 대한 이행 평가를 제도적으로 뒷받침할 수 있게 되었다. 또한 제8조(충청남도 탄소중립녹색성장위원회의 구성 및 운영)에 근거해 '탄소중립녹색성장위원회'를 구성·운영하고 있다. 이 위원회는 총괄기획분과, 기후변화분과, 정의로운전환분과, 미래산업분과, 녹색생활분과, 수송건축분과, 순환경제분과, 교육홍보분과로 구분되어 총 82명의 위원이 참여하고 있다.

충청남도의 적응대책 가운데 건강 부문 전략 및 과제는 표 9-3과 같다. 충청남도는 '취약계층 기후영향 모니터링 및 건강관리 강화', '의료 서비스 취약 지역을 위한 안전망 구축 및 접근성 제고', '감염병 대응 및 환경성 질환 예방관리 강화'의 3개 전략에 따라 13개 과제를 도출했다. 이 가운데 충청남도가 특히 타 지자체와 차별화해 진행하는 과제로는 '기후위기 안심마을 조성'과 '의료취약계층에 특화된 119 구조 서비스', '도서산간 및 중증응급환자 신속한 이동진료능력 제고' 등이 있다.

건강 부문 과제 중 '기후위기 안심마을 조성'에서는 2020년부터 충청남도와 한국서부발전이 협력해 기후위기에 선제적으로 대응할 수 있는 기후위기 안심마을을 조성해왔다. 충청남도와 한국서부발전은 취약 지역을 대상으로 기후위기 적응 사업에 대해 협력하면서 사업 추진을 위한 재정을 공동으로 부담해왔다. 기후위기 안심마을 조성을 위해 마을회관과 경로당 등 주민 공용시설을 폭염이나 한파 등 극한 기온에서도 안심하고 사용할 수 있도록 만들었다. 주요 사업으로는 쿨루프(Cool Roofs) 시공, 건물

표 9-3 **충청남도 건강적응 부문 전략 및 과제**

기본 방향	과제(안)	유형	관련 부서
취약계층 기후영향 모니터링 및 건강관리 강화	적응 관련 최첨단 지식 추구	기존 사업	기후환경정책과
	취약계층 방문 건강관리사업	기존 사업	건강증진식품과
	기후위기 안심마을 조성	기존 보완 사업	기후환경정책과
	옥외·야외 노동자 폭염대책 수립 시행	신규 사업	일자리노동정책과
	이동노동자를 위한 쉼터 조성	신규 사업	일자리노동정책과
	도 재난심리회복지원센터	기존 사업	자연재난과
의료 서비스 취약지역을 위한 안전망 구축 및 접근성 제고	공공의료 확충 및 보건의료인력 처우 개선	신규 사업	보건정책과
	의료취약계층에 특화된 119 구조 서비스	신규 사업	구조구급과
	도서산간 및 중증응급환자 신속한 이동진료능력 제고	신규 사업	보건정책과
감염병 대응 및 환경성 질환 예방관리 강화	충남감염병관리지원단 운영	기존 사업	감염병관리과
	감염병 예방 홍보	기존 사업	감염병관리과
	심뇌혈관 질환 예방관리사업	기존 사업	건강증진식품과
	알레르기 질환(아토피 천식)에 대한 건강관리 사업 및 교육·홍보	신규 사업	건강증진식품과

자료: 여형범 외(2022: 313).

의 단열 개선, 노후 보일러 교체, LED 등 고효율 조명 교체, 주민 교육 등이 있다. 천안시, 공주시, 태안군 등 7개 시·군 104개 마을에서 쿨루프 시공, 건물 단열 개선, 고효율 조명 교체 사업을 통해 연간 127톤의 온실가스를 저감할 수 있었다(충청남도, 2023b).

'기후위기 안심마을 조성' 사업을 전국에서 처음 실시한 충청남도는 제 3차 충청남도 기후변화 적응대책 세부시행계획(2022~2026)에 이 사업을 포함시켜 사업을 더욱 확대·보완했다. 충청남도는 이 사업에 더 많은 예산을 투입하고 기후위기 감축 정책과 적응 정책을 연계해 온실가스를 줄이고 극한 기후로부터 어르신들의 건강 피해를 예방할 수 있게 되었다.

표 9-4 **충청남도 '기후위기 안심마을' 조성 사례**

01 주요 사업	02 세부 사업	03 기대 효과	04 사업 목적
• 폭염 대응을 위한 쿨루프 시공, 에어컨 실외기 차양막 설치 • 혹한 대응을 위한 노후 보일러 교체, 배관 청소, 창문 차열 필름 시공, 고효율 조명 교체, 보안등 설치 등 • 에너지 효율을 높여 온실가스를 감축하고, 마을주민 대상 기후위기 대응 및 에너지 절약 교육	• 고효율 조명 교체 11개소, 노후 보일러 교체 7개소, 보일러 배관 청소 14개소, 쿨루프 시공 7개소, 단열 필름 시공 17개소, 에어컨 실내 필터 청소 7개소, 에어컨 실외기 차양막 설치 36개 등의 **사업을 추진**	• 단기적으로 지역 일자리를 창출하는 한편, **에너지 복지를 향상**시킬 것으로 기대, 장기적으로는 충남도 전역으로 사업을 확대해 에너지 복지의 사각지대를 해소하고, **지속가능한 일자리**를 만들어낼 계획	• 이번 협약은 **충남형 그린뉴딜정책**의 일환으로, 기상이변에 취약한 계층과 지역을 지원해 **기후위기를 극복**, 온실가스를 감축하는 과정에서 일자리를 창출하고자 추진

전국 최초
도내 읍·면·동 단위의 마을회관, 경로당 등 건강민감계층 공용시설을 폭염과 혹한에 안심하고 사용할 수 있는 공간으로 만들기

자료: 충청남도(2020).

'기후위기 안심마을 조성' 사업은 단기적으로는 지역 일자리를 창출하고 에너지 복지를 향상시키며, 장기적으로는 이 사업을 확대해 에너지 복지의 사각지대를 해소하고 건강 피해를 최소화하는 데 기여할 것으로 기대된다.

기후환경보건 정책에서 가장 대표적인 과제는 보건소를 중심으로 진행되는 '취약계층 방문 건강관리사업'이다. 전국적으로 65세 이상 고령화 인구와 평균연령은 지속적인 증가 추세다. 폭염, 한파 등 극한 기온의 발생 빈도가 증가하고 있다. 또한 코로나-19의 대유행으로 기후변화에 따른 신종 감염병 발생 가능성도 증가한 상태다. 따라서 '취약계층 방문 건강관리사업'을 통해 당뇨, 고혈압 등 기저 질환자를 대상으로 한 맞춤형 취약

계층 방문 건강관리 서비스를 통해 기후변화 건강적응 역량 강화를 지원하고 있다.

표 9-5, 그림 9-3은 충청남도 예산군과 홍성군 보건소 사례다. 예산군 보건소는 가정 방문 시 폭염 및 한파 대비 1:1 개별교육 및 경로당 방문 등 집단교육을 병행했다. 홍성군 보건소는 코로나-19 감염 우려로 방문(대

표 9-5 충청남도 '취약계층 방문 건강관리사업' 사례

사업개요	• 충남의 인구는 감소하고 있으나 65세 이상 고령자, 국민기초생활보장 수급자 등 취약계층은 증가하는 추세임 • 극한 기온 대응력이 떨어지는 취약계층은 홀로 생활하거나 고령 등의 이유로 거동이 어려운 경우가 많아 방문을 통해 건강상태를 파악하는 등 건강관리 서비스를 제공할 필요가 있음
추진실적 및 성과	• 추진방법: 전담인력(간호사 등)이 월 2회 이상 고혈압, 당뇨와 같은 만성질환 등에 대한 맞춤형 방문 건강관리 서비스를 제공 • 사업성과: 2022년 취약계층 53,866가구 방문건강관리 서비스 제공 - 직접 방문 110,001건, 내소 20,452건, 전화 41,386건, 연계서비스 8,216건 • 취약계층 대상 영양, 운동, 만성질환 관리 등 개인맞춤형 서비스 제공으로 자가건강관리 능력 향상 및 허약예방 등을 통한 건강수준 향상
성공요인 및 극복사항	• 코로나-19 감염 우려로 방문(대면) 건강관리 서비스를 기피함에 따라 AI·IoT 기반 디지털 신기술을 활용한 비대면 건강관리 서비스 제공으로 대면 및 비대면 서비스 병행 추진 • 긴급 상황 발생 시 119 활동지원, 응급실 운영 의료기관 등과 연계

대외확산·홍보실적	• 홍보·확산 정도
	  - 가정방문 시 1:1 개별 교육(110,001회) 및 경로당 방문 교육 등 집단 교육 병행
	  - 여름철 폭염 대비 건강수칙 등 리플릿 배부 및 홈페이지 홍보

수상사진	

자료: 예산군 보건소(2022b).

그림 9-3 충청남도 보건소의 온열질환 응급조치 및 폭염 대비 홍보물

자료: 예산군 보건소(2022a).

면) 건강관리 서비스를 기피함에 따라 AI·IoT 기반 디지털 신기술을 활용해 비대면 건강관리 서비스를 시행했다. 긴급상황 발생 시 119 활동지원 및 응급실 운영 의료기관과의 연계도 진행했다. 이러한 점을 높이 평가받아 예산군과 홍성군은 2022년 방문 건강관리 사업 평가 결과 우수기관으로 선정되어 보건복지부 기관상을 수상했다.

4. 지역사회 기후환경보건 정책의 한계와 과제

앞서 기후위기 적응대책의 초점 변화에서 살펴본 바와 같이 현재의 기후위기는 심층 적응이 필요할 정도로 비상 상황이며, 주민들에게 한층 더 밀착된 지역 기반의 적응대책 강화가 필요한 시점이다. 따라서 기후적응 4세대에서 강조하는 '적응의 실태 진단과 성과 측정'이 지역사회에서 구체적으로 어떻게 적용되고 있는지 확인하는 것은 특히 중요하다. 이를 통해 현재의 지자체 기후환경보건 정책에서 보이는 한계점을 살펴보고, 그것을 보완할 수 있는 과제를 도출하는 것도 의미가 있다. '기후환경보건 정책이 현재 지자체에서 어떻게 실현되고 있는가?', '지자체는 기후환경보건 문제를 정확히 진단해서 해결하고 있는가?', '지자체 기후환경보건 정책의 성과를 어떻게 측정할 수 있는가?', '지자체의 성공적인 기후환경보건 정책은 무엇인가?'라는 질문을 통해 한계점을 살펴보고, 그것을 보완할 수 있는 방향으로 향후 정책과제를 제안하고자 한다.

1) 정책 수립의 기초가 되는 지역사회 건강취약성 진단의 보완

지자체에서 기후위기 건강 부문 취약성을 분석하기 위해 주로 활용되고 있는 자료는 기후위기 적응 취약성 평가 도구(Vulnerability Assessment Tool to build Climate Change Adaptation Plan: VESTAP)다. 환경부 국가 기후위기 적응센터는 2014년 11월부터 VESTAP 서비스를 지자체에 제공했다. 이 취약성 평가 도구는 455개의 지표 데이터를 제공하고 있는데, 지자체 환경에 맞게 취약성 평가 항목을 생성해 사용할 수도 있다. 최근에는 질병관리청이 「보건의료기본법」 제37조 2항에 근거해 기후변화에 따른 질병의 유형, 특성, 추이 등 국민 건강에 미치는 영향을 5년마다 평가하도록 하는 '기후보건 영향평가'도 실시했다.

지자체의 건강 영향과 취약성을 진단할 수 있는 도구들은 이처럼 그동안 계속 개발·발전되어왔다. 그러나 여전히 미흡한 것도 현실이다. 건강 피해 정도와 양상은 지역별로 각기 다르다. 따라서 읍·면·동 지역 단위로 세분화해 평가하고 대책을 수립하는 것은 효과적인 정책 추진을 위해 바람직한 방향이다. 현재 (건강) 적응 계획을 기초지자체까지 수립하도록 법적으로 계획화한 것도 그런 맥락에서 나온 것이다. 그러나 수도권을 제외한 지방의 경우는 대부분 읍·면·동 단위, 심지어는 시·군 단위조차 통계자료를 수집·분석하기 어려운 것이 현실이다. 그래서 시·군이나 읍·면·동의 특성을 나타낼 수 있는 데이터가 제대로 갖춰지지 않은 한계로 인해 많은 기초지자체들이 해당 지역의 문제에 근거한 적응 정책보다는 다른 지역과 유사한 건강적응대책을 나열하고 있는 수준에 머물고 있다. 따라서 이러한 문제점들을 극복하기 위해서는 유럽의 기후·보건관측소 사례처럼 국가와 지자체뿐만 아니라 학계, 중앙과 지방 연구기관, 그리고 기업을 포함한 민·관·산·학·연에서 가지고 있는 건강 관련 데이터를 한곳에 모을 수 있는 방안을 모색해야 한다. 또한 이렇게 수집된 데이터를 적극 활용함으로써 건강취약성에서 지역 간 편차가 더 큰 것인지, 개인의 사회·경제적 수준에 따른 편차가 더 큰 것인지, 혹은 직업별 편차가 더 큰 것인지 정밀하게 분석할 필요가 있다. 여기에 필요한 다양하고 세분화된 자료가 수집되었을 때 지역에서 기후위기로 인해 나타나는 실제 건강 영향에 대한 확인과 정확한 진단도 비로소 가능해질 것이다. 그리고 이런 과정을 거쳐 내려진 정확한 진단을 기반으로 할 때 지역별로 차별화된 실효성 있는 건강적응대책도 수립할 수 있을 것이다.

2) 지역사회 기후위기 건강적응 실태조사 필요

지금은 제3차 기후위기 적응 계획이 수립되어 실행되고 있다. 이 시점에서 지역사회의 기후위기 건강적응이 잘 실현되고 있는지, 그 적응에 격차가 발생하지 않는지 점검할 필요가 있다. 이 건강적응 실태조사는 인구·경제·사회학적 특성, 직업적 특성, 기저 질환자별 특성까지 고려해 평가되어야 한다. 건강적응 실태조사의 내용은 기후위기 건강에 대한 인식과 체감하는 건강 피해, 건강적응 정도, 수요 조사 등도 될 수 있다.

충청남도는 이런 차원에서 2022년에 적응 주류화 실현 부문 사업 가운데 하나로 '기후위기 당사자 인터뷰'를 실시했다. 대상자는 기후위기 과정에서 피해를 입을 수 있는 취약계층(농민, 어민, 이주노동자, 장애인, 노동자, 청소년, 주거 취약계층, 어르신 등)과 기후적응 관련 서비스를 제공하는 담당자들이었다. 이 인터뷰는 지역사회 단체와 함께 협업하는 과정을 거치면서 진행했다. 이 사업이 지속적으로 추진되면 기후위기와 관련된 사각지

표 9-6 **충청남도 '기후위기 당사자 인터뷰'(적응 주류화 실현부문) 사례**

사업개요	• 기후위기 과정에서 가장 크게 피해를 입을 수 있는 계층과 기후적응 관련 서비스를 제공하는 담당자들의 경험과 생각을 기록 • 기후위기 관련 계획 및 정책 수립 과정에서 기후위기 당사자들을 고려하는 사업을 구상할 수 있는 기초자료로 활용
추진실적 및 성과	• 1차 회의(2022.1.5): 참석자 소개, 사업 개요 및 일정 공유, 인터뷰 역할 분담, 인터뷰 원칙 합의 • 2차 회의(2022.1.12): 인터뷰 질의 내용 검토, 인터뷰 대상자 분야 및 인원 조정(농민, 어민, 이주노동자, 장애인, 노동자, 청소년, 주거취약계층, 산림, 노인 등 28명) • 3차 회의(2022.2.16): 인터뷰 진행 및 결과, 보고서 작성 관련 의견 및 소감 나눔 • 4차 회의(2022.3.4): 인터뷰 결과 보고서 공유, 인터뷰 요약표에 대한 의견, 인터뷰 결과 활용 방안 논의 • 온라인 컨퍼런스 진행(2022.9.7): 인터뷰 결과 발표 및 토론
성공요인 및 극복사항	• 충남 지역사회단체의 인터뷰 진행 및 보고서 작성 참여: 예산홍성환경운동연합, 아산시민연대, 당진환경운동연합, 충남환경운동연합 기후에너지특위, 아산이주노동자센터, 서산태안환경운동연합, 충남청소년인권문화네트워크, 충남시민사회단체연대회의
대외확산· 홍보실적	• 온라인 세미나를 통해 인터뷰 결과 공유 • (사)충남기후에너지시민재단 블로그에 세미나 결과 및 보고서 탑재
온라인 세미나	

자료: 여형범(2022).

대를 해소하고 주민들이 직접 체감할 수 있는 정책 수립의 근거 자료로 활용될 수 있을 것이다.

3) 기후환경보건 적응 진단 지표의 개발과 지자체 지속가능발전 지표와 연계

제3차 국가 기후위기 적응대책 수립에서 정책 지표 20개와 국민체감 지표 16개를 개발함으로써 나름대로의 정책성과 및 국민 체감도 평가 기반을 마련할 수 있었다(그림 9-4). 이 가운데 건강 부문의 정책 지표는 2개였다. 그 하나는 기후보건 영향평가의 법적 근거 마련과 평가의 시행이었다. 다른 하나는 감염병 정보 공유 플랫폼의 참여였다. 그리고 건강 부문의 국민체감 지표도 2개였다. 그 가운데 하나는 기후변화에 따른 건강관리 플랫폼(앱)을 개발해 운영하는 것이었다. 다른 하나는 취약계층 이용시설의 행동요령에 관한 설명회였다.

향후 정책 지표와 국민체감 지표는 여기에서 한 걸음 더 나아가 좀 더 세분화해 발전시킬 필요가 있다. 이와 함께 지역사회 주민들의 건강적응

그림 9-4 **제3차 국가 기후위기 적응대책 성과지표**

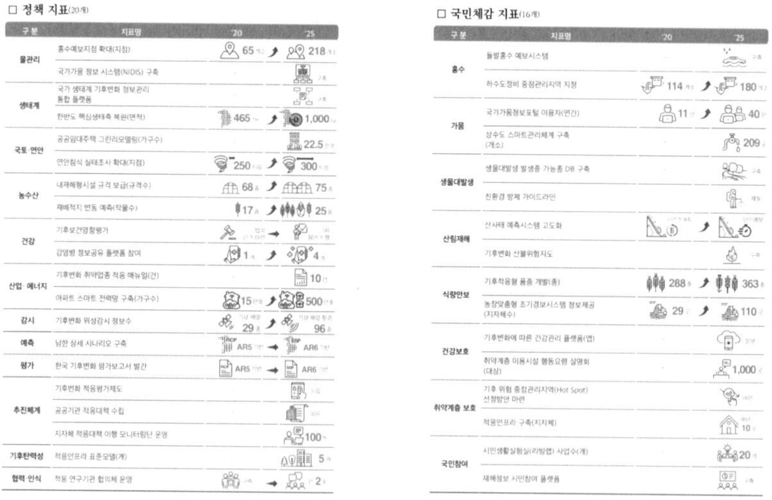

자료: 관계부처합동(2021).

에 대한 진단 지표도 개발할 필요가 있다. 현재 지자체의 성과 평가에는 분명한 한계가 있다. 사업을 수행하면 대부분 성과를 달성하도록 되어 있다. 그래서 사업을 수행했다는 것과 그 사업을 수행함으로써 실제 적응력이 향상되었는가 하는 결과에 대한 분리가 이루어지지 않았다. 따라서 사업 수행 평가도 필요하지만, 이 사업을 수행함으로써 어느 정도의 적응력이 향상되었는지 알아보기 위해 적응력 정도를 측정할 수 있는 지표 개발도 필요하다. 예를 들면 극한 기후(홍수, 태풍, 폭염, 한파 등) 관련 사망률(유병률, 발생률), 보건소(의료시설) 접근성, 기후위기 불안정도 등이 될 수 있을 것이다.

또한 지역사회의 건강 적응력을 높이기 위해서는 취약 요인의 실태 진단과 건강적응 정책이 함께 연계되어야 한다. 이 건강적응 지표를 지자체에서 수립하는 지속가능발전 지표와 연계하는 것도 고려할 필요가 있다. 지표를 연계함으로써 건강적응 정책에 대한 지자체의 관심과 집행력을 더욱 높일 수 있다.

4) 지역사회 기후환경보건 정책의 신규 사업 발굴: 더 많은 주체의 발굴과 참여 및 다양한 소통 방안 마련, 모범사례 발굴 및 전파

기후환경보건 적응 정책이 지역사회에서 실효성 있게 추진되기 위해서는 건강적응 정책을 시행하는 행정단위 외에 더 많은 주체의 발굴과 참여 확대가 필요하다. 특히 지역사회의 병원, 권역형 환경보건센터, 보건소 등의 적극적인 참여가 필요하다. 기후변화 건강적응 특성화 병원(보건소)을 지정해 운영하는 것도 고려해볼 만하다. 현재 보건복지부에서 추진하는 '건강도시'에 기후환경보건 건강적응 시범사업을 추진하도록 해서 인센티브를 부여하는 방법도 지역사회 건강적응의 집행력을 높이는 방안이 될 수 있다.

기후환경보건 적응에 대한 지속적이고 다양한 소통 방안을 마련하는 것도 필요하다. 지역의 정책 입안자, 공무원, 주민들은 대략적으로 기후변화를 인식하고 있으나 기후변화에 따른 건강 영향에 대한 이들의 인식은 아직까지 높지 않은 것이 현실이다. 건강적응이 왜 필요한 것인지, 그것을 어떤 방식으로 해야 하는지에 대한 정보가 부족하다. 따라서 지역 정책 입안자와 전문가의 소통, 지역 공무원을 대상으로 하는 교육, 지역 주민과 공무원의 소통 등 다양한 방식을 동원해 대상자들의 소통 전략을 마련하는 것이 필요하다. 나아가 지역사회 건강적응에 대한 모범 사례들을 발굴하고 전파하는 것도 중요하다. 이러한 사업들은 궁극적으로 국가 기후환경보건 정책을 발전시키는 데도 기여할 것이다.

5. 마무리

지금까지 국제적으로 기후위기 적응대책에 대한 초점이 어떻게 변했는지 살펴보고, 한국 지자체의 기후환경보건 대책은 이러한 변화에 알맞게 실현되고 있는지와 미흡한 점을 보완할 수 있는 정책 과제를 제안했다.

WMO는 앞으로 5년 이내에 지구 기온이 산업화 이전보다 1.5℃ 이상 상승하게 될 가능성이 크다고 했다. 그리고 세계보건기구(WHO)는 제27차 기후변화협약 당사국총회(COP27)에서 기후위기를 보건 위기로 규정했다. 이러한 상황에서 기후위기 영향에 대한 건강적응 정책은 중요한 보건 문제로 대두되고 있다. 기후환경보건 대책에 선도적인 유럽에서는 기후위기와 관련된 건강 문제에 대해 유럽연합 차원의 준비와 대응이 중요하다고 보면서 다른 한편으로는 특히 지방과 개인 중심의 회복탄력성 증진이 필요하다고 강조하고 있다.

국내의 건강적응 정책은 이와 관련된 법적 기반 마련을 포함해 다양한 노력을 거치면서 진일보해왔다. 그렇지만 지자체의 건강취약성 진단은 여전히 미흡한 상황이다. 따라서 지자체에서도 좀 더 적극적인 건강적응 대책 마련이 필요한 실정이다. 유럽의 기후·보건관측소 사례처럼 민·관·산·학·연 등 다양한 분야에서 가지고 있는 건강 관련 데이터를 한곳에 모아 활용할 수 있는 방안을 모색하는 것도 필요하다. 지역사회의 세분화된 자료가 수집되어 활용된다면 지역에서 기후위기로 나타나는 실제 건강 영향에 대한 확인과 진단이 정확해질 수 있다. 또한 현재 국가 제3차 기후위기 적응대책이 실행되고 있는데, 이와 연계해 지자체의 기후환경보건 적응이 잘 실현되고 있는지 그 실태조사도 필요하다. 지자체의 기후환경보건 적응 진단 지표를 개발함으로써 주민들의 건강 적응력이 얼마나 향상되었는지도 평가해야 한다. 지자체에서 수립하는 지속가능발전 지표와 건강적응 진단 지표를 연계함으로써 건강적응 정책에 대한 지자체의 관심과 집행력을 높이는 것도 고려할 필요가 있다.

지자체 기후환경보건 정책의 신규 사업도 적극 발굴해야 한다. 지자체의 행정 조직 이외에 더 많은 주체의 적극적인 참여를 확대할 필요도 있다. 특히 지역사회의 병원, 권역형 환경보건센터, 보건소 등은 지방정부와 연계해 지역사회 건강적응 정책을 수행하는 허브 역할을 할 수도 있다. 현재 보건복지부에서 추진하는 건강도시에 기후위기 건강적응 시범사업을 연계하는 것도 지역사회 건강적응의 집행력을 높이는 방안이 될 수 있다. 기후환경보건 정책에 대한 소통 방안을 다양하게 마련하는 것도 필요하다. 이러한 정책 과제들을 수행하고 모범 사례들을 전파함으로써 지자체의 건강 적응력이 강화되기를 기대한다.

참고문헌

관계부처합동. 2021.3. 제3차 국가 기후변화 적응 대책(2021~2025) 세부시행계획.

기상청 기상자료 개방포털. 2023. "기온·습도·체감온도 경향 추이".

    https://data.kma.go.kr/climate/windChill/selectWindChillChart.do?pgmNo=111(검색일: 2023.5.25)

여형범 외. 2022. 『제3차 충청남도 기후변화 적응대책 세부시행계획(2022~2026)』. 공주: 충남연구원.

예산군 보건소. 2022a. 온열질환 응급조치 및 폭염대비 홍보물.

_____. 2022b. 취약계층 방문건강관리사업 사례.

유럽연합집행위원회. 2021. (신)유럽연합 기후변화 적응전략(요약). 서울: 주벨기에대사관.

장훈 외. 2019. 『기후변화 적응 정책 10년: 현주소 진단과 개선방안 모색을 중심으로』. 세종: 한국환경연구원(KEI).

전력통계정보시스템. 2022. "발전기별 발전설비".

    https://epsis.kpx.or.kr/epsisnew/selectEkpoBcrGrid.do?menuId=020400(검색일: 2022.12.20)

질병관리청. 2023. "온열질환 응급실 감시체계 신고 현황".

    https://www.kdca.go.kr/contents.es?mid=a20308040107(검색일: 2023.5.25)

충청남도. 2020. "2020년 사업개요".

    www.chungnam.go.kr

_____. 2023a. "충청남도 탄소중립녹색성장 기본 조례".

    https://www.law.go.kr/ordinSc.do?menuId=3&subMenuId=27&tabMenuId=139&query=#liBgcolor1(검색일: 2023.5.22)

_____. 2023b. "기후안심마을 보도자료".

    http://www.chungnam.go.kr/media/mediaMain.do?article_no=MD0001949531&mnu_cd=CNMENU00003&med_action=view(검색일: 2023.5.4)

행정안전부. 2023. 『재난안전분석 결과 및 중점관리대상 재난안전사고 자료집』.

환경부. 2023. 지방 기후위기 적응 대책 수립 및 이행 평가 지침.

환경부 온실가스종합정보센터. 2022. 온실가스 배출량.

    http://www.gir.go.kr/home/main.do(검색일: 2022.12.20)

BBC. 2021. "Why North America's killer heat scares me".

    https://www.bbc.com/news/world-us-canada-57729502(검색일: 2023.5.9)

BBC 코리아. 2022. "미국·캐나다 넓진 눈폭풍 동반 한파".

    https://www.bbc.com/korean/news-64089075(검색일: 2023.5.9)

DAF. The Four "R's".

    https://www.deepadaptation.info/learning-to-deeply-adapt-together(검색일: 2023.5.9)

WHO. 2022. "WHO Director-General's remarks at the opening ceremony of the COP27 Health Pavilion".

https://www.who.int/news-room/speeches/item/who-director-general-s-remarks-at-the-openi
ng-ceremony-of-the-cop27-health-pavilion-8-november-2022(검색일: 2023.3.2)
WMO. 2023. "State of the Global Climate 2022 Report".

10

보건의료 분야의 탄소중립과 녹색전환

신동천 (한국친환경병원학회 학회장)

하미나 (단국대학교 의과대학 예방의학교실 교수)

1. 기후변화 대응에서 보건 분야의 위치와 역할

1) 기후변화 건강적응과 회복탄력성 강화

기후변화가 심화되는 시대, 보건 분야는 기후변화로 인한 건강 영향에 대한 적응력을 높이고 기후 건강 피해를 예방(prevention), 대비(preparedness), 대응(response)할 역량을 갖춰 기후회복탄력성을 높여야 할 책임을 지고 있다. 즉, 보건 분야는 기후 취약성, 대응 역량과 적응력을 평가하고, 통합적 위험을 모니터링해 조기 정보 체계를 가동하고, 건강과 기후에 관한 연구를 추진하는 등의 기후보건 정보시스템을 구축하고, 기후 정보가 반영된 보건 프로그램 이행과 기후재난 응급상황에 대한 대응관리 능력을 향상하는 과제를 통해 기후재난으로부터 건강과 생명을 보호해야 한다(하미나, 2022: 302~310 재인용).

2) 온실가스 감축의 주요 주체

다른 한편, 보건 분야는 환자 치료와 요양 서비스 제공을 위해 응급실, 수술실, 중환자실, 병동 등 의료시설과 요양시설을 365일 24시간 운영하며 필요한 물품을 조달받고 의료기기와 의료장비, 많은 에너지와 자원, 용수를 사용하며 의료 폐기물과 하·폐수 등 각종 환경오염물질과 온실가스를 다량으로 배출한다.

2017년에 보건 분야의 탄소 발자국이 최초로 추정되었는데, 2011년 기준 전 세계 온실가스 배출량의 5%에 해당하는 26억 톤(CO_2e)을 배출하는 것으로 보고되어 보건 분야 온실가스 감축의 중요성이 제시되었다(World Bank Group and HCWH, 2017). 이후 43개국의 상세한 정보를 종합해 '유해 없는 헬스케어(Health Care Without Harm: HCWH)'[1]에서 발간한 보건 분야[2] 환경 발자국 보고서에서는 2014년 보건 분야의 온실가스 배출량이

---

1) HCWH는 전 세계 의료 서비스를 혁신해 환경 발자국을 줄이고, 지속가능성을 위한 사회의 주축이 되며, 환경보건과 정의를 위한 글로벌 운동의 리더가 되기 위해 노력하는 국제 비정부기구(NGO)다. 1996년 미국 환경보호청(EPA)이 의료 폐기물 소각이 강력한 발암물질인 다이옥신의 주요 배출원임을 확인한 후 이 심각한 문제에 대응하기 위해 28개 단체가 캘리포니아 주 볼리나스에 모여 HCWH 연합을 결성했다. 그 후 HCWH는 52개국 수백 개 단체가 참여하는 광범위한 국제 연합으로 성장했으며, 버지니아 주 알링턴, 브뤼셀, 마닐라에 사무소를 두고 라틴 아메리카에 지역 팀을 두고 있으며, 유엔개발계획(UNDP), WHO 등 국제 및 지역 기관들과 파트너십을 맺고 활동하고 있다.

2) 보건 분야(health care sector)는 병원(hospitals), 주거형 장기요양 시설(residential long-term care facilities), 외래 의료 서비스 제공업체(providers of ambulatory health care), 부가 서비스 제공업체(providers of ancillary services), 예방치료 제공업체(providers of preventive care), 기타 경제 부문(Rest of economy)으로 구성된다(HCWH, 2019).

전 세계 순 배출량의 4.4%(2기가 톤의 이산화탄소 상당)에 해당했다. 이는 514개의 석탄화력발전소에서 배출하는 연간 온실가스 배출량과 같으며 보건 분야를 하나의 나라로 간주하면, 세계 5위 배출국이다.

보건의료 서비스는 에너지 소비, 운송, 제품 제조, 사용, 폐기를 통해 온실가스를 배출한다. 배출원[3]별로는 배출량의 71%가 의료 공급망(Scope3: 의약품 및 기타 화학물질, 식품 및 농산물, 의료기기, 병원 장비 및 기구와 같은 상품과 서비스의 생산, 운송 및 폐기 과정)에서 발생했다. 직접 배출(Scope1)과 간접 배출(Scope2: 전기, 증기, 냉온방과 같은 에너지를 구매하여 사용)은 각각 17%와 12%였다(HCWH and Arup, 2019). 보건의료 서비스의 온실가스 배출량을 생산 부문별로 구분하면 그림 10-1과 같다.

국가별로는 미국, 중국, 유럽연합(EU)이 차례로 전 세계 보건 분야 배출의 56%를, 상위 10개국의 배출량은 75%를 차지했다(표 10-1).

한국 보건 분야는 37MtCO₂e의 온실가스를 배출해 세계 8위다. 1인당 배출량은 미국, 호주, 캐나다, 일본에 이어 세계 5위를 차지한다. 보건 분야의 온실가스 배출량은 한국 전체 배출량의 5.3%를 차지해 전 세계의 평

---

3)   온실가스의 배출원은 세 가지 범위(Scope)로 구별한다. Scope1 현장(에너지) 온실가스 배출은 일반적으로 물을 가열하거나 비상 발전기에 전력을 공급하기 위해 석유 또는 가스를 태우는 등 현장에서 화석연료를 소비하여 발생한다. Scope1 비에너지 온실가스 배출에는 폐수 처리, 소각, 폐마취 가스 같은 현장 배출원과 냉매와 같은 비산배출(飛散排出)이 포함된다. Scope2 온실가스 배출은 전기, 열 또는 증기 소비로 인한 간접 배출이다. 이러한 배출은 일반적으로 석탄이나 석유와 같은 화석연료를 연소하는 발전소에서 구매하거나 발전소에서 생성되는 전기와 관련이 있다. 또한 증기와 냉수 또는 온수를 포함하는 난방 또는 냉방 구매로 인한 배출일 수도 있다. Scope3 온실가스 배출은 구매한 자재 및 연료의 생산, 보고 주체가 소유하거나 통제하지 않는 차량의 운송 관련 활동, Scope2에 포함되지 않는 전기 관련 송배전 손실, 아웃소싱 활동, 폐기물 처리 등과 같은 간접적인 배출을 포함한다.

그림 10-1 생산 부문별 글로벌 의료 서비스 배출량 현황

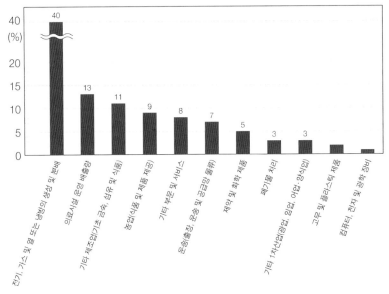

자료: HCWH and Arup(2019: Figure 6).

표 10-1 보건 분야의 글로벌 온실가스 배출량에서 상위 10위 국가

보건 분야 배출량 순위	총 배출량 (MtCo₂e)	1인당 배출량 (tCO₂e/capita)	보건 분야 글로벌 총 배출량 중 비중(%)	자국의 국가 배출량 중 순위
1. 미국	546	1.72	27	1. 중국
2. 중국	342	0.25	17	2. 미국
3. EU	249	0.49	12	3. EU
4. 일본	103	0.81	5	4. 인도
5. 러시아	76	0.53	4	5. 러시아
6. 브라질	44	0.21	2	6. 일본
7. 인도	39	0.03	2	7. 브라질
8. 한국	37	0.73	2	8. 캐나다
9. 캐나다	36	1.01	2	9. 한국
10. 호주	30	1.29	2	10. 멕시코
나머지			25	17. 호주

자료: HCWH and Arup(2019: Figure 8, table 1) 재구성.

표 10-2 **한국의 보건 분야 온실가스 배출 현황(2014년)**

헬스케어 부문	값	단위
기후 발자국	37	$MtCO_2e$
1인당 배출량	0.73	tCO_2e/capita
국가 전체 배출량 중 비중	5.3	%
1인당 지출액	1910	USD
1인당 지출액의 GDP 중 비중	6.8	%
국내에서 발생한 발자국 중 비중	63.4	%
석탄화력발전소 배출량과 비교한 발자국	9	연간 석탄화력발전소
탱크 트럭이 사용하는 가솔린과 비교한 발자국	489,810	탱크 트럭이 사용하는 가솔린 양
승용차 운행과 비교한 발자국	7,855,626	연간 운행되는 승용차 수
Scope1, 2, 3별 비중	12/13/75	%

자료: HCWH and Arup(2019).

균 수준보다 더 높다(표 10-2). 또한 배출원별로 볼 때 세계 평균에 비해 Scope1이 적고(12% vs. 17%), Scope3이 많아(71% vs. 75%) 보건의료 분야가 직접 배출하는 것에 비해 공급망을 통한 배출 비중이 더 높다는 것인데, 이는 우리 사회의 에너지 전환 등 탄소중립 달성도가 글로벌 평균에 미치지 못하고 있음을 반영한다.[4] 다른 한편으로는, 보건 분야가 공급망을 통해 사회의 다른 분야의 탄소중립을 압박할 수 있는 위치에 있음을 의미한다.

---

[4]   2024년 한국의 기후변화성과지표(Climate Change Performance Index: CCPI)는 5개 등급 중 최하위이며, 평가 대상 67개국 중 64위로, 전년(60위)에 비해 더 나쁜 성적이다. CCPI는 해마다 온실가스 배출, 재생에너지, 에너지 소비, 기후정책의 분야에 대해 평가한다.

3) 기후-스마트 헬스케어

세계은행그룹(World Bank Group)은 HCWH와 공동으로 『'기후-스마트 헬스케어' 접근법: 보건 분야의 저탄소 및 회복탄력성 전략』이라는 보고서를 발간해 탄소 배출 감축과 복원력 강화를 모두 포괄하는 전략을 제시했다(World Bank Group and HCWH, 2017). 극심한 기후 현상으로 건강 피해가 발생했을 때 병원과 보건소는 최초 대응자로서 탄력적으로 대응해야 하며, 재난 발생 시와 직후에도 환자를 안전하게 대피시키고 지역사회와 구조대원에게 필요한 의료 서비스를 제공할 수 있게 운영해야 한다. 그런데 병원과 의료 시스템이 저탄소 의료를 위한 기회를 모색하면서 완화 또는 "지속가능성" 조치와 적응 또는 "기후변화 회복탄력성"을 위한 조치 사이에 상당한 중복성이 있음을 발견하며, 양면을 모두 포괄하는 새로운 용어로서 "기후-스마트 헬스케어"가 제안되었다. 즉, 보건 부문은 저탄소 전략의 채택을 통해 기후변화를 완화하는 동시에 기후 영향에 대한 회복탄력성을 구축하는 데 중요한 역할을 할 수 있다(그림 10-2).

그림 10-2 **기후-스마트 헬스케어: 저탄소 보건의료와 기후회복탄력성의 교차점**

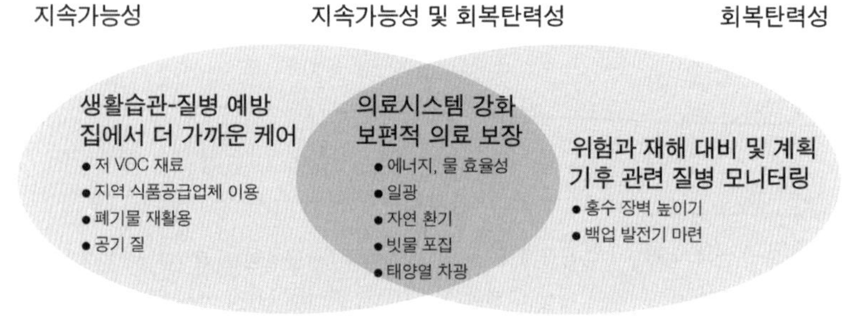

지속가능성	지속가능성 및 회복탄력성	회복탄력성
생활습관-질병 예방 집에서 더 가까운 케어 ● 저 VOC 재료 ● 지역 식품공급업체 이용 ● 폐기물 재활용 ● 공기 질	**의료시스템 강화 보편적 의료 보장** ● 에너지, 물 효율성 ● 일광 ● 자연 환기 ● 빗물 포집 ● 태양열 차광	**위험과 재해 대비 및 계획 기후 관련 질병 모니터링** ● 홍수 장벽 높이기 ● 백업 발전기 마련

주: 타원 속의 제목격 글자는 보건 부문의 과제임.
자료: World Bank Group and HCWH(2017: Box 4).

기후-스마트 헬스케어를 위한 실천과제로 다음 글상자와 같이 여섯 가지 실천 사례가 제시되었다(HCWH and Arup, 2019).

실천 1. 지금 당장 보건 분야 온실가스 배출을 감축한다.

Scope1: 즉각적으로 의료기관의 배출을 감축	Scope2: 지역 및 국가 에너지 시스템의 탈탄소화와 청정 재생에너지 구현에 투자하고 이를 옹호	Scope3: 공급망의 탈탄소화를 시작할 수 있도록 저탄소 또는 무배출 조달 기준을 설정하고 구현

실천 2. 청정 재생에너지로 사회적 전환을 지원한다.
모든 국가의 보건 분야는 화석연료의 신속한 단계적 퇴출과 청정 재생에너지로의 전환을 촉진해 의료 에너지 소비를 순 배출 제로로 전환하는 동시에 지역 오염과 지구 기후 영향으로부터 공중보건을 보호해야 한다.

실천 3. 2050년까지 탄소중립 의료 서비스를 위한 전략을 세운다.
일관된 글로벌 로드맵은 앞으로 나아갈 주요 경로를 파악하는 동시에 행동 일정과 프레임워크를 수립하는 데 필요하다. 로드맵은 기후와 건강, 완화 및 복원력에 대한 통합된 기후 스마트 접근 방식, 모든 수준에서 행동을 촉진하는 접근 방식에서 글로벌 형평성 원칙을 기반으로 해야 한다.

실천 4. 보건을 위한 개발 원조에서 기후-스마트 원칙을 적용한다.
양자 원조 기관, 다자개발은행, 기타 보건기금 기관, 자선단체는 개발도상국을 위한 보건 원조, 대출, 정책 지침에 기후-스마트 원칙과 전략을 적용해야 한다. 기후완화 및 적응에 자금을 지원하는 기관은 프로그램에 보건 분야를 포함해야 한다.

실천 5. 기후-스마트 의료를 위한 정부의 실행 계획을 수립하고 이행한다.
중앙 및 지방 정부는 기존 이니셔티브를 기반으로 보건시스템의 탈탄소화, 회복탄력성 증진, 건강 결과 개선을 위한 실행 계획을 수립해야 한다. 정부의 기후 정책을 이행하여 파리협정에 기여하고, 문제에 가장 큰 책임이 있는 국가가 앞장서야 한다.

실천 6. 의료 서비스 및 기후변화에 대한 연구를 심화한다.
의료 서비스 배출량의 미래 궤적 분석, 공급망과 기후 영향에 대한 심층 분석, 중앙 및 지방 정부 수준의 의료 서비스 기후 발자국, 기후-스마트 의료로의 전환에 따른 비용과 이해 증진에 대한 경제 및 건강 분석 등 의료 서비스와 기후변화의 상호작용 추세에 대한 추가 연구가 필요하다.

자료: HCWH and ARUP(2019: 6).

2. 병원의 녹색전환과 기후환경보건 관리

2009년 WHO는 보건 부문도 기후변화 완화에서 주도적인 역할을 할 수 있다고 보고 기후 친화적인 병원의 일곱 가지 요소(에너지 효율, 녹색건축 설계, 대체에너지 개발, 운송, 식품, 물, 폐기물)와 보건 분야의 기후 발자국을 분석하고 해결하기 위한 프레임워크를 정의하는 보고서를 발표했다(WHO and HCWH, 2009).

한국에서 병원은 에너지 소비량이 많은 호텔, 백화점, 대학교 등과 함께 국가 온실가스 감축 대상 건물에 포함된다. 2021년 서울시 에너지 다소비 건물 순위에 따르면 상위 10위에 3개 병원이 포함되어 총 온실가스 배출량 10만 4,135tCO$_2$, 에너지 사용량 21만 8,438TOE를 나타내 상위 10위 내 건물 전체 온실가스 배출량의 26.5%, 에너지 소비량의 27.1%를 차지했다. 서울시의 소위 빅5 병원은 모두 20위 안에 들었다(서울특별시에너지정보, 2022).

병원 등 치료 및 요양기관은 에너지의 효율적 소비와 온실가스 감축뿐만 아니라 환자에게 쾌적한 실내 공기를 제공할 수 있도록 실내 공기 질관리가 필수이고 감염 우려가 있는 의료 폐기물을 안전하게 관리해 2차 감염과 환경오염을 예방해야 할 의무가 있다.

1) 화학물질

병원 환경에는 늘 화학물질이 존재한다. 미국에서는 화학물질을 가장 많이 사용하는 분야가 보건 분야다(Global Green and Healthy Hospitals, 2011). 다른 국가들의 경우에도 보건 분야에서 상당한 양의 화학물질을 소비한다. 유엔 국제 화학물질 관리전략(Strategic Approach to International Chemi-cals Managemant: SAICM)[5]에서 지적하고 있듯이 보건 분야는 화학물질의 주요 소비처다. 이 중에는 건강과 환경에 심각한 영향을 미치는 화학물질 들도 포함되어 있다. 의료용 제품에 포함된 화학물질은 제품의 생산, 사용, 폐기 전 과정에서 인체 건강에 영향을 미친다. 특히 환자, 의료 종사자, 제품을 제조하는 공장 근로자, 폐기물 처리시설 근로자, 제조 공장이나 폐기물 처리장 근처에 거주하는 사람 등이 노출에 취약하다.

의료 부문에서 사용하는 많은 화학물질은 암 치료를 위한 화학 요법이나 살균을 위한 소독제 등 의료 서비스 고유의 특정 목적을 위해 사용된다. 그러나 환자 치료의 질을 떨어뜨리지 않으면서도 가장 위험한 물질 중 일부를 더 안전한 물질로 대체하는 등의 방법으로 의료 환경에서 유해화학물질 노출을 줄일 수 있다.

다른 한편, 할로겐 마취가스와 천식환자에게 쓰는 정량흡입기(Metered-dose inhaler: MDI)의 추진제는 그 자체로 강력한 온실가스다(Haines and Frumkin, 2021: 364~366).

(1) 마취가스

마취가스 중 아이소플루레인(isoflurane), 데스플루레인(desflurane), 세보

---

5) SAICM은 2002년 지속가능발전 세계정상회의에서 채택된 '2020 목표' 중 화학물질의 안전관리 분야의 목표 달성 지원을 위해 마련되었다. 2002~2005년 동안 수차례 준비협상을 통해 초안을 마련하고, 2006년 제1차 국제 화학물질 관리회의(International Confe-rence on Chemical Management: ICCM)에서 이를 채택했다. SAICM의 목표는 2020년까지 화학물질의 생산과 사용이 사람의 건강과 환경에 미치는 악영향을 최소화하고 기존 국제 협약을 보완하는 자발적이며 법적 구속력이 없는 포괄적 화학물질 관리규범을 수립하는 것이다(하미나·정선화, 2022: 251~252).

프루렌(sevoflurane) 등은 제조와 사용 과정(마취 환자의 호기 중 마취가스는 분해되지 않은 상태로 배출)에서 대기로 방출된다. 일산화질소(NO)는 흔히 쓰는 마취가스인데 할로겐 마취가스보다는 온실효과는 적지만 대기 중에 100년 이상 존재한다. 유엔기후변화협약(United Nations Framework Convention on Climate Change: UNFCCC)의 추정에 의하면 마취가스는 전 세계 보건의료 분야 온실가스 배출의 약 0.6%를 차지하며 2.5MtCO$_2$e에 달한다.

병원에서는 온실가스 효과가 상대적으로 적은 마취가스를 사용하고(세보프루렌은 데스플루레인에 비해 15배 온실가스 효과를 줄일 수 있음), 마취가스의 누출을 막을 수 있는 기술개발, 저유속 마취 방법, 가능한 국부마취 혹은 정맥마취의 사용, 일산화질소 사용 줄이기 등의 정책이 필요하다.

(2) 천식 흡입치료기의 추진제, 하이드로플루오르카본

천식환자에서 MDI의 추진제로 쓰이는 수소화불화탄소(hydrofluorocarbon)은 이산화탄소에 비해 1,480~2,900배 더 강력한 온실가스이며, 현재 전 세계 보건의료 분야 온실가스 배출의 0.3%를 차지하고 있다.

2017년 영국에서는 70%의 흡입치료기가 MDI 유형이었으나, 스웨덴에서는 13%가 MDI이고 나머지는 분말흡입기를 사용했다. 영국에서 스웨덴과 같은 비율로 흡입치료기를 사용한다면 연간 550ktCO$_2$e의 온실가스 감축을 달성할 수 있다.

2) 의료 폐기물

WHO는 안전하고 지속가능한 의료 폐기물 관리를 공중보건 의무로 규정하고 이와 관련된 모든 기관(정부, 공여자와 파트너, 비정부기구(NGO), 민간 부문, 그 외 모든 관심 있는 기관과 조직]에 적절한 지원과 재원 마련을 촉구하는 핵심 원칙을 발표했다(WHO, 2007a). 그러나 의료 폐기물은 여전히 적절한 관리와 재정 지원이 이루어지지 않고 있다. 의료 폐기물의 독성과 감염성이 결합되어 환경 및 공중보건에 대한 위협이 더 커질 수 있으나 과소평가되고 있다. 한 문헌 검토에 따르면 전 세계 인구의 절반 이상이 의료 폐기물에 노출되어 있다(Harhay et al., 2009: 1414~1417).

일반적인 유해 폐기물 관리에 있어서는 바젤협약(Basel Convention on the Control of Transboundary Movements of Hazardous Wastes and Their Disposal)[6]이 있으나 직접적으로 의료 폐기물을 다루는 국제 협약은 아직 존재하지 않아 의료 폐기물에 관한 분류체계가 국가마다 다르다. 일반적으로 폐기물은 위험도에 따라 분류된다. 의료 폐기물의 대부분(약 75~85%)은 일반 생활 폐기물과 유사하며 태우지 않는 한 위험성이 낮다. 감염성 폐기물은 전체 의료 폐기물의 약 5~25%를 차지한다. 감염성 폐기물은 일반 감염성, 날카로운 물건(전체 폐기물의 1%), 감염성이 높은 해부학적 폐기물(1%), 병리학적 폐기물로 세분화할 수 있다. 화학 및 방사성 폐기물(의약품, 실험실 화학물질, 세정제, 깨진 온도계에서 나온 수은과 같은 중금속, 다양한 건강 및 환경 영향을 미치는 살충제 등)은 전체 의료 폐기물의 약 3%를 차지한다(Global Green and Healthy Hospitals, 2011).

병원 폐수는 의료 폐기물 목록에서 제외되는 경우가 많지만, 가정용 하수보다 약물 내성 병원균, 화학물질과 유해 물질이 더 다양하고 더 많이 포함되어 있다(Stringer et al., 2011).

---

6)   바젤협약은 1989년에 채택되어 유해 폐기물의 국제적인 이동과 처분을 조정하기 위한 목적으로 유해 폐기물의 생성, 수송, 운송, 처리 및 처분에 관한 규정을 가지고 있다. 2023년 188개 국가 및 지역이 비준했다.

의료 폐기물을 소각하면 염산, 다이옥신, 퓨란, 독성 금속인 납, 카드뮴, 수은을 포함한 여러 가지 유해 가스와 화합물이 발생한다. 고형 폐기물을 처리하면 이산화탄소보다 21배 더 강력한 온실가스인 메탄이 배출된다.

그러나 의료 폐기물은 적절하게 관리된다면 사람의 건강과 환경에 악영향을 끼치지 않는다. 폐기물을 소독, 중화 또는 담아둘 수 있는 여러 가지 기술이 개발되어 있으며, 공개된 관리정보도 활용할 수 있다.

3) 에너지

아직 많은 국가에서 에너지 소비량과 온실가스 배출량이 제대로 측정되고 있지 않으나, 선진국뿐만 아니라 점점 더 많은 개발도상국에서 보건 부문은 상당한 양의 화석연료로 생산된 에너지를 소비하고 있다. 미국에서는 병원이 두 번째로 에너지를 많이 사용하는 건물로, 보건 분야에서 매년 약 65억 달러를 에너지에 지출하고 있으며 이 수치는 계속 증가하고 있다(US Environmental Protection Agency, 2007). 많은 개발도상국에서는 보건 분야가 확장되면서 에너지 소비량도 증가하고 있다.

대부분의 서구식 대형 병원의 표준 운영 절차는 온수(溫水), 실내 공기의 온도 및 습도 제어, 조명, 환기 및 수많은 임상적 업무 과정에서 많은 에너지를 사용해야 하며, 이와 관련해서 상당한 비용과 온실가스 배출이 발생한다. 그러나 의료 서비스의 질을 저하시키지 않으면서도 에너지 효율을 개선할 수 있다. 좀 더 효율적인 시스템 전략과 관리방식을 채택해 에너지 소비를 줄이고 화석연료 대신 청정 재생에너지를 사용하고 이에 투자해야 한다.

4) 물

WHO에 따르면 전 세계 1억 명 이상이 마실 수 있을 정도의 깨끗한 물을 사용하지 못하고 있다. 연간 발생하는 4억여 명 설사병 환자의 88%는 위생적이지 않은 물 때문이며, 94%의 설사병은 깨끗한 물을 공급하고 소독과 위생수준을 향상시키는 조치를 통해 예방할 수 있다(WHO, 2007b). 또한 기후변화로 인해 가뭄이 심해지고, 빙하가 녹고 담수가 부족해지는 현상으로 물 문제가 더욱 악화되고 있다.

병원은 운영 과정에서 엄청나게 많은 물을 소비한다. 기계 장비에서 위생 하수 운반에 이르기까지 각종 공정에서 사용되며, 식수, 조리, 목욕 및 손 씻기에도 물이 필요하다.

병원은 물 사용을 엄밀히 측정하고, 물을 효율적으로 사용할 수 있는 장치와 기술, 누수 관리 등으로 물을 절약할 수 있다. 또 빗물을 저장해 사용하거나 사용한 물을 정화 처리해 재사용하는 등 다양한 방안을 강구할 수 있다. 또 병 물(bottled water)을 사용하지 않고도 여러 장소에서 이동 중에 물을 사용할 수 있다면 병 물 생산에 드는 에너지와 비용을 현저히 줄일 수 있다.[7]

5) 수송

수송은 도시 지역 대기오염의 주범으로 2010년 전 세계 에너지 관련 온

---

[7] 2007년 미국에서 병 물은 수돗물(tap water)에 비해 생산에 드는 에너지 사용량이 2천 배였다고 추정되었으며, 이것은 3,200만~5,400만 배럴의 오일에 맞먹는다. 전 세계의 병 물 수요를 충족하려면 에너지가 3배 더 필요하다(Gleick and Cooley, 2009).

실가스 배출의 25%를 차지한다. 차량 기술과 연료 효율이 발전하고 있음에도 불구하고 수송 부문의 배출은 2025년까지 2배 이상 증가하며, 배출량 증가의 90%는 개인 차량 운행에 의한 것으로 추정되었다. 적극적이고 지속적인 완화 정책이 없으면 2050년까지 연간 12Gt GHGe 이상의 속도로 어떤 다른 에너지 최종 사용 부문의 배출량보다 더 빠른 속도로 증가할 수 있다(Institute for Transportation and Development Policy).

특히 개발도상국의 대도시에서는 도로교통 배출이 대기오염의 주범으로 매우 큰 규모의 질병부담을 초래한다.

보건 분야는 구급차, 병원 차량, 배달 차량, 직원 및 환자 이동이 많은 교통 집약적인 산업이다. 보건 분야에서 발생하는 대기오염은 대규모 병원 시설 근처에 집중되어 있다. 2019년 영국의 경우 환자, 직원, 방문자가 의료시설로 이송되는 과정에서 발생하는 이산화탄소 배출량은 2.4MtCO₂e로 국가보건의료서비스(National Health Service: NHS) 전체 배출량의 약 10%에 달했다(Tennison et al., 2021: e84~e92).

의료시설은 대중교통 인프라에 가까운 곳과 지역사회 내에 배치해 환자의 차량 이동거리를 줄일 필요가 있다. 원격 의료는 교통 관련 배출량을 줄이기 위한 또 다른 전략이 될 수 있다. 구급차와 의료기관의 차량을 전기, 천연가스나 바이오 연료를 사용하는 차량으로 바꾸고, 직원들과 환자들이 자전거와 대중교통 이용, 카풀을 하도록 장려하는 것도 중요하다. 의료기관의 제품과 서비스의 구매과정(공급망)에서 사용되는 차량과 이동거리를 고려하는 것도 필요하다.

6) 식품

과도한 포화 지방, 정제 탄수화물 및 가공식품 위주인 서구식 식단이 세계화되고, 앉아서 생활하는 시간이 점점 길어지면서 많은 국가에서 비만, 당뇨병 및 심혈관 질환이 유행하고 이와 함께 만성 질병 치료를 위한 서구식 의료산업의 세계화도 심화하고 있다. 전 세계적으로 비만은 1975년 이후 3배 가까이 증가했으며, 2016년 기준으로 18세 이상 세계 인구 중 19억 명이 과체중(39%)이며, 6억 5천만 명이 비만(13%)이다(WHO, 2021). 비만, 당뇨병, 심혈관 질환의 증가 추세는 세계적으로 자원 집약적인 치료법에 대한 수요를 증가시키고, 질병 치료에 더 많은 에너지와 자원을 소비함에 따라 의료 비용과 보건 부문의 환경 발자국을 증가시킨다(Harvie et al., 2011).

한편, (자연에 기반하지 않은) 산업적 식품 생산체계는 기후변화 및 환경 파괴에 크게 기여하고 있다. 유엔식량농업기구(FAO)에 따르면 세계의 육류 및 유제품 생산을 위한 가축 사육은 전체 온실가스 배출량의 약 18%를 차지한다(UN Food and Agriculture Organization, 2006). 동물 농장과 밭에서 흘러나오는 유출수는 전 세계에서 물을 오염시키고 있다. 살충제는 작업자의 중독을 초래하고 농경지와 식품을 오염시킨다. 가축에게 먹이는 항생제는 환경에 존재하는 미생물 등 생물체의 항생제 내성을 유발한다. 전 세계에서 생산된 식품의 약 1/3(매년 13억 톤)은 생산과정에서 소실되거나 쓰레기로 버려지면서, 3.3GtCO2e의 온실가스를 배출한다(UN Food and Agriculture Organization, 2019). 식품 산업을 하나의 국가로 간주하면 미국, 중국 다음으로 세 번째로 온실가스를 많이 배출하는 나라인 셈이다(FAO, 2013).

병원은 식품의 주요 소비처다. 병원 식단에서 육류, 패스트푸드와 정크

푸드를 줄이고, 음식물 쓰레기를 퇴비화하고, 현지에서 지속가능한 방식으로 재배한 농산물을 구매하며, 현지에서 직접 음식을 생산하고, 지역 생산자들이 건강한 음식을 지역사회에 판매할 수 있도록 직거래시장을 여는 등의 활동이 필요하다. 이를 통해 병원은 환경 발자국을 줄이고, 환자와 근로자의 건강을 개선해 장기적으로 의료 수요(비용)를 줄일 수 있다. 나아가 이것은 의료 부문뿐만 아니라 지속가능한 현지 재배 식품의 안정적 시장 창출과 성장에도 도움이 된다.

7) 의약품

의약품 폐기물은 토양과 지하수에서 미량으로 발견된다. 전 세계적으로 의약품에 대한 수요가 증가함에 따라 환경 내 의약품 오염 농도는 향후 몇 년 동안 증가할 가능성이 높다. 그러나 대부분의 국가에서 의약품 폐기물에 대한 정부의 감독은 의약품 사용 증가 속도를 따라가지 못하고 있다. 의약품 폐기에 관한 규정이 잘 갖춰져 있지 않고 많은 국가에서 처방전 없이 거의 모든 약을 구입할 수 있는 실정이다.

의약품이 풍부한 국가와 병원에서는 처방되는 의약품의 양을 줄여 폐기물의 양을 줄일 수 있다. 저개발국은 때때로 사용할 수 없는 부적절한 의약품을 기부 받는 경우가 있고(WHO et al., 1999), 창고에 방치된 불량 의약품이 불법적으로 판매, 소비되기도 하고, 제대로 처리되지 않은 채 폐기되어 환경오염을 야기하기도 한다.

의료시설은 재고를 엄격하게 관리하고(예: 선유통, 선폐기), 과다 구매를 피하며, 필요한 양만 조제해 의약품 폐기물 발생을 줄여야 한다. 병원과 약국이 환자로부터 사용하지 않은 의약품을 회수하면 폐의약품이 하수구에 버려지거나 일반 쓰레기와 함께 버려지는 것을 줄일 수 있다. 이러한 안전한 폐의약품 수거 시스템을 지역 또는 국가적으로 갖출 필요가 있다.

폐의약품의 처리에 대해서는 합의된 방법이 없다. 많은 국가에서 법률에 따라 소각하고 있으나, 특히 관리가 부실한 소각로나 시멘트 가마를 사용하는 저소득 국가에서는 소각으로 인한 심한 오염이 문제가 된다. 알약은 일반적으로 폴리염화비닐(PVC)로 만든 플라스틱 재질로 포장되는데, 소각 시 다이옥신을 생성한다. 세포 증식 억제 항암제와 같은 독성이 강한 약물이나 진통제와 같은 규제 물질은 신중하게 관리해야 한다. 다른 폐기물 처리를 위해 개발된 화학적 폐기 기술은 합법성을 확보한 소각 방식이 폐의약품 처리 시장을 압도적으로 점유하고 있어 시장 진출이 어려운 상황이다.

WHO 등이 권장하는 최선의 방법은 제조업체가 폐의약품을 회수하는 것이다(WHO et al., 1999). 제품의 화학적 특성을 잘 알고 있는 제조업체는 안전하게 폐기할 수 있는 가장 좋은 장비를 갖추고 있다.

특히 항암제의 경우 중·저온 소각, 관리가 부실한 매립, 하수구 배출은 피해야 한다. 저소득 지역에서는 매립 전에 캡슐화 또는 불활성화(콘크리트와 혼합)하는 것이 저렴하고 효과적인 방법이다.

8) 건물

건물은 환경보건에 미치는 영향이 매우 크다. 유엔환경계획(UNEP)에 따르면 전 세계 건물은 에너지 사용의 40%, 에너지 관련 온실가스 배출량의 30%를 차지하며, 많은 양의 폐기물을 생산하고 자연자원을 사용한다. 산업 부문 이산화탄소 배출량은 둔화되고 있지만, 건물 부문에서는 계속 증가해 2021년에는 $10GtCO_2e$에 달했다(UNEP, 2022).

건물을 짓는 데 원석, 자갈, 철강 생산량의 40%와 전 세계 원목의 25%를 쓴다. 건물은 건설과 철거 과정에서 도시 고형 폐기물의 약 50%가 발생한다. 건물은 단열재 등 오존층 파괴 화합물로 제조된 냉매와 제품을 사용해 성층권 오존층을 더욱 고갈시킨다(Guenther and Vittori, 2008). 건물은 전 세계 PVC 생산량의 75% 이상을 사용하는데, PVC의 주요 성분인 염소 생산 공정에서는 전 세계 총 전력 생산량의 약 1%를 소비한다(Healthy Building Network, 2022).

실내 건축자재로부터는 포름알데히드, 톨루엔과 휘발성 유기화합물 등이 방출되어 실내 공기를 오염시킬 수 있어 이를 관리하고 규제할 필요가 있다(하미나·정선화, 2022: 319~320).

세계 여러 지역에서 보건 분야의 건설 붐이 일고 있으며, 특히 개발도상국에서 빠르게 성장하며, 세계 기관 건축 시장의 1/3 이상을 보건 분야가 차지한다(Global green and healthy hospitals, 2011). 병원 건물은 환경과 건강에 미치는 영향이 크므로 '친환경 건물' 도구와 자원이 개발되고 채택되고 있다. 여러 나라에서 녹색건물 인증제도(Leadership in Energry and Environmental Design: LEED)를 운영하고 있으며, 의료시설 건설에 대한 등급제 등을 통해 입지 및 토지 사용, 물과 에너지 소비, 건축 자재 조달 관행, 실내 환경 품질 등에서 친환경 건축 원칙을 구현한다.[8]

대중교통 노선 근처에 병원을 배치하는 것부터 현지 및 지역 건축 자재

---

8) 미국 녹색건축위원회의 녹색건물 인증제도(https://www.usgbc.org/leed), 호주의 그린 스타(Green Star, https://new.gbca.org.au/green-star/exploring-green-star/), 아랍에 미리트의 에스티다마(Estidama, https://www.estidamauae.ae/), 영국의 브리암(BREEAM, https://bregroup.com/products/breeam/) 등이 있다.

사용, 부지 내 나무 심기, 일광 조명, 자연 환기, 대체에너지, 녹색 지붕과 같은 설계 요소 통합에 이르기까지 기존 의료시설은 환경 발자국을 줄이고, 신축 건물은 적은 자원을 사용하도록 설계할 수 있다.

친환경적이고 건강한 건물 전략은 신축 건물뿐 아니라 기존 건물을 개조할 때도 적용해야 한다. 건축 환경은 환자의 건강 및 간병인의 만족도에 영향을 미쳐 효과적이며 질 높은 치유 환경을 조성하는 데 도움이 된다.

9) 구매

병원과 의료시설은 화학제품, 전자제품, 플라스틱부터 에너지, 의약품, 식품에 이르기까지 다양한 제품을 구매하며 막대한 비용을 지출한다. 친환경적이고 윤리적인 구매 정책을 수립하고 실행하는 것은 친환경적이고 건강한 병원을 만드는 데 매우 중요하다.

보건 분야의 구매는 환경에 상당한 영향을 미친다. 영국 NHS는 상품과 서비스 구매 등으로 2019년 기준 1,500파운드를 지출했으며, 이로부터 NHS 전체 배출량의 62%에 해당하는 15.6MtCO$_2$e의 온실가스를 배출했다 (Tennison et al., 2021). 보건 분야의 구매는 인권에도 중대한 영향을 미친다. 예를 들어 파키스탄의 한 마을에서는 매년 1억 5천 개의 수술기구를 생산해 전 세계로 판매하는데, 가정과 같은 노동법 등의 법률적 보호를 전혀 받지 못하는 미능록 비공식 영역에서 97%를 생산하며, 여기에는 어린이 노동도 포함되어 있다(Ethical Trading Initiative, 2020).

보건 분야는 많은 국가에서 막대한 구매력을 활용해 제조업체가 건강한 근무 조건과 국제 노동 기준에 따라 생산된 좀 더 안전하고 환경적으로 지속가능한 제품을 제공하도록 압박할 수 있다. 궁극적으로 보건 분야는 수천 종의 관련 제품을 병원뿐만 아니라 모든 소비자가 더 널리 사용할 수 있도록 시장을 변화시켜 건강, 지속가능성을 증진하는 데 도움을 줄 수 있다.

3. 친환경 녹색병원의 국내외 동향

1) 친환경 녹색병원 경영의 구성요소

병원의 탄소중립과 녹색전환을 위해서는 친환경 경영실천이 중요하며 친환경 경영의 구성요소는 표 10-3과 같다.

표 10-3 **친환경 경영의 주요 구성요소**

구성요소	내용
비전 및 전략·목표	• 친환경 경영의 방향 및 미래상 정립, 중장기 목표 및 계획 수립 • 조직 내외부 공식선포, 지표선정 등
조직구성 및 교육	• 친환경 경영 전담조직 구축 및 담당자 지정 • 친환경 경영 수행 및 교육, 성과관리 등
화학물질 관리	• 화학물질 관리체계 구축 • 화학물질 목록화 및 안전관리, 점검 및 교육훈련 등
폐기물 관리	• 의료 폐기물 및 일반 폐기물 관리 • 폐기물 증감원인 분석 및 발생량 관리, 분리 배출 등
에너지 관리	• 가스·전기·수도 등 에너지 관리 • 증감원인 분석, 신재생에너지 활용, 에너지 절약 홍보 등
수자원 관리	• 용수 사용량 관리, 증감원인 분석, 물 재이용(중수) 등
친환경 서비스	• 유-헬스케어(U-Healthcare) 등 친환경 의료 서비스 제공 • 녹지공간 조성, 친환경 건축, 실내 공기 질 관리 등
식자재	• 친환경 식자재 구매 장려 • 식자재 안정적 수급 관리
친환경 구매	• 친환경제품 및 에너지 고효율 제품 우선 구매 • 친환경제품 구매지침 및 활성화 방안 수립 등
커뮤니케이션	• 환경보고서 작성 및 공개 • 친환경 경영 활성화를 위한 소통 확대

2) 국외 동향

미국, EU, 일본 등 주요 선진국에서는 이미 기후변화에 대응한 성장과 에너지 정책을 시행하며 친환경 녹색 보건의료 실현에 영향을 미치고 있다.

(1) 미국

1996년 미국 EPA가 대기 중 다이옥신 발생의 주범 중 하나로 의료 폐기물 소각을 지목함에 따라 미국 병원업계에서는 녹색경영을 위한 자발적인 모임을 결성하게 되었다. EPA는 병원협회와의 공조를 통해 의료기관에 공해 예방을 위한 정보를 제공하는 기관을 설립했으며 병원의 녹색경영을 지원하도록 했다.

녹색건축 분야에서 세계적인 리더십을 가지고 있는 미국 녹색건축위원회(U. S. Green Building Council: USGBC)와 에너지부 등이 병원의 에너지 집약도에 주목하고 이를 개선하기 위한 프로그램을 개발해 보급 중이다. 이 프로그램은 환경오염의 저감을 목표로 병원 폐기물의 배출 저감과 녹색구매, 에너지 관리, 병원 건물설계 및 시공 단계에서부터 환경관리를 중시한다. 또 신재생에너지 정책을 강화하고, 대체에너지 기술개발을 통해 2025년까지 원유 수입의 75% 감축 목표를 설정했다.

2006년에는 친환경 녹색 건강한 보건의료 환경조성을 위해 H2E(Hospitals for a Healthy Environment)를 설립했다. H2E는 친환경 녹색 의료 서비스와 관련된 내용을 보건의료 전문가들에게 교육하고 있으며, 친환경 녹색 의료 서비스 실천을 용이하게 하기 위한 설문지 및 점검표를 제공한다.

이 밖에 여러 병원들이 그린빌딩과 대체에너지 사용에서 두드러진 활동을 보이고 있다.[9]

(2) 유럽

유럽은 환경 경영 시스템 인증(Eco-Management and Audit Scheme: EMAS)를 통해 기업 중심의 녹색경영을 추진하고 있다. 병원 분야의 인증기준은 따로 없으나, 약 65개의 병원이 환경 경영 시스템 인증을 획득했다.

EU는 2004년 비엔나 선언(Vienna Declaration for Environmental Standards for Facilities)을 채택해 의료시설에서 친환경 정책을 시행할 수 있는 기반을 마련했다. 병원의 친환경 정책은 크게 쓰레기 관리, PVC 감소, 건강한 음식, 그린빌딩, 대체에너지 사용, 친환경제품 구매, 환경과 건강 등 7개 분야로 구분할 수 있다.

(3) 영국

영국은 보건 분야 탄소 감축에서 매우 모범적인 나라다. '보건의료법(Health and Care Act)' 제22조의 기후변화 관련 의무에 따라 국가 보건의료

표 10-4 NHS 온실가스 배출량(1990~2020년)

탄소 발자국 scope*	1990년	2010년	2015년	2019년	2020년(추정)
기후변화 법-탄소예산 목표(%)	-	25	31	-	37
NHS 탄소 발자국(MtCO₂e)	16.2	8.7	7.4	6.1	6.1
1990년 기준 감축률(%)	-	46	54	62	62
NHS 탄소 발자국+(MtCO₂e)	33.8	28.1	27.3	25.0	24.9
1990년 기준 감축률(%)	-	17	19	26	26

주: 탄소 배출원을 3개 Scope와 수송으로 나눠, NHS 탄소 발자국은 Scope1, 2와 일부 Scope3, HNS 탄소 발자국+는 수송과 대부분의 나머지 Scope3에 해당.
자료: NHS England(2022).

---

9) 위스콘신 주 Sacred Heart Hospital, 미네소타 주 Ridgeview Medical Center and Clinics, 캘리포니아 주 Modesto Medical Center, 오레곤 주 Providence Newberg Medical Center 등이 좋은 예다.

서비스인 NHS를 중심으로 2008년부터 지속가능한 탄소중립 정책을 시행해왔다. NHS는 기후변화를 건강상태와 불평등을 더 악화시켜 보건 위기를 유발하는 심각한 문제로 본다. NHS는 스스로가 배출하는 온실가스양을 산출하고 감축 추세를 평가하면서 『탄소중립 국가 보건의료 서비스(Delivering a 'Net Zero' NHS)』 보고서를 발간한다(NHS England and NHS Improvemen, 2022).

2020년 보고서에서 NHS는 스스로를 직접 관리하여 2040년까지 보건분야의 탄소중립(국가 전체 탄소배출량의 4% 차지)을 실현하고, 타 분야에 영향을 미처 최종적으로 2045년까지 국가 전체의 탄소중립을 달성하는 목표를 삼았다. 이를 위해 여덟 가지 분야에서 온실가스를 감축하는 방안을 제시했다.

① **치료**: NHS 장기 계획의 일환으로 고려하거나 실행 중인 새로운 치료 모델의 탄소 감축을 평가하기 위한 프레임워크를 개발한다.

② **의약품 및 공급망**: 공급업체와 협력해 모든 공급업체가 10년 이내에 탄소중립을 달성하거나 초과 달성하도록 보장한다.

③ **수송 및 이동**: 2022년까지 세계 최초의 무공해 구급차를 도로에서 테스트하고, 2032년까지 나머지 차량에 대해 무공해 차량으로의 전환을 실현할 수 있도록 한다.

④ **혁신**: 디지털 혁신을 통해 보건의료분야의 탄소중립을 촉진한다.

⑤ **병원**: 새로운 탄소중립 병원 표준을 통해 정부의 보건 인프라 계획의 일환으로 40개의 새로운 '넷 제로(Net Zero) 병원' 건설을 지원한다.

⑥ **난방 및 조명**: 5천만 파운드 규모의 LED 조명 교체 프로그램을 완료해 NHS 전체로 확대하면 향후 30년 동안 환자의 편의성을 향상하고 30억 파운드

이상을 절약할 수 있다.

⑦ **적응을 위한 노력**: 보건 및 사회복지 부문 기후변화 적응 보고서를 통해 회복탄력성과 적응을 넷 제로 의제의 핵심으로 삼는다.

⑧ **가치와 거버넌스**: 기후변화에 대한 대응을 포함하도록 NHS 법을 개정하고, 더 친환경적인 NHS를 위한 새로운 국가 프로그램을 시작하며, 모든 NHS 조직에 이사회 차원의 탄소중립 리더십을 보장하고 이것이 모든 직원들의 핵심 책임임을 명확히 한다.

3) 국내 동향

(1) 정부의 친환경병원 지원 사업

환경부와 환경산업기술원은 의료기관이 상업시설에 비해 약 2배 많은 에너지를 사용하고 많은 오염물질을 배출한다는 사실에 주목하고 2009년 병원의 친환경 경영 확산 사업의 필요성을 검토했다. 2011년에는 병원 분야 환경 경영 가이드라인을 개발해 보급하고, 2013년을 시작으로 2017년까지 총 41개 참여 병원과 협약을 체결하고 환경 경영 사업을 지원했다.

사업 지원의 내용은 협약 병원의 통합 환경관리체계 구축과 환경 경영 실천 및 환경관리 전문 컨설팅, 환경 경영 교육·홍보 등이었고, 협약 병원의 환경 경영 사례들을 국제사회에 전파하고 해외 병원의 우수 사례 등 다양한 정보를 교류하도록 세계 의료기관 환경 경영 촉진 네트워크(Global Green and Healthy Hospital Network: GGHHN) 가입과 활동도 지원했다. 또 협약 병원이 자체적으로 홍보, 교육 등 공동 홍보주간을 운영해 효과를 극대화할 수 있도록 지원했다.

그러나 최근 '기후위기 대응을 위한 탄소중립·녹색성장기본법(탄소중립기본법)'이 제정·시행되고 있는 상황임에도 역설적으로 병원의 친환경 경영 사업은 활발하게 진행되고 있지 않아, 보건 분야의 탄소중립을 위한 국가적 로드맵 마련과 이에 따른 계획적·적극적인 사업 추진이 시급하다.

(2) 연세의료원

연세의료원은 한국의 친환경병원 경영에서 모범 사례 중 하나다. 2010년에는 '그린 세브란스(Green Severance) 위원회', 2011년에는 'Green Severance TFT'를 구성해, 고객·교직원·건축·시설·학술연구 부문을 두고 친환경 경영을 위한 기획, 협의, 교육, 홍보, 관리, 감독 등을 담당하도록 했다. 친환경 경영에는 온실가스·에너지 관리, 신재생에너지 설치, 물 관리, 폐기물 분리 배출, 친환경제품 구매, 교육 및 홍보 등 다양한 활동이 포함되었다.

'Green Severance 10(GS10)'을 선정해 홍보하며 내원객과 직원의 친환경 실천을 독려했다. GS10은 개인 컵 사용하기(일회용품 사용 자제), PC 모니터 절전모드 설정, 퇴근시간 멀티 탭/점심시간 조명 및 냉난방 끄기, 음식물류 폐기물 줄이기, 폐기물 분리 배출 철저히 하기, 수돗물 절약하기, 종이 아껴 쓰기, 동절기 온맵시/하절기 쿨맵시 착용하기, 4층 이하 계단 이용하기, 출퇴근 시 대중교통 이용하기 등이다.

건물 에너지 관리 시스템(Building Energy Management System: BEMS)을 구축해 건물별·기간별·에너지원별 사용량 실시간 확인, 증감원인 분석, 설비 최적 운영 등 지속적이고 체계적으로 에너지를 관리했다.

또 녹색병원 관리 시스템(Green Hospital Management System: GHMS)을 구축해 측정 자료를 기반으로 가스·전기 에너지 소비에 따른 온실가스 배출량 산정, 미래 배출량 예측 및 관리계획 수립 등 온실가스를 종합적으로

그림 10-3 **연세의료원의 녹색병원 관리 시스템**

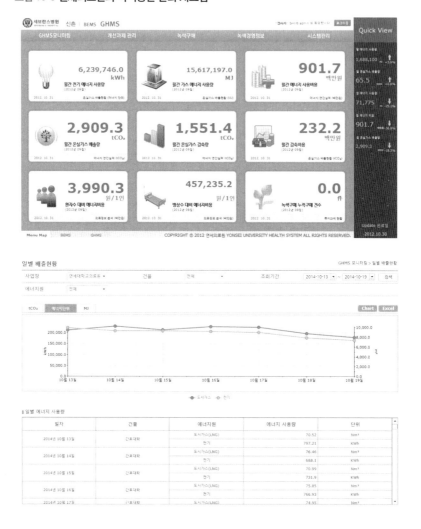

관리했다(그림 10-3).

전 세계 병원의 친환경 경영 촉진 네트워크(Global Green and Healthy Hos-
pital Network: GGHHN)에 국내 최초로 가입해 친환경 경영실천 사례를 공
유하고 있다.[10]

그림 10-4 **연세의료원의 연도별 온실가스 배출량 추이**

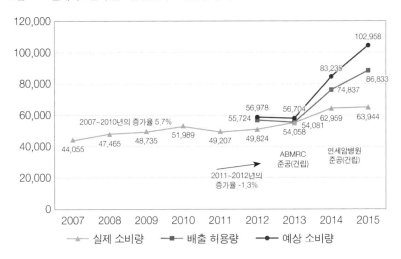

2013년 4월 개원한 에비슨의 생명연구센터(Avison Biomedical Research Center: ABMRC), 2014년 4월 개원한 연세암병원은 에너지 소비량과 온실가스 배출량이 급격히 증가할 것에 대비해 태양광 발전시설 설치, LED 설치, 에너지 절감 유리(로이 유리, Low-E glass) 도입, 여름철 전력 제어 및 고효율 설비 도입, 가스설비 최적 운영 등 다양한 활동을 통해 온실가스를 예상량보다 적게 배출하는 성과를 거둔 바 있다(그림 10-4).

2018년 환경부는 국가 의료 폐기물 발생량이 매년 증가 추세임에 비해 소각시설이 부족한 상황을 고려해 의료 폐기물 안전처리 방안을 마련하고 수도권 대형병원을 중심으로 국가 의료 폐기물 저감 시범사업을 시행했다. 연세의료원은 정부의 시범사업에 최조로 참여하니 전 직원의 인식

---

10) GGHH에 가입한 국내병원은 고창병원, 국립중앙의료원, 성지병원, 순천향대학교 구미병원, 순천향대학교 천안병원, 연세대학교의료원, 울산대학교병원, 이화여자대학교 목동병원, 휴앤유병원 9개다.

향상을 위한 교육 홍보, 의료 폐기물이 아닌 일반 폐기물이 의료 폐기물로 배출되지 않게 철저한 분리 배출을 하도록 관리했다.

2020년에는 정부의 미세먼지 관리 정책에 따라 서울시와 '미세먼지 계절관리제 참여 협약'을 체결했다. 미세먼지 고농도 시기인 12월부터 다음 해 3월까지 미세먼지 저감 활동을 하고 있다. 병원의 냉난방을 위한 보일러를 외기 기온과 실내 온습도를 고려해 효율적으로 운영하고 감시체계(Tele Monitoring System: TMS)를 통해 배출가스 농도를 실시간으로 체크하고 있다.

이 외에도 LED 조명 설비, 보일러 및 냉난방 설비 등 고효율 설비를 도입하고 태양광 발전시설을 설치해 에너지 효율을 높이고 온실가스를 감축했다. 매년 보일러 세관을 실시해 에너지 효율을 높이고 질소산화물 등 오염물질의 배출을 최소화했다. 생활하수를 중수도 수질기준에 맞게 정화해 화장실 세정용수로 재이용하고 있다. 1일 평균 약 $300m^3$의 중수생산·이용을 통해 수자원을 절약하고 상수도 요금을 절감했다.

참고문헌

서울특별시에너지정보. "에너지 다소비 건물 현황".

　　https://energyinfo.seoul.go.kr/energy/buildSaverate?menu-id=Z040300(검색일: 2023.10.15)

하미나. 2022. 「기후변화와 건강」. 조명래 외. 『기후변화와 탄소중립』. 한울아카데미.

하미나·정선화. 2022. 『환경보건정책입문』. 단국대학교출판부.

Ethical Trading Initiative. 2020. Labour standards in Pakistan's surgical instruments sector.

　　https://www.ethicaltrade.org/resources/labour-standards-pakistans-surgical-instruments-sector (검색일: 2023.10.19)

Gleick P. H. and H. S. Cooley. 2009. "Energy implications of bottled water." *Environmental Research Letters*.

　　https://pacinst.org/publication/energy-implications-of-bottled-water/(검색일: 2023.10.15)

Global Green and Healthy Hospitals. 2011. A comprehensive environmental health agenda for hospitals and health systems around the world. Sustainability Agenda.

　　https://greenhospitals.org/goals(검색일: 2023.10.15)

Guenther, R. and G. Vittori. 2008. *Sustainable Healthcare Architecture*. New York: Wiley.

Haines, A. and H. Frumkin. 2021. *Planetary Health: Safeguarding Human Health and the Environment in the Anthropocene*. Cambridge: Cambridge University Press. pp. 364~366.

Harhay, M. O. et al. 2009. "Health care waste management: a neglected and growing public health problem worldwide." *Trop Med Int Health*, 14(11), pp. 1414~1417.

Harvie, J. et al. 2011. "Common Drivers, Common Solutions: Chronic disease, Climate Change, Nutrition and Agriculture." Institute for a Sustainable Future, Duluth.

　　http://isfusa.org/images/Commondriversfinal.pdf(검색일: 2023.10.17)

HCWH and Arup. 2019. Health care's climate footprint-How the health sector contributes to the global climate crisis and opportunities for action. HCWH climate-smart health care series green paper no.1.

　　https://noharm-global.org/documents/health-care-climate-footprint-report(검색일: 2023.10.15)

Health Care Without Harm and Arup. 2019. Health care's climate footprint. Appendix B.

Healthy Building Network. 2002. Environmental Impacts of Polyvinyl Chloride Building Materials.

　　https://healthybuilding.net/reports/17-environmental-impacts-of-polyvinyl-chloride-building-materials(검색일: 2023.10.17)

Institute for Transportation and Development Policy. Transportation is the fastest-growing source of energy-related GHG in the world.

https://www.itdp.org/key -issues/environ ment-climate/(검색일: 2023.10.17)

NHS England and NHS Improvement. 2022. Delivering a 'Net Zero' National Health Service. NHS England.
https://www.england.nhs.uk/greenernhs/wp-content/uploads/sites/51/2022/07/B1728-delivering-a-net-zero-nhs-july-2022.pdf(검색일: 2023.10.18)

Stringer, R. et al. 2011. "Medical Waste and Human Rights-Submission to the UN Human Rights Council Special Rapporteur." Health Care Without Harm.
https://noharm-europe.org/sites/default/files/documents-files/1684/MedWaste_Human_Rights_Report.pdf(검색일: 2023.10.15)

Tennison, I. et al. 2021. "Health care's response to climate change: a carbon footprint assessment of the NHS in England." *The Lancet Planetary Health*, 5(2), pp. e84~e92.

UNEP. 2022a. Sustainable buildings.
https://www.unep.org/explore-topics/resource-efficiency/what-we-do/cities/sustainable-buildings(검색일: 2023.10.17)

_____. 2022b. 2022 Global Status Report for Buildings and Construction.
http://www.unep.org/resources/publication/2022-global-status-report-buildings-and-construction(검색일: 2023.10.16)

UN FAO. 2006. Livestock's long shadow.
https://www.fao.org/3/a0701e/a0701e00.htm

_____. 2013. "Food wastage footprint: impacts on natural resources: summary report." Rome.FAO.

_____. 2019. The state of food and agriculture 2019-Moving forward on food loss and waste reduction. Rome. FAO.

US Environmental Protection Agency. 2007. "Healthcare: An overview of energy use and energy efficiency opportunities."
https://www.energystar.gov/ia/partners/publications /pubdocs/Healthcare.pdf(검색일: 2023.10.15)

WHO. 2007a. Core Principles for achieving safe and sustainable management of health-care waste. Geneva.
https://noharm-global.org/sites/default/files/documents-files/2518/Safe_Healthcare_Waste_Mgmt.pdf(검색일: 2023.10.15)

_____. 2007b. "Combating waterborne disease at the household level."
https://www.who.int/publications/i/item/9789241595223(검색일: 2023.10.15)

_____. 2021. "Obesity and Overweight." *Key facts*.
https://www.who.int/en/news-room/fact-sheets/detail/obesity-and-overweight(검색일: 2023.10.17)

WHO and HCWH. 2009. "Healthy Hospitals, Healthy Planet, Healthy People."
https://www.who.int/publications/m/item/healthy-hospitals-healthy-planet-healthy-pe

ople(검색일: 2023.10.18)

WHO et al.(Churches' Action for Health of the World Council of Churches, ECHO International Health Services Ltd, International Committee of the Red Cross, International Federation of Red Cross and Red Crescent Societies) 1999. "Guidelines for safe disposal of unwanted pharmaceuticals in and after emergencies".

WHO et al.(United Nations, Office of the High Commissioner for Refugees, UNAIDS, United Nations Development Programme, United Nations Population Fund) 1999. "Guidelines for drug donations, rev. ed. World Health Organization".

World Bank Group and HCWH. 2017. Climate-smart healthcare: low-carbon and resilience strategies for the health sector. World Bank Group.
http://documents.worldbank.org/curated/en/322251495434571418/Climate-smart-healthcare-low-carbon-and-resilience-strategies-for-the-health-sector(검색일: 2023.10.15)

---

https://ccpi.org/

https://green-business.ec.europa.eu/eco-management-and-audit-scheme-emas_en

https://www.epa.gov/sites/default/files/2015-09/documents/eval-hosp-healthy-envt-program.pdf

11

기후변화 건강교육

손연아 (단국대학교 사범대학 과학교육과 교수)

1. 건강교육의 필요성

2015년 유엔(UN)에서 2030년까지 지속가능발전을 위해 달성하기로 한 인류 공동의 목표인 지속가능발전목표(Sustainable Development Goals: SDGs)를 설정했다. SDGs 17개 목표는 인간, 지구, 번영, 평화, 파트너십이라는 5개 영역으로 나뉘어 인류가 나아갈 방향을 제시하며, 목표마다 더 구체적인 내용을 담은 169개의 세부 목표로 구성되어 있다(유네스코한국위원회, 2020).

17개 SDGs는 다음과 같은 특성을 갖는다. 첫째, 저개발국가를 포함한 UN에 가입한 모든 회원국에 적용된다. 둘째, 지속가능발전의 경제적·사회적 및 환경적 세 가지 측면을 모두 포함한다. 셋째, 모든 SDGs 달성에서 누구도 뒤에 남겨지거나 소외되지 않도록 하는 포용적이다. 넷째, 밀

레니엄 목표(MDGs: Millennium Development Goals) 중 미달성한 목표를 포함해서 빈곤 및 불평등 종식과 포용적인 경제성장 및 지구보존을 위한 노력을 포함한다. 다섯째, 이러한 17개 사회적·경제적 및 환경적 측면의 더 좋은 세상을 향한 대담한 목표들은 단순한 상호연결이 아닌 역동적이고 상호결정적인 영향을 주고받는 상호 연관성을 갖고 있다(유네스코한국위원회, 2020).

특히 'SDGs 3'은 '건강과 복지'에 대한 목표로, '건강한 삶을 보장하고 모든 세대의 복지를 증진한다'라는 내용을 추진하는 것을 중점으로 하고 있다. 여기에는 산모와 영유아 사망률, 전염성 질병과 같이 개발도상국에서 크게 개선되어야 하는 이슈들을 포함하고 있을 뿐 아니라, 도로 교통사고 사상자, 보편적인 의료보험 제공 그리고 환경오염으로 인한 질병 및 사망과 같이 중간 소득 국가와 선진국에서도 노력이 필요한 논점들을 포괄적으로 다루고 있다.

'SDGs 3'에는 13개의 하위 목표(Targets)와 26개의 지표(Indicators)가 제시되어 있으며, 이 중 하위 목표 13개는 표 11-1과 같다. 이를 구체적으로 살펴보면 첫째, 지난 MDGs에서 추진되었던 건강 목표(Health Targets)인 산모의 건강(3.1), 신생아 및 영유아의 건강(3.2), 감염성질병 관리(3.3)와 필수 의약품 및 백신(3.b) 등을 강화해 'SDG 3'에 포함되었다.

둘째, 비감염성 질환 및 정신건강(3.4), 약물 중독(3.5) 및 도로교통사고로 인한 사망 및 부상(3.6), 환경오염에 의한 사망 및 질병(3.9) 등에 관련된 목표가 새롭게 설정되었다.

셋째, 'SDGs 3'에 포함된 모든 건강 목표 달성을 위해서는 보편적 건강보장(3.8)이 중요함을 강조하고 있다.

한편, 이러한 건강목표인 'SDGs 3' 달성과 관련해서 WHO 및 전 세계

표 11-1 'SDGs 3'의 세부 건강 목표

3.1	2030년까지 전 세계 산모 사망률을 출생 10만 명당 70명 미만으로 줄임
3.2	2030년까지 신생아와 5세 미만 아동의 예방 가능한 사망을 종식시키고, 모든 국가가 신생아 사망률을 1,000명당 최소 12명으로, 5세 미만 사망률을 1,000명당 최소 25명으로 낮춤
3.3	2030년까지 에이즈, 결핵, 말라리아, 소외된 열대성 질병의 확산을 종식하고 간염, 수인성 질병, 기타 감염성 질병을 퇴치함
3.4	2030년까지 예방 및 치료를 통해 비전염성 질환으로 인한 조기사망률을 1/3로 줄이고 정신건강 및 웰빙을 증진함
3.5	마약류 약물 남용 및 유해한 알코올 사용을 포함한 약물 중독의 예방 및 치료를 강화함
3.6	2020년까지 전 세계 도로교통사고로 인한 사망자 및 부상자 수를 절반으로 줄임
3.7	2030년까지 가족계획, 정보 및 교육, 국가 전략 및 프로그램에 생식 건강 통합을 포함한 성 및 생식 건강관리 서비스에 대한 보편적 접근성을 보장함
3.8	재정적 위험 보호, 양질의 필수 의료 서비스에 대한 접근성, 모두를 위한 안전하고 효과적이며 품질이 우수하고 저렴한 필수 의약품 및 백신에 대한 접근성을 포함한 보편적 건강 보장을 달성함
3.9	2030년까지 유해 화학물질과 대기, 수질, 토양오염 및 오염으로 인한 사망과 질병의 수를 줄임
3.a	모든 국가에서 세계보건기구(WHO) 담배규제 기본협약의 이행을 강화함
3.b	개발도상국에 주로 영향을 미치는 감염성 및 비감염성 질병에 대한 백신 및 의약품 연구 개발을 지원하고, 공중보건을 보호하기 위한 유연성에 관한 지적재산권의 무역 관련 측면에 관한 협정의 조항을 최대한 활용할 수 있는 개발도상국의 권리를 확인하는 트립스(TRIPS) 협정 및 공중보건에 관한 도하 선언에 따라 저렴한 필수 의약품 및 백신에 대한 접근성을 제공하며, 특히 모든 사람에게 의약품에 대한 접근성을 제공함
3.c	개발도상국, 특히 최빈국 및 소규모 도서 개발도상국의 보건 재정과 보건 인력의 채용, 개발, 훈련 및 유지를 확대함
3.d	국가 및 글로벌 보건 위험에 대한 조기 경보, 위험 감소 및 관리를 위해 모든 국가, 특히 개발도상국의 역량을 강화함

자료: https://sdgs.un.org/goals/goal3

건강 분야에서 향상된 건강 수준은 다른 SDGs를 성공적으로 달성할 수 있음을 강조하고 있다(이명순, 2018). 특히, 건강수준 향상을 위해서는 건강 분야에 대한 지속적인 관심과 노력이 중요하며, 이는 건강교육을 통해 촉구될 수 있다.

2. 건강교육의 개념

건강교육에 대한 개념은 학자에 따라 그 정의가 다양하다. 건강교육에 대한 이해를 높이고 효과적인 의사소통을 위해 건강교육에 대한 정의를 살펴볼 필요가 있다(표 11-2).

표 11-2의 내용을 종합했을 때 건강교육이란 개인의 건강행동에 대한 지식을 높이는 것뿐만 아니라 건강의 사회적·경제적·환경적 요인을 파악해 건강증진에 긍정적인 영향을 주는 태도를 실천하도록 교육하는 것으로 정의할 수 있다.

표 11-2 **건강교육의 정의**

자료	건강교육의 정의
김정희 외(1997)	신체적·사회적·영적 통합체인 학생들을 대상으로 자기 건강관리 기능을 향상시키기 위한 지적·정의적·활동적 교육활동을 의미함
박현숙·이가언·홍연란(2000)	단순히 지식을 갖고 있는 데 그치는 것이 아니라 건강을 자기 스스로 지켜야 한다는 긍정적인 태도를 갖고 건강에 올바른 행동을 일상생활에서 습관화하도록 돕는 교육과정을 의미함
이미라·소희영(1997)	건강증진 생활양식, 건강증진 생활양식에 대한 자기효능감, 통제성 및 지각된 건강상태를 증진시키기 위해 수행되는 교육을 의미함
김정희 외(1997)	대상자의 건강 또는 자가 건강관리 기능의 향상을 목표로 행위를 변화시키며 이러한 행위의 변화를 유도하는 과정에 건강 관련 지식과 태도의 확립이 이루어지도록 하는 일련의 교육과정을 의미함
WHO(2012)	건강 관련 정보의 보급에 국한되는 것이 아닌, 건강증진을 위한 실천에 필요한 동기, 기술, 자기효능감을 함양함과 동시에 건강에 영향을 미치는 근본적인 사회적·경제적·환경적 요인 및 개인적인 위험 요소, 위험 행동, 의료시스템 이용에 대한 정보를 전달하는 것을 의미함

3. 기후변화 건강교육의 중요성

최근 IPCC 2023 보고서(IPCC, 2023)에 의하면 모든 이들을 위해 살기 좋고 지속가능한 미래를 확보할 기회의 창이 빠르게 줄어들고 있음을 파악할 수 있다(그림 11-1). 그러나 여러 그룹과 요소들이 상호작용하는 과정에 대한 올바른 선택은 지속불가능할 수 있는 전환을 지속가능한 전환으로 바꿀 수 있다.

그림 11-1에서 가장 왼쪽 부분을 먼저 보면, 정부, 시민단체, 그리고 개별 부문 사이의 순환적 관계성을 바탕으로 한 개인과 그룹의 지속가능성 행동을 가능하게 하는 조건으로, '강력한 정부 정책, 다양한 지식과 가치관, 금융 및 혁신, 부문과 시간 규모 간의 통합, 생태계 관리, 기후 및 개발 활동 간의 시너지 효과, 정책, 인프라 및 사회문화적 요인에 의해 지원되는 행동 변화' 등이 포함된다. 그리고 개인 및 그룹 행동을 제한하는 조건으로, '빈곤, 불평등 및 불의, 경제적·제도적·사회적·역량적 장벽, 이기적인 반응, 재정 약화, 금융 및 기술 장벽, SDGs를 포함하는 절충안' 등이 포함된다.

또한 '배출량 감소, 적응, 지속가능한 발전, 기후회복탄력적인 개발'은 비례적인 관계를 형성할 수 있다. 즉, 기후회복탄력적인 개발은 지속가능한 개발을 지원하기 위해 온실가스 완화 및 적응조치를 구현하는 과정이라고 할 수 있다. 정부, 시민단체 및 시민 사회 활동가의 상호작용 과정에서 추진되는 선택과 행동이 기후회복탄력적인 개발을 촉진하고 지속가능성을 향한 경로를 전환하며 배출량 감소와 적응을 실행할 수 있음을 보여준다.

그리고 다양한 지식과 가치에는 문화적 가치, 토착 지식, 지역 지식 및

그림 11-1 지속가능성으로 개발경로를 전환하기 위한 여러 선택과 행동

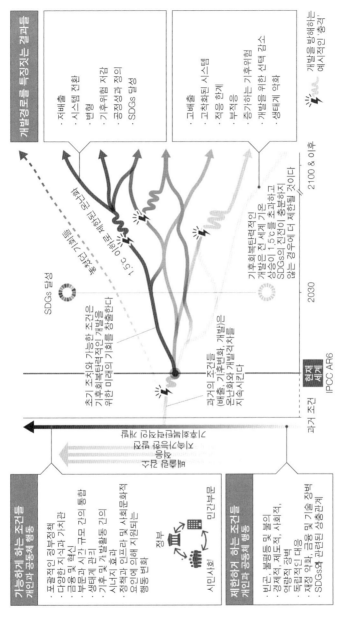

주: 예시적인 개발경로(연꽃색에서 진황색으로 향하는 화살표) 및 관련 결과(오른쪽 패널)는 모두를 위한 생존 가능하고 지속가능한 미래를 보장할 기회가 급속히 좁아지고 있음을 보여준다. 기후회복탄력적인 개발은 지속가능한 개발을 지원하기 위한 온실가스 완화 및 적응조치를 시행하는 과정이다.

과학적 지식이 포함된다. 가뭄, 홍수 또는 전염병과 같은 재난과 재해는 기후회복탄력적인 개발이 높은 경로(검정색)보다 기후회복탄력적인 개발이 낮은 경로(진회색에서 연회색)에 더 심각한 충격을 줄 수 있다. 1.5°C의 지구온난화에서 일부 인간과 자연 시스템의 적응 및 적응능력에는 한계가 있으며 온난화가 증가할 때마다 손실과 피해가 증가할 것이다. 경제 개발의 모든 단계에서 국가가 취하는 개발 경로는 온실가스(Greenhouse Gas: GHG) 배출량에 영향을 미치므로 국가 및 지역에 따라 완화 과제는 해결되어야 한다. 배출량 감소가 지연될수록 효과적인 적응 선택권이 줄어든다.

따라서 지속가능한 행동을 가능하게 하는 조건들을 강화하고, 제한하는 조건들을 해결하는 과정과 기후회복탄력적인 개발을 위해 기존에 제외된 요소들을 확대하는 것이 중요하다. 그리고 그림 11-1의 왼쪽 부분에서 다룬 가능한 조건들은 기후회복탄력적인 개발을 위한 미래의 기회를 가져올 수 있다. 이와 반대로 배출, 기후변화, 개발과 같은 과거의 조건은 온난화와 개발 격차의 지속을 증가시킬 수 있다.

그림 11-1의 '기후회복탄력적인 개발' 모델에서 중심적인 조절 원리로 작동하는 것은 SDGs인데, 'SDGs 3'에 포함된 9개의 세부항목 중에서 3.9의 경우, 2030년까지 유해 화학물질 및 대기, 수질, 토지 오염으로 인한 질병 및 사망자 수를 감소하는 것을 목표로 삼고 있다. WHO에서 1990년에 발간한 『세계질병부담(Global Burden of Diesease: GBD)』 보고서는 질병, 상해 및 위험 요소로 인한 사망과 장애를 통합적으로 측정했는데, 개인 질병 유발에 가장 큰 영향을 끼치는 10대 요소에 대기오염도 포함되었다. 2014년 WHO에서 발간한 『2012 대기오염에 관한 세계질병부담(Burden of Disease From the Joint Effects of Household and Ambient Air Pollution for 2012)』 보고서에 따르면 전 세계 가정 내 공기오염(Household Air Pollution:

HAP)으로 인한 사망자가 430만 명에 이르고, 주변 대기오염(Ambient Air Pollution:AAP)으로 인한 사망자는 370만 명에 달하는 것으로 나타났다.

앞의 내용에서의 같이 기후변화로 나타나는 다양한 환경문제는 개인의 건강에도 큰 영향을 주고 있음을 알 수 있다.

기후변화는 열악한 대기의 질, 산불, 매개 질병 등을 유발하는 극심한 사회 혼란을 일으키는 동시에 영양과 주택 불안정에 대한 위협을 증가시키고, 독소에 더 많이 노출하며, 정신건강과 신체적 웰빙 모두에 심한 스트레스를 주고 있다(Torres and Dixon, 2023). 이와 관련해서 WHO와 란셋 위원회(The Lancet Commission)는 기후변화를 '21세기의 가장 큰 건강위협'으로 규정했다(Brennan and Madden, 2022). 이를 해결하기 위해 환경적으로 지속가능한 건강교육을 진행하는 방법에 대한 전략을 마련하고, 지역사회 주민들에 대한 기후변화 렌즈를 도입한 교육이 필요하고, 초중등교육 및 대학교육에서의 건강교육 교육과정 도입 방안이 마련되어야 하며, 학제 간 건강교육 프로그램을 개발하고 건강교육의 사회적·환경적 책무성을 가져야 함을 강조했다.

급격한 사회변화는 교육의 패러다임을 개혁적으로 변화시키는 요인이 된다. '환경교육진흥법' 제2조에서 '환경교육'은 "국가와 지역사회의 지속가능한 발전을 목표로 국민이 환경을 보전하고 개선하는 데 필요한 지식, 기능, 태도, 가치관 등을 배양하고, 이를 실천하도록 하는 교육을 말한다"라고 정의되고 있다.

'환경정책기본법' 제3조에서 "환경은 자연환경과 생활환경을 말한다"라고 정의되어 있다. 기후변화와 관련된 건강교육과 관련된 것은 생활환경(Living Environment)에 대한 환경교육이라고 할 수 있다('환경정책기본법', 법률 제19173호, 2023). 이러한 생활환경은 외부의 환경매체, 즉, 공기, 음식, 물,

토양, 건물 등으로부터 끊임없이 영향을 받는다. 따라서 환경보건교육은 환경매체와 생활환경을 통해 사람들의 건강에 영향을 미치는 물리적·화학적·생물학적 환경요인에 대한 교육활동이라고 볼 수 있다(Burke et al., 2012).

2021년 9월에는 '교육기본법'(법률 제18456호)이 개정되어 제22조의2(기후변화환경교육)에 "국가와 지방자치단체는 모든 국민이 기후변화 등에 대응하기 위하여 생태전환교육을 받을 수 있도록 필요한 시책을 수립·실시하여야 한다"라는 내용이 신설되었다. 2022년 12월에 확정·고시된 2022 개정 교육과정에서는 지속가능한 미래를 위해 '환경·생태교육을 확대'했다(교육부, 2022). 이와 관련해서 기후환경과 공동체 소양 등을 중요하게 포함하는 교과 내용을 재구조화하거나 고등학교 과학융합선택 과목으로 '기후변화와 환경생태' 과목을 신설해 기후변화와 건강에 대한 교육을 포함했다.

WHO의 건강 헌장 전문에는 "건강은 신체적·정신적, 또 사회적으로 완전히 양호한 상태를 말하며, 단순히 질병에 걸리지 않았다거나 허약하지 않다고 하는 것만 의미하는 것이 아니다."

기후변화 건강교육은 사회정의를 구현하는 측면에서도 중요한 의미가 있다. 사회정의의 개념과 정의는 '정의, 공정성, 형평성'에 근거한 것이다. 여기서 '형평(equity)'과 '평등(equality)'을 구분하는 것이 중요하다. 평등은 '특정 지위, 권리 또는 기회에 있어서 균등한 상태(the state of being equal, especially in status, rights, or opportunities)'로 정의된다. 형평은 '공평하고 공정한 질(the quality of being fair and impartial)'로 정의된다(Levy and Sidel, 2021: 16).

건강의 형평성은 '사회계층에서 다른 수준의 사회적 유리 또는 불리함을 가진 사회집단 간의 건강(또는 건강의 주요 사회적 결정요인)에서 체계적 격차가 없는 것'으로 정의할 수 있다. 아동은 환경적인 건강 위협에 특히 취약하다. 어린 아동들은 더 빨리 호흡하고, 먹고 마시므로 성인보다 체중에 비해 더 많은 독성 물질을 흡수할 가능성이 크기 때문이다(Levy and Sidel, 2021: 133).

따라서 기후변화는 재난과 재해 상황에서 가장 취약한 사람들에게 가장 많이 영향을 준다. 그리고 사회적 위기로 인해 사회경제적으로 불리한 위치에 있는 어린이·청소년들에게 위험부담이 커지고 고통이 전가되는 측면이 있다(정용주 외, 2020: 242). 어린이·청소년을 둘러싸고 있는 가족, 학교, 지역사회는 물리적·사회적·관계적 환경을 구축한다. 이러한 환경은 아동의 건강행태와 사회 심리적 요인, 생리적·병리적 변화에 영향을 미친다. 그리고 이를 통해 건강 상황이나 발달의 결과가 발현된다. 사회적 배제와 물질적 박탈은 가족·학교·지역사회의 자원 불평등이 초래한 결과이면서 건강행동, 사회 심리적 요인, 그리고 건강 결과에 직접적인 영향을 미치는 요인이다. 이러한 불평등한 결과를 완화 또는 제거하기 위해 좋은 사회 정책이 필요하고, 여기에 특히 노동, 돌봄, 교육정책이 매우 중요한 역할을 한다(정용주 외, 2020: 256).

4. 기후변화 건강교육의 접근방법

기후변화는 기온 상승, 폭염이나 한파와 같은 기상 패턴의 변화, 해수면 상승, 홍수나 가뭄 등 강수량의 변화, 각종 자연재해의 증가 및 생태계의 변화를 초래한다. 이에 따라 공기, 물, 식품의 질, 생태계, 농업, 산업과 이주, 경제 변화 등 사람들의 생활과 건강에 직접 또는 간접적으로 영향을 미치게 된다(배현주 외, 2017).

기후변화 건강교육을 위한 접근방법은 두 가지로 생각해 볼 수 있다. 하나는 기후변화가 건강에 미치는 경로와 영향에 대해 교육하는 것이고, 다른 하나는 건강한 삶을 살아가기 위해 환경과 어떤 상호작용을 하는 것이 바람직한가에 대한 교육이라고 할 수 있다. 첫 번째 접근법은 '건강위협론적 접근'이라고 할 수 있고, 두 번째 접근법은 '웰빙론적 접근'이라고 할 수 있다. 두 가지 접근 모두 건강을 매개로 한 기후위기의 심각성을 생각하게 하고, 어떤 개인적·사회적 실천을 할 수 있는지에 대해 학습자들과 소통하는 것이 주요 목표라고 할 수 있다.

먼저, 기후변화 건강교육에서 '건강위협론적 접근'에 대해 살펴보기 위해서 기후변화가 건강에 영향을 미치는 경로를 이해하는 것이 필요할 것이다. 기후변화가 건강에 영향을 미치는 경로는 그림 11-2와 같으며, 기후변화로 인한 직접적인 영향뿐만 아니라 해당 지역의 환경 조건, 사회 여건, 그리고 보건의료체계 등은 기후변화로 인한 건강에 매우 큰 영향을 줄

그림 11-2 **기후변화가 건강에 영향을 미치는 경로**

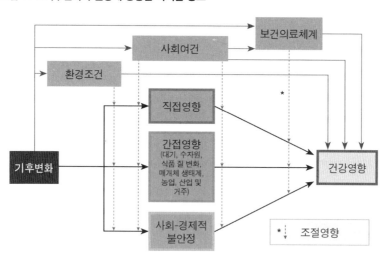

수 있다(Confalonieri et al., 2007; 배현주 외, 2017).

　기후변화로 인한 건강에 직접적인 영향을 주는 요인은 지구온난화로 인한 고온 현상인데, 고온에 장기간 노출되면 체온 조절 능력이 떨어지게 되고, 이에 따라 열사병, 열 탈진, 열 실신, 열경련 등의 고온 관련 질환과 사망을 초래할 수 있다. 또한 고온에 노출되면 심혈관계와 뇌혈관계에 영향을 미치는 것으로 보고되고 있다(Çinar, Şenyol and Duman, 2001).

　WHO에서는 고온에 대한 취약 집단을 인구학적 요인, 건강요인, 사회경제적 요인, 환경적 요인으로 구분하고 있다(WHO, 2011). 고온에 대한 취약 집단의 분류와 취약성을 유발하는 원리는 표 11-3과 같다(배현주 외, 2017).

　기후위기는 사람들의 정신건강에도 큰 영향을 주고 있다. 최근의 체계적인 연구를 통해 직간접·즉각적 및 지연, 급성 및 만성과 같은 기후변화의 부정적인 영향이 복잡하게 나타나는 것을 알 수 있다. 특히, 자연재해의 희생자, 청소년, 토착민 공동체와 같은 가장 취약한 계층에 더 부정적인 영향을 줄 수 있다. 이는 인지적·감정적·신체적으로 나타난다.

　기후 불안(Galway and Field, 2023)은 '걱정, 두려움, 슬픔, 분노, 무력감'과 같은 강력하고 상호연결된 감정의 집합을 특징으로 하는 기후위기와 관련된 고조된 고통으로 이해할 수 있다. 이는 생태 불안과도 연결된다. 기후 감정과 기후 불안의 실제 경험은 지리적 및 사회적 위치, 기후 영향 경험, 행위자 및 효능감, 기후변화 및 기후 불의에 대한 지식을 포함한 수많은 요인의 영향을 받는다.

　기후 불안은 특히 청소년과 젊은 성인 사이에서 빈번하고 관련이 있다는 증거가 증가하고 있다. 다양한 기후 취약성이 있는 10개국 1만 명의 청소년을 대상으로 기후 불안을 조사했다(그림 11-3). 이와 관련해서 청소년 중 일부는 높은 수준의 고통스러운 감정, 기능에 대한 관련 영향 및 미래

표 11-3 WHO의 고온에 대한 취약 집단 분류 및 원리

구분		취약성 유발의 원리
인구학적 요인	노인 및 초고령 노인	체온 조절, 신장기능, 건강상태의 변화와 수분 흡수 및 신체 능력의 감소
	여성이면서 노인이거나 초고령 노인	온열생리반응 기능의 차이+노인 및 초고령 노인의 메커니즘
	독신이면서 노인이거나 초고령 노인	사회적 고립+노인 및 초고령 노인의 메커니즘
	유아	체온 조절의 미성숙, 작은 체구, 높은 의존성, 설사로 인한 탈수 위험
건강 요인	급성적인 건강상의 문제	급성신부전, 뇌혈관 질환, 심장질환, 폐렴, 감염성 질환으로 인한 체온 조절 기능 약화
	만성질환	체온 조절 기능 약화, 급성질환 발생 위험, 질병 악화, 자기관리 능력과 방어능력의 감소, 심혈관과 호흡기 질환의 치료 급선무
	약물의 복용	열에 대한 신체적 반응과 수화상태(hydration status)의 상호작용, 복합 만성질환
	질병으로 인한 침상 생활	열악한 건강상태, 활동성 감소와 의존성 증가
	입원	열악한 건강상태, 활동성 감소와 의존성 증가
	기관수용	높은 의존성, 열악한 건강상태, 좁은 수용 공간
사회경제적 요인	낮은 경제 수준과 낮은 교육수준	빈곤계층은 높은 만성질환, 주거의 질 악화, 낮은 수준의 냉방 시설
	노숙생활	쉼터의 부재, 만성질환 동반
	사회적 고립	도움과 의료관리를 받는 것이 지연됨
	매일 집에서 나오지 않음	사회적 교류 부족
	주거지에서 냉방시설 부족	주거지 내 고온의 지속으로 신체 회복 메커니즘 작동이 어려움
	의료관리에 대한 접근 부족	현재 질환의 치료와 관리 부족, 열 관련 건강상태 관리 지연
환경적 요인	공기오염	고온과 대기오염으로 인한 복합 효과(미세먼지와 오존)
	열악한 주거 환경	환기가 되지 않거나 인구밀도가 높은 주거 환경, 냉방시설이 없거나 단열상태가 좋지 않은 건물
	직업상의 노출	온도조절능력을 감소시키는 높은 수준의 노출, 탈수 위험
	도심지역	열섬현상으로 인해 낮 시간 동안 높은 기온으로 심각한 열스트레스를 유발하거나, 밤에 휴식을 취하지 못해 신체 항상성을 낮춤

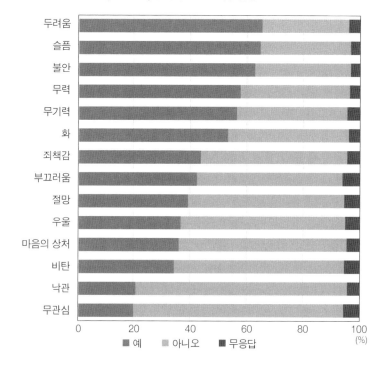

그림 11-3 캐나다 청소년(16~25세)에 의해 보고된 기후 감정

에 대한 부정적인 인식을 보고했다(Hickman et al., 2021).

또한 생태 불안은 일반적으로 생태 파괴에 대한 개인의 인지적·감정적·생리학적·행동적 반응을 의미한다. 이는 기후변화와 생태 파괴와 관련된 불안이다. 그리고 이와 같은 환경 불안의 경험에는 디스토피아적 사고와 미래에 대한 종말론적 인식, 두려움, 분노, 공포, 죄책감, 슬픔, 절망과 같은 부정적이고 때로는 강렬한 감정, 불면증 및 공황 발작과 같은 행동 징후가 포함된다. 생태 불안의 원인과 유발요인은 홍수, 허리케인, 산불과 같은 충격적인 극한기상 현상에 대한 직접적인 노출로부터 부적응, 토지 손실, 물 부족, 오염과 같은 장기적인 환경 변화에 이르기까지 다양하게 나타난다.

다음으로 기후변화 건강교육에서 '웰빙론적 접근'에 대해서 살펴보고자한다. 이러한 접근 방법은 지속불가능한 행복과 지속가능한 행복의 차이에 대한 이해를 유도하면서 현재와 미래를 연결하는 지속가능한 행복을 추구하는 방식을 탐구하는 과정을 통해 이루어질 수 있다.

오브라이언(O'Brien, 2010)이 처음 정리한 지속가능한 행복은 다른 사람, 환경, 그리고 미래 세대를 저해하지 않고 개인, 커뮤니티, 글로벌 웰빙에 기여하는 행복을 의미한다. 지속가능한 행복은 지구상 모든 생명체와의 상호의존성을 강화하고, 우리 각자가 다른 사람들과 자연환경의 웰빙에 긍정적 또는 부정적인 영향을 미칠 수 있다는 것을 강조한다.

브라운과 캐서(Brown and Kasser, 2005)는 기후위기 상황에서 환경적으로 책임을 지는 개인적 행동이 자기희생적인 것으로 여겨지는 경우, 개인적으로 사회적 책임을 위한 행동을 결정하는 것은 어려운 선택이 될 수 있을 것으로 설명했다. 환경적으로 책임지는 행동은 개인의 행복을 훼손하는 것으로 가정될 수 있기 때문이다. 그러나 지속가능한 행복 개념은 지속가능성 문제에 대한 성찰과 더불어 우리 삶의 질을 높이고 개인, 지역사회 및 글로벌 웰빙에 기여할 수 있는 기회를 제공하는 새로운 접근 방식을 제공한다.

행복과 지속가능한 삶은 상호 관계성을 가지고 있고, 지속가능한 삶은 좋은 삶과 연결되어 있다. 예컨대, 커피를 마시면서 행복감을 느낄 때 단순히 커피를 마시는 것에 행복한 것이 아니라 공정무역 커피를 찾아서 마시거나 이를 추구하는 마음으로 커피를 마신다면 이것은 지속가능한 행복이 될 수 있다. 즉, 행복과 지속가능성 사이의 접점을 찾으려고 노력할 때 지속가능한 행복을 느낄 수 있다는 것이다(O'Brien, 2022).

경제협력개발기구(Organisation for Economic Co-operation and Develpment: OECD) 「교육 2030 보고서(The future of education and skills: The OECD education 2030 project)」에서도 교육의 중요한 역할을 모든 학습자가 전인적 인간으로 성장하고, 각자의 잠재력을 최대한 발휘하며, 개인과 공동체, 지구의 웰빙에 기초한 공동의 미래를 만들어 내기 위해 노력하는 것으로 설정하고 있다(OECD, 2018).

이처럼 미래 교육에서 '행복'이라는 주제를 중요하게 다루고 있는데, 진정한 행복은 물질적 소유에서 비롯되는 것이 아니라 주변에서 일어나는 의미 있는 일, 지역사회 활동에 참여하는 과정에서 이룰 수 있고, 물질주의가 덜한 사람들이 행복에 대한 자기 보고가 높고, 환경친화적 활동에 더 많이 참여하는 경향이 있다는 연구가 있다(Kasser and Sheldon, 2002; Sheldon and McGregor, 2000).

이와 관련해서 리친과 도슨(Richin and Dawson, 1992)의 연구에서도 물질주의를 지향하는 개인은 물질주의가 낮은 개인보다 '주관적 웰빙'이 낮고, 환경친화적 활동을 적게 하는 것으로 나타났다. 이는 내재적 가치를 지향하는 것이 '주관적 웰빙'과 '생태적으로 책임 있는 행동'을 모두 촉진할 수 있음을 나타내고 있다고 할 수 있다.

우리가 생활양식의 균형을 추구할 때 다른 사람들의 요구와 생태계 건강을 염두에 두고 그렇게 한다는 것을 의미한다. 예를 들어, 좋은 영양은 지속가능성과 짝을 이룰 때 새로운 의미가 있다. 우리가 먹는 음식은 어디에서 왔나? 식재료들은 어떻게 자랐을까? 포장을 하는 과정은 어떠했나? 우리의 영양 요구를 충족시키는 것이 어떻게 환경 건강과 웰빙을 증진 시킬 수 있을까? 이러한 먹거리 교육은 '학습과 인간의 건강과 자연 세계 사이의 연결 고리'를 탐구하는 리빙스쿨 속성을 반영하기 위한 이상적인 플랫폼을 제공한다(Howard and O'Brien, 2018).

이렇듯 기후변화교육은 기후변화에 대한 과학적 기초 내용을 기후와 인간 사회의 여러 부분 사이의 상호연결성을 바탕으로 더 넓은 관점에서 통합하려는 노력이 필요하다. 따라서 기후변화와 건강교육에 대한 관점도 사회를 구성하는 다양한 그룹들의 토의와 협의를 통해 이루어질 필요가 있다.

최근에 이야기하고 있는 '기후 소양'을 '기후 및 건강 소양'으로 전환하기 위한 모멘텀을 구축하려는 시도가 이루어지고 있다. 미국의 기후 문해력 원칙을 적용해 기후 및 건강 문해력에 대한 정의를 제안하고 있다. 기후 및 건강에 대한 지식이 있는 개인을 '기후변화와 건강 사이의 직간접적인 연결을 인식하고, 위험을 전달하고, 데이터를 해석하고 평가하고, 불확실성을 이해하고, 책임 있는 개인의 결정 및 건강을 유지하기 위한 광범위한 정책을 생각하는 소양을 갖추도록 교육하는 것이 중요하다(Limaye et al., 2020).

전체적으로 정리하면서 기후변화 건강교육을 위한 두 가지 접근방법인 '건강위협론적 접근'과 '웰빙론적 접근'을 나누어 다뤄야 할 주요 내용은 표 11-4와 같다.

표 11-4를 보면 '건강위협론적 접근'과 관련해서 환경파괴, 기후위기가 인간의 건강에 미치는 경로와 영향에 대한 교육이 필요하다. 따라서 기후변화 정의, 지구온난화, 온실가스, 온실효과, 복사평형, 탄소순환과 같은 기후변화 현상 및 원리에 대해 교육해야 한다. 또한 경로를 이해하기 위해 기후변화의 자연적 요인과 인위적 요인을 구분 지어 교육해야 한다. 최종적으로 건강에 미치는 영향과 심각성을 인지시키기 위해 빙하 감소, 해수면 상승, 기상이변과 같은 일반적인 내용 외에도 감염성 질환, 영양실

표 11-4 기후변화 건강교육의 두 가지 접근 방법

접근 방법	주요 내용
건강위협론적 접근	• 기후변화의 현상 및 원리 • 기후변화의 원인 • 기후변화의 건강, 보건 영향
웰빙론적 접근	• 지속가능한 행복 • 기후변화와 행복 영향 • 기후변화의 완화와 적응 대응

조, 심장·호흡기 질환, 매개체 감염 질환, 수인성 설사 질환 등 건강, 보건에 미치는 영향에 대해 교육하면 효과적이다.

한편, '웰빙론적 접근'과 관련해서 환경과의 긍정적인 관계가 웰빙과 행복에 주는 영향, 의미, 중요성 등에 대한 교육이 필요하다. 따라서 지속가능한 행복 개념을 도입해 리빙스쿨, 리빙랩, 회복탄력성 교육 등 환경과 기후변화가 웰빙과 행복에 미치는 영향에 대해 교육함으로써 기후-건강 상호 영향에 대한 이해를 높일 수 있다. 또한 기후변화의 완화와 적응 대응의 필요성과 방법을 교육하고 실천으로 연결해 기후위기를 해결하고 삶의 질을 높이는 방법에 대해 교육하면 효과적이다.

5. 건강 교육자의 주요 역할

WHO(2012)는 미국 국립보건교육인증위원회(The US National Commission for Health Education Credentialing: NCHEC)가 제시한 건강 교육자의 주요 책임 및 역량을 정리했으며, 이를 재구성한 것을 표 11-5에 나타냈다.

표 11-5 **건강 교육자의 주요 책임 및 역량**

주요 책임	역량	하위역량
건강교육에 대한 개인 및 지역사회 요구의 평가	사회 및 문화적 환경, 성장 및 발달 요인, 필요와 관심사에 대한 건강 관련 데이터를 확보	건강 요구와 관심사에 대한 유효한 정보 출처를 선택 및 활용
		적절한 데이터 수집 도구를 사용하거나 개발
	건강을 촉진하는 행동과 저해하는 행동을 구분	건강 행동에 영향을 미치는 신체적·사회적·정서적·지적 요인을 조사
		건강 행동의 패턴을 형성하는 데 있어 학습과 정서적 경험의 역할을 인식
	확보한 데이터를 바탕으로 건강교육에 대한 필요성을 추론	요구 사항 평가 데이터를 분석
		건강교육이 필요한 우선순위 영역을 결정
효과적인 건강교육 프로그램 계획	커뮤니티 조직, 자원봉사자 등 프로그램 계획에 대한 지원과 도움을 받을 수 있는 참가자를 모집	프로그램에 참여할 사람들에게 프로그램의 필요성을 전달
		프로그램에 참여할 직원 및 의사 결정권자로부터 동의를 받음
		프로그램에 영향을 미치거나 영향을 받게 될 사람들의 아이디어와 의견을 구함
		실현 가능한 아이디어와 권장 사항을 계획 프로세스에 통합
	건강교육 프로그램의 논리적 범위와 순서 계획을 개발	주어진 교육 프로그램에 필요한 건강 정보의 범위를 결정
		프로그램의 범위를 구성하는 주제 영역을 논리적인 순서로 구성
	적절하고 측정 가능한 프로그램 목표를 수립	특정 역량 달성을 촉진하는 교육 목표를 추론
		제안된 건강교육 프로그램과 관련된 광범위한 운영 목표의 체계를 개발
	지정된 프로그램 목표에 부합하는 교육 프로그램을 설계	제안된 학습 활동과 명시된 목표에 내포된 학습 활동을 일치시킴
		다양한 대체 교육 방법을 고안
		주어진 환경에서 교육 목표를 구현하는 데 가장 적합한 전략을 선택
		선행 학습 목표의 숙달을 기반으로 하고 강화하는 일련의 학습 기회를 계획

		다양한 교육 방법과 기술을 활용
건강교육 프로그램 시행	계획된 교육 프로그램을 수행할 수 있는 역량을 발휘	주어진 학습 상황에 따라 개별 또는 그룹 과정 방법을 적절히 적용
		교육 장비 및 기타 교육 매체를 활용
		프로그램 목표의 실천을 가장 잘 촉진하는 방법을 선택
	지정된 환경에서 교육 프로그램을 구현하는 데 필요한 교육 목표를 추론	제안된 프로그램 목표와 관련된 학습자의 현재 능력과 지식을 확인하기 위한 사전 테스트를 진행
		교육에 필요한 측정 가능한 하위 목표를 설정
	특정 학습자를 위한 프로그램 계획을 실행하는 데 가장 적합한 방법과 미디어를 선택	학습자 특성, 법적 측면, 실행 가능성 및 방법 선택에 영향을 미치는 기타 고려 사항을 분석
		프로그램을 촉진할 수 있는 대체 방법 및 기술의 효과를 평가
		주어진 대상에 대한 프로그램을 구현하는 데 필요한 정보, 인력, 시간 및 장비의 가용성을 결정
	교육 프로그램을 모니터링해 필요에 따라 목표와 활동을 조정	실제 프로그램 활동과 명시된 목표를 비교
		기존 프로그램 목표와 현재 요구 사항의 관련성을 평가
		학습자 요구의 변화에 따라 필요에 따라 프로그램 활동과 목표를 수정
		주어진 교육 목표와 관련해서 리소스 및 자료의 적용 가능성을 평가
건강교육 프로그램의 효과 평가	프로그램 목표 달성을 평가하기 위한 계획을 수립	효과성의 기준으로 적용할 성과 기준을 결정
		평가 노력의 현실적인 범위를 설정
		기존의 유효하고 신뢰할 수 있는 테스트 및 도구 목록을 개발
		프로그램 효과성을 평가하기 위한 적절한 방법을 선택
	평가 계획을 수행	계획에 명시된 시험 및 활동의 관리를 용이하게 함
		목표에 적합한 데이터 수집 방법을 사용해 데이터를 분석
	프로그램 평가 결과를 해석	프로그램에서 얻은 결과에 효과성 기준을 적용
		평가 결과를 다른 사람들이 쉽게 이해할 수 있는 용어로 번역
		제안된 목표를 달성하는 데 있어 교육 프로그램의 효과 보고
	향후 프로그램 계획에 대한 결과를 통해 시사점을 추론	중요한 평가 결과에 대한 가능한 설명을 탐색
		평가 결과를 실행하기 위한 전략을 제안

		이용 가능한 건강교육 서비스의 범위를 결정
건강교육 서비스 제공 조율	건강교육 서비스 조정을 위한 계획을 개발	건강교육 서비스를 제안된 프로그램 활동과 일 치시킴
		협력적 건강 서비스 제공의 격차와 중복되는 부 분을 파악
	프로그램 담당자 간 및 프로그램 수준 간 협력을 촉진	프로그램 관련 직원 간 협력과 피드백을 장려
		필요에 따라 다양한 갈등 감소 방법을 적용
		프로그램 직원과 외부 그룹 및 조직 간 연락 담 당자로서 건강 교육자의 역할을 분석
	보건 기관 및 단체 간 실질적인 협력 방식을 공식화	지역사회 건강교육 프로그램을 담당하는 직원 간의 협력 개발을 촉진
		기존 건강프로그램 내에 건강교육을 통합하기 위한 접근 방식을 제안
		상호 이해관계가 있는 보건 기관 및 조직 간 협 력을 촉진하기 위한 계획을 제안
	교사, 자원 봉사자 및 기타 관심 있는 참가자를 위한 현직 교육 프로그램을 조직	역량 중심의 운영 교육 프로그램을 계획
		다양한 현업 교육 요구 사항을 충족하는 교육 리 소스를 사용
		현업 교육 프로그램을 수행하기 위한 다양한 전 략을 제시
건강교육에서 자원봉사자로 서 활동	건강 정보 검색 시스템을 효과적으로 사용	정보 요구 사항을 적절한 검색 시스템과 일치시킴
		주요 온라인 및 기타 데이터베이스 상태 정보 리 소스를 활용
	건강 관련 문제해결에 도움을 요청하는 사람들과 효과적인 상담 관계를 구축	효과적인 상담 관계의 매개 변수를 분석
		건강 교육자가 상담 활동을 위해 필요한 특별한 기술과 능력을 설명
		다른 건강 전문가에게 상담을 제공하기 위한 계 획을 수립
		건강교육 자문 서비스를 마케팅하는 과정을 설명
	건강 정보 요청을 해석하고 이에 응답	요구를 충족하는 데 필요한 정보를 식별하기 위 한 일반적인 프로세스를 분석
		요청을 유효한 건강 정보 소스에 연결할 때 다양 한 접근 방식을 사용
	배포할 효과적인 교육 리소스 자료를 선택	개인 및 커뮤니티 그룹의 건강에 도움이 되는 교 육 자료를 수집
		주어진 교육 대상을 위한 리소스 자료의 가치와 적용 가능성을 평가
		리소스 자료의 획득에 다양한 프로세스를 적용 교육 자료를 배포하는 다양한 방법을 비교

		건강교육의 최신 기술을 평가
건강 및 건강교육 요구사항, 우려사항 및 자료 전달	건강교육의 개념, 목적 및 이론을 해석	건강교육 분야의 기초를 분석
		건강교육 실천에서 보건 교육자의 주요 책임을 설명
	사회적 가치 체계가 보건교육 프로그램에 미치는 영향을 예측	건강교육의 필요성과 우려에 대해 반대되는 관 점을 유발하는 사회적 단체를 파악
		이슈가 되는 건강 문제를 다루기 위한 다양한 전 략을 활용
	건강 정보를 제공할 때 다양한 커뮤니케이션 방법과 기법을 선택	능숙한 건강교육 정보를 전달하기 위해 다양한 기술을 사용
	의료 제공자와 소비자 간의 의사소통을 촉진	의료 서비스 제공자가 소비자에게 보내는 메시 지의 의미와 함의를 해석
		소비자 그룹 및 개인과 의료 서비스 제공자 조직 간의 연락 담당자 역할을 수행

6. 생애주기별 기후변화 건강교육 사례

기후변화의 건강 영향과 기후환경보건의 방향을 이해하고 실천하기 위해 교육은 중요한 전략적 원천이므로 'SDGs 3'인 '모두를 위한 전 연령층의 건강한 삶 보장과 웰빙 증진'에 초점을 맞춘 기후변화 건강교육이 필수적이다(Howden-Chapman et al., 2017). 환경파괴와 기후위기 문제는 개인뿐만 아니라 지역사회, 국가, 세계 수준에 걸쳐 다양한 주체가 함께 고려되어야 하므로 특정 연령대를 위한 교육이 아니라 유아기부터 성인 후기까지 전 생애를 대상으로 해야 한다. 따라서 기후변화 건강교육은 모든 일상 영역에서 경험과 연계해 생애주기에 맞는 '모두를 위한 평생교육'이 되어야 한다.

생애주기란 출생에서 죽음까지 유아기부터 아동기를 거쳐 성인기의 일정한 계열을 따라 점진적으로 이루어지는 삶의 여정 또는 여로를 의미한다(윤소영, 2009). 생애주기는 유아기(0~5세), 아동기(6~12세), 청소년기(13~18세), 성인 전기(18~30세), 성인 중기(30~60세), 성인 후기(60세 이후)의 단계로 구분된다. 하비거스트(Havighurst, 1982)에 따르면 개인의 일생에서 일정한 시기에 일어나는 과업을 훌륭하게 마쳐야 다음 단계로 성공적으로 나아갈 수 있으므로 발달에 따라 적절한 교육을 제공하는 것이 중요하다. 생애주기별 성장과 발달의 특징, 학습의 특징, 생애주기별 기후변화와 건강교육 교육전략과 교육 사례는 다음과 같다(장미정 외, 2020a; 2020b).

1) 유아기의 기후변화 건강교육

유아기는 사회나 사물에 대한 기초 수준을 이해하고, 균형적인 신체를 발달시키는 시기이며, 자연환경, 사회 환경에 대한 인식을 형성하고, 인간관계와 가족관계를 인식하고, 시간과 공간에 대한 개념을 이해하는 시기다.

유아기의 기후변화 교육을 위해 놀이, 만들기, 예술 활동 등을 통해서 오감을 사용함으로써 자연환경을 느끼고 인지하고 환경에 대한 정서적 태도를 형성할 수 있는 교육이 효과적이다. 또한 스토리텔링을 통해 다양한 주제에 쉽게 흥미와 관심을 가지고 호기심을 충족할 수 있는 교육이 필요하다. 그리고 미취학 아동의 교육기관과 연계한 교육, 가족과 함께하는 교육, 지역사회 환경 관련 교육 등 다양한 형태의 교육이 이루어질 수 있다. 더불어 환경에 대한 감각을 키우며 주변 환경에 대해 인식할 수 있도록 실외 활동과 조작 활동을 통한 교육이 필요하다. 이러한 특성을 반영한 유아기 기후변화 건강교육 사례는 표 11-6과 같다.

표 11-6 유아기 기후변화 건강교육 사례

생애 주기	사례		
	프로그램명	세부 주제	특징
유아기	지구를 위한 미술연필	기후변화의 이해	멸종위기 동물을 구하기 위한 노력이 묘사된 동화 내용을 바탕으로 기후변화로 인한 멸종위기 동물이 존재함을 이해하고, 문제해결 방법을 다양한 활동(미술 활동, 신체활동)으로 표현함
	꿀벌은 내 친구	기후변화와 생활 (식량), 기후변화 대응 행동	기후변화와 관련된 동화-동극 활동 및 '착한 도시락 싸기 게임'을 통해 식량과 기후변화의 관계를 이해하고, 올바른 식생활을 실천하도록 함

2) 아동기의 기후변화 건강교육

아동기는 또래집단을 사귀거나 친구들과 함께 노는 법을 익히고, 도덕 및 가치관 그리고 독자적 학습관 형성을 위한 기초 능력을 습득하는 시기다. 더 나아가 사회집단과 제도에 대한 태도를 형성하고, 정신 및 성격을 형성하고, 민주시민 의식을 고양하는 시기다.

아동기는 초등학교에 해당하는 시기이므로 학교의 정규교육과정에서 여러 교과와의 연계를 통해 학습 과정에서 일상의 환경문제를 접할 수 있는 교육을 진행하면 효과적이다. 또한 방과후학교, 지역사회 프로그램 등 생활하는 공간에서 다양한 교육이 이루어질 필요가 있다. 그리고 아동이 환경 관련 문제를 찾고 해결방안을 생각해 내는 역량을 키울 수 있도록 조사·관찰 등 기초 탐구기능에 대한 교육과 더불어 친구들과 함께 토의할 수 있는 의사소통 역량을 키우는 것이 필요하다. 그리고 인성 교육, 평생교육, 민주시민교육, 세계시민교육 등 여러 교육 분야와 융·복합한 교육이 진행될 필요가 있다. 이러한 특성을 반영한 아동기 기후변화 건강교육 사례는 표 11-7과 같다.

표 11-7 아동기 기후변화 건강교육 사례

생애 주기	사례		
	프로그램명	세부 주제	특징
아동기	숨겨진 이름을 찾아서	기후변화의 이해	자연자원 및 놀이 요소를 포함해 기후변화 라는 추상적 개념을 아동이 실재적으로 이 해할 수 있도록 함
	기후게임챌린지	기후변화의 이해	기후 보드게임을 체험 및 제작하며 기후변 화에 대한 흥미를 유발하고 기본적인 환경 지식을 습득하도록 함
	지구를 살리는 채소 바자회	기후변화와 생활(식량)	바자회를 통해 프로그램 참여자뿐만 아니 라 지역 주민에게도 교육적 효과를 기대할 수 있음

3) 청소년기의 기후변화 건강교육

청소년기는 부모와 다른 성인으로부터의 정서적 독립을 위한 준비를 하는 시기로 직업을 탐색하고, 미래의 삶에 대한 진로를 준비하는 시기다. 또한 민주시민으로서 필요한 지식과 기능을 습득하고, 가치와 윤리관을 형성하며, 적성을 계발하는 시기다.

청소년기는 시민으로서 지적 기능과 개념을 함양하며 가치관과 윤리체계를 습득하는 시기이기 때문에 환경과 기후위기에 대한 가치와 철학, 가치관에 대한 교육이 효과적으로 진행될 필요가 있다. 그리고 사회적으로 책임 있는 행동을 배우고 환경실천을 위해 청소년이 직접 문제해결 과정에 참여하는 프로젝트형 토의·토론 교육이 효과적이다. 또한 교과 과정과 연계한 교육을 넘어 대학 진학과 직업 선택에 대해 고민하는 시기이기 때문에 진로교육과 연계한 교육이 필요하다. 최근 청소년들은 ICT 기술과 뉴미디어 사용에 익숙하다는 점을 반영해 멀티미디어 기기와 SNS를 활용한 다양한 환경교육 교수법을 활용한 교육을 진행할 수 있다. 그리고 입시 위주 교육 풍토에서 자유로운 학습 참여가 어렵기 때문에 자유학년제,

진로·직업교육, 창의적 체험활동, 동아리 활동 등 학교 교육과정 내에서 다양한 교육이 필요하다. 이러한 특성을 반영한 청소년기 기후변화 건강교육 사례는 표 11-8과 같다.

표 11-8 청소년기 기후변화 건강교육 사례

생애 주기	사례		
	프로그램명	세부 주제	특징
청소년기	기후변화 같이가치 챌린지	기후변화 대응행동 지속적 실천	ICT 기술 환경에 익숙한 학습자의 특징을 고려해 SNS를 이용한 챌린지를 통해 학습자가 자발적으로 기후변화에 대응하는 실천 행동에 참여·지속하도록 함
	기후변화 진로체험관	기후변화에 대응하는 다양한 직업군들의 노력	기후변화로 인해 달라지는 직업군을 조사하고 다양한 직업 체험을 통해 기후변화 대응전략을 이해하도록 함

4) 성인전기의 기후변화 건강교육

성인전기는 가족 관리와 경제생활 유지를 위한 취업과 직업 관련 능력을 키우는 시기로, 직장에서 능력 있는 사회인으로 인정받기 위한 업무 능력을 향상하는 것에 관심이 많은 시기다. 그리고 새롭게 변화하는 지식과 문화에 대한 정보를 빠르게 습득하는 시기이고, 민주시민으로서 책임감을 형성하는 시기다.

성인전기는 고등교육과 연계해 대학의 전공 및 교양교육과정에서 실천적인 기후변화 교육이 진행될 필요가 있다. 그리고 진로를 고민하는 청년들을 위해 그린잡, 환경 진로를 고민해볼 수 있는 교육과 실질적으로 경력이 인정되어 취업과 연결되거나 창업의 아이디어를 얻을 수 있는 역량 강화 교육이 필요하다. 또한 직장생활을 하는 시기이기 때문에 업무의 연장선에서 교육이 필요하고, 결혼과 자녀 양육을 시작하는 시기이기 때문에 지역사회와 가정에서의 삶과 연관된 교육이 이루어지면 효과적이다. 이러한 특성을 반영한 성인전기 기후변화 건강교육 사례는 표 11-9와 같다.

표 11-9 **성인 전기 기후변화 건강교육 사례**

생애 주기	사례		
	프로그램명	세부 주제	특징
성인 전기	그린 공유 부엌	기후변화와 생활(식량)	채식 레시피를 실천하고 공유하며 건강과 기후변화에 대한 인식을 함양함
	에너지 없는 시간	기후변화와 생활(에너지)	탄소 사용 습관을 점검하며 에너지 절약 방안을 이해하고 실천하도록 함

5) 성인 중기의 기후변화 건강교육

성인 중기는 건강관리와 여가활동을 위한 정보를 탐색하는 시기이며, 이직, 창업, 재취업을 위한 정보를 찾는 시기다. 그리고 사회 참여와 사회봉사활동에 관심이 많은 시기이며, 시민적·사회적 책임을 고양하고자 하는 시기다. 또한 일정의 경제생활 수준을 확립하고 유지하는 시기이며, 10대 자녀의 사회 이행을 돕는 시기다.

성인 중기는 비형식 교육 참여가 확대되는 시기임을 고려해 사회적 요구와 변화에 맞춰 새로운 학습 경험을 할 수 있는 교육을 하면 효과적이다. 그리고 환경 경험을 확대하기 위해 기업 연계 교육, 노동자 법정 의무교육 등 직장 연계 교육과 생활환경 주제의 생활 연계 교육이 동시에 필요한 시기다. 또한 여유 시간의 확보로 사회 참여, 지역사회 활동이 원활하므로 지역 환경 이슈와 관련해 가정과 지역사회가 함께 할 수 있는 참여형 교육이 필요하다. 더불어 풍성한 여가·문화생활, 건강과 삶의 질에 높은 관심을 충족시킬 수 있는 취미, 여행, 여가, 자원봉사 등에 연계된 교육이 필요하다. 이러한 특성을 반영한 성인 중기 기후변화 건강교육 사례는 표 11-10과 같다.

표 11-10 성인 중기 기후변화 건강교육 사례

생애 주기	사례		
	프로그램명	세부 주제	특징
성인 중기	기후인문학 '기후변화 톺아보기'	기후변화의 이해, 보건, 생활, 문화	기후변화와 관련해 소비활동, 질병, 여가 등 생활과 밀접한 주제를 중심으로 한 도서를 읽고 '저자와의 만남'을 통해 문제를 인식하고 의견을 공유함

6) 성인 후기의 기후변화 건강교육

성인 후기는 건강관리를 위한 정보를 탐색하고, 퇴직 이후를 준비하는 시기다. 그리고 세대 간 차이 극복을 위한 관련 지식을 습득하는 시기이고, 여가 활동에도 관심이 많은 시기다. 그리고 자녀의 결혼과 독립에 적응하는 시기고, 은퇴와 수입의 감소에 적응하는 시기다. 또한 자신의 동료들과 친화적 관계를 형성하는 시기이고, 새로운 역할에 대한 에너지의 방향을 설정하는 시기다.

성인 후기는 생태여가를 확대하는 시기로, 새로운 정보를 전달하는 지식 중심 교육보다는 기존의 환경 지식에 기반해서 직접적으로 참여하고 체험하는 형식의 교육이 효과적이다. 그리고 평생교육기관, 노인복지관, 종교기관, 주민자치센터 등 성인 후기 학습자가 접근하기 쉬운 기관과 연계해서 기후변화 건강교육을 시행하면 효과적이다. 이러한 특성을 반영한 성인 후기 기후변화 건강교육 사례는 표 11-11과 같다.

표 11-11 **성인 후기 기후변화 건강교육 사례**

생애 주기	사례		
	프로그램명	세부 주제	특징
성인 후기	자연과 함께 하는 나의 이야기	기후변화의 이해, 보건, 생활, 문화	과거와 현재의 기후환경을 비교할 수 있는 사진을 모아 '인생사진책'을 제작하며 시대별 환경상황을 공유하고 기후변화 대응 방안을 모색하도록 함
	토종종자를 지키는 에코리더	기후변화와 생활(식량)	토종식물의 중요성을 이해하고 토종종자 파종, 토종 식물 식재 및 채종을 통해 기후변화 대응 방안을 실천함
	기후변화에 대응하는 에코트레킹	기후변화와 문화(여행, 소비)	자기주도형 에코트레킹을 실천하고 사례를 공유하며 친환경 여가문화를 향유함

참고문헌

김정희 외. 1997. 「대학생의 건강교육 경험 및 요구」. ≪한국보건간호학회지≫, 11(1), 66~81쪽.

교육부. 2022. 「2022 개정 교육과정」.

박현숙·이가언·홍연란. 2000. 「건강교육이 대학생의 건강증진행위에 미치는 영향」. ≪정신간호학회지≫, 9(3), 239~254쪽.

배현주 외. 2017. 「이상기온에 따른 건강영향 평가·예측을 통한 기후변화 대응 전략 마련」. ≪기후환경정책연구≫, 1~137쪽.

레비, 배리 S.(Levy, B. S.) 엮음. 2021. 『사회정의와 건강: 사회 불의에 맞서 어떻게 건강을 지킬 것인가?』. 신영전 외 옮김. 한울 아카데미.

유네스코한국위원회. 2020. 「SDGs 돋보기: 지속가능발전목표」. 유네스코한국위원회.

윤소영. 2009. 「생애주기별 여가 활동 모형개발」. 한국문화관광연구원.

이명순. 2018. 「UN 2030 의제 지속가능발전목표(SDGs) 달성과 세계수준의 건강증진 노력」. ≪보건교육건강증진학회지≫, 35(4), 1~18쪽.

이미라·소희영. 1997. 「건강교육 교과목 학습이 대학생의 건강증진 생활양식 변화에 미치는 영향」. ≪성인간호학회지≫, 9(1), 70~85쪽.

장미정 외. 2020a. 「생애주기 맞춤형 환경교육 프로그램의 패러다임 연구」. 모두를위한환경교육연구소.

_____. 2020b. 「생애주기별 기후변화교육 프로그램 활용서」. 도봉구 도봉환경교육센터, 서울시 환경시민협력과, 모두를 위한 환경교육연구소.

정용주 외. 2020. 「재난은 평등하지 않다: '포스트'가 아닌 '지금' 코로나 시대의 교육」. 서울: 교육공동체 벗.

환경부. 2022. 「2022 대한민국 환경교육」. https://me.go.kr/home/file/readDownloadFile2.do?fileId=231708&fileSeq=1&fileName=70f2e05dd5cb6b632636b0b831a081fd3f8dcaa12b603aed8b0786b8db46a1dc3c67a7a390ebafc027d4ac341fb78cd5&openYn=Y(검색월: 2023.7)

환경정책기본법. 2023. [시행 2023.7.4] [법률 제19173호, 2023.1.3, 일부개정]

Brennan, M. E. and D. L. Madden. 2022. "The evolving call to action for including climate change and environmental sustainability themes in health professional education: A scoping review." *The Journal of Climate Change and Health*, Volume 9, January-February 2023.

Brown, K. W. and T. Kasser. 2005. "Are psychological and ecological well-being compatible? The role of values, mindfulness, and lifestyle." *Social indicators research*, pp. 349~368.

Burke, S. et al. 2012. *Environmental Health 2012: A key partner in delivering the public health agenda.* Health Development Agency. London.

Çinar, Y., A. M. Şenyol and K. Duman. 2001. "Blood viscosity and blood pressure: role of temperature and hyperglycemia." *American journal of hypertension*, 14(5), pp. 433~438.

Confalonieri, U. et al. 2007. "Human health." Climate change 2007: impacts, adaptation and vulnerability: contribution of Working Group II to the fourth assessment report of the Intergovernmental Panel on Climate Change.

Galway, L. P. and E. Field. 2023. "Climate emotions and anxiety among young people in Canada: A national survey and call to action." *The Journal of Climate Change and Health*, Volume 9, January-February 2023.

Havighurst, C. C. 1982. *Deregulating the health care industry: Planning for competition.*

Hickman, C. et al. 2021. "Climate anxiety in children and young people and their beliefs about government responses to climate change: a global survey." *The Lancet Planetary Health*, 5(12), pp. e863~e873.

Howard, P. and C. O'Brien. 2018. "Living school attributes and practices." *Living schools: Transforming education*, 25.

Howden-Chapman, P. et al. 2017. "SDG 3: Ensure healthy lives and promote wellbeing for all at all ages." *A guide to SDG interactions: from science to implementation*. Paris, France: International Council for Science, pp. 81~126.

IPCC. 2023. "Summary for Policymakers." In *Climate Change 2023: Synthesis Report*. Contribution of Working Groups I, II and III to the Sixth Assessment Report of the Inter-governmental Panel on Climate Change. Core Writing Team. H. Lee and J. Romero(eds.) Geneva. Switzerland, pp. 1~34.

Kasser, T. and K. M. Sheldon. 2002. "What Makes for a Merry Christmas?" *Journal of Happiness Studies: An Interdisciplinary Forum on Subjective Well-Being*, 3(4), pp. 313~329.

Limaye, R. J. et al. 2020. "Building trust while influencing online COVID-19 content in the social media world." *The Lancet Digital Health*, 2(6), e277~e278.

O'Brien, C. 2010. "Sustainability, happiness and education." *Journal of Sustainability Education*, 1(1), pp. 1~18.

_____. 2022. Sustainable Happiness and Education for Sustainable Development (ESD). The Global Innovation Conference (Happiness, Sustainability, and Transforming Education for All), Institute of Integrated Science Education of Dankook University.

OECD. 2018. "The future of education and skills: The OECD education 2030 project".

Richins, M. L. and S. Dawson. 1992. "A consumer values orientation for materialism and its measurement: Scale development and validation." *Journal of consumer research*, 19(3), pp. 303~316.

Sheldon, K. M. and H. A. McGregor. 2000. "Extrinsic value orientation and "the tragedy of the commons." *Journal of personality*, 68(2), pp. 383~411.

Torres, C. and J. Dixon. 2023. "Pathways to Climate Health: Active learning and effective communication to optimize climate change action an evaluation of the climate change and renal health awareness and education toolkit for healthcare providers: Reducing climate-health risks in primary care." *The Journal of Climate Change and Health*, Volume 9, January-February 2023.

WHO. 2011a. WHO report on the global tobacco epidemic.

WHO. 2011b. warning about the dangers of tobacco.

_____. 2012. Health education: theoretical concepts, effective strategies and core competencies: a foundation document to guide capacity development of health educators.

▬

https://sdgs.un.org/goals/goal3

12

기후변화 대응을 위한 보건 분야의 국제 협력

김록호 (전 WHO 과학부 표준국 국장)

1. 들어가는 말

2007년 노르웨이 노벨위원회는 '인간이 만든 기후변화에 관한 지식을 생산 전파하고, 기후변화에 대응하기 위해 필요한 기초를 만든 공로'로 기후변화에 관한 정부 간 협의체(Intergovernmental Panel on Climate Change: IPCC)에 노벨평화상을 수여했다. IPCC는 1990년 제1차 평가 보고서를 시작으로 2023년 제6차 평가 보고서(6th Assessment Report: AR6)에 이르기까지 전 세계 수천 명의 과학자들과 함께 과학적 증거를 분석해 온실가스 배출 및 삼림 파괴 등의 인간 활동이 기후변화의 가장 큰 원인이라는 것을 입증하고, 기후변화 대응을 위한 국제적인 행동이 필요하다는 것을 일깨워왔다.

이 장에서는 기후변화 대응을 위한 보건 분야의 국제 협력에 관해 소개하고자 한다. 독자들은 이 장을 읽고 나면 다음과 같은 질문에 답할 수 있을 것이다.

- 왜 기후변화 대응에 국제 협력이 중요한가
- 선진국과 개발도상국은 기후변화에 대해 왜, 어떻게 다른 관점을 갖는가
- 기후변화 대응을 위한 국제 협력의 역사에서 중요한 이정표는 어떤 것이 있나
- 기후변화 대응을 위한 주요 국제기구의 역할은 무엇인가
- 글로벌 기후 금융 메커니즘이란 무엇인가
- 취약한 국가들의 보건체계 기후회복탄력성을 강화하는 전략은 무엇인가
- 한국의 보건 전문가가 어떻게 국제 협력에 참여할 수 있나

2. 기후변화에 대응하기 위해 국제 협력이 중요한 이유

산업혁명 이전에는 생산과 소비에 매우 큰 에너지가 필요하지 않았으며, 주로 저밀도 에너지원을 활용했다. 하지만 산업혁명 이후 자본주의적 생산과 소비의 규모가 지속적으로 그리고 기하급수적으로 증가하면서, 그에 필요한 고밀도 에너지를 석탄, 석유, 천연가스 등의 화석연료를 연소시켜 공급하게 되었고, 그 결과 많은 양의 온실가스가 대기로 배출되어 전 지구적 기후변화를 촉발했다. 지질학자들은 인간 활동으로 급격한 지구 환경 변화가 일어난 지질시대를 따로 구분해 인류세(Anthropocene)라고 부르기도 한다. 기후변화에 대응하기 위해서 국제 협력이 중요한 이유는 다음과 같이 요약할 수 있을 것이다.

글로벌 문제로서의 특성: 기후변화는 국경을 초월하는 전 지구적인 문제이기 때문에 단일 국가의 노력만으로는 대처하기 어렵다. 한 나라의 탄소배출은 다른 나라의 환경과 생활에 영향을 미친다. 그러므로 모든 국가가 함께 협력해 글로벌 문제에 대한 글로벌 해결책을 찾아야 한다.

공정성 문제: 기후변화에 대한 책임에 있어서 모든 나라가 똑같지는 않다. 선진국은 산업혁명 이후 수 세기에 걸쳐 많은 온실가스를 배출한 책임이 크고 1인당 에너지 사용량과 탄소배출량이 개발도상국보다 훨씬 높다. 기후변화 대응과 관련된 국가 간 책임 분담, 완화 비용, 적응 비용, 피해손실 보상 등의 문제들을 정의롭고 공정하게 다루기 위해서는 국제적인 협의와 협동 과정이 필수적이다.

효과와 효율: 기후변화에 대한 대응을 좀 더 효과적이고 효율적으로 하기 위해서는 국제적인 협력이 필수불가결하다. 온실가스 배출량 감소 목표를 통합적으로 설정하면 각 국가의 독립적인 노력보다 훨씬 큰 효과를 얻을 수 있다. 선진국이 개발도상국의 기후변화 완화 및 적응을 위해 기술 이전이나 자금 지원 등을 실행해 완화와 적응 및 기후회복탄력적 지속가능발전에 기여할 수 있다.

분쟁의 예방: 입장이 다른 국가들이 국제 협력을 통해 공동목표와 약속을 설정하고 실천하지 않으면 기후변화의 책임과 결과(자원분쟁, 이주민 문제 대응, 경제적 손실 등)를 놓고 국가 간 분쟁이 발생할 수 있다. 국제 협력 없이는 어떤 나라도 기후변화 문제를 완전히 해결할 수 없으며, 결국 전 세계적인 환경파괴와 재앙으로 이어질 가능성이 있다.

3. 기후변화 대응에 관해 서로 다른 국가 간 입장

기후변화 대응을 위한 국제 협력에서 주목해야 할 점은 나라에 따라서 기후변화 대응에 관한 입장과 역할이 다르다는 것이다. 수 세기 동안 온실가스를 대량으로 배출하면서 물질적 풍요, 경제발전, 삶의 질 향상 등을 성취한 나라들과, 기후변화의 원인을 제공하지 않았음에도 불구하고 그 피해를 먼저 입어야 하는 나라들이 입장과 역할이 서로 다른 것은 당연하다. 국가 간 입장 차이는 탄소 불평등(carbon inequalities) 때문이다. 즉, 선진국의 과다한 탄소 배출로 전 지구적 기후위기를 초래함으로써 개발도상국이 겪는 손실과 피해를 보상해야 한다는 법적 정의와 도덕적 공정성의 문제다.

1) 선진국의 입장

선진국들은 과거와 현재의 산업화 과정에서 상대적으로 많은 온실가스를 배출했다. 대기 중 이산화탄소의 농도 350ppm을 기준으로 배출 한계를 상정하고 국가별 공정분배량을 계산한 후 1850~2015년까지의 역사적 누적 배출량을 국가 간에 비교한 연구에 의하면 미국은 전 세계 초과 이산화탄소 배출량의 40%를 차지하고 유럽연합 28개 국가(EU-28)는 29%를 차지했다. G8(미국, EU-28, 러시아, 일본, 캐나다)은 합쳐서 85%를 차지했다. 미국, 캐나다, 유럽, 이스라엘, 호주, 뉴질랜드, 일본의 누적 배출량 합계는 전 세계 초과 배출량의 92%를 차지했다. 반면 인도와 중국을 포함한 대부분의 개발도상국들은 그들의 공정한 분담 내에 있었다.

1751년부터의 국가별 누적 이산화탄소 배출량만을 추산한 또 다른 연구에 의하면 1950년까지는 누적 배출량의 절반 이상이 유럽에서 배출되었다. 미국은 2017년까지의 누적 배출량이 가장 많은 국가로서 약 4천억 톤을 배출해 이 기간 총 누적 배출량의 25%를 차지하고 있다. 이는 개별 국가 단위로 볼 때 세계에서 두 번째로 큰 배출 국가인 중국의 누적 배출량보다 두 배 더 많다. 유럽연합 28개 회원국의 1751~2017년 누적 배출 총합은 22%의 큰 기여를 하고 있다. 그 결과 선진국들은 기후변화 문제에 대한 책임과 대응 전략에 있어 복잡하고 다양한 입장을 가지게 되었다. 선진국들의 기후변화에 대한 주요한 입장은 다음과 같다.

과거의 책임 인식: 대부분의 선진국들은 과거와 현재의 산업활동으로 인해 대량의 온실가스를 배출해왔다. 유럽연합 회원국가 등 일부 선진국들은 자신들이 기후변화의 주요 원인으로 작용했다는 사실을 인식하고 있다. 2022년의 제27차 당사국 총회에서 선진국들은 개발도상국들이 주장하는 피해와 손실의 개념을 수용하고 기금을 만들 것에 관해 원칙적으로 동의했다.

기술 및 재정 지원: 대부분의 선진국들은 개발도상국에 기후변화 대응 기술 및 재정 지원을 제공하는 것에 동의한다. 이는 파리협정 같은 국제 협정에 명시되어 있으며, 개발도상국의 기후변화 대응 능력을 강화하는 데 중요한 역할을 한다.

전환 전략: 대부분의 선진국들은 탈탄소화 경제로의 전환을 시도하고 있다. 이는 재생에너지, 에너지 효율성 향상, 친환경 기술의 개발 및 도입 등을 포함한다.

국제 협력의 중요성: 대부분의 선진국들은 기후변화 문제를 국제적으로 협력해 해결해야 한다는 인식을 공유하고 있다. 이를 위해 다양한 다자 협약 및 협력 프레임워크에 참여하고 있다.

경제적 이익 및 기회: 기후변화 대응은 경제적 비용을 수반하긴 하지만, 동시에 새로운 기술과 산업의 기회를 제공한다. 선진국들은 이를 통해 경제적 이익과 일자리 창출의 기회를 발견하고 있다.

내부 논의와 분열: 모든 선진국들이 기후변화 문제에 대한 동일한 입장을 가지고 있지는 않다. 일부 국가들은 기후변화의 심각성을 인정하며 적극적인 대응을 주장하지만, 다른 일부는 경제적 비용이나 현실적인 문제로 인해 보수적인 접근을 선택하기도 한다.

주목해야 할 것은 21세기에 들어와 가속화된 지구화(globalization)로 선진국의 강대국들은 지난 세기 제국주의 시대의 식민지 경영 못지않게 군사, 정치, 경제, 기술 등의 분야에서 여전히 주도적 역할을 하고 있다는 현실이다. 이들은 국제 협상에서 영향력을 행사하고, 환경보호 및 기후변화 대응에 대한 실질적인 결정권을 갖고 있다. 그러므로 기후변화 문제의 원인 제공자로서뿐만 아니라 문제를 해결할 수 있는 국제 협력의 주도자로서도 막대한 책임이 있다. 기후변화 대응과 기후회복탄력적 지속가능발전을 위해 선진국들이 더 큰 역할을 해야 한다는 주장에는 이러한 근거가 있는 것이다.

연구자들과 기후 협상자들은 기후 관련 피해를 초래한 과잉배출 국가들이 위기에 거의 기여하지 않은 개도국들에게 보상 또는 배상을 지불해야 한다고 주장한다. 세기말 1.5℃ 상승을 목표로 2050년까지 탄소 배출 '넷 제로'를 이루기 위한 IPCC 시나리오에서 168개 국가의 누적 배출을 1960년부터 추적해 탄소 과다배출 국가의 보상 수준을 정량화한 연구에 의하면 선진국들의 탄소배출량이 평등 기반 분배량을 세 배 초과한다는 것을 발견했는데, 이는 2050년까지 선진국들이 개발도상국들에게 192조 달러(연간 1인당 평균 940달러)의 보상을 지불해야 함을 의미한다.

2) 개발도상국의 입장

앞에 인용한 1751~2017년 국가별 이산화탄소 배출량을 추산한 연구에 의하면 아프리카의 지역적 기여는 그 인구 크기에 비해 매우 작은데, 역사적으로도 현재도 1인당 배출량이 매우 낮기 때문이다. 오늘날 많은 연간 배출량을 기록하는 개발도상국들(예: 인도와 브라질)은 누적 배출량으로 볼 때 큰 기여를 하지 않았다. 개발도상국은 기후변화와 관련해서 특유의 문제와 도전, 그리고 관점을 가지고 있다. 개발도상국의 기후변화 대응에 관한 주요한 입장은 다음과 같다.

적은 책임, 큰 영향: 개발도상국의 많은 국가들은 과거와 현재의 온실가스 배출량이 상대적으로 적지만, 기후변화의 부정적인 영향을 가장 크게 받고 있다. 이는 농업 의존도, 기후변화에 따른 자연재해에 대한 취약성 등 다양한 요인 때문이다. 이상기후로 인해 작물 수확량이 감소하거나 가뭄·홍수 같은 자연재해로 생산량이 감소할 경우 이들 나라에서의 식량 확보와 경제적 안정에 부정적인 영향을 미칠 수 있다.

재정 및 기술 지원 필요성: 대부분의 개발도상국 국가들은 기후변화 대응을 위해 필요한 재정적·기술적 지원을 선진국들에게 요청하고 있다. 이는 파리협정 등의 국제 협정에서도 중요한 이슈로 다뤄지고 있다. 기후변화의 충격에 취약한 개발도상국 국가들은 기후변화의 피해와 손실에 대한 보상과 배상의 필요성을 제기한다.

적응 중심의 대응: 많은 개발도상국 국가들에서는 즉각적인 적응 조치가 필요한데, 이는 농작물 수확량 감소, 해수면 상승, 극심한 날씨 패턴 등의 현실적인 문제들 때문이다. 도시화와 인구증가로 인해 주거 밀도가 높아지고, 인프라 구조가 취약한 경우가 많아 자연재해의 영향이 훨씬 심각해

질 수 있다. 예를 들어, 해안 도시의 경우 해수면 상승과 연관된 침수와 해안 침식 문제가 심각한 영향을 미칠 수 있다.

지속가능한 개발: 개발도상국의 많은 국가들은 기후변화 대응과 동시에 경제발전을 원하며, 국제 협력을 통해 지속가능한 개발 방안을 모색하고 있다. 또한 기후회복탄력적 지속가능발전을 위해 선진국과 개발도상국 사이뿐만 아니라 남남협력(South-South cooperation)이라고 불리는 개발도상국들 사이의 상호협력, 그리고 내재적 발전경로가 강화되어야 함을 강조한다.

다양한 국가 간 입장: 개발도상국 내에서도 국가별로 경제적 상황, 지리적 특성, 사회문화적 배경 등이 다르기 때문에 기후변화에 대한 대응 방식과 요구사항이 다를 수 있다.

자연자원 및 생물다양성의 보호: 많은 개발도상국 국가들은 자연환경과 생물다양성 보호를 위한 노력을 강조하며, 이러한 자원들이 기후변화의 영향으로 손상될 경우 국가의 경제와 생활에 큰 타격을 줄 수 있음을 인식하고 있다.

결론적으로 개발도상국의 국가들은 기후변화의 영향을 가장 크게 받는 측면에서 선진국과의 협력과 지원을 강조하며, 동시에 자체적인 적응능력 강화와 지속가능한 발전을 추구하고 있다. 개발도상국 국가 중에서도 최빈개발도상국(Least Developed Countries: LDCs)과 군소도서개발도상국들(Small Island Developing States: SIDS)은 기후와 기상의 변화에 극도로 민감하고 회복탄력성이 매우 낮아 기후변화의 충격에 특히 취약하다. 최빈개발도상국은 대개 인프라와 자원의 부족으로 인해 기후변화에 대응하는데 어려움을 겪는데, 식량, 물, 보건의료 등에서 더욱 어려움을 겪는다. 군소도서개발도상국들은 작은 면적에 상대적으로 많은 인구가 밀집되어 있으며, 해수면 상승으로 인한 해안선 침식과 식수원인 지하수의 염화를 겪는다. 파리협정은 최빈개발도상국과 군소도서개발도상국의 취약성을 지적하고 역량 강화를 위한 재정지원과 기술이전이 필요함을 특별히 강조했다.

4. 기후변화에 대응하기 위한 국제 협력

1) 기후변화에 대응하는 국제 협력의 발전 과정

전 지구적인 기후변화 대응 국제 협력은 일찍이 1979년 2월 12~23일 세계기상기구(World Meteorological Organization: WMO)가 조직한 제1차 세계기후회의로부터 시작되었다고 볼 수 있다. 여기에 모인 전 세계의 과학자들은 인간의 활동과 관련된 지구온난화 등 기후변화의 가능성을 보여주는 자료를 검토하고 기후변화의 부정적 영향을 방지하기 위한 국제적 대응이 필요하다는 결론을 내렸다.

1988년 유엔환경계획(UNEP)과 WMO가 공동으로 기후변화에 대한 과학적인 정보와 대응방안을 제시하는 유엔 국제기구로 IPCC를 결성했다. 195개의 회원국가와 수천 명의 전문가가 참여하는 IPCC는 기후변화와 관련된 과학적 증거와 통계 자료를 매년 제공해 국제사회의 기후변화 대응에 대한 공식적인 지침을 제시했다. IPCC는 수년에 한 번씩 평가 보고서를 발표하는데, 2023년 3월 기후회복탄력적 개발(Climate Resilient Development: CRD)을 제안하는 "제6차 평가 보고서 종합편"을 발표했다.

1992년 브라질 리우데자네이루에서 개최된 유엔환경개발회의(UNCED)

에서 지구환경과 개발에 관한 세계적인 협약인 유엔기후변화협약(United Nations Framework Convention on Climate Change: UNFCCC)이 채택되었다. 이 협약은 전 세계적으로 기후변화 문제에 대한 대응책을 모색하고, 이를 위한 국제 협력을 촉진하는 목적으로 만들어졌는데, 1994년 3월 21일에 발효되었다. 이후 UNFCCC는 매년 기후변화협약 당사국 총회(Conference of the Parties: COP)를 개최해 기후변화 대응 전략과 대책을 협의해오고 있다.

1997년 일본 교토에서 열린 국제 협상에서 교토의정서(Kyoto Protocol)가 채택되었다. 이는 전 세계적으로 온실가스 배출을 줄이기 위한 약속을 담은 협약이었다. 교토의정서는 개발도상국을 제외한 주요 산업국가들에게 온실가스 배출량을 줄이도록 요구했지만, 이후 미국 등 일부 국가가 참여를 거부하면서 효과가 제한되었다.

2015년 9월 유엔 총회에서 모든 유엔 회원국가가 인류와 지구의 평화와 번영을 미래에까지 보장하기 위한 지속가능발전목표(Sustainable Development Goals: SDGs)를 채택했다. "기후변화 및 그 충격과 싸우는 긴급한 행동"이 13번째 목표이고 그 하위 목표로, 모든 국가에서 기후 관련 위험과 자연재해에 대한 복원력 및 적응능력을 강화할 것, 기후변화 대책을 국가 정책, 전략 및 계획에 통합할 것, 기후변화 완화, 적응, 영향 감소 및 조기 경보에 대한 교육, 인식 제고 및 인간 및 제도적 능력을 향상시킬 것, 2020년까지 연간 1천억 달러를 공동으로 모금하는 것을 목표로 하는 녹색기후기금(Green Climate Fund: GCF)을 완전히 운영 가능하게 할 것, 최빈개발도상국과 군소도서개발도상국에서 효과적인 기후변화 관련 계획 및 관리 능력 향상을 위한 메커니즘을 촉진하되 특히 여성, 청소년 및 지역, 소외된 커뮤니티에 중점을 둘 것 등이 있다.

같은 해 12월 제21차 기후변화협약 당사국 총회(COP21)에서 교토의정서를 대치하고 좀 더 포괄적이고 강력한 법적 구속력을 가지는 파리협정이 채택되었다. 이 협정은 지구온난화를 산업혁명 이전 수준보다 2°C 이하, 가능하면 1.5°C 이하로 유지하기 위한 목표를 성취하기 위해 모든 나라들이 기후변화 완화와 적응에 대한 국가결정기여(Nationally Determined Contributions: NDCs)를 제시하고 매년 그 진척을 의무적으로 보고하도록 규정하고 있다. 종료 시점이 명시되어 있지 않은 이 협정은 기후변화에 대응하는 국제 협력의 이정표로서 최빈개발도상국과 군소도서개발도상국처럼 취약하고 국제사회의 도움이 필요한 국가들에게 재무적·기술적 및 역량 강화 지원의 틀을 제공한다.

2022년 이집트에서 열린 제27차 기후변화협약 당사국 총회(COP27)에서는 UNFCCC 역사상 처음으로 기후변화로 인한 손실피해에 대한 구체적인 재정 메커니즘을 제공하는 손실피해기금(Loss and Damage Fund)을 설립 운용하기로 결정했다. 재정적 지원을 필요로 하는 취약 국가들에게 큰 의미가 있는 이 기금은 기후변화의 영향에 적응하기 위한 자금과는 별도로 운영되며, 기후변화의 국제공조에서 책임과 정의의 원칙을 강화하는 이정표가 될 것으로 기대된다.

2) 기후변화에 대응하는 국제 협력에서 보건 분야의 역할

기후변화에 대응하는 국제 협력에서 보건 분야의 역할은 매우 중요하다. 기후변화는 인간의 건강에 다양한 방식으로 영향을 미치며, 이러한 영향은 세계 각지에서 이미 나타나고 있다. 이에 따라 국제 협력의 맥락에서 보건 분야의 주요 역할은 다음과 같다.

감시와 모니터링: WHO와 협력해 기후변화와 관련된 질병과 건강위험

요인을 조기 감시체계를 통해 모니터링하고 체계적으로 추적한다.

보건체계 강화: 기후변화로 인한 건강위험에 조기에 효과적으로 대응하기 위해 각국의 보건체계를 강화하며, 취약한 국가의 기후변화 대응 능력과 기후회복탄력성을 향상시킨다.

교육과 훈련: 기후변화가 건강에 미치는 악영향에 대한 인식을 높이고, 보건 전문가와 의료진에게 필요한 교육과 훈련을 제공한다.

기후변화와 보건의 연계: 기후변화 대응 전략 및 정책에 보건을 통합해 기후변화로 인한 건강 문제에 대응하는 방안을 마련한다.

연구 및 혁신: 기후변화와 건강과의 관계에 대한 연구를 촉진하며, 새로운 건강위험 요인에 대응하는 혁신적인 방법을 개발한다.

응급 대응: 기후변화로 인한 급격한 건강위기에 신속하고 효과적으로 대응하기 위한 응급 서비스 전달체계를 마련한다.

다부처 간 협력: 건강, 환경, 에너지, 농업, 운송 등 다양한 부문과의 협력을 통해 기후변화와 관련된 보건 문제에 종합적으로 대응한다.

기후변화의 영향은 특히 경제적으로 취약한 국가와 지역에서 큰 타격을 준다. 이러한 국가들은 자원 부족, 인프라 취약성, 보건 인력 부족 등으로 인해 기후변화로 인한 건강위험에 대처하기 어려울 수 있다. 국제적인 협력을 통해 이러한 취약 국가와의 교류와 지원을 강화해 좀 더 국가 간에 공평하고 효과적인 기후변화 대응을 이룰 수 있다.

기후변화에 대응하는 보건 분야의 국제 협력은 사후대응 방식보다는 전방위적이고 통합적인 접근이 효과적이고 효율적이나. 예를 들면 취약한 국가들도 국제 협력을 통해 기후와 기상의 변화와 관련된 자연재난 및 건강위험을 미리 예측하고 대책을 준비해 재난이나 역병이 닥쳤을 때 효과적인 조기대응으로 피해를 최소화하고 그 전보다 더 나은 상태로 복구

할 수 있게 된다. 보건체계의 기후회복탄력성은 보건의료 설비의 강화, 보건의료 인력의 교육훈련, 환경보건, 위기 대응능력 향상 등으로 강화될 수 있는데, 국제 협력을 통해 취약 국가의 보건체계 강화를 위한 자금과 기술을 지원할 수 있다. 코로나-19 팬데믹의 경우에서 보듯이 한 나라 안에서 발생한 감염병은 국경을 초월해 영향을 미칠 수 있다. 따라서 취약 국가의 역병 감시 및 대응 능력을 강화하는 국제 협력은 미래의 팬데믹을 일차적으로 예방하기 위해서도 매우 유용하다.

3) 보건 분야 기후변화 대응의 국제 협력에서 중요한 국제기구

보건 분야의 기후변화 대응 국제 협력을 위한 국제기구 가운데 WHO, 유엔아동기금(UNICEF), 유엔환경계획(UNEP), IPCC, 세계은행 등이 중요한 역할을 한다.

WHO는 기후변화와 관련된 보건 문제에 대한 정책 개발, 지침 제공, 정보 제공 및 연구 지원 등을 담당한다. 전 세계적인 보건체계 강화와 기후변화에 대한 대응능력 향상을 위해 지도적 역할을 수행한다.

UNICEF는 기후변화로 인한 어린이와 청소년의 건강 보호, 사회적 취약계층 지원, 기후변화 교육과 인식 제고, 정책 개발과 협력 강화 등을 통해 보건 분야에서의 기후변화 대응에 기여한다.

UNEP는 환경보호와 지속가능한 개발을 촉진하는 역할을 수행하며, 기후변화와 관련된 정책 개발, 기술 지원, 국제 협력 강화 등을 통해 기후변화 대응에 기여한다.

IPCC는 기후변화에 대한 과학적 평가와 정보 제공을 담당한다. IPCC의 보고서는 기후변화에 대한 이해를 촉진하고, 정책 결정과 기후변화 대응에 대한 지침을 제공하는 데 중요한 역할을 한다.

세계은행과 기타 개발은행들은 기후변화 관련 프로젝트를 지원하고, 자금 조달과 기술 이전을 통해 기후변화 대응을 지원한다. 이들은 취약 국가들의 기후변화 대응 능력을 향상시키는 데 핵심적인 역할을 한다.

이 외에도 다양한 국제기구와 비정부기구(NGO)들이 보건 분야의 기후 변화 대응에 참여하고 있으며, 각 기구들은 자신의 분야에서 특화된 역할을 수행하며 협력해 효과적인 기후변화 대응을 위해 노력하고 있다.

(1) 보건 분야 기후변화 대응에서 WHO가 하는 역할

보건에 특화된 UN의 전문기구로서 제네바에 본부를 두고, 6개의 지역 사무소, 152개의 국가 사무소를 가진 WHO는 기후변화와 건강에 관한 국 제적인 협력과 대화를 촉진하고, 보건 분야의 목소리와 입장을 대표하며, 기후변화 완화의 공동이익을 홍보하고 실현하는 등 보건 분야의 국제 협 력에서 지도자와 조정자의 역할을 수행한다. 2024년 세계보건총회(World Health Assembly: WHA)에서 심의할 기후변화의 보건 대응에 관한 결의문 을 준비하고 있는 WHO가 기후변화 대응의 국제 협력에서 담당하는 주요 역할은 다음과 같다.

정책 개발과 지침 제공: WHO는 기후변화와 관련된 보건 정책의 개발과 구현을 지원한다. 이를 위해 국가들에 기후변화에 영향을 받는 보건 문제 에 대한 지침과 국가별 적응 전략을 제공하고, 기후변화에 대한 대응과 관 련된 국제적인 정책과 표준을 개발한다. 이와 관련해서 회원국가들과 협 력해 국가별 상황 보고서를 발간하고 있다.

정보 제공과 연구 지원: WHO는 기후변화와 보건 사이의 관계에 대한 연 구와 정보를 제공한다. 기후변화의 영향과 위험을 평가하고, 보건체계를 강화하기 위한 연구와 데이터를 수집하고 분석해 국가들에 제공한다. 이를 통해 기후변화 대응을 위한 적절한 의사결정과 행동을 돕는다.

역량 강화와 기술 이전: WHO는 국가들의 역량 강화와 기술 이전을 지원해 기후변화 대응 능력을 향상시킨다. 보건 인프라 구축, 적응적 조치, 위기 대응능력 강화 등의 영역에서 국가들을 지원하고, 기후변화와 관련된 최신 기술과 정보를 공유한다.

국제 협력 강화: WHO는 기후변화와 보건 분야에서의 국제 협력을 촉진한다. 다양한 이해관계자와의 협력을 통해 국가 간 경험 공유, 파트너십 형성, 자원 조달을 지원하고, 국제적인 협약 및 프레임워크의 개발과 집행을 이끌어내는 역할을 수행한다. 그리고 기후변화와 건강에 관한 변혁적 행동 연합(Alliance for Transformative Action on Climate and Health: ATACH)의 창립자이자 운영자로서 이해관계자들의 집단적인 힘을 활용하고, 보건 분야의 목소리와 입장을 강화하며, 기후변화 완화의 공동이익을 홍보하고 실현하는 역할을 하고 있다.

2023년 WHO가 주도하고 있는 기후변화 관련된 주요 국제 협력 사업으로는 ① 기후 및 건강에 대한 변혁적 행동 연합, ② 기후회복탄력적 보건체계 이니셔티브, 그리고 ③ 군소도서개발도상국에서의 기후변화 및 건강 특별 이니셔티브 등이 있다.

(2) 보건 분야 기후변화 대응에서 다른 국제기구가 하는 역할

WHO 이외에 보건 분야 기후변화 대응에서 일정한 역할을 하는 국제기구로는 UNICEF, UNEP, UNDP, UNFCCC, 유엔식량농업기구(FAO), IPCC 등이 있다.

❶ UNICEF

UNICEF는 기후변화로 인한 건강위험에 노출된 어린이와 청소년을 보호하는 데 초점을 맞춘다. 이를 위해 예방 접종, 영양 개선, 수도 위생(Water, Sanitation and Hygiene: WASH) 시설 제공 등을 포함한 보건 서비스를 제공하고, 기후변화로 인한 자연재해에 대비하는 비상대응 기능을 강화한다.

사회적 취약계층 지원: UNICEF는 기후변화로 인해 사회적으로 취약한 지역과 국가에 있는 어린이와 가족들에게 지원을 제공한다. 이를 통해 건강한 생활환경과 교육 기회를 확보해 기후변화로 인한 부담을 완화한다.

기후변화 교육과 인식 제고: UNICEF는 기후변화에 대한 교육과 인식을 증진시키는 프로그램을 개발하고, 어린이와 청소년을 대상으로 기후변화에 대한 이해와 대응 능력을 강화한다. 이를 통해 다음 세대가 기후변화 문제를 인식하고, 지속가능한 행동을 취할 수 있도록 돕는다.

정책 개발과 협력 강화: UNICEF는 국가 및 국제기구와 협력해 기후변화 대응을 위한 정책과 전략을 개발하고, 이를 실현하기 위한 프로그램과 프로젝트를 추진한다. 또한 국가 간 경험 공유와 동반관계를 촉진해 기후변화와 보건 분야에서의 국제 협력을 강화한다.

❷ UNEP

UNEP는 주로 환경 문제와 관련된 해결책을 제시하고 국제적인 환경보호 활동을 촉진하는 데 중점을 둔다. 기후변화의 건강 영향을 관리하고 대응하기 위한 국제 협력에서 UNEP는 중요한 역할을 하며, 그 노력을 통해 국가들이 기후변화에 적응하고 이로 인한 건강위험을 최소화하는 데 기여하고 있다. 주요 역할은 다음과 같다.

정보 제공 및 통합적 접근 촉진: UNEP는 기후변화와 건강 간 연결에 대한 연구와 데이터를 제공하며, 국가 및 국제기구에 정보와 의견을 제공한다. 그리고 기후변화, 환경오염 그리고 건강 간 상호작용을 강조하며, 다양한 분야와 이해관계자들 간의 통합적인 접근 방식을 촉진한다.

국가별 프로젝트 및 역량 강화: UNEP는 기후변화의 건강 영향을 최소화하고 적응력을 높이기 위한 다양한 프로젝트와 프로그램을 지원하고 진행하고 있다. 그리고 기후변화와 건강에 관한 이슈에 대한 국가의 인식과 대처 능력을 향상시키기 위한 교육 및 역량 강화 프로그램을 제공하거나 지원한다.

다자간 협력 촉진과 환경보건: UNEP는 다른 유엔 기구, 정부, 민간 부문, 학계 및 비정부 조직과 협력해 기후변화의 건강 영향에 대응하는 공동의 노력을 촉진한다. 그리고 기후변화와 환경오염과 관련된 건강위험에 대한 인식을 높이는 캠페인과 활동을 진행하거나 지원한다.

❸ UNDP

UNDP는 전 세계의 지속가능한 개발을 촉진하고 각종 위기 상황에 대응하기 위한 프로그램을 지원하는 유엔 기구다. 파리협정에 따라 개별 국가들이 공약한 완화와 적응을 더욱 큰 규모로 빠르게 전 사회적 참여로 실현할 수 있도록 지원하는 규모로 UNDP 기후약속 프로그램이 세계에서 가장 크다. 기후보건 분야의 기후변화 대응을 위해 다음과 같은 다양한 역할을 수행한다.

건강을 위한 태양(Solar for Health): 2017년부터 UNDP는 에너지와 건강이라는 두 가지 핵심 분야를 연결해 국가들이 보편적인 건강 보장을 추진하면서 환경을 보호할 수 있도록 돕는 대규모 프로젝트를 주도하고 있다.

아프리카 15개 국가에서 약 1천 개의 건강센터와 보관 시설의 태양 전기화를 지원했다.

역량 강화와 정책 지원: UNDP는 국가 및 지역 단위에서 보건 분야의 기후변화 대응 능력을 강화하기 위해 정책 개발과 역량 강화를 지원한다. 이를 통해 국가들은 기후변화에 대한 보건적 취약성을 평가하고, 적절한 정책 및 전략을 수립해 대응할 수 있다.

국가별 혹은 지역적 프로젝트 지원과 실행: UNDP는 보건 분야에서의 기후변화 대응 프로젝트를 지원하고, 실행을 돕는다. 이를 통해 새로운 보건시스템 구축, 보건 인프라 개선, 적응력 향상을 위한 프로그램을 실행해 기후변화의 영향을 최소화하고 인구 건강의 보호에 기여한다.

협력 네트워크 구축: UNDP는 국제사회 및 이해관계자들과의 협력을 촉진해 보건 분야의 기후변화 대응을 강화한다. 이를 통해 다양한 이해관계자들과의 동반관계를 형성하고, 경험과 지식을 공유해 좀 더 효과적인 기후변화 대응을 지원한다.

자원 조달과 금융 지원: UNDP는 국가들에게 자금과 자원을 조달하는 데 도움을 주고, 보건 분야의 기후변화 대응을 위한 금융 지원을 제공한다. 이를 통해 보건체계의 강화, 보건 인력의 양성, 기후적응 기술의 도입 등을 지원해 보건 분야에서의 지속가능한 개발에 기여한다.

❹ UNFCCC

UNFCCC는 모든 분야의 기후변화 대응을 위한 국제 협력에서 중추적인 역할을 한다. 초창기에는 주로 정부 간 기후변화 협상을 촉진하는 데 중점을 둔 UNFCCC 사무국은 협약, 교토의정서, 파리협정의 실행을 추진하는 기관들을 총괄한다. 사무국은 기술 전문 지식을 제공하며, 당사국이 보고한 기후변화 정보의 분석 및 검토와 교토 메커니즘의 구현을 지원한다. 또한 파리협정 구현의 핵심인 NDC에 대한 등록부를 관리한다. 사무국은 매년 여러 번의 기후변화 협상을 조직하고 지원하는데, 가장 크고 중요한 것은 매년 다른 지역을 돌아가며 개최되는 기후변화협약 당사국 총회(COP)이다. 이는 유엔의 최대 연례 회의로 평균 약 2만 5천 명의 참가자가 참석한다. COP는 유엔기후변화회의라고도 불리는데, 정부 대표 외에도 이해관계자들이 어떻게 정부가 유엔 기구들과 협력해 파리협정을 실행하고 있는지 보여주는 많은 이벤트가 있다. 다음은 보건 분야의 기후대응에서 UNFCCC가 하는 주요 역할이다.

정책 및 가이드라인 제공: UNFCCC는 기후변화와 관련해서 국제적인 정책의 틀을 설정하고, 이를 국가들이 보건 문제에 효과적으로 대응할 수 있도록 가이드라인을 제공한다. 기후변화와 그 영향에 대한 최신의 과학적 연구와 데이터를 수집, 분석하고 이를 기반으로 보건 문제해결을 위한 방향성을 제시한다. 각 국가가 기후변화로 인한 건강위험에 효과적으로 대응하기 위한 적응 및 완화 전략을 개발하고 실행하는 것을 강조한다.

재정 및 기술 지원: UNFCCC는 개발도상국들의 기후변화 대응을 지원하기 위해 필요한 재정적 지원을 조정하고 관리한다. 그리고 보건 분야에서의 기후변화 대응을 위한 기술적 지원 및 기술 이전 프로그램을 통해 국가들의 능력을 강화한다.

교육 및 인식 증진: UNFCCC는 기후변화의 건강 영향에 대한 국가의 인식을 높이기 위한 교육 프로그램을 지원하고 제공한다. 그리고 국제회의, 워크숍, 캠페인을 통해 기후변화와 건강 문제에 대한 인식을 증진시킨다.

보건 분야의 파트너십 및 협력 네트워크 구축: UNFCCC는 국가, 국제기구, 민간 부문, 학계 등 다양한 이해관계자와의 협력을 촉진하며 보건 분야에서의 기후변화 대응을 위한 파트너십을 구축한다. 파트너 국가 및 기관과의 협력을 통해 기후변화와 관련된 보건 위험에 대한 정보 공유와 공동 연구를 활성화하며, 각국의 경험과 전략을 교류해 좀 더 효과적인 대응 방안을 도출한다.

❺ FAO

FAO는 주로 식량과 농업에 집중된 유엔의 특수 기관이다. 기후변화와 보건 분야에 있어 FAO의 역할은 주로 농업, 식량안보, 그리고 관련된 건강 및 영양 문제들과 연관되어 있다. 기후변화의 보건 분야 대응과 관련된 주요 역할은 다음과 같다.

식량안보 강화: 기후변화로 인한 농업 생산량 감소나 확률적인 수확 손실로 인한 식량 위기를 예방하고 대응하기 위해 FAO는 국가 및 지역사회의 농업 적응능력을 강화한다.

농업 및 축산 질병 대응: 기후변화는 농업 및 축산 질병의 확산과 변화에 영향을 미친다. FAO는 이러한 질병의 예방, 감시, 그리고 대응에 필요한 지원을 제공한다.

농업과 보건의 연계: 기후변화로 인한 농업 변화는 인간의 영양 상태 및 건강에도 직접적인 영향을 미친다. FAO는 건강한 식품의 생산 및 소비를 촉진하고, 영양 불균형과 관련된 질병들을 예방하도록 지원한다.

교육 및 의식 확산: FAO는 농부들, 정책 결정자들, 그리고 일반 시민들에게 기후변화의 건강 영향 및 적응 방법에 대한 교육과 훈련을 제공한다.

국제 협력 및 자금 지원: FAO는 기후변화와 관련된 보건 문제에 대응하기 위한 다양한 국제 프로젝트와 프로그램을 지원하며, 필요한 자금을 조달하는 데 도움을 준다.

데이터 및 연구: FAO는 기후변화, 농업, 및 보건과 관련된 다양한 데이터를 수집, 분석하고 공유한다. 이를 통해 국가들은 좀 더 효과적인 정책과 대응 전략을 마련할 수 있다.

❻ IPCC

IPCC는 다음과 같은 활동을 통해 기후변화와 보건 사이의 관련성을 평가하고 과학적 근거를 제공한다.

과학적 평가: IPCC는 세계 각지의 과학적 연구 결과를 종합해 기후변화의 영향과 기후시스템의 변화에 대한 평가를 수행한다. 이를 통해 보건과 기후변화의 상호작용과 영향을 이해하고, 보건 분야에서의 적절한 대응 방안을 도출한다.

보고서 작성과 정보 제공: IPCC는 주기적으로 기후변화에 관한 평가 보고서를 작성하고 발간한다. 이 보고서에는 최신 연구 결과와 예측, 영향 평가 등이 포함되어 있으며, 보건 분야에서의 기후변화 대응을 위한 정책 결정자들과 관련 이해관계자들에게 중요한 정보를 제공한다.

정책 제언: IPCC는 과학적 근거를 기반으로 기후변화에 대한 정책 제언을 수행한다. 이를 통해 보건 분야에서의 기후변화 대응을 위한 전략과 정책을 개발하고, 국가 및 국제 차원에서의 행동을 촉진한다.

과학적 지원과 교육: IPCC는 기후변화와 보건 사이의 연구 및 지식의 개발을 촉진하고, 이를 토대로 교육 및 역량 강화를 진행한다. 이를 통해 보건 분야에서의 기후변화 대응에 필요한 전문 지식과 역량을 확보하며, 이를 관련 이해관계자들과 공유한다.

5. 기후 금융

기후 금융은 기후변화에 적응하고 완화하기 위해 지원이 필요한 국가에 재정적 자원을 제공하기 위해 국제적으로 자금을 조달·분배하는 시스템을 말한다. UNFCCC에 명시된 "공통적인 그러나 차별화된 각자의 책임과 능력" 원칙에 따라 선진국은 개발도상국에 재정 자원을 제공해야 한다. 파리협정은 선진국의 의무를 재확인하면서, 동시에 다른 당사국들의 자발적 기여를 장려한다. 선진국은 또한 다양한 출처, 수단 및 경로에서 기후 금융을 모집하는 데 계속 핵심 역할을 해야 하며, 공적 자금에 의한 국가 주도 전략을 지원하는 것을 포함한 다양한 조치를 통해 이를 달성해야 한다. 다양한 기후 금융 메커니즘들은 취약 지역과 국가의 적응력을 향상시키는 데 중요한 역할을 한다. 기후 금융 지원은 높은 비용이 요구되는 기후변화 완화 및 적응과 관련된 기술개발, 기후변화로 인한 피해를 입은 지역의 대응 및 복구 등을 포함한다. 다자간 채널과 양자 간 채널을 통해 기후 금융이 흘러가는데, 다자간 채널은 UNFCCC 재정 메커니즘 등을 포함하며, 양자 간 채널은 개별 국가나 지역의 이니셔티브와 기관들을 포함한다. UNFCCC 재정 메커니즘은 파리협정에 따라 재정적 자원을 제공하는 메커니즘인데 그 운영은 부분적으로 글로벌환경기금(Global Environment Facility: GEF)과 녹색기후기금에 위임되어 있다.

많은 나라들이 파리협정에 의한 국가적 기후변화 대응계획의 우선순위에 보건 분야를 포함시켰지만, 글로벌 기후 금융 지원의 선체 액수 가운데 2% 이하만이 보건 분야 프로젝트에 사용되고 있다. 따라서 기후 금융 관련 기구들은 보건 분야의 기후변화 대응 프로젝트에 더 많은 지원을 하기 위해 노력하고 있다. 글로벌 기후 금융 메커니즘에서 중요한 역할을 하는 기구들은 다음과 같다.

녹색기후기금은 세계에서 가장 큰 특화된 기후기금으로서 선진국이 기여한 기금으로 개발도상국의 기후완화와 적응에 필요한 프로젝트와 프로그램을 지원하고, 취약 지역과 국가의 대응 능력을 향상시키기 위한 자금을 제공한다. 2022년 녹색기후기금은 보건 분야를 위해 두 가지 패러다임 전환 경로, 즉 ① 기후 복원력 있고 자연 친화적인 보건체계의 강화, ② 기후 정보에 입각한 자문 및 위험 관리 서비스와 지역사회 활동의 촉진을 제시하고, 이를 위한 녹색기후기금의 역할과 투자기준을 발표했다.

글로벌환경기금은 환경보호와 지속가능한 발전을 위해 설립된 다자간 재정 기구다. 글로벌환경기금은 세계적인 기후변화, 생물다양성, 환경오염 문제에 대응하기 위해 자금을 조달하고, 개발도상국의 관련 사업에 자금을 지원하며, 새로운 기후 기술의 도입, 생태계 보전, 환경 역량 강화를 통해 기후변화 대응과 환경보호를 촉진하는 역할을 수행한다. 글로벌환경기금이 관리하는 최빈개발도상국기금(Least Developed Countries Fund)과 특별기후변화기금(Special Climate Change Fund)은 기후변화의 충격에 극히 취약한 개발도상국의 프로젝트를 선택적으로 지원하는 중요할 역할을 한다.

세계은행은 세계에서 가장 큰 개발도상국 기후 투자의 다자간 재정지원 기구로서 기후 금융을 2016년 109억 달러에서 2023년 317억 달러로 늘렸다. 저탄소, 기후회복탄력성 개발을 위한 재정지원 등 개도국의 기후변화 완화와 적응을 위한 자금을 조달하고, 투자를 촉진한다. 세계은행은 기후변화행동계획 2021~2025(World Bank Group Climate Change Action Plan 2021-2025)에 따라 기후 금융을 통해 저탄소 및 기후회복탄력성 발전, 기후대응에 우호적인 정책의 지원, 민간부문 자본과 기후행동의 촉매 역할을 한다.

적응기금(The Adaptation Fund)은 기후변화협약과 교토의정서에 의한 금융기구로서 취약 지역과 국가의 기후변화 대응을 위한 자금을 모으고 지원한다. 적응적 조치, 자연재해 대응, 농업, 식량안보, 국토 관리 등에 대한 자금을 제공해 취약 지역과 국가의 적응력을 향상시킨다.

글로벌녹색성장기구(Global Green Growth Institute: GGGI)는 개발도상국 및 신흥 경제에서 강력하고 포괄적이며 지속가능한 경제성장을 지원하고 촉진하기 위해 설립된 조약 기반의 국제기구다. 녹색성장에 대한 정책 연구와 분석을 수행하고, 회원국과 협력해 새로운 녹색성장경제 모델의 개발과 적용을 촉진하며, 기후변화 대응과 경제성장을 조화롭게 추진하는 역할을 수행한다.

아시아개발은행(Asian Development Bank: ADB)은 아시아 및 태평양 지역의 경제발전과 지역 간 협력을 촉진하기 위해 설립된 국제금융기구다. 지속가능한 발전을 위한 프로젝트 및 프로그램에 자금을 지원하고, 기후변화와 관련된 사업을 추진한다. 또한 탄소 감축, 재생에너지, 깨끗한 기술 도입 등을 통해 지역 국가들의 기후변화 대응 능력을 강화하는 역할을 수행한다.

2022년 제27차 기후변화협약 당사자 총회에서 합의된 **손실피해기금**(Loss and Damage Fund)은 개발도상국의 기후재앙으로 인한 손실과 피해를 처리하는 데 드는 비용을 충당하기 위한 기금이다. 이 기금은 공공 및 다자적 접근을 통해 조성될 예정이며, 초기 기금은 선진국 및 세계은행 같은 국제금융기구로부터 공공 및 민간 재원을 받아 활용될 것으로 보인다. 기후변화에 가장 취약한 저소득국 및 하위 중소득국을 대상으로 하는데, 기금 조성에 대한 세부적인 내용은 아직 정해지지 않았다.

6. 취약 국가 보건체계의 기후회복탄력성을 구축하기 위한 전략

1) 보건체계의 기후회복탄력성 구축을 위한 운용 틀

기후변화는 극한기상 사건으로 인한 부상과 질병처럼 기후변화가 인간의 건강에 직접적인 영향을 미치는 것뿐만 아니라 간접적으로 보건체계의 인프라와 역량을 위협해 인구 건강을 관리하고 보호하는 역할을 약화시킨다. 그러므로 보건 분야 기후변화 대응을 위한 국제 프로젝트는 기후변화의 충격에 취약한 국가에서 단기적으로 기후변화와 건강에 관한 직접적인 기술 지원뿐만 아니라 중장기적으로 기후회복탄력적 보건체계를 구축함으로써 보건체계 전반의 기능 향상에 기여하는 접근을 해야 한다.

WHO는 보건 분야에서 기후변화로 인한 도전이 점점 더 많이 제기되는 상황에서 취약 국가의 보건부문과 보건체계의 운영 기반을 체계적이고 효과적으로 대응할 수 있도록 강화하는 "기후회복탄력적 보건체계 강화를 위한 운용 틀"을 권고했다. 이 운용 틀은 기후변화로 인한 건강위험에 대응하는 보건 전문가와 보건 관리자를 위해 설계되었으며, 영양, 수질 및 위생, 비상 관리 등과 같은 건강 결정요인 부문의 의사 결정자들에게도 도움이 된다. 이 운용 틀은 기후변화로 인한 건강위험을 예측하고 예방하며 대비하고 관리하는 데 도움이 되는 주요 구성요소를 보건체계의 핵심 요소에 맞춰 구현함으로써 취약 국가의 보건기관, 당국 및 프로그램이 기후 관련 건강위험에 잘 대비하고 회복탄력성을 가질 수 있도록 돕는다.

리더십 및 거버넌스: 보건 부서와 관련 이해관계자들이 기후변화와 보건 사이의 연결성을 이해하고, 이를 반영한 기후변화 관련 정책과 전략을 수립한다. 이를 위해 기후변화와 보건 전문가들을 모집하고, 다양한 이해관

게자들과의 협력을 촉진한다.

강화된 보건 정보체계: 기후변화와 보건 사이의 관계를 평가하기 위한 데이터 수집 및 모니터링 시스템을 구축한다. 기후변화 관련 건강 영향에 대한 정보를 수집하고 분석해 관련 이해관계자들에게 제공하는 데 필요한 인프라와 기술을 개발하고 운영한다.

적응적 보건 인프라 강화: 기후변화로 인한 극한기상 사건 및 해수면 상승으로 인한 피해에 대응하기 위해 병의원 보건소 등 의료시설과 보건 인프라를 강화한다. 이를 위해 보건 시설의 재건축과 이전 등 지속가능성과 적응력을 향상시키고, 재해 예방과 대응 능력을 강화한다.

역량 강화 및 인력 개발: 보건 전문가들과 보건 부서의 역량을 향상시켜야 한다. 이를 위해 보건 관련 교육 및 훈련 프로그램을 개발하고, 기후변화와 보건 사이의 관련성에 대한 인식을 높이는 교육을 제공한다.

긴급 대응 능력 강화: 기후변화로 인한 긴급 상황에 대비하기 위해 보건체계의 긴급 대응 능력을 강화한다. 이를 위해 조기 경보 시스템을 개발하고, 위기 대응 계획을 수립해 기후변화 관련 위험에 신속하게 대응할 수 있는 체계를 구축한다.

이해관계자 협력 강화: 프로젝트에 참여하는 모든 이해관계자들 간의 협력과 파트너십을 강화한다. 국내 보건 부서, 지방 정부, 비정부기구, 국제기구 등과의 협력을 촉진하고, 자원과 경험을 공유해 기후변화 대응을 통해 보건체계를 강화한다.

2) 한국 보건의료인들의 역할

보건 분야는 기후변화의 영향을 가장 직접적으로 받는 분야 중 하나이고 기후변화로 인한 질병 발생과 건강상의 위협은 국경을 초월한다. 한국의 전문가와 보건의료인들은 국제적인 협력을 통해 기후변화가 건강과 보건체계에 미치는 영향을 과학적으로 규명하고 효과적인 대응 전략을 개발하는 데 기여할 수 있다. 국제 협력은 개발도상국의 기후대응에 도움을 줄 뿐만 아니라 한국의 보건전문가들이 좀 더 폭넓은 경험과 전문 지식을 습득할 수 있는 기회를 제공하기도 한다. 국제 협력을 통해 기후변화 대응과 관련된 국제적인 이슈들을 국내에 소개하고 적용하면서 국내 정책 결정에도 영향을 미친다. 보건 분야에서의 국제 협력은 기후변화 대응에만 국한되지 않고 전 세계적인 보건 문제를 해결하기 위한 대처 방안을 개발하는 데도 도움이 된다. 한국은 지난 수십 년간 개발도상국에서 선진국으로 빠르게 발전해오는 과정에서 보건의료 분야에서 많은 기술과 지식을 축적했다. 한국의 보건의료인들이 개발도상국의 취약한 보건체계 상황을 잘 이해하고 회복탄력적 보건체계를 구축하기 위한 운용 틀을 잘 적용한다면 전 지구적 기후변화와 관련된 개발도상국의 보건의료 문제들을 해결하는 데 효과적으로 기여할 수 있을 것이다.

7. 마무리

기후변화는 한 나라의 국경을 넘어 지구 전체에 미치는 인류 공동의 문제다. 기후변화에 효과적으로 대응하기 위해서 전 지구적 차원의 기후변화 완화, 적응 및 기후회복탄력적 개발을 위한 국제 협력이 필수불가결하다. 이 문제는 국가 간 책임과 공정성 문제, 그리고 미래의 지속가능성 문제와도 깊게 연결되어 있다. 선진국들이 과거의 탄소 배출로 인해 현재의 기후변화에 큰 기여를 했다면 그들에게는 그만큼 큰 책임이 있다. 반면, 기후변화의 부정적인 영향을 크게 받지만 그 원인에 크게 기여하지 않은 개발도상국들은 더 큰 지원과 보호가 필요하다.

보건 분야는 기후변화의 충격이 가장 직접적으로 나타나는 분야 중 하나다. 보건 분야의 기후대응을 위해 다양한 국제기구들이 보건체계의 기후회복탄력성을 강화하는 활동을 하고 있다. 그러나 아직도 현재의 글로벌 기후 금융에서 보건 분야에 투자되는 비중은 아주 작은 편이다.

다행히 기후회복탄력적 개발을 위한 국제 협력이 강화되는 추세다. 특히 개발도상국, 취약한 지역, 취약부문 및 취약 집단을 위한 재정 지원을 증대시키고, 기후행동을 위한 재정 흐름을 확대 강화하는 것에 관한 국제사회의 동의가 형성되어 있다. 재정, 기술 및 역량 강화에 대한 국제 협력을 강화하는 것은 기후변화의 완화와 적응을 가속화하고 가까운 미래에 지속가능한 발전의 경로로 전환하는 데 촉매 역할을 할 수 있다.

한국은 그 독특한 역사적 문제해결 경험을 바탕으로 기후변화와 건강 문제에 대한 국제적 협력을 선도적으로 강화해나갈 수 있다. 특히 한국의 보건 전문가들은 기후변화가 건강과 보건체계에 미치는 영향을 심도 있게 연구하고, 국제적인 협력을 통해 인류가 당면한 최대의 위기에 공동 대응하는 데 참여할 수 있다.

WHO는 "기후위기는 건강위기다"라고 정의했다. 보건 분야의 기후변화 대응은 국가별, 분야별 협력을 넘어서 국가 간 종합적 협력이 필수적이다. 모든 국가, 국제기구, 전문가 그리고 세계시민들은 이 공동의 위협에 맞서 함께 나아가며 지속가능한 미래를 다음 세대에 넘겨줄 수 있도록 힘써야 할 것이다.

참고문헌

About GCF ｜ Green Climate Fund(검색일: 2023.10.12)

About GGGI ｜ Global Green Growth Institute(검색일: 2023.10.12)

AF ｜ Adaptation Fund(adaptation-fund.org)(검색일: 2023.10.12)

Annual Report of the World Meteorological Organization 1979.
    https://library.wmo.int/records/item/56545-annual-report-of-the-world-meteorological-
    organization-1979(검색일: 2023.9.30)

Asia and the Pacific's Climate Bank ｜ Asian Development Bank(adb.org)(검색일: 2023.10.12)

Climate Change ｜ GEF(thegef.org)(검색일: 2023.10.12)

Climate Change and Health(who.int).
    https://www.who.int/health-topics/climate-change# tab_1(검색일: 2023.10.2)

Climate Change Impacts Human Health ｜ UNFCCC(검색일: 2023.10.11)

Climate Change: a threat to human wellbeing and health of the planet. Taking action now
    can secure our future-IPCC(검색일: 2023.10.11)

Climate Change: Development news, research, data ｜ World Bank(검색일: 2023.10.12)

Fanning, A. L. and J. Hickel. 2023. "Compensation for atmospheric appropriation." *Nat Sus-
    tain*.
    https://www.doi.org/10.1038/s41893-023-01130-8(검색일: 2023.9.30)

Fast-Facts-on-climate-and-health.pdf(who.int)(검색일: 2023.10.12)

gcf-health-wellbeing-sectoral-guide-cousultation-version-1.pdf(greenclimate.fund)(검색일:
    2023.10.12)

GEF-GCF_study_coherence_Final_31May2023.pdf(who.int)(검색일: 2023.10.12)

Goal 13: Take urgent action to combat climate change and its impacts.
    https:// www.un.org/sustainabledevelopment/climate-change/(검색일: 2023.10.2)

Hickel, J. 2020. "Quantifying national responsibility for climate breakdown: an equality-based
    attribution approach for carbon dioxide emissions in excess of the planetary boun-
    dary." *Lancet Planetary Health*, 4(9), pp. e399~e404.
    https://www.doi.org/10. 1016/S2542-5196(20)30196-0 Accessed 2 October 2023

HOME ｜ GEF(thegef.org)(검색일: 2023.10.12)

Home(fao.org)(검색일: 2023.10.11)

https://unfccc.int/process-and-meetings/the-paris-agreement(검색일: 2023.10.2)

https://www.ipcc.ch/(검색일: 2023.9.30)

https://www.unep.org./explore-topics/climate-action(검색일: 2023.10.11)

https://www.who.int/initiatives/alliance-for-transformative-action-on-climate-and-health/(검
    색일: 2023.10.2)

Introduction to Climate Finance ｜ UNFCCC(검색일: 2023.10.11)

IPCC. Sixth Assessment Report. 20 March 2023.
    https://www.ipcc.ch/assessment-report/ar6/(검색일: 2023.10.2)
IPCC_AR6_SYR_SPM.pdf(검색일: 2023.10.12)
Keohane, R. O. and D. G. Victor. 2016. "Cooperation and discord in global climate policy."
    Nature Climate Change, p. 6.
    https://www.nature.com/articles/nclimate2937/(검색일: 2023.9.30)
Least Developed Countries Fund-LDCF | GEF(thegef.org)(검색일: 2023.10.12)
Mariani, P. 2021. Climate Change and International Cooperation. Harvard Advanced Leader-
    ship Initiative Social Impact Review.
    https://www.sir.advancedleadership.harvard.edu/articles/climate-change-and-internati
    onal-cooperation(검색일: 2023.9.30)
Mayer, B. 2018. *The International Law on Climate Change*. Cambridge: Cambridge University
    Press.
    https://www.doi.org/10.1017/9781108304368(검색일: 2023.10.1)
Operation framework for building climate resilient health systems(who.int)(검색일: 2023.10.
    12)
Perkins, S. 2023. Researchers move closer to defining the Anthropocene. *PNAS*, vol.120 no. 29.
    https://www.doi.org/10.1073/pnas.2310613120(검색일: 2023.9.30)
Planetary Health | UNFCCC(검색일: 2023.10.11)
Rajamani, L. et al. 2021. "National 'fair shares' in reducing greenhouse gas emissions within
    the principled framework of international environmental law." *Climate Policy*, 21(8),
    pp. 983~1004.
Ritchie, H. 2019.10.1. Who has contributed most to global CO2 emissions? Our World in
    Data.
    https://ourworldindata.org/contributed-most-global-co2(검색일: 2023.10.1)
Solar for health | United Nations Development Programme(Undp.org)(검색일: 2023.10.11)
Special Climate Change Fund-SCCF | GEF(thegef.org)(검색일: 2023.10.12)
Taylor, A. et al. 2023. Current Opinion in Environmental Sustainability 2023, 64:101328.
    https://www.doi.org/10.1016/j.cosust.2023.101328(검색일: 2023.9.16)
UNFCCC(검색일: 2023.10.11)
UNICEF website. Climate change and environment: A liveable planet for every child.
    https://www.unicef.org/environment-and-climate-change(검색일: 2023.10.3)
What is the Kyoto Protocol? https://unfccc.int/kyoto_protocol(검색일: 2023.10.2)
What is the United Nations Framework Convention on Climate Change?
    https://unfccc.int/process-and-meetings/what-is-the-united-nations-framework-convent
    ion-on-climate-change(검색일: 2023.10.2)
What we do | Climate Promise (Undp.org)(검색일: 2023.10.11)

WHO website. Health and climate change country profile.
　　　https://www.who.int/teams/environment-climate-change-and-health/climate-change-and-health/evidence-monitoring/country-profiles(검색일: 2023.10.2)

World Bank Group Climate Change Action Plan 2021-2025: Supporting Green, Resilient, and Inclusive Development(검색일: 2023.10.12)

Wyns, A. 2023. "COP27 establishes loss and damage fund to respond to human cost of climate change." *Lancet Planetary Health*, 7(1), pp. e21~e22.

지은이

권호장　　단국대학교 의과대학 예방의학교실 교수

환경부 환경오염피해구제심의회 위원장, 대한예방의학회 교과서인 ≪예방의학과 공중보건학≫ 편집위원장을 맡고 있다. 환경오염 피해에 대한 역학조사를 여러 차례 수행했고 대기오염 및 기후변화의 건강영향에 대해 연구하고 있다. 역서로는 『병든 의료』(2022), 저서로는 『예방의학과 공중보건학』(공저, 2021), 『의학논문의 작성과 발표』(2004) 등이 있다.

김록호　　전 WHO 과학부 표준국 국장, 가정의학과 전문의, 직업환경의학과 전문의

서울대학교와 하버드 대학교에서 보건학 박사학위를 받고 직업환경의학 레지던트 수련을 받았다. WHO에서 20년간 근무하면서 유럽 지역(독일 본 소재 유럽환경보건센터 과학자)과 WHO 서태평양 지역(피지 남태평양지원사무소 팀장 및 마닐라 지역사무소 총괄팀장)에서 환경보건 및 기후변화 전문가로 일했다. WHO에서 유럽지역 환경보건지표, 유럽 야간소음기준, 남동유럽 노동자건강네트웍, 남태평양 섬나라의 기후변화와 건강 종합보고서, 남태평양 최저개발국의 보건 분야 기후변화 대응 프로젝트, WHO 아시아-태평양 환경보건센터 서울 유치, WHO 기준문서의 품질관리체계 개발 등을 했다. WHO에 들어가기 전에는 미국 매사추세츠 보건부 직업건강감시국 부국장, 서울대학교 보건대학원 교수, 원진녹색병원장, 원진노동환경건강연구소장, 인도주의실천의사협의회 상담부장, 사당의원 원장 등을 역임했다. 1995년 하버드 대학교에서 '슈바이처 상'을 받았고 2017년 '컬리지움 라마찌니' 펠로우로 지명되었으며 2023년 KAIST의 '미래전략대상'을 공동 수상했다.

김호　　서울대학교 보건대학원 교수

한국과학기술한림원 정회원, 대한민국의학한림원 정회원, 한국환경한림원 정회원, 서울대학교 지속가능발전 연구소 소장, 한국 기후변화학회 회장, 질병관리본부 지역사회건강조사 질관리분과 위원장 등을 수행하고 있다. 기후변화와 대기오염의 건강영향을 정량적으로 평가하는 작업을 하고 있다. 저서로는 『보

험, 기후위기를 듣다: 기후리스크 영향과 리스크 관리』(공저, 2022), 『Rex를 활용한 보건통계학 개론』(공저, 2018), 『보건통계학 개론』(공저, 2017) 등이 있다.

명수정 　한국환경연구원 선임연구위원

전 지구적 변화에 대한 아태지역 연구 네트워크 과학계획 그룹(Asia Pacific Network for Global Change Research Scientific Planning Group) 대한민국 대표, 기후변화와 국제협력, 국토계획 및 환경관리, 환경교육 등 환경분야 전반에 관심이 있다. 미국 산림청에서 박사후연구원으로 일했으며, IPCC 제6차 평가보고서 검토저자, IPCC 토지특별보고서(SRCCL)와 기후변화 적응을 위한 극한현상 및 새해위험관리에 대한 특별보고서(SREX)의 주저자로도 활동했다. 저서로는 『북한 보건의료 연구와 교류협력』(공저, 2023), 『북한지리백서 인문, 자연, 환경』(공저, 2020), 『생태문명 내 삶을 바꾸는 환경철학』(공저, 2018) 등이 있다.

명형남 　충남연구원 공간·환경연구실 연구위원

충남 환경보건위원회, 충남 산업단지계획 심의위원회, 환경부 석면안전관리위원회 등에서 활동하고 있으며, 2023년부터 충남 녹색환경지원센터장을 겸임하고 있다. 주요 관심분야는 환경보건, 미세먼지, 환경복지, 기후변화 건강영향이며 지역주민의 환경권 및 건강권을 보장하기 위한 방법과 적용 방안을 연구하고 있다. 환경보건, 생활환경 취약지역, 라돈, 노출계수, 기후변화(폭염·기상재해) 건강영향 관련된 다수의 논문을 작성했으며, 저서로는 『충청남도가 대한민국에 제안합니다』(공저, 2018) 등이 있다.

손연아 　단국대학교 사범대학 과학교육과 교수

예비교사와 현장교사의 지속가능발전교육·통합과학교육 교사 전문성 함양을 위한 교육 프로그램을 꾸준히 개발하고 있으며, 더 나아가 지역사회를 위한 지속가능행복교육 이론과 교육모델 정립을 위해 노력하고 있다. 현재 단국대학교 부설통합과학교육연구소 소장, (사)한국환경교육학회 회장으로 교육과 연구활동을 이어나가고 있다. 대표 저서로는 『세대를 넘어서: 기후위기 시대 생존을 위한 교육, 지속가능발전교육』이 있다.

신동천　　연세대학교 의과대학 명예교수, 한국친환경병원학회 학회장

1980년 연세대학교 의과대학을 졸업하고 1988년부터 연세대학교 의과대학 예방의학교실의 교수로 봉직하면서 교육, 연구 분야에서 후진 양성과 함께 한국 환경보건의 발전을 위해 공헌했으며, 연세대학교 환경공해연구소 소장을 역임하면서 국내 환경개선을 위한 환경독성 및 위해성 분야의 초석을 마련하는 데 기여했다. 환경위해성 평가라는 학문을 국내에 최초로 도입했으며, 과학적 근거에 기반한 환경보건정책 수립의 토대를 구축했다. 국내외 다양한 전문가와 협력하여 연구책임자로서「환경보건 10개년 계획」을 성공적으로 완수하여 환경보건에 대한 체계적인 법적·제도적 근거를 마련하는 토대가 되었다. 환경독성학회, 실내환경학회 회장을 역임했고 2013년에는 한국친환경병원학회를 설립하고 지금까지 이끌어 오고 있다.

정해관　　성균관대학교 의과대학 명예교수, 환경역학자

한국역학회, 대한예방의학회, (사)환경독성보건학회 회장, 기후변화건강포럼 공동대표를 역임했다. WHO 서태평양사무처의 기후변화보건분야 전문가로 몽골, 파푸아뉴기니, 태평양 도서국가, 캄보디아 등에 대한 기후변화건강분야 자문을 수행했다. 폐기물 처리, 유류오염사고, 가습기 살균제 등 국내의 주요한 환경보건문제에 역학자로 참여하고 해결에 기여했다. 환경보건, 기후변화, 감염병, 신경질환 등 환경과 건강을 주제로 280여 편의 연구논문을 국내외 학술지에 게재했다. 저서로는『현장역학』(공저, 2022),『의사들이 들려주는 미세먼지와 건강 이야기』(공저, 2019),『적정기술의 이해』(공저, 2018),『고잔동에서 생긴 일』(공저, 2017) 등이 있다.

채수미　　한국보건사회연구원 미래질병대응연구센터장

현재 국회 기후변화포럼 운영위원, 질병관리청 국가예방접종백신 수급관리 분야 자문위원, 대통령직속 2050 탄소중립녹색성장위원회 전문위원 등으로 활동하고 있다. 기후위기 건강 적응, 자살예방, 정신건강 증진 분야에 관심을 가지고 관련 연구를 활발히 수행하고 있으며, 기후위기 시대 건강피해를 최소화하기 위한 다양한 소통을 시도하고 있다. 저서로는『아주 구체적인 위험: 유네스코가 말하는 기후위기 시대의 달라진 일상』(공저, 2022) 등이 있다.

하미나   단국대학교 의과대학 예방의학교실 교수

WHO 서태평양 사무국 기후변화와 건강정책 전문가 자문단, 한국보건산업진흥원 R&D 진흥본부 건강기반구축단장, 환경부 환경보건정책관을 역임했다. 환경이 사람의 건강, 특히 어린이에게 미치는 영향에 관심이 있으며, 화학물질, 방사선 및 전자파 노출의 건강영향에 대해 300여 편의 연구논문을 국제 학술지에 발표했다. 저서로는 『환경보건정책입문』(공저, 2022), 『기후변화와 탄소중립』(공저, 2022), 『방사능 상식사전』(공저, 2011) 등이 있다.

홍윤철   서울대학교 의과대학 휴먼시스템의학과 교수

WHO 서태평양 사무국 기후변화와 환경 전문가 자문단장, 대한예방의학회 이사장, 서울대병원 공공보건의료진흥원장을 역임했다. 인간과 사회, 그리고 의료에 대한 교육활동을 활발하게 해오고 있으며, 환경적·유전적 요인이 건강에 미치는 영향을 깊이 있게 연구하고 있다. 국제 학술지에 400편 이상의 연구논문을 게재했으며 현재 대한민국의학한림원과 한국과학기술한림원의 정회원으로 활동하고 있다. 저서로는 『질병의 탄생』, 『질병의 종식』, 『팬데믹』, 『코로나 이후 생존도시』, 『호모 커먼스』 등이 있다.

한울아카데미 2501

기후변화와 건강

ⓒ 권호장·김록호·김호·명수정·명형남·손연아·신동천·정해관·채수미·하미나·홍윤철, 2024

지은이 ┃ 권호장·김록호·김호·명수정·명형남·손연아·신동천·정해관·채수미·하미나·홍윤철
펴낸이 ┃ 김종수
펴낸곳 ┃ 한울엠플러스(주)
편 집 ┃ 배소영

초판 1쇄 인쇄 ┃ 2024년 3월 21일
초판 1쇄 발행 ┃ 2024년 3월 28일

주소 ┃ 10881 경기도 파주시 광인사길 153 한울시소빌딩 3층
전화 ┃ 031-955-0655
팩스 ┃ 031-955-0656
홈페이지 ┃ www.hanulmplus.kr
등록번호 ┃ 제406-2015-000143호

Printed in Korea.
ISBN 978-89-460-7502-3 93300 (양장)
        978-89-460-8298-4 93300 (무선)

※ 책값은 겉표지에 표시되어 있습니다.
※ 이 책은 강의를 위한 학생판 교재를 따로 준비했습니다.
   강의 교재로 사용하실 때에는 본사로 연락해 주시기 바랍니다.